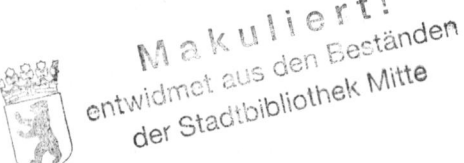

Was ist Cosplay?

Was ist Cosplay?

Für alle Cosplayer und Cosplay-Fans.
Für mehr Verständnis.

»Live long and kawaii.«
[Lebt lang und niedlich.]
(Zitat von Allan Petersen)

http://www.was-ist-cosplay.de

Fritjof Eckardt, Was ist Cosplay?

Bei den Übersetzungen halfen Anke Gärtner, Benjamin Michael Koch, Christina Zier, Jennifer Canisius, Miwa Ota-Shimizu, Sara Mertens, Tomoko Sueshige und Vikki Park

Lektorat: Mathias Eckardt, Jagoda Josch und Sarah Knieps

Satz / Layout: Manuela Runge und Fritjof Eckardt

Bilder:
aiNo, Annie Fischinger, Arne Beilschmidt, BurmSeon Lee, Cantera Image, Charline-Nana Lenzner, Christopher Norris, Christy Bell Goh, Cosplay GEN, Danilo Olivieri Photographer, Dario Albanesi, David Mar, Die Con ist Heiss / die KREW, Düsseldorf Marketing&Tourismus, Edmund Hoff, Elite Cosplay, Eric LaCore Photography, Fritjof Eckardt, GeneralGau's Kitchen, Gerwin Derks, HCB, Heiko Beyer, Herman Misao, Hexlord, Higuri You, Jens Zier, Job Fermie, LJinto, Marco Russo, Markus Maevus, Mathias Eckardt, Matthes Elstermann, Meian Photo, Moon Art Studio a.k.a. Shin Illuits, N8e, Ondo, Pia Kuhlmann, prechu, Rasmus Depner, Reika, Ruth Mietzke, Saerom Jeong, Sayuri Tanaka Cosplay and Photography, Shan Shan, Shaun S, Shigeno Makoto, Shutter Rhys, Sky Vision, Stephan Canisius, Tomasz Niewiarowski, Tommy, Toni007.de, Wai Leong, Wenbin, William Tjhin, Wilvery, Yuko Ogasawara, Yurie Takagi, Yuugi-Mutou und Zerartul

Umschlag: Manuela Runge und Fritjof Eckardt
(Cosplayerin: Christy Bell Goh als Eternal Sailor Moon aus Sailor Moon, Foto: William Tjhin)

Bibliografische Information der Deutschen Nationalbibliothek:
Die Deutsche Nationalbibliothek verzeichnet diese Publikation in der Deutschen Nationalbibliografie; detaillierte bibliografische Daten sind im Internet über dnb.dnb.de abrufbar.

© 2016 Fritjof Eckardt - 2. überarbeite Ausgabe
Herstellung und Verlag:
BoD - Books on Demand, Norderstedt

ISBN 9783741295546

Die Verwendung von Warenzeichen und Markennamen erfolgt unter Anerkennung der Rechte der jeweiligen Rechteinhaber. Für den Inhalt der in diesem Buch genannten Webseiten sind ausschließlich deren Betreiber verantwortlich. Sämtliche für das Buch geführten Interviews sind zwischen Mai 2014 und November 2016 entstanden.

Alle Angaben in diesem Buch erfolgen trotz sorgfältiger Prüfung ohne Gewähr!

**Was steckt hinter dem Phänomen Cosplay
und hinter Cosplay-Wettbewerben?**

**Ein Resümee aus über 10-jähriger Tätigkeit im
deutschen Anime-, Cosplay- und Manga-Fandom.**

Inhaltsverzeichnis

Einleitung

Vorwort — Seite 9

Das Tōhoku-Erdbeben — Seite 13

Selbstvorstellung — Seite 15

Das Thema Cosplay

Was ist Cosplay und warum macht man das? — Seite 17

Wie entwickelte sich Cosplay in Deutschland? — Seite 33

Das Image und Verhalten von Cosplayern in Deutschland — Seite 41

Wie laufen Anime- / Manga- / Japan-Conventions und regionale Treffen üblicherweise ab? — Seite 47

Wie entsteht ein Kostüm? — Seite 59

Die verschiedenen Cosplayer-Typen — Seite 77

Die Cosplayer-Visitenkarte — Seite 87

Die Cosplayer-Homepage — Seite 89

Die Fotografen, Cosplay-Fotoshootings und Cosplay-Videos — Seite 91

Was ist ein Cosplay-Wettbewerb? — Seite 105

Die Teilnahme an einem Cosplay-Wettbewerb — Seite 125

Die Hintergründe
(aus der Sicht eines Organisators)

Die Organisation von Cosplay-Wettbewerben	Seite 139
Bekannte Cosplayer zu Veranstaltungen einladen?	Seite 181
Die konventionellen Medien	Seite 187
Tipps für Cosplayer zum Umgang mit Medienvertretern	Seite 198
Die neuen Medien	Seite 201
Tipps für Cosplayer zum Umgang mit den neuen Medien	Seite 216
Die Firmen, die Politik und die Sponsoren	Seite 219
Mit Cosplay Geld verdienen?	Seite 233
Die „Freunde"	Seite 241
Das „Traumland" Japan?	Seite 251
Fazit	Seite 267

Anhang

Dank	Seite 269
Besuchte Events / Mitarbeit an Events	Seite 271

Einleitung

Vorwort

Dieses Buch ist anders und will es auch sein, denn das Thema dieses Buches ist es ebenfalls.

Cosplay kann man, meiner Meinung nach, nicht einfach in ein Schema pressen, die üblichen Analysen durchführen und dann erwarten, dem Thema wirklich vollständig gerecht zu werden und verstehen zu können, was Cosplay denn nun genau ausmacht. Auch dieses Buch kann dem Leser nur einen ersten Einblick hinter die Kulissen ermöglichen.

Cosplay ist untrennbar mit Anime, Manga, Japan und Videospielen verknüpft. Es ist mit der Zeit zu einem sehr vielschichtigen und äußerst komplexen Thema mit vielen verschiedenen kulturellen Aspekten geworden. Das Hobby, das einst nur einige wenige Fans betrieben haben, ist inzwischen zu einem internationalen Massenphänomen und einem großen Geschäft geworden, wenn auch meist nur für die beteiligten Firmen. Doch auch für etliche Cosplayer ist Cosplay weit mehr als nur ihr Hobby. Es ist ein sehr emotionaler und wichtiger Teil ihres Lebens, in den sehr viel Fleiß, Mühe, Zeit und Geld investiert wird und für den manch andere Dinge auch geopfert werden. Cosplay ist, ab einem gewissen Komplexitätsgrad, eine ganz besondere und völlig eigene Art von Kunst. Es hat mich über viele Jahre in seinen Bann gezogen und tut dies noch immer, jedoch weniger als Cosplayer selbst, sondern als Berater, Fotograf, Helfer, Juror und Organisator.

Dieses Buch ist KEIN Ratgeber zur Kostümherstellung oder ein ausführlicher Leitfaden, wie man Fotoshootings am besten umsetzen kann. Es geht hier auch nicht um Materialkunde, um Berichte von Veranstaltungen oder darum, welcher Cosplay-Wettbewerb denn nun der Beste sei. Ebenso wenig wird bis ins letzte Detail behandelt wie eine Jury genau (be)wertet. Natürlich werden einige dieser Themen auch in diesem Buch vorkommen, jedoch finden sich im Internet zahlreiche Bilder, Tutorials, Videos und Webseiten, die diese Themen aus allen nur erdenklichen Blickwinkeln wesentlich ausführlicher behandeln, mehr als genug, um sich erschöpfend darüber informieren zu können.

āōū?

In diesem Buch werden Sie innerhalb einiger japanischer Namen (wie beispielsweise Tōkyō oder Kyōto) die kleingeschriebenen Vokale a, o und u mit einem Überstrich (auch Makron genannt) finden. Das Makron über dem Vokal kennzeichnet diesen als langen Vokal und entspricht der Rōmaji-Umsetzung (lateinische Darstellung) der japanischen Sprache. Es wird die Hepburn-Umschrift benutzt.

http://de.wikipedia.org/wiki/Hepburn-System

Anime

Anime sind in Japan produzierte bzw. japanische Zeichentrickfilme („animierte" Manga). Diese Werke basieren meist auf Manga, Romanen oder auch Videospielen. Der Begriff Anime leitet sich von dem englischen Begriff animation ab. Früher wurden Anime komplett von Hand gezeichnet, heute entsteht sehr vieles digital mit Hilfe des Computers oder auch vollständig am Computer.

Manga

Manga sind japanische Comics. Es gibt Manga für wirklich jeden Geschmack, von Kochen über Sport bis hin zu Science-Fiction. Eines der Markenzeichen sind die verhältnismäßig großen Augen und ein quasi westliches Aussehen der Charaktere. Manga gibt es in den verschiedensten Formen, in Zeitungen, als Bücher, im „Telefonbuchformat" (verschiedenste Serien in einer regelmäßig erscheinenden Publikation) oder auch digital als App oder Webseite. Die Zeichner dieser Werke werden als Mangaka bezeichnet.

Neben Cosplay-Fotobüchern erscheinen inzwischen immer mehr wissenschaftliche Arbeiten, die zum Teil auch von Cosplayern geschrieben wurden und die sich auf alle nur möglichen Arten mit dem Thema beschäftigen. Was meiner Meinung nach jedoch noch fehlt, ist der Blick aus Organisatoren-Sicht, den jeder ohne Vorkenntnisse einfach verstehen kann; geschrieben von jemandem, der alle Erfahrungen wirklich selbst gemacht hat. Ich werde in diesem Buch auch nicht auf die unterschiedlichen Arten von Cosplay eingehen, sondern nur auf Cosplay im Allgemeinen und Kostüme japanischen Ursprungs.

Es ist (m)ein persönliches Resümee aus all den Erfahrungen, die ich in über zehn Jahren mit Cosplayern, Eltern, Medien, Helfern, anderen Organisatoren und als Organisator selbst bei japanbezogenen Veranstaltungen in Deutschland, aber auch im Ausland, gemacht habe.

Dieses Buch ist gedacht für Außenstehende, wie Eltern, Großeltern, Lehrer, Erzieher und alle Leute, die sich für das Thema interessieren oder irgendwie sonst damit in Kontakt kommen oder gekommen sind. Für alle Leute die wissen möchten, was genau eigentlich dahinter steckt und mit welchen Problemen sich Cosplayer, aber auch Veranstalter von solchen Wettbewerben und Veranstaltungen auseinandersetzen müssen. Selbstverständlich ist es auch für Cosplayer, Helfer, Organisatoren und Veranstalter gedacht, die an einem kritischen Blick hinter die Kulissen des Ganzen interessiert sind.

Immer wieder wurde ich vor, während und nach Veranstaltungen von zahlreichen außenstehenden Leuten angesprochen. Die sich stetig wiederholenden gleichen oder gleichartigen Fragen waren einer der Gründe für die Entstehung dieses Buches.

Natürlich wird nicht jeder (insbesondere nicht jeder aktive Cosplayer, Helfer oder Organisator) in allen Punkten meiner Meinung sein und einige Dinge anders sehen als ich, oder möglicherweise einige Schilderungen gar als völlig übertrieben empfinden. Doch alle Dinge, die in diesem Buch beschrieben werden, haben sich nachweislich so ereignet oder finden (immer noch) auf vielen Veranstaltungen oder im Internet regelmäßig statt und entspringen nicht meiner Fantasie. Als Organisator nimmt man einige Dinge auch ganz anders und wesentlich stärker wahr als ein Cosplayer, da man sich regelmäßig mit den Nöten, Problemen und Sorgen von vielen Leuten beschäftigen muss. Manches mag durchaus komisch klingen, das ist mir auch bewusst. Vieles hat sich zudem im Laufe der letzten zehn Jahre total geändert, sei es nun durch gesetzliche Vorgaben, neue oder optimierte Veranstaltungskonzepte, durch mehr Erfahrung der Veranstalter, die Größe heutiger Events, neue Materialien und Werkstoffe, die neuen Medien oder durch die gestiegene Bekanntheit und Popularität des Themas und entsprechender Unterstützung durch Sponsoren. Natürlich hängt diese Entwicklung auch damit zusammen, dass sich immer wieder neue Leute für Cosplay interessieren und andere ehemals begeisterte Anhänger damit aufhören. Ob sich nun alles verbessert oder gar verschlechtert hat, liegt im Auge jedes einzelnen Betrachters. Die Szene selbst ist jedenfalls ständig in Bewegung und alles verändert sich sehr schnell. Cosplay hat sich zu einem Mainstream-Phänomen entwickelt, also zu etwas, das viele Leute betreiben, mit allen damit verbundenen Vor- und Nachteilen.

Es ist ein wunderschönes Hobby, das einem sehr viel geben kann. Da aber nicht alle Mitmenschen Cosplayer sind und deswegen nicht jeder alles mit der rosaroten Brille sieht, müssen auch weniger positive Punkte angesprochen werden, insbesondere im Hinblick auf gewisse Gesetze und Regeln, an die man sich als Cosplayer und Veranstalter halten muss.

Mir geht es darum alle Seiten zu beleuchten und mich weder auf die positiven noch auf die negativen Punkte zu beschränken. Wer nur eine Seite sehen will, der ist auf Cosplay-Webseiten, Lästerwebseiten und einigen Imageboards sicherlich besser aufgehoben. Wer einen genauen Blick hinter die Kulissen wagen will, der ist hier genau richtig.

Ich habe mich im Herbst 2011 aus der aktiven Organisation von Cosplay-Wettbewerben und allen Dingen, die damit zu tun haben, zurückgezogen. Seither hatte ich viel Zeit zum Nachdenken und habe damit begonnen Dinge, die einst für mich selbstverständlich und üblich waren, gründlich zu hinterfragen. Dadurch ist die Sicht auf das Erlebte nun, so hoffe ich zumindest, sachlicher und objektiver als zuvor. Die Arbeiten an diesem Buch zogen sich insgesamt über 2 ½ Jahre hin. Ich hoffe sehr, dass dieses Buch zum allgemeinen Verständnis für das Thema Cosplay beitragen, viele Fragen und Besonderheiten einfach erklären und helfen kann, existierende Vorurteile abzubauen. Gleichzeitig wünsche ich mir, dass es auf mögliche Gefahren hinweisen wird und für die Vermeidung von Problemen nützlich ist.

Sämtliche Aussagen und Erklärungen beziehen sich, soweit nicht anders beschrieben, auf die Entwicklung von Anime-, Manga- und Videospiel-Cosplay in Deutschland.

Eine ganz kleine Auswahl an Conbadges, die sich in den letzten 15 Jahren angesammelt haben. Fotograf: Fritjof Eckardt

Das Tōhoku-Erdbeben

Am 11. März 2011 ereignete sich vor der japanischen Sanriku Küste ein Seebeben der Stärke 9,0.

Kurz danach folgten riesige Tsunamis, die gigantische Schäden an Land verursachten. Mehr als 16.000 Menschen starben, über 300.000 Gebäude wurden (teilweise) zerstört und sehr viele Einwohner wurden obdachlos. Das Erdbeben und die Tsunamis waren schon furchtbar genug, doch es folgten noch Explosionen und Kernschmelzen im Kernkraftwerk Fukushima Daiichi. Die Einwohner, welche nur knapp das Erdbeben und die Tsunamis überlebt hatten, fürchteten erneut um ihr Leben und ihren Besitz und mussten wegen der massiven Strahlung nun endgültig ihre Heimat verlassen. Ein Ende der Krise, die durch den Unfall im Atomkraftwerk Fukushima Daiichi ausgelöst wurde, ist leider noch lange nicht in Sicht. Japan ist ein zwar ein „reiches" Land, das gut auf Erdbeben und Naturkatastrophen vorbereitet ist, doch solch eine Verkettung an Katastrophen ist für jedes Land alleine nicht mehr stemmbar.

Als jemand, der schon oft in Japan war und dort viele Bekannte und Freunde hat, trifft einen eine solche Katastrophenmeldung natürlich wesentlich heftiger als jemanden ohne jeglichen persönlichen Bezug. Vor allem wenn einen dann persönliche „Hilferufe" erreichen. So war es für mich keine Frage zu helfen und zusammen mit Freunden und Veranstaltungen folgten einige Charity-Aktionen bzw. -Projekte (z.B. eine Spendensammlung im Internet, eine Auktion, Mitarbeit an den Büchern „Wurst Trifft Sushi" und „Wurst Trifft Sushi Nachschlag" und mehr).

Zerstörtes Haus in Sendai. Fotograf: Stephan Canisius

Umso trauriger fand ich es wie einige sogenannte „Japanfans" reagierten. Für diese war nur entscheidend das ihre Gameserver liefen, ihre Pakete rechtzeitig eintrafen und neue Anime / Manga pünktlich ausgestrahlt wurden bzw. auf den Markt kamen. Ich hätte mir auch mehr Unterstützung von Veranstaltungen und Verbänden gewünscht. Die panikmachende Berichterstattung in Deutschland und die Äußerungen einiger deutscher Politiker waren teilweise auch nicht hilfreich. Ich kann nicht abstreiten, dass mich das sehr getroffen und meine Sichtweise auf viele Dinge sehr verändert hat. Erfreulicherweise gab es jedoch auch viele (junge) Leute die bereit waren zu helfen. Es geht beim Helfen nicht um die Summe, sondern erstmal nur darum Verständnis für die Situation aufzubringen und überhaupt helfen zu wollen, egal auf welche Art.

Ein sehr schönes Projekt, das nach dem Erdbeben entstand, ist „Prayers from Cosplayers" (http://www.prayersfromcosplayers.com). In diesem Projekt geht es darum Cosplayern in Japan, durch ein Foto im Kostüm mit persönlicher Nachricht zu zeigen: „Hey, ihr seid nicht allein!". Manch einer mag sich fragen: Ja, hilft denn so etwas überhaupt? Ja es hilft, natürlich nicht mit Essen, Geld, Sachspenden oder direkter persönlicher Hilfe, aber es hat die Cosplayer in den betroffenen Gegenden aufgemuntert und dadurch Mut und Hoffnung gegeben.

„Heart on Coin – Kizuna" war ein Hilfsprojekt von Studierenden der Kwansei-Gakuin-Universität (aus der Präfektur Hyōgo), das nach dem verheerenden Tōhoku-Erdbeben vom 11.03.2011 entstanden ist. Einige Studenten dieser Universität hatten 1995 das schwere Erdbeben in Kōbe miterlebt, damals selbst (internationale) Hilfe erhalten und wollten ihren betroffenen Landsleuten helfen. Ziel des Projektes war es, 15 Grundschulen in den Präfekturen Iwate, Miyagi und Fukushima finanziell und ideell zu unterstützen.

Die Organisation „Ashinaga" ging aus dem „Verein für Katastrophen Waisenkinder" hervor und unterstützt Kinder und Jugendliche, die ihre Eltern durch Katastrophen verloren haben. In Sendai, Rikuzentakata und Ishinomaki betreibt der Verein sogenannte Rainbow Houses, in denen Waisenkinder des Tōhoku-Erdbebens betreut und unterstützt werden.

http://www.ashinaga.org

Selbstvorstellung

Fritjof Eckardt (41) (als „Puka" im Fandom bekannt), Medieninformatiker aus Düsseldorf, kam in Kontakt mit Anime, Cosplay, Japan und Manga vor ungefähr 25 Jahren. Die erste Begegnung fand mit Serien wie Biene Maja, Captain Future und Heidi im deutschen Fernsehen statt. Damals war mir nicht klar, dass diese Serien aus Japan stammten. Das wirkliche Interesse entwickelte sich jedoch erst mit Beginn meines Informatikstudiums. Im „Westen" war der Allgemeinheit zu dieser Zeit leider nur bekannt, dass aus Japan angeblich ausschließlich gezeichneter übelster „Schweinekram" käme. Damals war Anime und Manga somit als Hobby absolut verpönt und hatte in Deutschland ein sehr schlechtes Image, daher trafen sich die Fans meist heimlich und unauffällig, oder kommunizierten in Mailboxsystemen, mittels Mailinglisten oder innerhalb geschlossener Webforen. Besonders zahlreich traf man diese Fans an den Universitäten in den Informatikfachbereichen, aber natürlich auch an anderen Orten, jedoch immer etwas versteckt. Mit dem Beginn der allgemeinen Verbreitung von Computern und Spielkonsolen kam bei mir das Interesse für japanische Videospiele, wie zum Beispiel Final Fantasy hinzu. Durch preislich erschwinglichere Computer und mit dem Aufkommen des Internets wurde es immer einfacher, sich zu informieren, in Kontakt mit anderen Anime-/Mangafans zu treten und sich zu Treffen zusammenzufinden. Das Interesse für Japan stieg und ich wurde neugierig auf Land, Leute, Essen und Kultur.

Gegen Ende der 90er Jahre entstanden dann immer mehr Treffen und Conventions in Deutschland, die soweit möglich der Reihe nach von mir besucht wurden. Irgendwann wurde dann aus dem Besucher ein Cosplay-Fotograf, ein Showgruppenmitglied (Techniker), dann ein Veranstaltungshelfer und später ein Mitorganisator und Gästebetreuer bei verschiedenen Events. Meine Zeit als aktiver Helfer begann damit, dass ich mich bei einer Veranstaltung über deren Verzögerungen im Programm geärgert und mich dann anschließend heftig beschwert habe. Als Antwort kam von dem Veranstalter prompt zurück: „Ja, kannst du es denn selbst besser? Dann mach es doch und hilf uns!". Ob ich es wirklich besser können würde, das wusste ich damals nicht, aber ich half mit großer Begeisterung mit. So begann ich mit der Arbeit an Veranstaltungen, der Organisation von Cosplay-Wettbewerben und der Showgruppenbetreuung.

Fanart

Unter Fanart versteht man alle gezeichneten Bilder, die auf bestehenden veröffentlichten Serien oder Charakteren beruhen und von Fans gezeichnet bzw. hergestellt werden. Es handelt sich dabei nicht um offizielle Werke.

Fandom

Fandom (oder Fanszene) bezeichnet alle Fans einer gewissen Person, Serie, Sportart, eines Clubs, Genres oder Autors. Innerhalb eines Fandoms gibt es oft zahlreiche gemeinsame Aktivitäten wie Filmabende, Veranstaltungen oder auch Cosplay. In diesem Buch ist damit die Gesamtheit der Anime, Cosplay und Manga Fans in Deutschland und deren Aktivitäten (wie Cosplay, Fanart, Fanfiction und vieles mehr) gemeint.

Fanfiction

Fanfictions sind von Fans geschriebene Geschichten, die auf bestehenden Werken wie z.B. Filmen, Büchern, Videospielen oder auch Personen (Stars) basieren. Es gibt Geschichten, die völlig eigene Ideen verarbeiten und nur sehr lose auf einer Vorlage basieren, während andere eine bestehende Handlung fortführen.

WCS

Das WCS ist eine mehrtägige Cosplay-Veranstaltung mit verschiedenen Programmpunkten in Nagoya (Japan), zu der Cosplayer aus verschiedenen Ländern, die sich in Landesvorentscheiden qualifiziert haben, eingeladen werden.

Convention / Con

Eine Convention, in diesem Fall eine „Anime-, Manga- und Japan-" Convention, ist eine kostenpflichtige Veranstaltung in einem abgeschlossenen Gebäude mit (japanischen) Ehrengästen (wie Zeichnern, Produzenten, Musikern, Regisseuren, Synchronsprechern und anderen Gästen), Konzerten, Filmräumen, Videospielräumen, Cosplay-Wettbewerben, Workshops und vielen weiteren Programmpunkten. Conventions sind die Treffpunkte der Fanszene. Es gibt in Deutschland zahlreiche ein- bis dreitägige Events für wenige hunderte Leute bis hin zu Veranstaltungen für weit über 20.000 Besucher.

Zusammen mit Freunden wurden neue Cosplay-Wettbewerbe in Deutschland entwickelt und etabliert. Ebenso versuchten wir, einheitliche faire Regeln und Bewertungen für diese Wettbewerbe festzulegen. Es folgten erste Erfahrungen in der Veranstaltungsplanung, Moderation, Verhandlungen und mit der Durchführung von Konzerten. Außerdem fing ich an, die japanische Sprache zu erlernen. Dies geschah zunächst aus der Notwendigkeit heraus, um nicht immer für jede Kleinigkeit auf Veranstaltungen einen Dolmetscher (bei der Betreuung von japanischen Gästen) zu benötigen. Aus zeitlichen Gründen blieben meine Japanisch Kenntnisse dann auch auf dem Stand eines Grundschülers stehen, doch dies reichte mir für die meisten Dinge vollkommen aus. Zahlreiche Cosplay-Projekte folgten, insbesondere wurden das Konzept und die Umsetzung der deutschen World Cosplay Summit (WCS) - Vorentscheide (2008-2011) komplett neu entwickelt.

Im Laufe der Zeit kamen neben dem Interesse an reinen Cosplay-Events auch die Betreuung und Vermittlung von japanischen Ehrengästen, wie Musikern, Synchronsprechern, Komponisten und Zeichnern auf den verschiedensten in- und ausländischen Veranstaltungen und die (Mit)Organisation von Konzerten japanischer Künstler und beratende Tätigkeiten hinzu. Dies führte neben privaten Gründen, Interessensverlagerung und akutem Zeitmangel zum Rückzug aus dem Bereich Cosplay.

Sicherlich war es nicht immer einfach mit mir zusammenzuarbeiten. Ich habe immer viel von (meinen) Helfern und anderen Organisatoren erwartet, aber auch immer alles gegeben, um für die jeweilige Veranstaltung oder den jeweiligen Veranstaltungspunkt das Maximum für die Teilnehmer, Helfer und die Veranstalter herauszuholen. Es war nie bequem mit mir, ich habe meine Meinung gesagt und für manch andere Helfer und Organisatoren wirkte ich zu geschäftlich und zu perfektionistisch. Es ändert jedoch nichts daran, dass ich immer hinter all dem stand, was ich tat. Für mich war es entscheidend, stets ein seriöser und zuverlässiger Ansprechpartner zu sein. Außerdem war mir die Loyalität von Helfern und anderen Organisatoren wichtig. Dass mir dabei der ein oder andere Fehler unterlaufen ist, ich heute gerne einiges ändern oder einige Dinge mit dem heutigen Wissen völlig anders machen würde, das versteht sich von selbst.

Es war eine sehr schöne und anstrengende, aber auch unvergessliche Zeit für mich. Den Abschluss dieser Zeit soll nun dieses Buch bilden.

Das Thema Cosplay

Was ist Cosplay und warum macht man das?

Was ist Cosplay?

„Cosplay" („Kostümspiel"), auf Japanisch „Ko Su Pu Re", ist ein Kunstwort das aus den beiden englischen Begriffen costume (Kostüm) und play (spielen) zusammengesetzt ist. Der Begriff soll 1983 in Japan von Nobuyuki Takahashi, Präsident von Studio Hard, einem japanischen Verlag und Designstudio, zum ersten Mal im Magazin „My Anime" verwendet worden sein. Leute, die sich entsprechend kostümieren, werden demzufolge „Cosplayer" genannt. In Japan werden Cosplayer auch als „Player" oder manchmal nur als „Layer" oder „Coser" bezeichnet. Es ist allgemein gebräuchlich, für das Tragen eines Kostümes, also für die Praxis des Cosplay, das Verb „cosplayen" oder „cossen" zu verwenden. Es wird niemals „kostümspielen" gesagt. Das Kostüm selbst, wird als „Cosplay" oder kurz als „Cos" bezeichnet. Schilde, Stäbe, Schwerter und ähnliches werden „Requisiten" oder „Props" genannt.

Ein Cosplayer stellt einen Charakter aus einem

- Anime
- Manga
- japanischen Film
- japanischen Videospiel

möglichst originalgetreu durch dessen Kostüm und auch durch dessen Verhaltensweise (bei einer Veranstaltung, in einem Wettbewerb oder bei einem Fotoshooting) dar. Es gibt auch Cosplayer, die Mitglieder japanischer Bands in deren Bühnenkostümen cosplayen.

Für den Großteil der Cosplayer ist die Herstellung des Kostümes und der Requisiten sehr wichtig. Natürlich ist es auch möglich Kostüme oder Kostümteile bei anderen Cosplayern oder Händlern zu kaufen oder anfertigen zu lassen. Je nach Land ist dies auch mehr oder weniger akzeptiert. Für viele Cosplayer ist jedoch gerade das eigenhändige Herstellen des Kostümes und der Requisiten das, was Cosplay wirklich ausmacht. Ebenso spricht auch nichts dagegen, Charaktere aus Filmen, Serien oder Spielen, die nicht aus Japan stammen, zu cosplayen. Bei einigen Wettbewerben wird jedoch von den Sponsoren oder den Veranstaltern vorgeschrieben, dass die Kostüme aus japanischen Serien oder Videospielen stammen müssen. Ebenso müssen Kostüm und Requisiten bei der Teilnahme an Wettbewerben selbst gemacht sein.

Cosplay-Kostüm-Hersteller

In Japan gibt es einige Firmen, die von den jeweiligen Verlagen, lizensierte Kostüme (der verschiedensten Manga- und Animecharaktere) herstellen und verkaufen. Am bekanntesten ist die Firma Cospa. Natürlich gibt es zahlreiche weitere Firmen in den verschiedensten Ländern, die im Internet Kostüme anbieten. Diese arbeiten jedoch oft ohne die entsprechenden Lizenzen.

Lizensierte Anbieter

Animate
http://www.animate-costume.jp

Bodyline
http://www.bodyline.co.jp

Cospa
http://www.cospa.com

Cosplay ist kein(e)

- Hobby von Gestörten, sondern von völlig normalen Leuten.
- Karnevalsveranstaltung oder mit dem Kostümieren an Karneval gleichzusetzen.
- Schönheitswettbewerb und (eigentlich) auch kein professionelles modeln.
- einfaches, kostengünstiges und unkompliziertes Hobby.
- Hobby, das nur für junge Leute geeignet ist.
- Sache, die man mal eben ohne entsprechenden Zeitaufwand nebenher macht.
- „Einzelkämpferveranstaltung".
- (und sollte auch keine) Therapie zur Kompensation von persönlichen Problemen (sein).
- Wettbewerb, wer die meisten Kostüme hat (oder sollte es zumindest nicht sein).

Bild unten
Cosplayerin: Reika
Charakter: Tokiya Ichinose
Serie: Uta no Prince-Sama

Warum macht man das?

Es ist der Reiz des Fremden.

Anime und Manga stammen aus einer völlig anderen Kultur und basieren teilweise auf Geschichten oder kulturellen Hintergründen, die uns sehr fremd erscheinen. Dadurch wirken die Erzählungen außergewöhnlich und oft auch überraschend. Der Verlauf einer Geschichte ist somit nur bedingt „vorhersehbar". Dementsprechend interessant sind die Charaktere und deren Kostüme in den Serien.

Unabhängig davon hat es natürlich seinen ganz eigenen Reiz, in die Rolle einer anderen Person zu schlüpfen und diesen Charakter zu cosplayen. Cosplay an sich ist etwas ungewöhnliches, sehr besonderes und daher erst recht stark anziehend.

Man möchte etwas Neues ausprobieren.

Zum ersten Mal zu cosplayen ist eine tolle Erfahrung, ebenso jedes neue Kostüm zu erstellen und dabei etwas zu lernen, neue Herstellungstechniken auszuprobieren und sich den anderen Cosplayern und den Leuten zu präsentieren.

Um Kostüme und Requisiten selbst zu erschaffen.

Aus dem Nichts ein Kostüm mit Requisiten zu erschaffen ist ein langwieriger Prozess. Ist das Kostüm endlich fertiggestellt, dann ist die Freude über das vollendete Werk umso größer.

Um an Wettbewerben teilnehmen und sich mit anderen Cosplayern messen zu können.

Viele Cosplayer möchten ihre Fertigkeiten miteinander messen, diese vergleichen und voneinander lernen. Daher nehmen etliche Cosplayer, jedoch nicht alle, gerne an den verschiedensten Wettbewerben teil.

Um auf einer Bühne zu stehen und etwas aufzuführen.

Der Auftritt auf einer Bühne im Rahmen eines Wettbewerbes ist eine tolle Erfahrung und für jeden Cosplayer etwas ganz Besonderes. Es ist ein tolles Gefühl, vor hunderten oder gar tausenden Leuten auf einer Bühne zu stehen, auch wenn viele Cosplayer dabei und besonders davor immer sehr nervös sind (und manchmal auch „kalte Füße" kriegen und absagen).

Um neue Leute und Gleichgesinnte (auf Veranstaltungen) kennenzulernen.

Cosplayer sprechen sich gegenseitig wesentlich schneller an als nicht kostümierte Veranstaltungsbesucher. Insbesondere dann, wenn er oder sie ein Kostüm einer Serie oder eines Charakters trägt, das man persönlich mag. Selbst wenn man aus verschiedenen Ländern stammt und unterschiedliche Sprachen spricht, kommt man aufgrund des gemeinsamen Hobbys ohne Scheu recht schnell in Kontakt. Dies gilt natürlich auch für das Internet und soziale Netzwerke.

Soziale Netzwerke

Soziale Netzwerke verbinden Menschen über das Internet miteinander. Dies geschieht mittels Webseiten (Portalen) und Apps (für Smartphones / Tablets). Jedes Mitglied verfügt innerhalb des Netzwerkes über ein(e) Profil(seite) und Freunde (Kontakte). Der Benutzer kann Texte, Bilder und Videos hochladen, kommentieren oder mittels „Gefällt mir" (Like) markieren. Neue Kontakte können hinzugefügt und bestehende Bekanntschaften entfernt werden. Es gibt verschiedenste Einstellungen über die festgelegt werden kann, wer was lesen und sehen darf (Freunde, Mitglieder einer Gruppe oder Jeder). Innerhalb dieser Netzwerke können Beiträge kommentiert, Nachrichten verschickt, Fotos hochgeladen, Spiele gespielt, Gruppen angelegt, Veranstaltungen angekündigt oder (video) telefoniert werden. Man kann hier auch an Umfragen teilnehmen.

Um tolle Fotos zu machen oder fotografiert zu werden.

Fotos sind eine schöne Erinnerung an die Kostüme und vergangene Veranstaltungen. Selbstverständlich fühlen sich viele Cosplayer auch sehr geschmeichelt, wenn sie oft fotografiert werden.

Allerdings sind nicht alle Cosplayer wirklich verrückt nach Fotos, einige sind sogar scheu oder hassen Fotos von sich selbst, was aber nicht heißt, dass sie nicht für Fotos posieren würden. Schöne Fotos sind für Cosplayer und deren Webseiten zudem unverzichtbar zur Präsentation des Kostüms. Cosplay ohne Fotos gibt es nicht (mehr). Insbesondere durch Nachbearbeitung am Computer lassen sich sehr eindrucksvolle Cosplaybilder erstellen. Die Kostüme wollen schließlich gezeigt und präsentiert werden.

Um (in sozialen Netzwerken) „Fans" zu haben und Aufmerksamkeit zu erhalten.

Jeder mag es bewundert zu werden, umso mehr wenn man viel Arbeit in ein Kostüm und die Requisiten investiert hat. Im Zeitalter der sozialen Netzwerke geschieht dies über Likes („Gefällt mir"-Angaben), Fans oder Abonnenten. Je besser die Selbstvermarktung, die Kostüme und die Fotos sind, desto mehr Fans kann man erreichen. Allerdings hat dies oft auch Schattenseiten.

Um Feedback zu erhalten.

Ohne Lob und konstruktive Kritik ist keine Entwicklung für den Cosplayer möglich. Natürlich gibt es hin und wieder auch weniger schöne Kritik. Konstruktive Kritik sollte jedoch auch angenommen werden können. Jeder Cosplayer muss damit rechnen, dass jedes Foto oder Kostüm, das irgendwo hochgeladen wird, Freunde aber auch Neider finden wird.

Um hin und wieder aus dem üblichen Leben auszubrechen und in eine andere Rolle schlüpfen zu können.

So ziemlich jeder hat sich sicherlich schon einmal gewünscht, zeitweilig eine andere Person sein zu können. Cosplay ist dafür wirklich ideal geeignet. Man kann eine völlig andere Person sein, egal wie verrückt das Kostüm oder der Charakter auch sein mag. Hier sind der eigenen Fantasie wirklich kaum Grenzen gesetzt, selbst wenn das Vorbild einen völlig anderen Charakter oder sogar ein anderes Geschlecht hat als man selbst.

Es macht Spaß.

Natürlich ist cosplayen immer auch mit viel Spaß verbunden. Es ist schließlich nicht alltäglich in einem Kostüm herumzulaufen. Spaß und ungewöhnliche Situationen sind da schon vorprogrammiert. Spaß ist einer der maßgeblichen Gründe, um Cosplay überhaupt zu betreiben.

Um Charaktere aus den Lieblingsserien zum Leben zu erwecken.

Ist man Fan eines Charakters aus einer Serie, ist es natürlich umso schöner diesem „Leben" einzuhauchen. Dies ist ein weiterer Grund, aus dem Leute überhaupt Cosplay betreiben. Man könnte auch sagen „um das Fan sein offen ausleben zu können".

Um fremde Kulturen kennenzulernen und Veranstaltungen im Ausland zu besuchen

In dem man sich mit Anime und Manga beschäftigt, lernt man auch etwas über die japanische Kultur. In vielen Serien spielen japanische Legenden, Mythen und Sagen eine sehr große Rolle. Besucht man Veranstaltungen im Ausland oder lernt man Cosplayer aus anderen Ländern kennen, wird man sich auch mit ihrer Kultur beschäftigen. Es ist so oder so eine große persönliche kulturelle Bereicherung und erweitert den eigenen Horizont. Auf Veranstaltungen im Ausland ist vieles anders, aber gerade darin liegt der Reiz. Es ist schön, Freunde in deren jeweiligen Heimatländern zu besuchen und gemeinsam auf Veranstaltungen Spaß zu haben.

Weil man viel dabei lernt (Auftritt, Herstellung, Improvisation, Präsentation, Teamarbeit).

Die Herstellung von Kostümen, Requisiten und Bühnendekoration erlernt man nicht einfach so, es ist ein langwieriger anstrengender Lernprozess. Ebenso können die wenigsten Leute eine gute Präsentation und einen ansprechenden Auftritt aus dem Ärmel schütteln. Erst im Laufe der Zeit und durch intensive Beschäftigung mit dem Thema lernt man die notwendigen Kniffe und Tricks. Selbiges gilt für tolle Cosplayfotos, sowohl für Cosplayer als auch für Fotografen. Diese Erfahrungen können für die eigene Entwicklung, die Stärkung des Selbstvertrauens und den eigenen (zukünftigen) Job durchaus hilfreich und wertvoll sein. Es fördert die oft im Beruf geforderten Soft Skills.

Crossplay

Crossplayer sind Cosplayer, die sich als Charaktere des anderen Geschlechts verkleiden. Ein Großteil der Crossplayer in Deutschland sind Frauen. Wie es beim Crossdressing meistens der Fall ist, hat dieser Geschlechtertausch nur selten etwas damit zu tun, dass man mit dem eigenen Geschlecht unzufrieden ist. Vielmehr wird mit traditionellen Rollenbildern gespielt und das Anfertigen und die Darstellung eines Kostüms bzw. eines Charakters des anderen Geschlechts als Herausforderung angesehen.

Seiten mit blauem Rand

Diese Seiten enthalten direkte Tipps für Cosplayer und sind daher auch in der Du-Form geschrieben.

Bild oben
Charakter: Erwin Smith
Serie: Attack on Titan
Fotograf: Wai Leong

Bild unten
Charakter: The Pilot/The Narrator
Serie: Steampunk OC: The Little Prince
Fotograf: Herman Misao

Wong Shi Yuan (Yuan Cross)

Hi, ich bin Yuan. Ich bin Konzeptkünstlerin mit einer Leidenschaft für Cosplay. Es ist schon lange Zeit mein Hobby, ich habe kein Problem damit und ich teile es gerne mit der Welt.

Alter

22

Besonderheit

2011 WCS – Repräsentant Malaysia
2013 Tōkyō – Tōkyō Game Show Repräsentant Malaysia

Wie war dein erster Kontakt mit Cosplay und wie kam es dazu?

Ich habe Cosplay auf einer Veranstaltung namens Comic Fiesta in Malaysia kennengelernt. Das war im Jahr 2006. Ich war nur dort weil mich ein Freund dorthin hin geschleift hatte und ich war an Kunstwettbewerben interessiert. Ich war ziemlich gelangweilt nach dem Wettbewerb, es war meine erste Comic Fiesta und ich interessierte mich nicht so sehr für Doujinshi. Ich plante früher nach Haus zurückzukehren, bis ich das Cosplay Schach Event sah. Es bestand aus Cosplayern, die auf einem Schachfeld als Schachfiguren kämpften.

Ich dachte nur „Hey ich kenne einige der Charaktere! OMG die Leben!" Der Gedanke früher zu gehen war weg. Ich habe mir den ganzen Wettkampf angesehen, Ich weiß nicht mehr wer gewonnen hat, aber ich erinnere mich an das folgende

„Die sind total cool! Ich möchte einer von Ihnen sein!"

Jetzt bin ich hier und ich habe meine Entscheidung nie bereut. Wer weiß? Nur ein zufälliger Besucher der von jemand dorthin geschleppt wurde, wird eines Tages vielleicht zu einem außergewöhnlichen Cosplayer?

Was bedeutet Cosplay für dich?

Es ist ein Hobby, von dem ich niemals bereue, dass es Teil meines Lebens wurde.

Warum betreibst du Cosplay?

Zuerst war es nur Neugier, dann hatte ich mich daran gewöhnt und bevor ich es wirklich wusste, liebte ich Cosplay. Unnötig zu sagen dass es nun Teil meines Lebens ist.

Was hat dir Cosplay (bisher) gebracht? Was hast du durch Cosplay gelernt?

Viele Dinge, ich weiss gar nicht wo ich anfangen soll.

Ok, fangen wir hier an: Ich bin eine fröhlichere und optimistischere Person geworden.

Du triffst viele Leute, insbesondere wenn du Veranstaltungen besuchst bei denen es Cosplay gibt. Du wirst dich wundern wie viele Leute dieselbe Leidenschaft wie du haben. Ganz zu schweigen, dass man viel Gemeinsam hat.

Lass es mich so sagen, es macht mich freundlicher und offener. Ich war ein Kind das nichts mit der Welt geteilt hat. Mit diesen Leuten zusammen zu sein hat mich sehr verändert, emotional und körperlich.

Was war dein schönstes Erlebnis?

Ich habe Veranstaltungen in Malaysia, Thailand, Singapur und Japan besucht. Ich sage euch es ist niemals dasselbe (positiv gemeint). Du wirst überrascht sein wie unterschiedlich die Leute die Dinge tun, aber du kannst immer noch fühlen, dass es dasselbe ist.

Nehmen wir mein Heimatland (Malaysia) als Beispiel: Die Menge der Cosplayer stammt aus allen Rassen. Es gibt moslemische Cosplayerinnen. Sie können keine Perücken, wegen ihres Glaubens tragen und sie modifizieren die Kostüme mit Hidschāb / Tudung (Schleier) ... und weißt du was? Sie schaffen es schön auszusehen und den Charakter gut darzustellen.

Singapur & Thailand: Vieles wie in Malaysia, nur besser organisiert. Die Menge stellt sich in Schlangen an und wartet auf ihre Tickets oder ähnliches. Die Cosplayer aus Singapur faszinieren mich mit ihren Fähigkeiten in der Herstellung. Sie verwenden Materialien die man sich nicht vorstellen kann. Das gibt ihren Kostümen das gewisse Etwas.

Japan: Die Leute dort sind super freundlich. Die Cosplayer und Veranstaltungsbesucher sind sehr freundlich zueinander. Vor / während des Auftrittes helfen sich die Leute und feuern sich an, selbst wenn sie Konkurrenten sind. Ganz zu schweigen von den toll organisierten Zeitplänen.

Dario (Dario Cosplay)

Hallo, ich bin Dario aus Italien. Ich lebe und arbeite in Florenz. Ich habe 1994 aus Spaß mit dem Cosplay angefangen und war damals einer der ersten Cosplayer in Italien. Von Anfang an war mir klar wie sehr ich dieses Hobby, das tief mit meiner Begeisterung für Japan, Anime und Manga verbunden ist, liebe.

Alter

Unsterblich

Besonderheit

Zum Zeitpunkt dieses Interviews bin ich kein Repräsentant eines internationalen Wettbewerbes, aber ich habe viele Preise in den letzten Jahren in Italien und im Ausland gewonnen. Ich arbeite an einem internationalen Cosplay Projekt / Verbund und organisiere den Cosplay Wettbewerb der Veranstaltung Lucca Comics mit, der besten italienischen Comic Convention.

Wie bist du mit Cosplay in Kontakt gekommen und wie war deine erste Erfahrung?

Ich begann 1994/95. Wir waren Freunde auf der gleichen Wellenlänge und machten uns alle King of Fighters 94 Kostüme, weil wir dieses Videospiel so mochten. Ich habe mir eine schwarze Jacke gekauft und meine Mutter hat diese so verändert (an den koreanisch / japanischen Stil angepasst), dass ich Kyo Kusanagi wurde. Ich „zwang" sie auch das Symbol zu sticken damit es noch cooler aussah. Meine Mutter wurde, nachdem sie es fertiggestellt hatte, zornig und meinte „Ich werde nie wieder irgendwelche Cosplay Kostüme für dich machen". Nun, nach über 20 Jahren bin ich immer noch dabei und sie macht immer noch Sachen für mich. Mein erstes Kostüm war im ersten Quartal 1995 fertig und ich habe es an Karneval, zusammen mit Freunden zu Hause getragen. Später, 1996/1997 habe ich es in Rom getragen und ich war sehr überrascht wie viele Leute mir Komplimente machten, wie ähnlich es Kyo sehen wurde.

Bild oben
Charakter: Flynn Rider
Film: Tangled
Fotograf: Meian Photo
fb.com/MeianPhoto

Bild unten
Charakter: Edward Kenway
Spiel: Assassin´s Creed 4
Fotograf: Danilo Olivieri Photographer

Was bedeutet Cosplay für dich?

Es begann als ein Spiel. Ich habe die Abende bei mir zuhause mit Freunden genossen. Ich benutzte das Cosplay um freien Eintritt zur Rome Comic Convention zu bekommen (Cosplayer hatten freien Eintritt), aber nach einiger Zeit wurde mir klar, dass mehr hinter Cosplay steckte. Leidenschaft für etwas, so wie man für viele andere Hobbies auch Zeit und Geld investiert, genauso hart arbeite ich auch an meinem Kostüm. Das ist etwas das dir Zufriedenheit verschafft. Daher mag ich Cosplayer die nur mit gekauften Kostümen bekannt geworden sind nicht. Ich nenne diese Leute nicht Cosplayer sondern Models.

Warum betreibst du Cosplay?

Leidenschaft! Was sonst?

In 20 Jahren Cosplay habe ich alle Prozesse kennengelernt die notwendig sind bevor ein Kostüm fertiggestellt ist: Bilder, Stoffe und die richtigen Materialien finden, Kostüme testen, Fehler beseitigen, einen Auftritt ausarbeiten und den Charakter zu spielen. Alle diese Dinge zusammen sind Cosplay.

Hast du bisher von Cosplay profitiert?

Ja, aber nicht immer. Jedoch ist es immer ein Gewinn für mich, wenn Cosplay mir Freude macht.

Was hast du durch Cosplay gelernt?

Freunde überall auf der Welt zu finden. Das ist das wichtigste das mir Cosplay fürs Leben gegeben hat.

Was war dein schönstes Erlebnis?

Ich habe mit Cosplay viele schöne Erfahrungen gemacht, eine davon war beim WCS als Besucher. Ich habe Tiger Mask gecosplayed und die Japaner dort waren sehr überrascht von meinem Kostüm. Aber auch als ich als Sanji auf der Comiket unterwegs war. Zwei Mal mussten Helfer der Veranstaltung die Fotos unterbrechen, weil der Andrang der Leute so groß war.

Als ich als Gast nach Mexiko eingeladen worden bin, gab es sehr viel Aufmerksamkeit, für einen männlichen Cosplayer. Sie waren alle so nett zu mir und ich habe das sehr geschätzt.

Eine andere tolle Erfahrung war als Go Nagai 2006 zur Naples Convention als Juror kam und nur mich in meinem Devilman Kostüm auch mit diesem Namen rief. Devilman ist einer seiner beliebtesten Charaktere und er machte mir Komplimente für mein tolles Kostüm. Er machte ein Foto mit mir und zeichnete mir etwas und signierte es. Und seine Frau sagte, dass ich besser als das Original wäre. Das war der mit Abstand beste Preis, besser als jeder Pokal oder ähnliches.

Katharina Wehrmann (Cosbabe)

Alter

26

Besonderheit

WCS Team Germany 2008, Cosplaygast

Wie war dein erster Kontakt mit Cosplay und wie kam es dazu?

Mein erster Kontakt mit Cosplay war zum einen "das erste Ausprobieren", zum anderen aber auch "das erste Mal live sehen". Meine damalige beste Freundin und ich waren mit einem anderen Mädchen über das Internet befreundet. Wir drei teilten uns ein gemeinsames Hobby: Anime, Manga und Japan. Aus diesem Grund haben wir uns eine Anime- und Manga-Convention ausgesucht, auf der wir uns zum ersten Mal treffen wollten. Auf der Connichi 2004 in Kassel kam es dann endlich dazu. Nach einiger Recherche vorweg zu dem ganzen Convention-Thema stießen wir ebenfalls auf das Thema "Cosplay". So schnell, wie unsere Begeisterung wuchs, wuchs auch der Wunsch, es direkt auszuprobieren. Ohne irgendwelche Kenntnisse wagten wir uns an unsere ersten Kostüme, die halb gekauft und halb selbst gemacht waren. Die gemachten Erfahrungen waren so schön, dass wir es ein zweites und dann auch ein drittes, viertes, fünftes Mal ausprobieren wollten… und Cosplay dann direkt zu unserem Hobby wurde.

Was bedeutet Cosplay für dich und warum betreibst du es?

Die Bedeutung von Cosplay hat sich für mich über die Jahre gewandelt — es ist „eine andere Art und Weise kreativ zu sein". Mir geht es nun weniger darum, sich in einen Charakter zu verwandeln, sondern mehr um das Übersetzen, Interpretieren und das Machen des Kostüms selbst. Hierbei spielen Materialwahl und Herstellung eine wichtige Rolle.

Bild oben
Charakter: Super Sailor Moon
Serie: Sailor Moon
Fotografin: Annie Fischinger
www.anniefischinger.com

Bild unten
Charakter: Super Sailor Moon
Serie: Sailor Moon
Fotografin: Annie Fischinger
www.anniefischinger.com

Was hat dir Cosplay (bisher) gebracht? Was hast du durch Cosplay gelernt?

Durch dieses Hobby habe ich sowohl neue Freunde gewonnen als auch viele neue Kulturen und Länder kennengelernt. Erfahrungen, die ich ohne diese gemeinsame und besondere Verbindung so sicherlich nicht gemacht hätte.

Es hat mich persönlich auch etwas gegenüber unwichtigen Dramen abgehärtet, welche oft durch Neid und Missgunst in der Cosplay-Community entstehen.

Was war dein schönstes Erlebnis?

Das allerschönste Erlebnis für mich war, zusammen mit meiner Freundin Annie den Vorentscheid für das deutsche Team zur Cosplay-Meisterschaft (World Cosplay Summit) im Jahre 2007 gewonnen zu haben. Nach Japan eingeladen zu werden und dort auch gleichzeitig sein Lieblingshobby ausüben zu können, war einer unserer größten Träume.

Charakter: Super Sailor Moon, Serie: Sailor Moon, Fotografin: Annie Fischinger, www.anniefischinger.com

TaeYeon (Minemes)

Hallo, ich bin TaeYeon eine Cosplayerin aus Korea. Ich cosplaye seit ungefähr zehn Jahren und durfte Korea bei zwei internationalen Wettbewerben (WCS 2012 und ACM 2011) vertreten. Beim ACM habe ich den ersten Platz gewonnen. Ich liebe internationale Cosplay Veranstaltungen weil ich es mag Cosplayer aus anderen Ländern zu treffen. Ich studiere Cosplay und japanische Popkultur. Als Cosplayer baue ich normalerweise Roboter.

Besonderheit

2008 Cosmode in Thailand – Special Guest
2011 Asia Cosplay Meet – Repräsentantin Korea
2012 World Cosplay Summit – Repräsentantin Korea
2012 China Tianjian event – Special Guest
2012 LOL Champions 2012 Summer Final – Special Guest
2013 WCS Karaoke – Repräsentantin Korea
2013 Action Tournament Event – Special Guest
2013 NicoNico Cospllection – Special Guest
2014 Animecon 2014 Niederlande – Wettbewerbsjurorin
2015 Connichi 2015 Deutschland – Wettbewerbsjurorin

Wie war dein erster Kontakt mit Cosplay und wie kam es dazu?

Ich sah Cosplay zuerst auf einer Veranstaltung. Um ehrlich zu sein, ich habe es überhaupt nicht gemocht weil es so anders war als die Originalcharaktere. Jedoch, von diesem Tag an konnte ich es nicht vergessen. Als sein Lieblingscharakter angezogen zu sein sah nach Spaß aus. Allerdings, ich hatte nicht den Mut das zu tun, ich dachte andere Leute würden mein Cosplay hassen so wie ich es damals. Als ich auf die High-School kam, gab es einen Cosplay Club. Die Mitglieder waren so nett und die gemeinsame Zeit mit ihnen war sehr lustig. Dort machte ich mein erstes Cosplay. Diese Erfahrung war stark genug um Cosplay lieben zu lernen. Ich konnte seitdem nicht mehr aufhören.

Was bedeutet Cosplay für dich? Warum betreibst du Cosplay?

Das Wort Cosplay beschreibt selbst genug was es für mich ist, aber wenn ich es erklären muss, würde ich sagen "Veränderung". Es ist Energie und Halt für mich. Es bringt mir kleine Events in meinem Leben.

Bild oben
Charakter: Seth Nightlord
Serie: Trinity Blood
Fotograf: Wenbin
fb.com/wenbin.photo

Bild unten
Charakter: Pohwaran
Serie: Blade & Soul
Fotograf: aiNo

Cosplay vorbereiten, cosplayen, Fotos zu haben macht Spaß und ist eine schöne Erinnerung. Cosplay kann ein Weg sein um neue Freundschaften zu schließen und mit Leuten in anderen Ländern in Freundschaft zu treten. Zusätzlich, positive Aufmerksamkeit zu erhalten ist keine schlechte Erfahrung. Fotos machen, mein Cosplay zeigen und aufzutreten macht so viel Spaß.

Was hat dir Cosplay (bisher) gebracht? Was hast du durch Cosplay gelernt?

Cosplay hat mein Leben vielfältig bereichert. Cosplay hat mich extrovertierter gemacht. Cosplay ist im Wesentlichen Spaß daran, sich zu präsentieren. Du musst deine Schüchternheit während des Cosplayen vergessen. Ich war keine sehr aktive Person, aber Cosplay hat meine Persönlichkeit positiv verändert. Cosplay hat mir die Chance gegeben so viele Freunde, nicht nur aus der Nähe sondern auch aus anderen Ländern zu treffen. Bei manchen Veranstaltungen sind Gastcosplayer aus anderen Ländern oder du kannst als Gastcosplayer ein anderes Land besuchen. Auf internationalen Veranstaltungen sind viele Leute aus verschiedenen Ländern. Diese Freunde sind für immer gute Freunde.

Du hast Cosplay studiert?

Ich habe eine Arbeit über die japanische Otaku Kultur geschrieben. Ich war auf Cosplay fokussiert und habe Interviews gemacht um die verschiedenen Cosplaykulturen zu vergleichen. Verschiedene Länder haben verschiedene Regeln, Umstände und Atmosphären. Ich dachte es ist sehr Interessant ein Auge darauf zu haben und dies zu vergleichen, denn jedes Land hat seine eigene Cosplaykultur auch wenn es Alles in Japan begann.

Was war dein schönstes Erlebnis?

Zum Lieblingscharakter zu werden ist immer die beste Erfahrung. Allerdings, ist es eine noch schönere Erfahrung wenn man einen Preis gewinnt. Als ich mich für die ACM vorbereitet habe, es war einsam und hart, ich hatte einen Team- und einen Einzelauftritt vorzubereiten. Ich habe alles versucht und war total erschöpft. Es gab so viele Probleme vor dem Auftritt und es war das totale Chaos. Ich war kurz davor loszuheulen, aber ich riss mich zusammen und gab mein Bestes auf der Bühne. Ehrlich gesagt, nur ich dachte dass alles daneben wäre. Die Vorbereitung hat sich ausgezahlt. Die Reaktion des Publikums war toll und ich erhielt sehr viele Komplimente. Das war für mich genug um die schwere Zeit davor zu vergessen, aber das war noch nicht alles, ich gewann auch den ersten Preis mit meinem Team. Dies ist meine schönste Erinnerung. Dies betrifft auch Fotos. Es ist immer schön Rückmeldungen für die viele Arbeit an meinen Kostümen zu erhalten (wie für Pohwaran mit der riesigen Waffe).

Lasst mich noch eine Erfahrungen erzählen. Einen Auftritt vorzubereiten macht eine Menge Arbeit. Meine Freundin und ich überlegten uns was wir machen könnten, was wir beide mögen und was gut auf einer Bühne wirkt. Wir haben sehr viel über die Reaktion des Publikums nachgedacht. Das war keine schlechte Erfahrung, aber unser gesetztes Ziel konnten wir nie erreichen. Wir hatten darauf keine Lust mehr und entschieden uns für einen letzten Auftritt den wir genießen konnten. Und ja, das war der beste Auftritt den wir jemals gemacht haben. Jeder liebte es und wir konnten es mit ganzem Herzen genießen. Nach dem Auftritt, waren wir zufrieden und fertig. Aber, durch diesen Auftritt wurden wir die koreanischen Repräsentanten. Wir machen Cosplay nicht um Preise zu gewinnen, aber wenn uns die Leute für unsere Bemühungen auszeichnen, dann ist das toll.

Kanan Yui (von YUIMINO+)

Wir sind 3 Cosplaykünstler, welche die Cosplay-Firma Onigiri betreiben. Auf dem World Cosplay Summit 2008 haben wir den 3. Preis gewonnen. Wir sind live auf der ganzen Welt. Über unsere Gruppe / Firma wurde in inländischen TV, Zeitschriften und Zeitungen berichtet. YUIMINO+ (Gesangsgruppe) sind Kanan Yui, Takei Minori und Shinonome Yuusa.

Webseite

http://onigiri.jpn.com

Beruf

ONIGIRI+ Management

Wie war dein erster Kontakt mit Cosplay und wie kam es dazu?

Ich habe gedacht, was für eine tolle farbenprächtige Kleidung. Das ist wohl nen Star.

Was bedeutet Cosplay für dich und warum betreibst du es?

Zusammen mit der Schminke, ist das ein herrliches Mittel, mit dem man sowohl die Seele, als auch den Körper verwandeln kann.

Was hat dir Cosplay (bisher) gebracht? Was hast du durch Cosplay gelernt?

Ich war früher oft das Opfer von „Ijiime" (Mobbing und Schikanen), so konnte ich aus mir rausgehen! Ich konnte mich verwandeln!

Was war dein schönstes Erlebnis?

Wir haben beim World Cosplay Summit den 3. Preis gewonnen. Wir fuhren danach erstmals ins Ausland und haben eine Cosplay-Firma gegründet.

Bild oben
Kanan Yui
Bühnenkostüm YUIMINO+
Fotograf: Fritjof Eckardt

Bild unten
YUIMINO+
Bühnenkostüme YUIMINO+
Fotograf: Fritjof Eckardt

Um unnötigen Frust zu vermeiden sollte man als Cosplayer folgende Punkte akzeptieren

- Cosplay soll dir selbst Spaß machen. Du musst dich in deinen Kostümen wohlfühlen und dazu stehen, egal was die anderen Leute sagen. Sei DU selbst. IMMER.
- Schule, Ausbildung und Beruf haben IMMER Vorrang vor Cosplay. IMMER. Opfere niemals Klausuren oder gar Abschlüsse nur um mehr Zeit für Cosplay zu haben. Jahre später wirst du das möglicherweise bitterlich (beruflich und finanziell) bereuen.
- Gib nicht dein gesamtes Geld nur für Cosplay aus.
- Es gibt gibt Cosplayer, die nicht mehr zur Schule oder zur Universität gehen und / oder einen besser bezahlten Job haben und sich deshalb ganz andere Stoffe bzw. Materialien und somit auch andere Kostüme samt Requisiten leisten können als du.
- Streiche nicht deine gesellschaftlichen Aktivitäten nur um mehr Geld für Kostüme zu haben. Es ist nicht notwendig Unmengen an Kostümen pro Jahr anzufertigen.
- Spare NICHT am Essen, nur um mehr Geld für Kostüme ausgeben zu können. Höre auf deinen Körper, gönne dir Ruhepausen und opfere nicht deinen Schlaf für die Herstellung von Kostümen.
- Es wird immer Cosplayer geben, die besser oder schlechter sind als du. Es ist somit völlig in Ordnung, dass auch du besser oder schlechter als Andere bist.
- Sei stolz auf deine Auftritte, Kostüme und Requisiten, werde in deinem Stolz aber nicht überheblich. Nimm Kritik an und sei daran interessiert dich zu verbessern. Es gibt immer etwas, das verbessert werden kann.
- Bevor du über andere Cosplayer meckerst, mache es selber besser. Und auch dann sind Tipps reiner Kritik vorzuziehen.
- Gönne anderen Cosplayern den Gewinn eines Wettbewerbes und ihren Erfolg.
- Lass deine Eltern wissen was du tust, triff klare Absprachen und halte dich daran, auch wenn es dir schwer fällt. Deine Eltern dürfen Cosplay nicht mit etwas Negativem verbinden, also erkläre ihnen das Cosplay und vor allem was du tust.
- Auf Veranstaltungen ist es üblich andere Cosplayer mit dem gleichen Kostüm anzutreffen. Diese tragen möglicherweise sogar schlechter gemachte Kostüme, erhalten aber trotzdem mehr Aufmerksamkeit von anderen Besuchern. Akzeptiere es, auch wenn dir das Mühe bereitet.
- Jeder Cosplayer hat Fans und Hasser, egal wie sehr man versucht es allen Recht zu machen.
- Es ist niemals falsch mit einfachen Kostümen anzufangen und den Schwierigkeitsgrad langsam zu steigern. Im Laufe der Zeit steigen die eigenen Fähigkeiten und die Geschwindigkeit, in der Sachen angefertigt werden können. Dinge, die am Anfang Tage oder gar Wochen dauerten, können später innerhalb von Stunden oder Tagen erledigt werden.
- Mache Fotos aller deiner Kostüme zur Erinnerung.
- Wenn du Fragen zur Herstellung eines Kostümes oder einer Requisite hast, frage die anderen Cosplayer, bemühe dich aber parallel auch stets selbst um eine Lösung.

- Setze dir Ziele, wie „Ich möchte den Wettbewerb gewinnen", „Ich möchte mit einer Gruppe Charaktere aus einer Serie cosplayen" oder „Ich möchte mit neuen Werkstoffen arbeiten" und halte sie für dich fest. Suche dir Helfer und Mitstreiter für die Teilnahme an Wettbewerben.
- Wenn dir ein angefertigtes Kostüm nicht gefallen sollte, dann überarbeite es, oft entstehen so die besten Kostüme. Du und NUR DU musst dich in dem Kostüm wohlfühlen.
- Totale Fehlschläge gehören bei der Kostümherstellung leider dazu. Sei es, dass die Verarbeitung einfach nicht klappt, das Kostüm überhaupt nicht passt oder man sich darin am Ende absolut nicht wohl fühlt. Nicht daran verzweifeln oder aufgeben, sondern etwas daraus für das nächste Kostüm lernen.
- Qualitativ hochwertige Materialien sind teuer, aber sie lohnen sich, zumindest wenn man damit umgehen kann. Übe vorher mit günstigen Materialien / Stoffen.
- Wenn du irgendwann einmal viel Erfahrung hast, Wettbewerbe gewinnst, tolle Kostüme und viele Fans hast, dann vergiss niemals, dass auch du klein angefangen hast und behandele die anderen Cosplayer und insbesondere auch die Cosplay Anfänger gut.

Wie entwickelte sich Cosplay in Deutschland?

Ab Ende der 90er Jahre begann der Cosplaytrend, anfangs nur langsam und zögerlich, auch in Deutschland Fuß zu fassen. Anime- und Mangafans und deren kleinere Treffen gab es aber schon vorher in Deutschland. Den meisten Fans begegnete man zu dieser Zeit an den Universitäten und dort insbesondere in den Informatikfachbereichen. Das lag unter anderem auch daran, dass diese Leute Zugriff auf schnelles Internet hatten, noch bevor es allgemein verfügbar war und sie so stetig an neue Informationen gelangen konnten. Zuerst gab es Cosplayer nur auf kleineren (privaten) Treffen und Veranstaltungen oder auch vereinzelt an Karneval auf den Straßen. In den ersten Jahren waren Cosplayer meist älter als heute und stellten nur eine kleine Besuchergruppe auf den Conventions dar.

Neben den Ausstrahlungen verschiedenster Anime im deutschen TV und der zunehmenden Verfügbarkeit von Videos, entsprechenden Fachzeitschriften, vieler neuer Fantreffen und Conventions, sorgte später auch die rasche Entwicklung und Verfügbarkeit des Internets (und entsprechender Communities, Download- und Videoportale) und neuer Zahlungssysteme maßgeblich dafür, dass sich Anime / Manga und damit Cosplay auch außerhalb Japans schnell verbreiteten. Im Zuge dessen wurde auch das Durchschnittsalter der Fans immer geringer. Es entwickelten sich im Laufe der Jahre völlig neue Vertriebswege (wie Internethändler und Online-Auktionshäuser), über die es wesentlich einfacher wurde Anime-, Manga- und Merchandising-Produkte (aus Japan) zu beziehen.

Natürlich erschienen auch deutsche Produkte und ins deutsche übersetzte Anime und Manga. In Deutschland hatte der Sender RTL2 ebenfalls einen großen Anteil daran, dass die Serien hier populärer wurden. Knapp 20 Jahre lang wurden die verschiedensten Serien (zum Beispiel Pokémon, Dragon Ball, Digimon, Naruto und Sailor Moon) in deutscher Synchronisation im Mittags- und Nachmittagsprogramm ausgestrahlt. So verbreitete sich Anime, Manga und dadurch auch das entsprechende Cosplay mehr und mehr in Deutschland. Auch momentan werden unterschiedliche Anime im deutschen TV ausgestrahlt.

Mit dem Beginn des 21. Jahrhunderts nahm auch die Zahl und Größe der Conventions, Veranstaltungen, Treffen und Cosplay-Wettbewerbe in Deutschland massiv zu. Die Zahl der Cosplayer vervielfachte sich im Laufe der Jahre entsprechend und so wurden Cosplayer immer öfter auch außerhalb von Veranstaltungen im normalen Stadtbild gesehen, besonders zahlreich in Städten mit großen Conventions und japanischen Geschäften. An Wochenenden und in den Ferien gehören Cosplayer in manchen Städten schon beinahe zum üblichen Straßenbild. Ebenso hielten Cosplay-Wettbewerbe und Cosplayer auf den Buchmessen, Jugendmessen und auf Stadtfesten Einzug.

Entwicklung Besucherzahlen der 3-tägigen Connichi Convention (Quelle: Connichi)

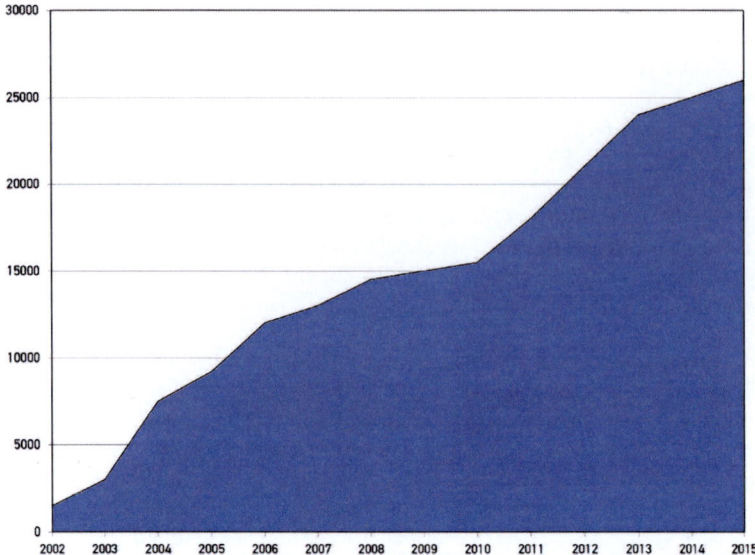

Anzahl der Cosplayer in Deutschland (Quelle: Cosplayeranzahl Mai 2016 Animexx.de)

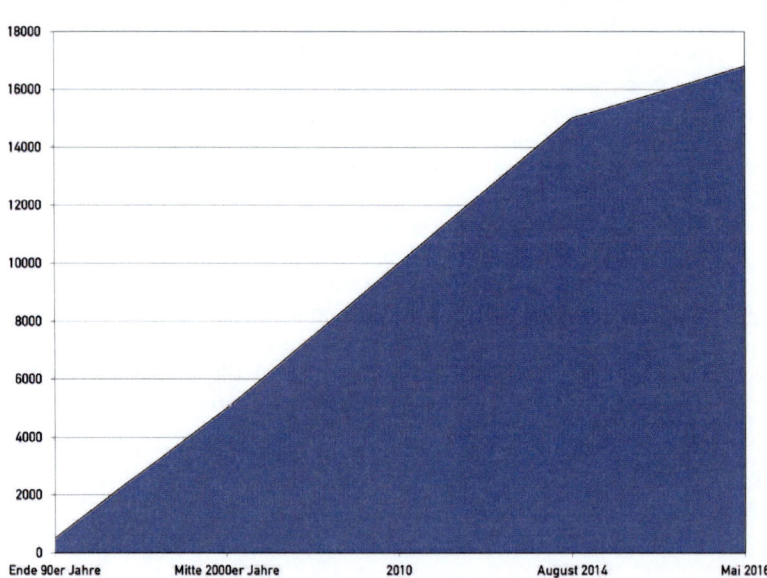

Entwicklung Besucherzahlen der 3-tägigen Japanimanga Night (Quelle: JAN, Schweiz)

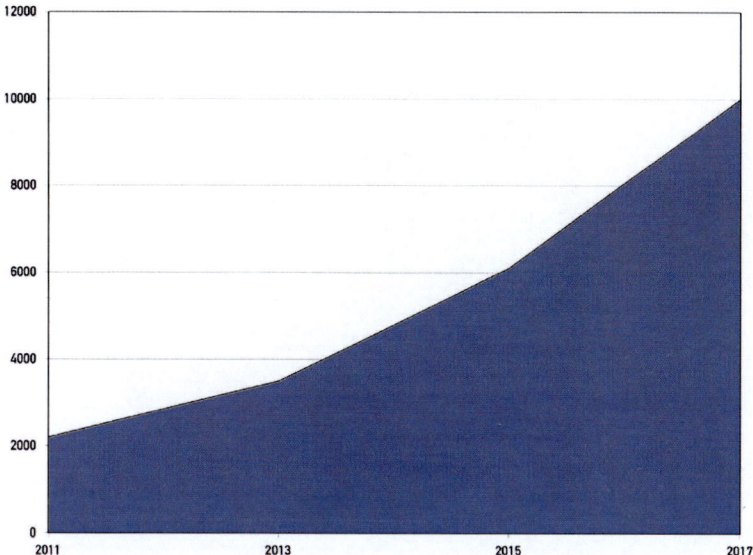

Entwicklung Besucherzahlen der 2-tägigen Dokomi Convention (Quelle: Dokomi)

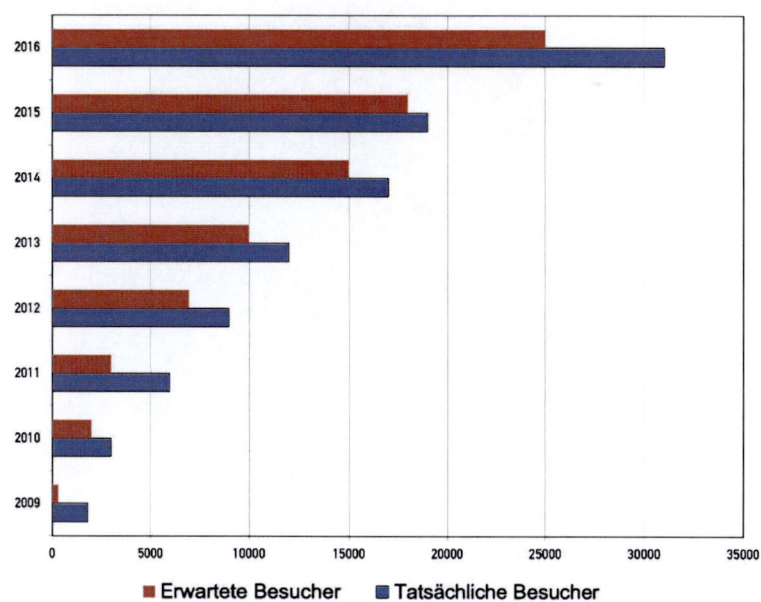

Altersverteilung Dokomi Convention (Quelle:Dokomi Convention)

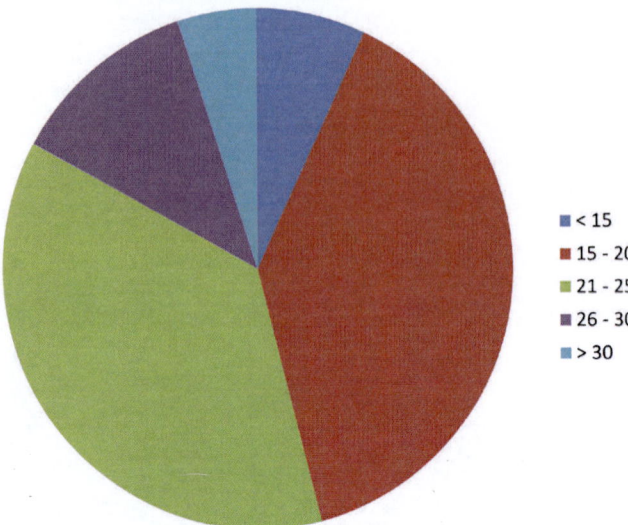

Geschlechterverteilung Dokomi Convention (Quelle: Dokomi)

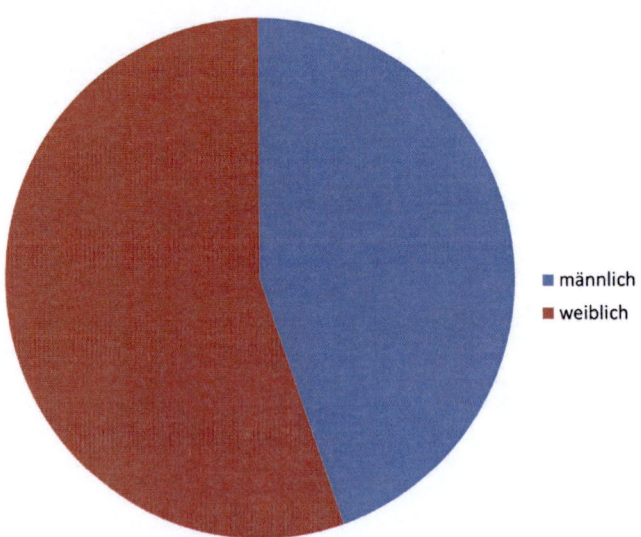

Wichtige Meilensteine in Deutschland:
- Erste kommerzielle Großconvention: AnimagiC (1999)
- Gründung des Vereines Animexx e.V. (2000)
- Die Animexx.de-Webseite geht online (2000)
- Erste nicht-kommerzielle Großconvention: Connichi (2002)
- Erste Teilnahme Deutschlands am World Cosplay Summit [WCS] (2003)
- Erste Deutsche Cosplaymeisterschaft auf der Frankfurter Buchmesse [DCM] (2007)
- Japan-Tag Düsseldorf mit Anime- / Cosplay- / Japan-Bereich: „Popkulturzone" (2008)
- Erste Dokomi Convention in Düsseldorf (2009)
- Erste Teilnahme Deutschlands am EuroCosplay Championship [EuroCos] (2010)
- Erste Teilnahme Deutschlands am European Cosplay Gathering [ECG] (2011)

Es ist schwer zu sagen wie viele (aktive) Cosplayer es genau in Deutschland gibt, es ist jedoch von weit mehr als 20.000 Cosplayern auszugehen. Die Anzahl der Cosplayer weltweit liegt inzwischen (geschätzt) bei weit über 400.000. Es gibt viele verschiedene Webseiten auf denen sich Cosplayer treffen, die größte innerhalb der deutschen Cosplay-Community ist jedoch mit Sicherheit Animexx.de. Viele Cosplayer nutzen mehrere Plattformen, manche nur eine und einige wenige verwenden keinerlei soziale Netzwerke. Die Anzahl der Anime- und Mangafans dürfte in Deutschland weit über 150.000 liegen.

Während sich zu Beginn die meisten deutschen Cosplayer auf den Anime- und Manga-Conventions oder -Treffen ausschließlich auf japanische Charaktere / Kostüme festlegten, wurde im Laufe der Jahre auch das Cosplayen von internationalen Filmen, Musicals, Serien, Comics und Computerspielen auf deutschen Anime- / Manga- Veranstaltungen immer beliebter. Bei manchen Wettbewerben sind diese Kostüme jedoch nicht gestattet, da ihnen der Japanbezug fehlt. Diese Regel kann von Sponsoren oder auch von Wettbewerben vorgegeben sein.

Cosplay ist inzwischen in Deutschland, wie in vielen anderen Ländern auch, zu einem „Mainstream-Phänomen" geworden, mit allen dazugehörigen Vor- und Nachteilen, auf die in den späteren Kapiteln genauer eingegangen wird.

Animexx e.V.

Der Verein Animexx e.V. wurde im Jahr 2000 zur Förderung des positiven Images der japanischen Zeichentrickfilme (Anime), Comics (Manga) und Kultur in München (Deutschland) gegründet und entstand aus dem SMOF (Sailor Moon Online Fanclub) und dem Animangai. Mit weit über 100.000 Online-Mitgliedern ist die Webseite Animexx.de die größte Anime- und Manga-Community im deutschsprachigen Raum und auch bei Cosplayern sehr beliebt. Es ist ein soziales Netzwerk, das auf Anime, Cosplay, Manga und Japan spezialisiert ist. Der Verein selbst organisiert viele Events oder ist Mitveranstalter derselbigen. Ebenso ist der Animexx e.V. auf vielen Veranstaltungen als Aussteller oder Teilnehmer präsent und informiert über das Thema. Die größte vom Verein veranstaltete Convention ist die jährlich in Kassel stattfindende Connichi.

Merchandising (-Produkte)

Als Merchandising oder Merch werden alle lizensierten Artikel bezeichnet, die zu einer Serie käuflich zu erwerben sind. Dazu zählen Manga, DVDs, Blu-Rays, T-Shirts, Figuren, Bücher, Taschen und vieles andere mehr.

Florian Schäfer (Tanabata)

Ich war von Ende der 90er bis vor ein paar Jahren aktiv in der Anime und Manga Szene. Durch meine Tätigkeit als Vizepräsident beim Animexx e.V. konnte ich viele Kontakte in der Szene sammeln und war in viele Projekte involviert. Ich habe im Laufe der Jahre als Organisator viele Cosplay-Wettbewerbe mitveranstaltet, u.a. auf der Connichi in Ludwigshafen und Kassel, der Frankfurter Buchmesse, der Leipziger Buchmesse und der Collectoo in Straßburg. Ich war Cosplayjurymitglied in dutzenden Events in Deutschland oder im europäischen Ausland, habe als Redakteur u.a. für die Zeitschriften Koneko und Peach über Cosplay geschrieben. Von 2003-2007 war ich als deutscher Organisator auf dem World Cosplay Summit und habe dafür gesorgt, dass deutsche Cosplayer seitdem dort immer vertreten waren.

Besonderheit

Ehemaliger Cosplayorganisator

Wie bist du mit Cosplay in Kontakt gekommen?

Von Japanern, die sich wie Anime Figuren verkleiden, habe ich das erste Mal Mitte der 90er Jahre durch die Zeitschrift AnimaniA erfahren. Live konnte ich diese Cosplayer dann während eines Urlaubs in Tōkyō 1997 sehen. Cosplayer in Deutschland konnte ich erstmals auf Conventions wie dem Comic Salon in Erlangen 1998 und dem Anime Marathon in Königs Wusterhausen 1999 begegnen. Auf diesen beiden Veranstaltungen gab es aber nur eine Hand voll verkleideter Besucher, die dementsprechend noch exotischer anzusehen waren. So richtig viele Cosplayer sah ich dann aber erst auf der AnimagiC in Koblenz 1999.

Wie waren die ersten Treffen / Wettbewerbe? Was war anders als heute?

Auf den Anime Conventions Ende der 90er Jahre waren Cosplayer nur eine kleine Gruppe, der Anteil kostümierter Besucher lag im einstelligen Prozent Bereich. Dementsprechend war der Umgang miteinander auch deutlich familiärer.

Die Kostüme waren im Durchschnitt amateurhafter und weniger aufwändig als auf heutigen Events, was aber niemanden gestört hat.

Bild oben
Florian Schäfer auf dem
Anime Marathon 2001
Fotograf: Fritjof Eckardt

Bild unten
Florian Schäfer (mit einem Digimon)
auf der Comic Action 2000
Fotograf: Fritjof Eckardt

Bei den ersten Cosplay-Wettbewerben gab es nur wenig Performance und wenn bestand diese aus einem Witz über den gecosplayten Charakter oder einem umfangreicheren Posenwechsel. Kein Vergleich zu den Tanz-, Gesangs- oder Akrobatikdarbietungen die man heutzutage auf Wettbewerben häufig sieht.

Wie wichtig ist das Internet bei der Entwicklung der Cosplayszene gewesen? Gibt es weitere Dinge die bei der Entwicklung wichtig waren?

Das Internet ist aus der Cosplayszene und dem Leben generell heutzutage sicher nicht wegzudenken. Ich denke aber, dass andere Faktoren für das Entstehen und die Entwicklung der Cosplayszene wesentlich wichtiger waren. Der Einzug von Animes im deutschen Fernsehen in den 70er und 80er Jahren, der Erfolg von Mangas in den 90ern und frühen 2000er Jahre, die nach und nach westliche Comics aus den Regalen verdrängten und nicht zuletzt die seit 1994 erscheinende Zeitschrift AnimaniA sorgten in der zweiten Hälfte der 90er dafür, dass eine Fanszene in einer Zeit entstehen konnte, in der das Internet nur wenig Menschen erreichte. Das Internet hat um die Jahrtausendwende dann aber für eine rasante Verbreitung der Szene gesorgt. Das Internet war für die Fans von Anime und Manga sicher sehr wichtig um einander zu finden, aber der Grundstein der Szene wurde durch andere Medien gelegt.

Was war für dich das wichtigste Cosplay-Ereignis / die wichtigste Veranstaltung?

Für mich war das World Cosplay Summit, bzw. was im Laufe der Jahre daraus wurde die wichtigste Veranstaltung. Ein Event, bei dem Cosplayer aus vielen verschiedenen Ländern aufeinander treffen ist ein hervorragendes Mittel der Völkerverständigung. Der Austausch nicht nur zwischen den Cosplayern, sondern auch zwischen den Veranstaltern aus den jeweiligen Ländern hat sehr positiv zur Vernetzung der Events beigetragen. In den Jahren danach sind auf europäischer Ebene mehrere Netzwerke von Cosplayevents entstanden wie European Cosplay Gathering oder EuroCosplay. Ich freue mich, dass durch solche Events auch jenseits des Internets die internationale Verknüpfung der Fanszenen zunimmt.

Florian Schäfer auf der Connichi 2006, Fotograf: Fritjof Eckardt

Das Image und Verhalten
von Cosplayern in Deutschland

Das allgemeine Image von Cosplay und Cosplayern ist in Deutschland eher schlecht und die Akzeptanz oft ziemlich gering. Cosplayer wirken auf ihre Mitmenschen meist recht irritierend. Manch ein Unbeteiligter denkt sich „Ist das normal?", „Ist gerade Karneval?", „Da laufen Manga rum" oder auch „Sind die alle doof?". Viele sprechen diese Gedanken auch direkt laut aus und oft sind das die „nettesten" Sprüche, mit denen sich Cosplayer, die außerhalb von Veranstaltungen im Kostüm herumlaufen, herumschlagen müssen. Wer nicht weiß, was Cosplay ist, dem kann man dieses Unwissen aber eigentlich nicht vorwerfen. Cosplayer in Kostümen gehören eben nicht in das übliche zu erwartende Straßenbild. Um Probleme zu vermeiden, empfehlen einige Veranstalter ihren Besuchern immer in Zivil anzureisen, die Kostüme erst am Veranstaltungsort anzuziehen und nur dort kostümiert herumzulaufen.

Entscheidend sollte für alle Cosplayer sein, dass man nicht automatisch davon ausgehen kann, dass jeder etwas mit Cosplay anfangen kann bzw. dafür Verständnis oder gar Interesse aufbringen will. Dementsprechend rücksichtsvoll sollte man als Cosplayer seinen Mitmenschen gegenüber auftreten.

Manche Leute sind neugierig und stellen, da sie eben kein Wissen über Cosplay haben, „komische" und scheinbar dumme Fragen, die aber aus ihrer Sicht völlig normal und nur verständlich sind. Daher sollte man als Cosplayer und Organisator den Fragenden ernst nehmen und erklären, was Cosplay eigentlich ist.

Im Theater und bei Musicals sind fantasievoll kostümierte Darsteller völlig normal. Sie sind dort gesellschaftlich akzeptiert, werden gelobt, manchmal auch angefeuert und von ihren Fans oft verehrt. Sie schlüpfen in andere Rollen, verdienen ihren Lebensunterhalt damit und haben einen angesehenen Beruf. Dennoch sind viele Leute von Anfang an Cosplayern gegenüber sehr voreingenommen, oft auch durch Medienberichte verursacht und stempeln diese gleich als „kostümierte Idioten" ab. Dies ist nicht so ganz verständlich, da wir doch in einem Land leben, in dem (in vielen Gegenden) Karneval und ausgiebig ausgelebte Fankultur (z.B. beim Sport) weit verbreitet und auch gesellschaftlich größtenteils akzeptiert sind. Etliche Sportfans laufen und fahren in Trikots, mit Hüten, Schals oder Flaggen (teilweise) kunterbunt „verkleidet" und oft auch laut grölend zu den Stadien und niemanden stört es. Im Gegenteil dies wird als „völlig normal" angesehen. Karneval hat für etliche Cosplayer jedoch oft ein recht negatives Image und die meisten von ihnen möchten nicht damit in Verbindung gebracht werden.

Bisher habe ich noch nicht davon gehört, dass Cosplayer im größeren Stil Ärger gemacht hätten oder jemals (Hundertschaften der) Polizei notwendig gewesen wäre(n) um Anime- / Manga- / Cosplay-Conventions oder andere Treffen dieser Art abzusichern, so wie es bei Karnevalsumzügen, in den Altstädten und bei manch anderen Großveranstaltungen hin und wieder leider notwendig ist. Dies sind alles Dinge, die man bei Cosplayern normalerweise nicht erleben wird.

Woran liegt es dann, dass (deutsche) Cosplayer außerhalb der Szene ein so schlechtes Image haben?

Generell fallen Cosplayer eigentlich nicht durch schlechtes Benehmen auf. In vielen Städten trifft man Cosplayer inzwischen auch ganzjährig (insbesondere an Samstagen oder in den Schulferien), ohne dass entsprechende Veranstaltungen stattfinden. Manchmal fällt jedoch der ein oder andere aus dem Rahmen und kann dadurch der Szene oder den Organisatoren von Veranstaltungen und Wettwerben Schaden zufügen.

Einige Cosplayer vergessen für ein gutes Foto schon mal, an welchen Orten sie sich befinden (wie Friedhof, Kirche, Müllpressen oder Zugschienen). Sie denken nicht daran, dass der gewählte Ort unter Umständen eher ungeeignet sein könnte, da es dort entweder sehr gefährlich und der Zutritt unter Umständen sogar verboten ist, oder dass es schlicht und ergreifend respektlos wäre, an diesem Ort ein (lautes) Fotoshooting zu veranstalten oder man ggf. gar eine Genehmigung dafür braucht. Kommt es dort dann zu Problemen oder wird die Polizei gerufen, sorgt das meist auch für entsprechend negative Zeitungs- und Medienberichte. Natürlich handelt es sich bei solchen Vorkommnissen um Einzelfälle, die aber oft verzerrt dargestellt werden als würden plündernde Horden durch die Städte ziehen. So etwas wird von der Öffentlichkeit stark wahrgenommen und auch nicht so schnell vergessen. Als Veranstaltungs- oder Wettbewerbs-Organisator wird man, insbesondere wenn es solche Vorfälle in der Veranstaltungsstadt gibt/gab, immer wieder von Firmen, Medien und Partnern darauf angesprochen und muss entsprechend gegensteuern und die Dinge klarstellen.

Größere Gruppen von Cosplayern sind oft ziemlich laut und hinterlassen meist auch Berge von Müll. Selten ist dabei böse Absicht im Spiel, die Leute sind einfach nur total von ihrem Hobby und den Dingen, die sie gemeinsam erleben, begeistert und vergessen dabei alles um sich herum. Sie machen sich keine Gedanken, wie ihr Verhalten auf Anwohner oder ihre Umwelt wirken könnte. Natürlich macht das die Sache nicht besser, meist reicht es jedoch, die Cosplayer freundlich auf ihr Verhalten hinzuweisen.

Es darf auch nicht verschwiegen werden, dass die Kostümwahl einiger Cosplayer schnell missverstanden werden kann, zumindest dann, wenn sie in diesen Kostümen außerhalb des Veranstaltungsgeländes herumlaufen. Das fordert unangenehme Bemerkungen von Außenstehenden manchmal geradezu heraus, das sollte jedem Cosplayer bewusst sein. Manchen Cosplayern ist jedoch leider nicht einmal ansatzweise klar, wie verstörend und abschreckend ihre Kostüme (z.B. Uniformen) auf unbeteiligte Leute wirken können. Ebenso gibt es sehr „gewagte" Kostüme, die viel Haut zeigen, was in unserer Gesellschaft trauriger Weise häufig immer noch als Freibrief dafür gesehen wird, die entsprechende Person „anmachen" zu können.

Die Stadt Düsseldorf ist eines der „Japanzentren" in Deutschland. Es gibt dort etliche japanische Restaurants, Buchläden, Supermärkte und Firmen, die sich insbesondere um die Immermannstraße herum angesiedelt haben. So ist es nicht verwunderlich, dass sich, insbesondere an den Samstagen, viele Anime-Fans und Cosplayer in Kostümen am Hauptbahnhof treffen und von dort zur Immermannstraße, dem japanischen Garten oder dem Eko-Haus „pilgern". Im Jahre 2007 ließ sich dann das Phänomen betrachten, dass die in Düsseldorf lebenden Japaner an Samstagmittagen, wenn die Cosplayer und Anime- / Mangafans durch die entsprechenden japanischen Läden zogen, diese Bereiche regelrecht mieden.

Dies geschah insbesondere, weil einige Fans ihnen nachliefen und ihre minimalen Japanischkenntnisse ausprobieren wollten, plumpe Flirtversuche erfolgten, oder sich manche junge Besucher in den japanischen Läden und Restaurants ziemlich daneben benommen haben. Das sprach sich schnell herum und so blieben einige japanische Kunden zu diesen Zeiten in den Läden aus. Lange Zeit sagte kein Ladeninhaber etwas und dies wurde von manchen der entsprechenden jüngeren Besucher quasi als „unser Verhalten ist ok" verstanden. War es aber nicht. Die Ladeninhaber waren nur zu höflich, dies entsprechend deutlich zu sagen. Irgendwann war es jedoch zu viel und so wurden entsprechende Benimm- und Verhaltensregeln für die „junge Kundschaft" in einem Laden ausgehängt und auch in anderen Läden durchgesetzt. Diese Regeln enthielten eigentlich keine Punkte, die nicht selbstverständlich sein sollten, sorgten aber damals für ziemliche Diskussionen innerhalb der Szene.

Auszüge aus einem solchen Aushang (sinngemäß)

- Es herrscht Ess- und Trinkverbot.
- Das Sitzen auf Regalen, dem Boden und den Treppen ist untersagt.
- Das Bemalen von Wänden und Tischen ist verboten.
- Bitte seid leise im Laden, tobt und schreit nicht herum.
- Nehmt Rücksicht auf die anderen Kunden.
- Bitte entsorgt Euren Müll und lasst diesen nicht im oder vor dem Geschäft liegen.

Es gibt inzwischen nur noch sehr selten Probleme und die beschriebenen Szenen gehören erfreulicherweise der Vergangenheit an. Das schlechte Image der Cosplayer in der Öffentlichkeit beruht auf der Kombination all der zuvor erklärten Punkte. Insbesondere aber einige äußerst negative Medienberichte, gepaart mit Unkenntnis und Vorurteilen darüber, was Cosplay eigentlich ist, sind meiner Meinung nach die Hauptursachen dafür. Die wenigsten Leute von außerhalb des Fandoms dürften wirklich jemals persönlich negative Erfahrungen mit Cosplayern gemacht haben.

Und wie ist das Verhalten innerhalb der deutschen Cosplayszene?

Neue Cosplayer werden im Allgemeinen sehr schnell und (scheinbar) auch recht herzlich aufgenommen. Allerdings geht es innerhalb der Szene nicht immer ganz so freundlich zu, wie es den Anschein hat. Schwierig wird es insbesondere dann, wenn es um die Teilnahme an Fernsehberichten, die großen Wettbewerbe, die Beliebtheit oder um den internationalen Erfolg eines Cosplayers geht. Neid ist häufig bedauerlicherweise ein großes Problem, das die Entwicklung der deutschen Cosplayer massiv behindert. Anstatt sich auf ein gemeinsames Ziel und das Vorankommen von Cosplay im Allgemeinen zu konzentrieren, sind einige Leute damit beschäftigt, unnötige Dramen zu veranstalten oder sich wie Diven aufzuführen.

Die Gruppe der Leute, die sich so benimmt, ist verglichen mit der Anzahl aller Cosplayer sehr klein, sie sorgt jedoch für mächtig Ärger und Unruhe innerhalb des Fandoms. Die neuen Medien haben dies leider verstärkt, auch wenn die meisten Cosplayer einfach nur Spaß an ihrem Hobby haben wollen und sich von diesem unnötigen Verhalten distanzieren. Diese Punkte sind auch für einige Cosplayer der Grund dafür, dass sie wieder mit dem Hobby aufhören, insbesondere dann, wenn sie etwas bekanntere Cosplayer waren und teils heftig darunter leiden mussten.

Cosplayer, die in Deutschland aus der Masse der Cosplayer herausstechen, werden innerhalb der Szene oft abwertend als „elitär" bzw. als „Elitecosplayer" bezeichnet, anstatt dass man stolz auf diese Leute ist. Besonders bekannteren und erfahreneren Cosplayern wird nachgesagt, sie seien angeblich arrogant, narzisstisch und abgehoben oder wollten gar die Szene zerstören. Es mag durchaus so wirken als wären sie etwas Besseres, prinzipiell hat aber jeder Interessierte ebenfalls die gleichen Möglichkeiten, muss jedoch massiv Arbeit und Zeit investieren, um ein entsprechendes Level zu erreichen. Bekannte Cosplayer haben hart dafür gearbeitet und man sollte ihnen dann auch ihren Erfolg gönnen. Im Ausland haben bekannte (auch deutsche) sogenannte „elitäre" Cosplayer einen wesentlich besseren Ruf als in Deutschland.

Kritikfähigkeit ist in Deutschland ebenfalls ein großes Problem. Vieles wird quasi direkt als persönlicher Angriff (miss)verstanden. So ist es oft auch egal, wie sachlich oder nett es formuliert und wie produktiv es (gemeint) ist. Das ist eigentlich ein Gegensatz, da sich die meisten Cosplayer schließlich Tipps und Kritik wünschen, um ihre Fähigkeiten zu verbessern.

Wo stehen die deutschen Cosplayer im internationalen Vergleich?

Beobachtet man das Phänomen Cosplay globaler, dann fällt auf, dass deutsche Cosplayer, was internationale Kontakte angeht, bisher noch nicht so wirklich aufgeschlossen sind. Im Laufe der letzten Jahre hat sich dies zwar merklich gebessert, aber auch jetzt sind nur wenige Leute wirklich bereit, richtig über den eigenen Tellerrand zu schauen und sich der Cosplaywelt ganz zu öffnen. Während es für viele asiatische Cosplayer und Cosplayer aus dem europäischen Ausland völlig normal ist, auch Veranstaltungen in anderen Ländern zu besuchen, ist dies für die meisten deutschen Cosplayer meist eher Neuland.

Cosplay gibt es inzwischen fast überall auf der Welt. Manchmal an religiöse Vorgaben oder stark an das Klima angepasst, nicht öffentlich und nur im Rahmen von Veranstaltungen oder extrem improvisiert, weil die Materialien oder Werkzeuge für die Herstellung nicht im entsprechenden Land verfügbar oder einfach zu teuer sind. Es gibt überall Cosplayer und deren Werke sind teilweise extrem eindrucksvoll, auch wenn die örtlichen Voraussetzungen manchmal nicht einfach sind. Kein politisches System hält die Leute wirklich davon ab. Wenn es kein Geld oder entsprechendes Material gibt, dann wird eben massiv improvisiert, die Ergebnisse sind dann meist unerwartet spektakulär und toll anzusehen.

Deutschland ist beim Cosplay im internationalen Vergleich betrachtet leider nur im Mittelfeld zu finden, obwohl es Cosplay schon recht lange in Deutschland gibt. Die Fakten sprechen eine deutliche Sprache: Gewinne von deutschen Cosplayern bei internationalen Wettbewerben sind selten. Ebenso, dass Cosplayer auch außerhalb Deutschlands wirklich bekannt sind. Es gibt nur einige wenige Cosplayer, die zu Veranstaltungen im Ausland eingeladen werden. Dies ist wirklich sehr schade, denn es gibt hier sehr viele gute Cosplayer und inzwischen sind nahezu alle Stoffe und Werkstoffe einfach, zu relativ fairen Preisen und kurzfristig verfügbar.

Florian Schäfer (Tanabata)

Sind die Cosplayer selber Schuld an ihrem negativen Image?

Wenn mal etwas negatives über Cosplayer in der Presse erscheint, sind das meist vereinzelte Cosplayer die es übertreiben müssen. Wer mit echt aussehenden Waffenattrappen voll kostümiert auf dem Weg zum Event in der U-Bahn einen Polizeieinsatz provoziert muss sich über entsprechende Reaktionen nicht wundern. In Zeiten von in der Presse hochgespielten Amokläufen und terroristischen Anschlägen, sollten Cosplayer mit militaristischen Kostümen ein wenig mehr Sensibilität zeigen. Auch abgewandelte SS-Uniformen, die in manchen Mangas vorkommen eignen sich nicht gerade als Kostüm in der Öffentlichkeit. Einzelne Cosplayer außerhalb des Conventiongebäudes sind Repräsentanten der ganzen Szene und so sollten sie sich entsprechend benehmen.

Ist die deutsche Cosplayszene „erwachsen"?

Zumindest aus den Kinderschuhen ist die deutsche Szene in den letzten 15-20 Jahren definitiv entwachsen. Das zeigt sich an der immer besser werdenden Qualität der Kostüme. Auch das in den Anfangsjahren der Szene existierende Modediktat, das Kostüme nur japanische Anime und Manga Charaktere darstellen sollen ist mittlerweile zum Glück überholt.

Haben sich die Cosplayer im Laufe der Jahre verändert?

Für mich sieht es aus, als werden die Cosplayer immer jünger, aber eigentlich werde ich nur immer älter. Die Cosplayer in ihrer Gesamtheit haben sich eigentlich nicht verändert. Nur die Personen, die von Anfang an dabei waren, wurden eben älter. Einige haben sich aus der Szene zurückgezogen, andere bringen heute ihren Nachwuchs verkleidet zum Event. Was die Kostüme betrifft, hat sich der Aufwand und die Qualität im Laufe der Jahre deutlich verbessert. Auch die Cosplayevents werden immer professioneller. Man muss sich nur mal die Regeln für die Kostüme bei aktuellen Veranstaltungen ansehen, die bauen immer weiter auf die Erfahrung vergangener Events auf. Wenn ich mich an den Cosplayer auf der Connichi erinnere, der sich mit seinem scharfen Katana selbst verletzt hat, weiß ich wie sinnvoll klare Waffenregeln sind.

Bild oben
Florian Schäfer auf der AnimagiC 2001
Fotograf: Fritjof Eckardt

Bild unten
Florian Schäfer auf dem Weg zur iHat 5
Fotograf: Fritjof Eckardt

Was ist der große Unterschied zwischen deutschen und ausländischen Cosplayern?

Wirklich große Unterschiede zwischen den Cosplayern gibt's eigentlich nicht. Die Art der Wettbewerbe könnte man als Unterscheidung nehmen. In Japan gibt es beispielsweise bis auf wenige Ausnahmen auf Cosplayevents keine Wettbewerbe. Die Cosplayer gehen da nur hin um fotografiert zu werden und Gleichgesinnte zu treffen. Erst westliche Conventions haben vergleichende Wettbewerbe etabliert. Der Umfang und die Größe der Kostüme könnte auch noch als Unterscheidung herangenommen werden. In Japan habe ich häufig Gundam Cosplayer gesehen die bis zu drei Meter hohe Roboterkostüme trugen oder auf der Japan Expo in Paris habe ich vor 10 Jahren mal eine Transformers Cosplay Gruppe gesehen, deren Roboterkostüme sich in die entsprechenden Fahrzeuge verwandeln konnten. Vergleichbares habe ich bisher noch auf keiner deutschen Veranstaltung bewundern können.

Wie laufen Anime- / Manga- / Japan-Conventions und regionale Treffen üblicherweise ab?

Inzwischen gibt es zahlreiche Veranstaltungen unterschiedlichster Größen in Deutschland. Egal wie bunt und wild die Teilnehmer auch aussehen mögen, die Events laufen meist absolut problemlos ab. In Anbetracht der großen Menschenmassen von teilweise weit über 10.000 jungen Leuten, die sich bei einigen dieser Events versammeln, ist dies schon sehr beeindruckend und spricht eindeutig für die Friedfertigkeit der Zielgruppe. Es gibt ein- bis dreitägige Conventions, die üblicherweise an Wochenenden stattfinden. Die meisten Veranstaltungen dieser Art finden dabei in der sogenannten „Consaison" zwischen März und Oktober statt. Da sich die Anzahl der Events innerhalb der letzten Jahre stark vervielfacht hat, ist es inzwischen normal, dass während der Consaison größere Treffen und Veranstaltungen nahezu an jedem Wochenende stattfinden.

Sobald eine Veranstaltung angekündigt wurde, geht die Planungsphase los. Die Interessenten kaufen sich Tickets, stimmen sich auf den verschiedenen Internetplattformen untereinander ab und die „Jagd" nach erschwinglichen Unterkünften und Fahrkarten oder Flugtickets beginnt. Leider werden die Unterkünfte, zumindest bei den größten Veranstaltungen, regelmäßig teurer, so dass sich der Kampf jedes Jahr verschärft. Die Hoteliers haben den wirtschaftlichen Wert dieser Veranstaltungen erkannt und stufen die großen Events inzwischen oft preislich wie große Fachmessen ein. Bei den etablierten, jährlich stattfindenden Veranstaltungen ist der grobe Termin weit vorher bekannt, so dass die Leute schon früh reservieren und rechtzeitig mit der Anfertigung ihrer Kostüme und Requisiten beginnen können. Sie hoffen und bauen darauf, dass sich nichts wirklich Entscheidendes an den bisher geltenden Regeln, Wettbewerben, dem üblichen Veranstaltungsort und dem üblichen Termin ändern wird.

Da Jugendliche unter 14 Jahren solche Veranstaltungen in Deutschland nur in Begleitung eines Erziehungsberechtigten (oder einer entsprechend autorisierten Person) besuchen dürfen, sind regelmäßig auch freiwillig oder „gezwungenermaßen" die Eltern und auch Großeltern zusammen mit ihren Kindern und Enkeln auf solchen Veranstaltungen anzutreffen. Ferner gibt es bei allen Veranstaltungen Teilnahme- und „Waffenregeln" (damit sind Requisiten und Kostüm[teile] gemeint), an die sich alle Besucher halten müssen. Die meisten Veranstaltungshelfer arbeiten ehrenamtlich, jedoch engagiert fast jede Veranstaltung zusätzlich Sicherheitsdienste, die oft mit erfahrenen und geschulten Sicherheitshelfern zusammen eingesetzt werden.

Warteschlangen, Japan Expo 2013, Paris, Frankreich, Fotografin: Charline-Nana Lenzner

Doujinshi

Als Doujinshi werden im Selbstverlag von meist nicht professionellen Zeichnern herausgebrachte Manga und kleine zeitschriftenähnliche Werke bezeichnet, die oft auf bereits publizierten Werken basieren und ein Teil der Fanart sind. In Japan kann man diese Werke auf besonderen Messen, oder in speziellen Läden, beziehungsweise in eigenen Abteilungen von Mangaläden kaufen. Auf einigen Conventions und Messen in Deutschland gibt es entsprechende Werke ebenfalls zu kaufen, teilweise jedoch mit (rechtlichen) Einschränkungen. Es gibt auch professionelle Mangaka, die Doujinshis zu eigenen, wie auch „fremden" Serien veröffentlichen.

(Gothic-) Lolita-Kleidung

(Gothic-) Lolita ist ein japanischer Kleidungsstil und für viele Fans auch eine Lebenseinstellung. Dieser Stil erinnert teilweise an Kinder- und Trauerkleidung des Rokoko, Barock, Mode der fünfziger Jahre oder auch an die Mode des 19. Jahrhunderts. Oft, aber nicht immer, ist die Kleidung mit Rüschen und Spitze verziert. Der große Unterschied zum Cosplay ist, dass die „Kostüme" im Regelfall gekauft sind. Lolita ist eine Moderichtung. Das heißt, es geht nicht wie beim Cosplay darum, Charaktere zu imitieren. Es gibt viele verschiedene Lolita-Stile mit den verschiedensten Einflüssen, wie zum Beispiel Punk oder traditionell asiatische Muster. Auf manchen Veranstaltungen werden auch zum Thema passende Modenschauen veranstaltet. Diese Mode wird von einigen Fans auch außerhalb von Veranstaltungen im alltäglichen Leben getragen.

Was wird an Programm auf (deutschen) Conventions und Treffen geboten?

Natürlich hängt das Programm maßgeblich von der Größe, der genauen Art, dem Veranstaltungsort, der thematischen Ausrichtung und den finanziellen Möglichkeiten der jeweiligen Veranstaltung und des Veranstalters ab, eine Auswahl aus den folgenden Dingen ist jedoch üblich:

- Anime / J-Pop-Disco / Rave (mit DJs)
- Anime-Musik- / Cosplay-Video-Wettbewerb
- Auftritte von Showgruppen
- Auktionen (z.B. Charity, Charakterversteigerung)
- Bring & Buy
- Cosplay-Gäste / Idols (Auftritte, Panels, Workshops)
- Cosplay-Wettbewerbe (regionale, nationale Vorentscheide / Einzel-, Paar- oder Gruppen-Wettbewerbe)
- Cosplayball (in festlichen Cosplay Kostümen, teilweise mit Themenvorgabe)
- Cosplay-Reparatur-Ecke / -Stand (von anderen Cosplayern, Vereinen oder Firmen)
- Doujinshi-Markt / Doujinshi-Wettbewerbe
- Ehrengäste (Cosplayer, Mangaka, Musiker, Regisseure, Synchronsprecher, Schauspieler)
- Essen (Catering und verschiedene Imbissbuden)
- Fanstände (Zeichner, Medien / Magazine, Conventions, Vereine)
- Filmräume / Kinos (und entsprechende Deutschland-, Europa- oder Weltpremieren)
- Firmenstände (Magazine, Publisher, Verbände, Verlage)
- Fotoecken / Fotostudio für Cosplayer (mit Fotografen und entsprechender Ausrüstung)
- 3D-Print-Stand
- Gamesroom
- Go-Bereich (japanisches Brettspiel)
- Händlerraum
- Infostand der Veranstaltung
- Karaoke / Karaoke-Wettbewerb
- Kontaktbörse „Otaku Flirt Area"
- Konzerte (von deutschen und japanischen Musikern)

- Kimonoanprobe
- Maid Café / Host Café
- Modenschauen (Cosplay, Gothic Lolita)
- Nudelschlürfwettbewerb
- Paneldiskussionen zu verschiedenen Themen (mit Ehrengästen)
- Präsentationen / Vorstellungen von Firmen
- Quiz
- Rollenspielbereich
- Signierstunden mit (japanischen) Ehrengästen
- Sportvorführungen
- Trading Card Games
- Videogame-Wettbewerb
- Visual Kei (Wettbewerbe, Auftritte, Stände)
- Vocaloid-Programmpunkte (Konzerte, Panels, Präsentationen, Workshops)
- Vorträge (zu Themen wie japanische Geschichte, Sprache, Kultur, Produktion Anime / Manga / Videospiel)
- Workshops

YUIMINO+ und Maids des Lucky Chocolate Maid Cafés. Fotograf: Fritjof Eckardt

Maid

In Japan gibt es Maid Cafés (sogenannte „Meido Kissa") in denen hübsche und niedliche Kellnerinnen in Dienstmagd- oder Schuluniformen arbeiten. Die vornehmend männlichen Gäste werden von den Maids sehr höflich bedient und mit niedlichen Spielen oder auch Gesangseinlagen unterhalten. Im Laufe der Jahre sind Maid Cosplays und entspreche Anime und Manga, die sich mit diesem Thema beschäftigen, sehr beliebt geworden. Für die Damen gibt es dementsprechende Butler/Host Cafés, in denen gutaussehende Herren in Anzügen arbeiten. Auch auf immer mehr deutschen Conventions gibt es inzwischen Maid Cafés. Eines der am längsten existierenden ist das Lucky Chocolate Maid Café

http://www.luckychocolate.de

Otaku

Mit dem japanischen Wort „Otaku" wurden früher meist männliche Fans bezeichnet, die viel Energie, Geld und Leidenschaft in ihr Hobby investieren. Manche waren unfähig, normale soziale Kontakte zu pflegen und widmeten sich nur noch ihren Anime und Manga. Sie flüchteten in eine Scheinwelt und „lebten" quasi dort. Heute wird das Wort meist, aber nicht immer, ohne diese stark negative Bedeutung verwendet und bezeichnet einfach nur Fans, die sich sehr mit dem Thema beschäftigen. Es wird (in Japan) auch für Leute verwendet, die sich sehr gut mit einem Thema, wie Geschichte, Sport oder Computer, auskennen. Eine gewisse negative Konnotation hat das Wort jedoch nach wie vor, die Bezeichnung „Fan" ist daher vorzuziehen.

Show- und Tanzgruppen

Diese Gruppen führen in Cosplay-Kostümen Show- und Tanzdarbietungen auf Anime- / Manga-Veranstaltungen vor. Solche Aufführungen basieren auf existierenden oder vollkommen eigenen Geschichten. Teilweise wird auch live gesungen. Die Gruppen bestehen in der Regel aus Cosplayern und manch eine dieser Gruppen erreicht durchaus semi-professionelles Musical-Niveau.

Vocaloid

Ursprünglich war Vocaloid eine reine Synthesizer Software (von Yamaha), die es ermöglicht, künstlichen Gesang zu erzeugen. Der Benutzer gibt dazu die Melodie und den Liedtext ein und die Software „singt" dann das Lied. Im Laufe der Zeit kamen nicht nur viele neue Versionen, Verbesserungen und Stimmen hinzu, sondern die Stimmen bekamen auch Gesichter. Es wurden Anime-Charaktere (Hatsune Miku, Rin, Len) entwickelt, mit der Software kombiniert und vermarktet. Es gibt in Japan Konzerte bei denen echte Musiker zusammen mit diesen Charakteren (als Videoprojektion) auftreten. Ebenso gibt es viele Fanprojekte, die ihre eigenen Charaktere erschaffen und diese auf den verschiedensten Veranstaltungen vorführen.

Die wichtigsten Beweggründe, diese Veranstaltungen zu besuchen, liegen für die meisten Cosplayer jedoch darin, Gleichgesinnte zu treffen, zu cosplayen, zu posieren, fotografiert zu werden und an Cosplay-Wettbewerben teilzunehmen.

Stand früher, also vor dem Siegeszug der Digitalkameras, der sozialen Netzwerke und des (mobilen) Internets, das „Leute treffen" im Vordergrund, so steht heut vermehrt das „fotografiert werden" an erster Stelle. Auch ist für manche Cosplayer nicht mehr die Zeit auf der Veranstaltung an sich das Wichtigste. Genauso wichtig, wenn nicht sogar wichtiger, ist ihnen die Nachbereitung, in der z.B. Cosplay-Fotos im Internet präsentiert werden und über die unterschiedlichen Cosplays diskutiert wird.

Grundsätzlich sollte das Programm einer solchen Convention ausgeglichen sein und aus einem guten Mix verschiedener Programmpunkte bestehen. Es spricht natürlich auch nichts dagegen, reine Cosplay-Events zu veranstalten oder den Fokus auf Cosplay mit verschiedenen (internationalen) Wettbewerben zu legen, nur muss dies im Vorfeld klar den potentiellen Besuchern vermittelt werden. Nicht jeder Besucher, der sich für Anime und Manga interessiert, ist Cosplay-Fan und auch nicht jeder Cosplayer wünscht sich ausschließlich cosplaybezogenes Programm auf einer Veranstaltung. Dies sollte immer bedacht werden, denn wirklich große Events lassen sich nur realisieren, wenn es ein entsprechendes gut gemischtes Programm für alle Zielgruppen gibt.

Die Eintrittspreise für eine solche Veranstaltung richten sich im Wesentlichen nach der Größe, Dauer, Sponsorenunterstützung und dem gebotenen Programm. Es beginnt mit minimalen Eintrittsgeldern in Höhe weniger Euro und reicht bis zu 40 – 70 Euro für ein Wochenendticket bei den größten Veranstaltungen. Verglichen mit anderen Fandoms und deren Großconventions oder üblichen Konzertpreisen sind die Preise für das gebotene Programm jedoch moderat und im Normalfall sind alle Programmpunkte ohne zusätzliche Kosten inklusive, ausgenommen natürlich Essen, Getränke und eigene Einkäufe im Händlerraum. Selbst die Teilnahme an Autogrammstunden ist kostenlos und Autogramme müssen nicht zusätzlich erkauft werden, wie dies innerhalb einiger anderer Fandoms durchaus üblich ist. Manche Ehrengäste signieren jedoch nur auf eigenen Produkten wie Artbooks, Manga, CDs oder DVDs, die die Fans aber vor Ort kaufen oder sogar einfach mitbringen können, sollten sie sie bereits früher erworben haben.

Auch bei einigen Workshops können minimale Kosten für die Teilnehmer für notwendiges Arbeitsmaterial anfallen. Für die Teilnahme an manchen Workshops oder an den Wettbewerben, die sehr beliebt sind, ist eine Anmeldung im Vorfeld erforderlich, da die Plätze begrenzt sind und zudem einiges für die Teilnehmer vorbereitet werden muss. Es gibt bei manchen Veranstaltungen unter anderem zu den folgenden Themen Workshops: Cosplay nähen, Cosplay-Fotografie, Origami, japanische Sprache, Bildbearbeitung, Zeichnen, Kimono, japanische Musikinstrumente, Kalligraphie, Anime-Synchronisation, Teezeremonie, Requisitenherstellung, Posing, Make-up, Werkstoffe, Verarbeitungsarten und Perückenstyling.

Manche Veranstaltungstickets enthalten Fahrkarten für den städtischen öffentlichen Nahverkehr. Sehr selten werden auch Shuttlebusse zwischen den Hotels und der Veranstaltungshalle oder besondere Tarife bei der Anreise mit der deutschen Bahn angeboten.

Es gibt einige Cosplayer, die zwar zu den Veranstaltungen kommen, sich jedoch keinerlei Eintrittskarten kaufen. Einige sind mit dem Programm der Veranstaltungen nicht zufrieden, andere haben zum Teil durch hohe Ausgaben für Anreise, Hotel und ihre Kostüme kein Geld für die Tickets und manche kommen einfach nur, um Leute zu treffen und um Fotos zu machen. Ob es Sinn macht, viel Geld für Anreise und Hotel auszugeben, sich aber dann keine Eintrittskarte leisten zu können oder zu wollen und nur vor der Halle zu stehen, muss jeder für sich selbst entscheiden.

Grundsätzlich herrscht auf fast jedem deutschen Event Alkohol-, Rauch- und immer Drogenverbot, was für nahezu alle Teilnehmer auch absolut selbstverständlich und allgemein akzeptiert ist. Natürlich gehen einige der erwachsenen Besucher nach den Veranstaltungen am Abend auch feiern oder einen trinken, dies findet jedoch nicht auf dem Veranstaltungsgelände statt.

Die meisten deutschen Veranstaltungen finden in (städtischen) Hallen, Messehallen, Jugendzentren oder Veranstaltungszentren statt. Manche Hallen sind direkt mit Hotels verbunden, so dass auch Tagungsräume mitgenutzt werden können. Die Leute kommen zum Veranstaltungsort und übernachten in Hotels, Pensionen, Jugendherbergen oder auf Campingplätzen in der Nähe der Veranstaltung.

Visual Kei

Visual Kei steht für verschiedene japanische Musikrichtungen, meist aus der Independent-Musikszene, die jedoch alle gemeinsam haben, dass sich deren Musiker optisch sehr auffällig kleiden und sich kostümieren. Einige Musiker kleiden sich im Lolita-Stil, wirken androgyn oder betreiben „Crossplay". Visual Kei-Bands sind, bis auf einige Ausnahmen, nicht allgemein in Japan bekannt und ihre CDs und Merchandising-Produkte auch nur in ausgewählten Läden, auf Konzerten, in Webshops oder bei Online-Auktionen erhältlich.

Artbook

Artbooks sind Hochglanzbücher, meist im Format DIN A4 (manche auch in größeren Sonderformaten), die farbige Motive und/oder zusätzliche Zeichnungen zu einer Serie enthalten. Oft beinhalten diese Bücher auch Hintergrundinformationen, Entwürfe, Storyboards (eine vereinfachte grafische Darstellung der Geschichte) oder zusätzliche Kurzgeschichten.

Deutsche Conventions (Auswahl)

AnimagiC	http://www.animania.de
AniMaCo	http://www.animaco.de
Anime Marathon	http://marathon.tomodachi.de
Anime Messe	http://www.animemesse.de
Animuc	http://www.animuc.de
ChisaiiCon	http://www.chisaiicon.de
Connichi	http://www.connichi.de
ConTopia	http://www.contopia.org
Contaku	http://www.contaku.de.vu
CosDay²	http://www.cosday.de
DeDeCo	http://www.dedeco-online.de
Dokomi	http://www.dokomi.de
Hanami	http://www.hanami-ludwigshafen.de
MMC	http://www.mmc-berlin.de
NiCon	http://www.niconvention.de
NipponCon	http://www.nipponcon.de
OngakuMatsuri	http://www.ongakumatsuri.de
TiCon	http://www.ticon-würzburg.de
Wie.MAI.KAI	http://www.wiemaikai.de
Yukon	http://www.yukon-online.de

Messen / Stadtfeste (Auswahl)

Comic Salon Erlangen	http://www.comic-salon.de
Frankfurter Buchmesse (FBM)	http://www.buchmesse.de
Gamescom	http://www.gamescom.de
Japan Festival	http://www.japanfestival.de
Japan-Tag	http://www.japantag-duesseldorf-nrw.de
Leipziger Buchmesse (LBM)	http://www.leipziger-buchmesse.de

Für den Inhalt der hier genannten Webseiten sind ausschließlich deren Betreiber verantwortlich.

Veranstaltungen in Europa

Die Veranstaltungen in anderen Ländern unterscheiden sich teilweise erheblich von den bekannten deutschen Conventions, deren Programmpunkten und der Zielgruppe. Der erste Unterschied, der einem im Ausland auffällt, ist, dass es meist mehr männliche Cosplayer / Besucher auf den Veranstaltungen gibt und der Altersdurchschnitt oft ein bisschen höher ist als in Deutschland. Gründe dafür sind Größe, Eintrittspreise, Veranstaltungsorte, unterschiedliche Konzepte, teilweise bedingt durch landestypische Einflüsse oder auch die Art des angebotenen Programmes. In manchen Ländern unterstützen Medien und Sponsoren diese Veranstaltungen wesentlich mehr als in Deutschland und die Events sind um ein vielfaches bekannter und daher auch gesellschaftlich wesentlich akzeptierter als hierzulande. Im Ausland sind teilweise Veranstaltungspunkte denkbar und umsetzbar, die in Deutschland nahezu unmöglich sind, wie Konzerte mit Superstars aus Japan innerhalb einer Veranstaltung, riesige Händlerräume, aufwendige Ausstellungen oder das Einladen von sehr bekannten Mangaka, Animatoren und Regisseuren. Ebenso ist es zumindest in einigen Ländern üblich, berühmte Cosplayer als Ehrengäste einzuladen, die dort das Programm mit verschiedenen Programmpunkten bereichern und an Ständen eigene Produkte (wie Bilder, Kalender und Poster) verkaufen und signieren.

Bei bis zu 300.000 Besuchern kann dank „anderer" Budgets so ziemlich alles an Programm oder Ehrengästen geboten werden, was nur vorstellbar ist. Die größten, ausschließlich Anime- / Cosplay- / Manga- und japanbezogenen Veranstaltungen in Europa sind die Japan Expo in Paris / Frankreich und Saló del Manga in Barcelona / Spanien.

Animecon (Niederlande)	http://www.animecon.nl
AniNite (Österreich)	http://www.aninite.at
Expocomic (Spanien)	http://www.expocomic.com
Genki (Dänemark)	http://www.genki.dk
Hyper Japan (UK)	http://hyperjapan.co.uk
J-Popcon (Dänemark)	http://www.j-popcon.dk
Japan Expo (Frankreich)	http://www.japan-expo.com
JapAniManga Night (Schweiz)	http://www.japanimanga-night.ch
Lucca Comics & Games (Italien)	http://www.luccacomicsandgames.com
Made in Asia (Belgien)	http://www.madeinasia.be
Made in Japan (Österreich)	http://www.made-in-japan.at
MCM Comic Con London (UK)	http://www.mcmcomiccon.com/london
NärCon (Schweden)	http://www.narcon.se
Otaku Festival (Rumänien)	http://otakufestival.com
Polymanga (Schweiz)	http://www.polymanga.com
Romics (Italien)	http://www.romics.it
Saló del Manga (Spanien)	http://www.ficomic.com

Für den Inhalt der hier genannten Webseiten sind ausschließlich deren Betreiber verantwortlich.

Veranstaltungen in den USA

Die USA sind für ihre gigantisch großen Conventions in riesigen Hotelanlagen bekannt, welche daher auch Hotelconventions genannt werden. Alle Veranstaltungspunkte finden innerhalb dieser Anlagen statt, die Teilnehmer übernachten direkt dort und müssen den Ort eigentlich erst bei der Abreise wieder verlassen. Teilweise würden selbst die größten deutschen Conventions mehrmals in diese Hotelanlagen passen. Einige Veranstaltungen sind so groß, dass meist auch die Hotels im Umkreis komplett ausgebucht sind, oft sogar schon für das folgende Jahr. Leider bleiben bei solchen Menschenmassen die schon traditionellen langen Warteschlangen vor Konzerten, Panels, Wettbewerben und dem Programm für volljährige Besucher nicht aus. Manch einer sitzt stundenlang auf Campingstühlen und wartet auf Einlass bzw. darauf, einen tollen Platz zu ergattern. Auf einigen Veranstaltungen gibt es auch Veranstaltungspunkte, die nur für volljährige Veranstaltungsbesucher zugänglich sind. Natürlich gibt es dort auch Cosplay-Wettbewerbe, die aber teilweise anders ablaufen oder gewertet werden als auf deutschen Veranstaltungen. So gibt es z.B. extra Wettbewerbe, die ausschließlich die Verarbeitung des Kostümes (nach verschiedenen Klassen) bewerten, oder es gibt für jeden Cosplayer, der auf dem Veranstaltungsgelände herumläuft, die Chance, etwas zu gewinnen, ohne dass er dafür auf die Bühne muss. Cosplay Raves und Cosplay-Bälle sind fester Bestandteil vieler Veranstaltungen. Während beim Cosplay Rave der Dresscode oft sehr locker ist, ist dieser beim Cosplay-Ball meist ziemlich streng. Häufig sind die Raves im Veranstaltungspreis inklusive, während man für den Cosplay-Ball eher zusätzliche Tickets kaufen muss. Die Einnahmen aus dem Cosplay-Ball werden oft an Hilfsorganisationen gespendet. Neben den Veranstaltungen in den Hallen gibt es auch Veranstaltungen wie Anime Camps, die unter freiem Himmel stattfinden und bei denen gemeinsame sportliche Aktivitäten (beispielsweise Kanu fahren, klettern oder Bogenschießen) unternommen werden.

Anime Boston	http://www.animeboston.com
Anime Matsuri	http://www.animematsuri.com
Anime Next	http://www.animenext.org
Camp Anime (Camp Convention)	http://www.campanime.com
NYCC Katsu Con	http://www.katsucon.org
Otakon	http://www.otakon.com
San Diego Comic Con	http://www.comic-con.org

Veranstaltungen in Japan

In Japan waren in der Vergangenheit Conventions nach deutschem bzw. europäischem Verständnis relativ unbekannt. Dort gibt es hauptsächlich gigantische Messen, Konzerte (Festivals) mit Künstlern, die Lieder aus Anime singen, kurze Programmpunkte auf Stadtfesten, Signierstunden oder Events mit Fotoshootings. Die größte Veranstaltung in Japan ist die Comiket (Comic Market), ein riesiger Doujinshimarkt mit großem Cosplaybereich. Neben der Comiket ist der World Cosplay Summit die inzwischen international bekannteste Anime- / Manga- / Cosplay-Veranstaltung in Japan.

Comiket	http://www.comiket.co.jp
Niconico Chokaigi	http://www.chokaigi.jp
World Cosplay Summit	http://www.worldcosplaysummit.jp/en

Für den Inhalt der hier genannten Webseiten sind ausschließlich deren Betreiber verantwortlich.

Veranstaltungen in Südostasien

In Südostasien sind die Veranstaltungen oft mehr auf Cosplay, Cosplayer, Doujinshi und Fanaktivitäten ausgerichtet. Manche Conventions verfügen (nach deutschen Gesichtspunkten) über scheinbar recht wenig Programm. Manchmal besteht das Programm daraus, dass eingeladene Starcosplayer das Publikum mit Auftritten, Talkshows und ähnlichem unterhalten und Aktivitäten mit diesen und um diese herum stattfinden, während Bühnenauftritte wie Showgruppen oder Konzerte meist ausbleiben. Oft sind die Ticketpreise sehr gering oder der Eintritt ist frei.

Showgruppen sind ein in Deutschland sehr beliebter Programmpunkt, den es im Ausland nicht oder nur in wenigen Ländern gibt. Einige der eingeladenen Cosplayer haben dort wiederum zahlreiche Fans und so sind Programmpunkte wie Signierstunden, Meet & Greet, Spiele, gemeinsame Fotos und Geschenkübergaben vollkommen normal und absolute Highlights, vergleichbar mit Auftritten von Mangaka oder Musikern auf deutschen Conventions. Es gibt in Südostasien aber auch große Messen, wie das AFA (Anime Festival Asia), mit Konzerten und eingeladenen Ehrengästen aus der Anime-, Manga- und Musikbranche. Ebenso werden neue Konzepte wie Cosplay Kreuzfahrten ausprobiert.

AFA (Indonesien/Singapur/Thailand)   http://www.animefestival.asia
Comic Fiesta (Malaysia)   http://www.comicfiesta.org
Cosfest (Singapur)   http://www.cosfest.com
EOY (Singapur)   http://www.theeoy.com

Die Schwierigkeiten

Ein großes Problem der deutschen Veranstaltungen sind die oft gigantischen Müllberge, die von den Besuchern hinterlassen werden. Selbst wenn einige Leute direkt neben leeren Mülleimern und Mülltüten sitzen, bleibt der Müll leider oft auf dem Boden liegen. Natürlich ist das kein reines Cosplayer-Problem, jedoch verursacht diese Besuchergruppe zumeist viel mehr und vor allem spezielleren Müll als die restlichen Besucher. Sprühdosen, Chemikalien, Kostümreste und manchmal sogar riesige Requisiten und die Bühnendekoration werden zurückgelassen und müssen dann vom jeweiligen Veranstalter kostenpflichtig entsorgt werden.

Viele Cosplayer stylen sich auf den Toiletten, was auch soweit in Ordnung wäre, aber einige von ihnen färben sich dort auch die Haare oder gar ihre Perücken, was ein ziemliches Chaos zurücklässt. Sie hantieren mit diversen Chemikalien und Materialien, mit dem Ergebnis, dass es dort anschließend übel aussieht und furchtbar stinkt, was durchaus auch zu Ärger mit den Hallen führen kann und zusätzliche, unnötige Reinigungskosten erzeugt. Erfreulicherweise sind Probleme dieser Art im Laufe der letzten Jahre weniger geworden.

Neben den Problemen, die von Cosplayern selbst verursacht werden, kommt es auf Conventions immer wieder auch zu Diebstählen. Cosplayer sind auf den Veranstaltungen sehr oft abgelenkt, sei es von ihren Kostümen, Freunden oder Fotos und vergessen daher schnell mal die übliche Vorsicht. Da werden Taschen, Rucksäcke und teilweise Kameras offen und gut sichtbar stehen und liegen gelassen während die Besitzer sich umdrehen oder nicht zu sehen sind. Das hat sich leider auch unter den „Langfingern" herumgesprochen und so kommt es immer wieder vor, dass auf Conventions Kameras, Taschen und Rucksäcke einfach verschwinden.

Es gibt immer wieder Leute, die nur zu den Veranstaltungen kommen um Fotos mit hübschen Cosplayern zu machen und diese dann zu umarmen oder gleich anzubaggern. Schnell spricht sich herum, dass da hübsche Mädels in knappen Kostümen seien, die angeblich nur darauf warten, angegraben zu werden. Das ist natürlich totaler Quatsch. Die Cosplayer warten definitiv nicht darauf und nur weil eine Cosplayerin ein sexy Kostüm trägt, möchte diese noch lange nicht angemacht werden. Ebenso sind Cosplayer kein „Freiwild", das jederzeit geknuddelt und umarmt werden möchte und darf. Cosplay hat auch nichts mit der „Free Hugs"-Bewegung zu tun. Es sind ganz normale Menschen und die möchten auch nur die Leute umarmen, die sie kennen und mögen. Besucher, die sich belästigt fühlen, sollten sich an Veranstaltungshelfer wenden, falls diese nicht von selbst aktiv werden (sollten sie solche Szenen mitbekommen).

99,9% aller Fotografen sind absolut anständig und hoch angesehen. Zudem gibt es Passanten, die zufällig vorbeikommen und von den Kostümen ein Foto machen, Helfer auf Veranstaltungen und Fans oder gar selbst Cosplayer, die mit Leib und Seele dabei sind. Leider kommt es jedoch immer wieder vereinzelt bei Veranstaltungen vor, dass einzelne dubiose Fotografen, die weder etwas mit der Szene noch mit den Medien zu tun haben, auftauchen und sich bevorzugt auf junge, leicht bekleidete Cosplayer „stürzen". Nicht grundlos wird den Cosplayern empfohlen, zivil anzureisen und bei unbekannten Fotografen mit komischen Wünschen sehr skeptisch zu sein. Cosplayer sollten niemals mit Fotografen, die sie nicht kennen, mitgehen, schon gar nicht alleine an abgelegene Orte oder gar auf deren Hotelzimmer. Viele Veranstaltungen schulen ihre Helfer und Sicherheitsdienste entsprechend, so dass solche „Fotografen", sollten sie überhaupt auftauchen, meist sehr schnell erkannt und aussortiert werden, sprich Hausverbot / Platzverbot erhalten. Cosplayer passen auch gegenseitig aufeinander auf und warnen sich zügig, was sich auch rumgesprochen zu haben scheint. Ebenso unseriös sind Fotografen, die nur aus der Entfernung mit großen Teleobjektiven arbeiten, Leuten regelrecht nachstellen, oder die Cosplayer ausschließlich in komischen Situationen fotografieren.

Post-Con-Syndrom

Egal ob es eine in- oder ausländische Veranstaltung ist, viele Besucher, oft Cosplayer, fallen nach einer solchen Veranstaltung kurzzeitig in einer Art „schwarzes Loch". Hin und wieder sprechen die Leute vom „Post-Con-Syndrom". Während der Convention laufen die Cosplayer in Kostümen herum, treffen unzählige (alte und neue) Freunde und werden mit zahlreichen Eindrücken konfrontiert. Dies geschieht alles in relativ kurzer Zeit und ist sehr intensiv. Nach der Veranstaltung kehren die Cosplayer wieder in ihr normales Leben zurück und vermissen dann natürlich ihre Freunde und diese Erlebnisse. Hinzu kommt, dass viele Besucher während der Veranstaltung nur sehr wenig schlafen und danach entsprechend „ausgepowert" sind. Es ist durchaus normal, dass manche Leute zwei bis drei Tage brauchen, um nach einer Convention wieder zu Kräften zu kommen und um die gemachten Erfahrungen zu verarbeiten. Es ist ein wenig mit dem Gefühl vergleichbar, das man am ersten Arbeitstag hat, wenn man nach einem langen und wunderschönen Urlaub zurückkommt. Einige wenige Cosplayer werden auch nach der Veranstaltung krank, weil sie sich verausgabt oder dem Klima nicht angemessene Kostüme getragen haben. Für manche Cosplayer beginnt nach der Con jedoch auch der Stress mit der Nachbereitung, wie Berichte schreiben und Fotos bearbeiten, oder die Arbeit am nächsten Kostüm. Natürlich freut man sich kurz danach schon wieder auf die nächste Veranstaltung.

Elvira Elzer (Elly)

Mein Name ist Elvira Elzer, viele kennen mich als Elly. Seit 2004 bin ich als Organisator bei der Connichi und bin dort unter anderem für die Ehrengäste zuständig und habe bis 2012 auch die Nebenevents organisiert. In meiner Vereinstätigkeit für den Animexx habe ich zudem Stände organisiert und betreut, Ausstellungen und sowohl Cosplay- als auch Zeichenwettbewerbe organisiert. Zudem habe ich die in den ersten drei Jahren des ECGs den deutschen Vorentscheid auf der LBM organisiert und die deutschen Teilnehmer in Paris beim Finale betreut.

Besonderheit

Connichi Organisationsteam
Organisation ECG Vorauswahl 2011 - 2013

Was ist besonders wichtig bei diesen Veranstaltungen?

Für mich persönlich ist es besonders wichtig, dass alle Beteiligten Spaß an der Sache haben und es als willkommene Abwechslung vom Alltag sehen. Besucher sollen sich wohlfühlen und die Organisatoren und Helfer sollten sich gegenseitig helfen und unterstützen. Oft lernt man Neues, egal wie oft man schon dabei ist, trifft neue Leute und es entstehen Freundschaften über das gemeinsame Interesse an dem Hobby hinaus. Dies sollte erhalten bleiben.

Was hat sich bei den Events im Laufe der Jahre verändert?

Als in Deutschland die ersten Treffen organisiert wurden, bezogen diese sich meistens auf ein Fandom oder wurden über lange Hand durch ICQ / Foren organisiert. Mit der AnimagiC kamen die ersten überregionalen Veranstaltungen in Deutschland zu Stande. Hier trafen sich vorerst nur die Fans, die schon seit Jahren mehr als nur Biene Maja oder Wickie schauten und jeden in Deutschland erhältlichen Manga kauften. Inzwischen ist es für eine einzelne Person fast unmöglich alle Mangas zu kaufen, alle DVDs zu erwerben, da der deutsche Markt für jeden Geschmack etwas bietet. Zudem stellen die meisten Conventions und Treffen auch eine Plattform für Fans anderer Fandoms, wie zum Beispiel Harry Potter, US Comics, Filme und Serien. Da es in Deutschland vornehmlich weibliche Fans sind, die auf Conventions und Treffen fahren, gestaltet sich die Szene allgemein anderes als in Frankreich oder England und die Conventions haben sich angepasst.

Bild oben
Elvira Elzer auf der Connichi 2012
Fotograf: Fritjof Eckardt

Bild unten
Elvira Elzer organisiert auf dem
Japan-Tag 2009 den Cosplay-Wettbewerb
Fotograf: Fritjof Eckardt

Wieviel Prozent der Besucher sind Cosplayer?

Auf der Connichi sind es in der Regel um die 70 - 75 % der Besucher, die Besucher in Zivil fallen teilweise richtig auf und sind meist männlich. Die meisten ohne Cosplay haben in der Regel Kameras dabei und fotografieren jeden Cosplayer.

Ist es schwierig Programmpunkte mit und ohne Cosplay im Programm unterzubringen? Was ist besonders wichtig für Cosplayer?

Teilweise schon, da sich die Punkte mit Cosplay möglichst nicht überschneiden sollten, was bei der Größe der Connichi nicht immer einfach ist, da man dem Geschmack der Besucher gerecht werden will und diese sind teilweise nur wegen Cosplay auf der Veranstaltung. Seien es die Wettbewerbe, die anwesenden bekannteren Cosplayer oder die Workshops oder Panels zu dem Thema. Viele nehmen das Angebot der Workshops in Anspruch, da sie dort lernen Perücken zu stylen, mit bestimmten Materialien umzugehen oder auch sich richtig auf der Bühne zu präsentieren. Viele Besucher stürmen die Säle zu den Wettbewerben, um ihre Freunde und Lieblinge anzufeuern.

Worin unterscheiden sich deutsche und ausländische Events?

Die meisten ausländischen Events haben meiner Erfahrung nach einen deutlich höheren männlichen Anteil an Besuchern. Entsprechend gibt es dort eher weniger Boys Love Mangaka anzutreffen. Außerdem ist der Anteil der Cosplayer geringer, wobei es aber wiederum mehr männliche Cosplayer gibt und die Kostüme in der Regel oftmals hochwertiger und aufwändiger als die Kostüme in Deutschland sind. Cosplay-Wettbewerbe werden mit ebenso großem Enthusiasmus verfolgt, wie in Deutschland. Auf ausländischen Conventions gibt es zudem mehr Themenvielfalt. Man kann sich über Serien, Filme informieren, aber auch mit zahlreichen Fanclubs vor Ort zu diversen Themen reden (Lego Club, Origami-Club).

Elvira Elzer moderiert auf dem Japan-Tag 2009. Fotograf: Fritjof Eckardt

Wie entsteht ein Kostüm?

Alles beginnt damit, dass ein Cosplayer eine Figur (in einem Anime, Manga oder Videospiel) sieht und sich irgendwie mit dieser identifizieren kann. Dies kann passieren, weil man den Charakter der Person gut findet, einem einfach das Kostüm gefällt oder auch, weil die Herstellung dieses Kostüms als Herausforderung empfunden wird. Manche Kostüme erfordern sehr viel Arbeit und Geld, daher ist ein wesentliches Kriterium für ein erfolgreiches Cosplay, dass die Motivation, dieses Kostüm zu machen, nicht nur groß ist, sondern auch sehr lange anhält. Es sollte bei der Planung auch nicht vergessen werden, für welche Veranstaltung das Kostüm erstellt wird und mit welchen Temperaturen bzw. mit welchem Wetter (Hitze, Regen, Schnee) man zu dieser Zeit rechnen sollte. Einige Materialien, wie z.B. Pappe, Heißkleber oder thermoplastische Werkstoffe, sind empfindlich gegenüber hoher Luftfeuchtigkeit, Hitze oder direkter Sonneneinstrahlung. Ebenso ist Regen ein „Feind" vieler Materialien, Requisiten und Herstellungsarten. Es ist sehr wichtig, die örtlichen Gegebenheiten der Veranstaltung, für die das Kostüm geplant ist (z.B. schmale Gänge, niedrige Decken und die „Waffenregeln"), bereits im Planungsprozess zu berücksichtigen.

Manchmal kommt es auch vor, dass Freunde anfragen, ob man bei einer Cosplaygruppe zu einer bestimmten Serie mitmachen möchte. Meistens ist die Entscheidung bei einer Gruppe mitzumachen gar nicht so einfach, denn oft überschneiden sich die Charakterwünsche und einen Charakter fünfmal innerhalb der Gruppe zu vergeben, macht nur äußerst selten Sinn. Aber solange genügend Interesse an der Serie besteht, ist selbst dies meist kein größeres Hindernis. Da das Cosplayen in einer Gruppe viel Spaß macht, einigt man sich dann entsprechend und wählt zugunsten der Gruppe einen anderen Charakter aus, den man auch mag.

Jeder Cosplayer soll Spaß mit seinem Kostüm haben und persönlich glücklich und zufrieden damit sein. Es sollte jedoch bei der Kostümwahl überlegt werden, ob das Kostüm auch wirklich zu einem passt. Insbesondere bei der Teilnahme an Wettbewerben, bei denen man sich der Öffentlichkeit auf einer großen Bühne präsentiert, ist das ein nicht zu unterschätzender Faktor. Manche Wahl ist eher ungünstig und kann anschließend bei Außenstehenden und leider oft auch bei anderen Cosplayern für Hohn und Spott im Internet sorgen.

Etwas, was man sich zweimal überlegen sollte, ist sich das Gesicht als hellhäutiger Mensch dunkel zu schminken. Im 19. Jahrhundert traten weiße Komiker mit schwarz angemalten Gesichtern auf, um schwarze Mitmenschen zu verspotten. Auch wenn es dem Cosplayer nur darum geht, einem Charakter mit dunkler Haut ähnlich zu sein, ist dieses Blackfacing besonders in Amerika sehr negativ vorbelastet und kann zu heftigen Reaktionen führen.

Ebenso sollte darauf geachtet werden, wie sexy manch Cosplayer in der Gegend herumläuft. Insbesondere bei minderjährigen Cosplayern sollten die Eltern ein kritisches Auge auf die Kostümwahl ihrer Kinder haben. Aber auch einige andere Outfits sind durchaus schwierig, da manche Kostüme (z.B. Uniformen) im Auge des Betrachters sehr martialisch und unangemessen wirken können. Einige dieser Uniformen haben unter Umständen gar einen nationalsozialistischen Touch und das Tragen dieser kann dadurch unter Umständen sogar strafbar sein, obwohl die Serie, aus der das Kostüm stammt, eigentlich keinerlei Bezug zu diesem Thema hat.

Thermoplastische Werkstoffe

Diese Materialien werden (in kaltem Zustand) mit Schere und Messer in Form geschnitten und durch Erhitzen mittels Dampf, heißem Wasser oder Heißluft leicht form- und miteinander verklebbar gemacht. Während des Abkühlens werden die Materialien hart und können anschließend geschliffen, gefeilt, lackiert oder wieder erwärmt und erneut verformt werden. Die leichte Verformbarkeit durch Erwärmung ist allerdings auch die größte Schwäche dieser Werkstoffe, denn die Materialien sind gegenüber starker Sonneneinstrahlung empfindlich. Die bekanntesten Werkstoffe dieser Art sind Worbla's Finest Art und KOBRACAST Art.

3D-Drucker

Ein 3D-Drucker ist ein Gerät, welches dreidimensionale Werkstücke aus Kunststoffen, Keramiken, Harzen oder Metallen „aufbaut". Der Drucker druckt das Werkstück in vielen einzelnen Schichten aus dem jeweiligen Werkstoff. Für den Druck benötigt die Maschine ein 3D Vektormodell (auch „Drahtmodell" genannt). Diese Modelle bestehen aus Punkten und Linien, die Flächen abbilden und am Computer mit entsprechender Software erstellt werden. Vektordaten können ohne Qualitätsverlust am Computer kopiert, verändert und mit anderen Modellen kombiniert werden. Inzwischen wird diese Technik auch auf Veranstaltungen von Firmen genutzt, um 3D-Figuren von Cosplayern zu erstellen. Der Cosplayer lässt sich mit Requisite einscannen, wählt die Größe der gewünschten Figur aus, bezahlt und erhält seine Figur später per Post zugeschickt.

In Japan denken sich die Autoren, Illustratoren oder Zeichner meistens nicht wirklich etwas dabei, wenn sie solche Outfits designen. Es heißt einfach nur, „das sieht cool aus" und die Cosplayer denken genauso. Eltern sollten mit ihren cosplayenden Kindern über dieses Thema sprechen, sollte ihnen so etwas auffallen.

Sobald die Serie und der Charakter feststehen geht es im nächsten Schritt daran, gute Vorlagen zu finden, sei es mittels Manga, Screenshots (aus Anime), Suchmaschinen im Internet, in Artbooks oder anhand von weiteren Merchandisingprodukten. Natürlich wird auch nach anderen Cosplayern gesucht, die dieses Kostüm schon gemacht haben, um zu sehen, ob diese von Schwierigkeiten berichten oder gar gute Tipps geben können. Aus diesen Informationen werden Skizzen, Schnittmuster und Pläne für die spätere Herstellung angefertigt. Je komplexer das Kostüm ist, desto aufwendiger und komplizierter ist dieser Teil. Bevor das Internet allgemein verfügbar wurde, die Suchmaschinen die heutigen Möglichkeiten hatten, es entsprechende Webseiten und Videoportale gab und Cosplay seine jetzige Bekanntheit erlangte, war dieser Teil oft extrem mühsam und manchmal auch frustrierend. Es gab oft nur das Bildmaterial aus Anime und Manga, schlechte Fotokopien, pixelige Scans aus gekauften oder geliehenen Artbooks, „ähnliche" Schnittmuster und das, was man sich selbst daraus zusammenreimte. Ebenso fehlten Bücher oder Tutorials zur Herstellung von Kostümen und Requisiten, die es heute über so ziemlich alle Materialien und Verarbeitungstechniken gibt. Damals musste oft improvisiert werden, vor allem auch weil einige der heute gebräuchlichen Materialien, wie thermoplastische Werkstoffe, noch nicht verfügbar oder nur extrem schwer und sehr teuer zu beschaffen waren. Stattdessen wurde genutzt was eben da war, Materialien wie Styropor, Fimo, Karton, Pappe oder Holz. In Zukunft wird sich bei den Materialien und den Herstellungstechniken sicherlich noch einiges ändern, insbesondere auch durch die langsam immer erschwinglicher werdenden 3D-Drucker und deren „Ausdrucke". In jeder größeren Stadt ziehen diese Geräte langsam in die Copyshops ein oder es gibt eigene 3D-Printshops. Diese Technologie wird zukünftig eine vollkommen neue (wenn auch nicht unumstrittene) Art der Kostüm- und Requisitenherstellung ermöglichen. Es ist inzwischen auch möglich eigene Designs oder Motive von spezialisierten Firmen auf Stoffe ausdrucken zu lassen.

Anschließend beginnt die Suche nach passenden Materialien, die zur Umsetzung der Pläne (Kostüm, Requisiten und ggf. Bühnendekoration) verwendet werden könnten. Diese Suche kann, je nach zur Verfügung stehenden finanziellen Mitteln, völlig unterschiedliche Ergebnisse hervorbringen. Bei einigen Versandhändlern kann man Stoff- oder Materialproben bestellen (bzw. ein wenig Testmaterial kaufen), mit denen man zunächst einmal testen kann, ob die eigene Idee überhaupt umsetzbar ist, bevor dann richtig und oft teuer eingekauft wird. Für den geübten Cosplayer ist diese Phase nicht mehr so kompliziert und wird manchmal sogar ganz übersprungen. Er oder sie kauft direkt ein, da er über genug Erfahrung verfügt, um einschätzen zu können, wie viel und welches Material benötigt wird. Aber auch geübte Cosplayer können sich irren und dadurch schnell mehr Geld ausgeben, als eigentlich notwendig gewesen wäre.

Mit genügend Erfahrung und Übung gelingt die Herstellung von Kostüm und Requisiten oft relativ problemlos und schnell. Neulinge hingegen verzweifeln durch diverse Fehlschläge leider hin und wieder dabei oder verlieren gar ganz den Mut oder das Interesse an der Kostümherstellung. Zum Glück gibt es im Internet mittlerweile etliche Foren und Webseiten, die für nahezu jedes Problem Lösungen bieten bzw. Leute, die auf Fragen antworten können. Auch Freunde werden oft zu Rate gezogen und haben vielleicht den einen oder anderen Tipp, der das Problem dann löst, so dass die Kostümproduktion weitergehen kann. Es gibt inzwischen auch Bücher und Webseiten mit hervorragenden (Video-)Tutorials, welche auch die kompliziertesten Dinge und Herstellungsverfahren sehr gut und verständlich erklären. Oft haben die besten Informations- und Inspirationsquellen nicht unbedingt auf den ersten Blick einen Bezug zum Thema Cosplay. Baumärkte, Bastelläden, sowie Kauf- und Möbelhäuser können für die Herstellung eine regelrechte Inspirations- und Beschaffungsquelle sein. So werden Metalle, Holz, Kunststoffe, Gips, Papier, Pappe, Latex, Gummi, Silikon, Knetmasse, Bauschaum, Werkzeuge oder auch andere Geräte teilweise völlig zweckentfremdet und für die Kostümherstellung verwendet. Man muss nur offen für neue Ideen sein und sich überlegen, was man alles verwenden oder wie man die Dinge am besten verarbeiten könnte.

Sind alle Materialien vorhanden, beginnt die eigentliche Herstellung, die je nach Kostüm und Requisite oft aufwendig ist und unter Umständen richtig teuer werden kann, gerade wenn neue, oft teure Geräte (wie Werkzeuge) gekauft werden müssen. Dies hängt natürlich auch maßgeblich davon ab, wie detail- und originalgetreu das Kostüm und die Requisiten werden sollen und wie geübt der Cosplayer in deren Herstellung ist. Dieser Vorgang wird auch „Crafting" genannt. Leider können auch die sorgfältigste Recherche und die gründlichsten Vorabtests manchmal nicht verhindern, dass die Verarbeitung des Materials doch nicht so klappt wie gewünscht, oder dass das gekaufte Material nicht ausreicht. Dann wird die Arbeit noch aufwendiger, teurer und im schlimmsten Fall muss man (zumindest teilweise) wieder von vorne beginnen. Im Rahmen der Kostümherstellung beschäftigen sich viele Cosplayer zum ersten Mal mit völlig neuen Herstellungsprozessen und Materialien. In den letzten Jahren sind immer mehr Materialien, wie z.B. thermoplastische Werkstoffe, die früher schwer zugänglich und sehr teuer waren, wesentlich leichter verfügbar und erschwinglicher geworden und die damit verbundenen neuen Verfahren erfreuen sich immer größerer Beliebtheit. Oft werden die Kostüme auch zusammen mit Freunden oder mit der Hilfe von Familienmitgliedern hergestellt. Bedauerlicherweise und auch wenn nicht gerne darüber gesprochen wird, gehören bei der Herstellung (kleinere) Verletzungen, wie zum Beispiel Schnitte, Stiche, Verbrennungen und blaue Flecken, gerade bei den ersten Kostümen und Requisiten meist dazu. Nur in den seltensten Fällen passiert aber wirklich etwas Ernstes und wer kennt die kleinen Verletzungen nicht selbst noch aus dem Werkunterricht in der Schule oder aus der Ausbildung?

Je nach Art des Kostümes und der Requisiten unterscheidet sich auch die Herstellung massiv. Die gebräuchlichsten Verarbeitungsarten sind: nähen, auftragen, kleben, leimen, sägen, thermoplastische Materialien durch Hitze oder Dampf formen oder Metalle / Kunststoffe / Harze gießen. Manchmal müssen für die Kostümherstellung auch Abdrücke von Körperteilen mit Gips, Wachs oder Kunststoffen gemacht werden. Grundsätzlich sind Cosplayer sehr probierfreudig und schrecken nur selten wirklich vor etwas zurück. Selbst Verarbeitungsarten wie Schweißen und Löten stellen meistens kein Hindernis dar. Ich habe auch schon geschmiedete Requisiten gesehen, dies ist jedoch äußerst aufwendig und daher sehr selten. In manche Requisiten oder Kostüme werden sogar LEDs, Displays, Motoren oder Toneffekte eingearbeitet, was natürlich einiges an Fachwissen erfordert. Zum Nähen der Kostüme werden Schnittmuster aus Papier, oft alten Zeitungen, erstellt. Anhand dieser Schnittmuster werden dann die benötigten Stoffstücke ausgeschnitten und anschließend mit einer Nähmaschine zusammengenäht. Oft ist die Arbeit nach dem Zusammennähen aber noch nicht beendet, denn die Materialien müssen eingefärbt, mit aufwendigen Mustern bemalt oder sogar bestickt werden. Es kann auch durchaus vorkommen, dass Gesichtsmasken oder prothesenähnliche „Gerätschaften" erstellt werden müssen. Ebenso gehört für größere Wettbewerbe häufig auch eine entsprechende Bühnendekoration oder Kulisse dazu, die ebenfalls gebaut werden muss. Besonders schwierig daran ist, dass die Konstruktion sowohl stabil sein und eigenständig stehen muss, als auch gut zerlegbar, leicht transportierbar und in der vom Wettbewerb vorgegebenen Zeit möglichst problemlos auf- und wieder abbaubar sein sollte. Bei einigen dieser Wettbewerbe muss die Herstellung des Kostümes, der Requisiten und der Dekoration fotografisch dokumentiert und alle Materialrechnungen aufgehoben werden. Hinzu kommt, dass natürlich alles den jeweiligen „Waffenregeln" der entsprechenden Veranstaltung und den (deutschen) Gesetzen entsprechen muss. Ebenso sorgfältig sollte man planen, wie man das Kostüm, die Requisiten und die Bühnendekoration heil und günstig zur jeweiligen Veranstaltung und deren Wettbewerb bringt.

Neben der Suche nach den richtigen Materialien für Kostüm und Requisiten, ist auch die Wahl des passenden Make-ups, der Kontaktlinsen, Perücken und entsprechenden Schuhe, die oft noch modifiziert werden müssen, wichtig und nicht zu unterschätzen. Selbst das beste und schönste Kostüm mit super Requisiten wirkt nicht perfekt, wenn das Make-up, die Frisur oder die Schuhe absolut nicht dazu passen. Natürlich ist es keine Pflicht, diesen Aufwand zu betreiben, aber wenn man an großen Wettbewerben mit reellen Chancen teilnehmen möchte oder sich im Internet mit tollen Fotos präsentieren will, dann sind diese Sachen essentiell. Natürlich dürfen auch Details wie Schmuck, Bärte und Tattoos nicht fehlen und müssen ebenfalls hergestellt, gekauft oder gemalt werden. Gerade diese augenscheinlichen Kleinigkeiten bilden in ihrer Summe häufig das, was am meisten Zeit und Geld verschlingt und bei großen Wettbewerben entscheidend sein kann. Liebevolle und originalgetreue Details können einen immensen Unterschied ausmachen und die Wirkung eines Kostüms massiv verstärken. Leider ist es mit dem Kauf einer Perücke meistens nicht getan. Oft muss diese noch geschnitten, gestylt oder sogar umgefärbt werden. Manchmal, sofern es die eigenen Haare zulassen und man das möchte, kann man sich die Perücke sparen und färbt oder schneidet sich die Haare passend zum Cosplay. Für manche Cosplayer ist das okay, für andere nicht. Einige bestehen aus Prinzip auf Perücken und andere können, wollen oder dürfen im Alltag oder auf der Arbeit nicht mit der jeweiligen Frisur / Haarfarbe herumlaufen. Ein Punkt, der ebenfalls nicht vernachlässigt werden sollte, ist das, was unter dem Kostüm getragen wird. Unterkleidung sollte nicht massiv auffallen oder gar in einer anderen Farbe durchscheinen.

Außerdem sollte man, vor allem wenn keine andere Kleidung oder Unterwäsche unter dem Kostüm getragen wird, darauf achten, dass der Stoff oder das Material des Cosplays nicht zu dünn ist und man mehr zeigt, als man eigentlich möchte. Gerade durch starkes Bühnen- oder Sonnenlicht und durch die Blitze der Fotografen kann dies sonst unter Umständen recht peinlich werden.

Es kommt durchaus mal vor, dass manche Leute für ihre Kostüme keine Grenzen kennen und bereit sind, Unsummen an Geld in Kostüm und Requisiten zu investieren, auch wenn sie es sich eigentlich nicht leisten können. Einige Cosplayer leben quasi wochen- oder gar monatelang nur von Brot und Nudeln und streichen alle anderen gesellschaftlichen Aktivitäten, nur um sich mehr Kostüme leisten zu können. Eine Konsequenz daraus ist, dass Leute zwar zu Veranstaltungen anreisen, sich aber wegen der hohen Ausgaben für das Kostüm keine Eintrittskarten mehr leisten können.

Cosplay an sich muss jedoch nicht immer teuer sein, denn auch mit bescheidenen Mitteln lassen sich tolle Kostüme machen. Man braucht auch nicht jedes Jahr besonders viele Kostüme zu machen, sondern kann sich auch auf einige wenige konzentrieren. Alltagskleidung, vorhandene Kostüme oder Stoffreste eignen sich zudem, je nach Serie und Charakter, hervorragend, um neue Kostüme zu improvisieren und zusammenzustellen. Große Chancen wird man damit bei Wettbewerben vielleicht nicht haben, aber so lange man sich wohl fühlt und Spaß hat, kann man mit dieser Variante durchaus günstig cosplayen. Teuer muss abgesehen davon nicht automatisch immer gleich gut heißen, simpel und schlicht kann ebenso gut sein.

Grundsätzlich kann jeder lernen Kostüme und Requisiten herzustellen. Dem einen fällt es leichter und dem anderen eben schwerer. Außerdem benötigt man immer Zeit und Durchhaltevermögen. Jedoch hat nicht jeder eine gleich ausgeprägte Begabung zum Nähen, Malen oder Handwerken. Es gibt Leute die toll nähen können, während andere sich damit abmühen und trotzdem keine zufriedenstellenden Ergebnisse erzielen. Dafür können sie jedoch tolle Requisiten bauen oder haben tolle Ideen für Auftritte. Es spricht nichts dagegen sich mit Freunden zusammenzutun und Aufgaben bei der Kostüm- und Requisitenherstellung entsprechend der Fähigkeiten zu verteilen, um das Bestmöglichste herauszuholen. Nimmt man aber alleine an einem Wettbewerb teil, dann sollte man das nur mit wirklich eigenhändig gemachtem Kostüm tun.

Mecha

Mechas sind große fiktive Roboter, die oft von Menschen gesteuert werden. Meistens befindet sich der Pilot dafür im Roboter und steuert diesen aus einem Cockpit heraus. Es gibt jedoch auch eigenständige agierende „lebendige" Mechas mit künstlicher Intelligenz. Die Menge der Mecha-Anime und -Manga in Japan ist unüberschaubar geworden. Dieses Science-Fiction-Genre ist schon lange sehr beliebt. Mecha-Cosplay ist außerordentlich aufwendig, sehr teuer und erfordert größtes handwerkliches Können. Bedingt durch ihre gigantische Größe können die meisten Mechas nur im verkleinerten Maßstab nachgebaut werden.

Bilder (Making of), Eternal Sailor Moon, Fotografin: Christy Bell Goh, valiantchariot.blogspot.sg
Bild rechts unten, Cosplayerin: Christy Bell Goh, Charakter: Eternal Sailor Moon, Serie: Sailor Moon, Fotograf: William Tjhin

Marie (Missie)

Mein Name ist Marie oder auch Missie, ich bin 27 Jahre alt und lebe in Bochum, Deutschland. Cosplayer bin ich seit 1999 und auch heute noch dabei. Mit dem Cosplay kam auch das Interesse am nähen, daher habe ich eine Ausbildung zur Damenschneiderin absolviert, außerdem beende ich gerade mein Bekleidungstechnik-Studium mit dem Schwerpunkt Produktentwicklung. Und werde anschließend ein wenig Bühnen- und Theaterluft schnuppern.

Was ist wichtig bei der Kostüm- und Requisitenherstellung?

Wichtig sind für mich bei der Kostümherstellung die Genauigkeit, die Details und besonders die Liebe zu dem Kostüm, dem Charakter und dem Hobby an sich. Man sollte immer die Fähigkeiten ausnutzen die man schon erlernt hat und neues Versuchen. Vieles bei der Herstellung von neuen Kostümen und Requisiten sind Versuche und Experimente. Man entwickelt sich weiter, bei jedem Kostüm. Wichtig finde ich auch, dass man mit dem Material, das man hat, zufrieden ist. Wenn ein Stoff nicht die gleiche Farbe hat wie die Vorlage, kann man schnell unzufrieden sein, auch wenn das vielleicht im Nachhinein wirklich Niemandem auffällt.

Wie siehst du das Kaufen von Kostümen?

Finde ich okay, was vielleicht auch dran liegt, dass es ein Teil meines Berufes ist Kostüme zu verkaufen. Wichtig finde ich jedoch, dass man dazu steht, dass das Kostüm gekauft ist, sei es bei Ebay oder eine Commission von einem anderen Cosplayer. Ruhm und Lob für ein Kostüm einheimsen, was andere genäht haben finde ich nicht in Ordnung. Genau wie an Wettbewerben teilnehmen. Das ist eine Sache, die sich damit nicht gehört. Schließlich sollen bei Wettbewerben die Kostüme bewertet werden, das kann man nicht, wenn der Träger es nicht selber gefertigt hat. Schließlich soll die eigene Arbeit belohnt und vor allem gewürdigt werden, man will den Leuten zeigen, was man mit seinen Händen geschaffen hat.

Bild oben
Charakter: Lunamaria Hawk
Serie: Gundam

Schreckst du vor manchen Kostümen oder Verarbeitungsarten zurück?

Früher mehr als heute, heute will ich es einfach Versuchen. Was mich jedoch oft abschreckt sind komplizierte Perücken oder Waffen. Wenn ich da aber Hilfe benötige frage ich meine Freunde, die fit und gut darin sind und lasse mir Tipps geben. So habe ich schon Perücken gestylt, die ich mir nie zugetraut habe. Es ist halt ein Austausch, einer hilft bei Waffen einer hilft bei Perücken und ich kann halt beim Nähen helfen. Nähtechnisch gibt es kaum etwas, was mich zurück schrecken lässt, eher reizt es mich einfach Dinge auszuprobieren! Auch wenn diese nicht auf Anhieb gelingen und am Ende nicht so aussehen wie es sollte.

Was war dein aufwendigstes Kostüm und warum?

Am Zeit-aufwendigsten war Esther Blanchett aus Trinity Blood, da die ganzen Rosen per Hand auf Seide gemalt wurden, diese entstandenen Borten, wurden dann mit dem „Punkt-Stich" auf das Kleid aufgenäht. Dabei wird per Hand so genäht, dass am Ende auf dem Stoff nur ein kleiner Punkt zusehen ist. Das war viel Arbeit, bei der meine Freunde und meine Mutter auch noch mitgeholfen haben. Am Aufwendigsten, an neuen Herausforderungen, war dabei wohl Daena von Secret of Mana, da ich noch nie ein Ganzkörperkostüm gemacht hatte. Dabei musste ich nicht nur die Kleidung herstellen, also das Kostüm an sich sondern auch eine Katzenmaske und Tatzen, außerdem habe ich auch die Schuhe komplett selber gebaut.

Was würdest du Cosplay Neulingen empfehlen?

Keine Angst haben, einfach loslegen, das erste Kostüm ist immer das Schwierigste, weil es etwas Neues ist. Am besten fängt man klein an, wenn man nicht nähen kann, eignet sich eine Schuluniform am besten zum Ausprobieren. Faltenröcke sind nicht schwierig, an diesen kann man gut Üben. Wenn man zu ersten Mal auf eine Con geht, kann man vorher Kontakte knüpfen über Foren und ähnliches. Das ist heute viel einfacher als es noch 1999 war. Und auf den Cons selber, da beißt niemand. Auch wenn das Auftreten mancher Cosplayer einschüchternd wirkt, gerade wenn es gute Kostüme sind. Aber auch diese Leute haben klein angefangen und freuen sich auch heute noch über Lob. Viele wirken anders als sie eigentlich sind, geben aber eigentlich sehr gerne ihr Wissen weiter, z.B. in Workshops.

Wie hat sich das Cosplay in Deutschland in den Jahren, in Hinblick auf Materialien verändert?

Verändert hat sich vor allem, dass es nun eine große Vielfalt an Materialien zum Rüstungsbau gibt. Früher wurde viel aus Pappemache gemacht, dann aus Moosgummi und Efaplast (eine an der Luft trocknende Masse, die erst weich ist wie Knetgummi ist und dann hart wird, diese kann man dann mit Schleifwerkzeugen bearbeiten) oder Fimo (eine Knetmasse die im Backofen gebacken wird). Heute gibt es so wundervolle Materialien wie Worbla (Thermo-verformbare Platten) und noch viel mehr. Es ist viel einfacher geworden seine Ideen umzusetzen, natürlich ist es immer noch aufwendig, aber man kann Dinge schneller anpassen, wie beispielsweise eine Rüstung an den Körper.

HaruVamp

Mein Name ist HaruVamp. Ich komme ursprünglich aus Hannover. Lebe jetzt aber seit 2008 in den USA. Ich cosplaye seit 1998 und nach einer kurzen Cosplay Pause habe ich 2012 wieder angefangen. Cosplay macht mich glücklich, ich liebe es andere zu verzaubern, zu inspirieren und ich bin stolz darauf ein Nerd zu sein ;)

Webseite

http://www.fb.com/Haruvamp

Twitter, Deviant Art, Instagram, Tumblr, Cosplay.com und alle anderen Cosplay Portale: Haruvamp

Besonderheit

Ich organisiere und laufe auf Autism Walks, Paraden und gehe Kinder in Krankenhäusern besuchen. Erst vor kurzem haben ich und meine Freunde eine Cosplay und Gamer Gruppe gestartet. Jeder kann kommen, Spass haben und / oder lernen. Ich war einer der ersten beim Cosday und habe lange beim Cosday mitgeholfen und mitorganisert. Ich hatte das Glück das Koneko (ein deutsches Anime / Manga Magazin) Maskottchen sein zu dürfen und schrieb einige Auslandsartikel für meine Freunde von der Koneko und war und bin ein Teil des Koneko Teams.

Was ist wichtig bei der Kostüm- und Requisitenherstellung?

Am besten startest du mit einem Schnittmuster, oder du stellst ein eigenes Schnittmuster her. Es gibt so viele Methoden dafür; entweder du zerschneidest ein altes T-Shirt, wenn es genauso passt, wie du es brauchst, oder du malst das Muster auf ein altes T-Shirt usw. Oder du stellst ein Schnittmuster aus Zeitungspapier her, indem du einen Schnitt von einem Kleidungsstück kopierst, das du zu Hause hast und es dann abänderst. Du kannst ein Schnittmuster (vor allem für Rüstungen) auch mit der „Ducttape Methode" machen oder du kaufst dir schlichtweg eines.

Bild oben
Charakter: Yellow Rose (Eigenkreation)
Serie: Sakizou
Fotograf: Elite Cosplay
fb.com/EliteCosplay

Bild unten
Charakter: Slave Leia
Film: Star Wars
Fotograf: GeneralGau's Kitchen
generalgausphoto.com/Cosplay.html

Autism Walks

Autism Walks und andere „Walks" sind dafür da, um auf bestimmte Krankheiten und Aktionen aufmerksam zu machen und Spenden zu sammeln. Wir laufen eine bis fünf Meilen und vor dem Walk ist viel los. Es kommen Radiosender und manchmal auch das Fernsehen und berichten darüber. Firmen verteilen Geschenke oder Süßigkeiten. Wenn wir als Superhelden da sind, freuen sich alle. Die Kinder sind immer sehr glücklich und es werden viele Fotos gemacht. Wir laufen dann zusammen mit den Kindern, manchmal wird sogar spontan ein Picknick veranstaltet.

http://www.autismspeaks.org

Auch wenn Muster sehr korrekt sind, würde ich jedem Cosplayer empfehlen einen billigen Leinenstoff zu nehmen und das Stück einmal so herzustellen.

Damit kannst du dann genau sehen, ob das Muster korrekt ist, gut sitzt und welche Komplikationen es geben könnte, wenn du den „richtigen" (teuren) Stoff benutzt. Es wird dir Zeit, Aggressionen und Geld einsparen. Es ist wunderbar zu sehen, wenn das Kostüm langsam entsteht. Am liebsten ist es mir, wenn man zu dem Teil kommt, wo man dem Kostüm „Leben einhaucht", sei es, ein paar besondere Kristalle mit der Hand anzunähen, Fell, eine Stickerei oder ein Design mit Stoffmalfarbe aufzumalen.

Zur Requisitenherstellung: Je nachdem woran und womit du arbeitest, je öfter und detaillierter du schleifst (Holz, Bondo, Grundstyropor für Worbla usw.), desto besser wird dein Endprodukt. Bitte beachte auch, du musst nicht die teuren Mainstreammaterialien kaufen, die „alle" benutzen. Je öfter du eine Waffe, ein Schild oder eine Rüstung herstellst, desto besser wirst du und das heißt nicht, dass das mit Worbla passieren muss. Bitte verstehe mich nicht falsch, Worbla ist ein tolles Material, aber du kannst das gleiche Ergebnis mit Eierkartons und Pappe erzielen. Sieh dir nur einmal koreanische Cosplays an, es ist so wundervoll etwas aus dem nichts zu erschaffen. Versuch`s mal! Vergiss nie, so viele große Namen sind in Garagen entstanden. Sei du selbst, kreiere, erschaffe, verzaubere!

Wie siehst du das Kaufen von Kostümen?

Als erstes muss man hier zwischen zwei Arten von Cosplayern unterscheiden.

Nummer 1: „Ich will Spaß und keine oder so wenig Arbeit wie möglich mit meinem Kostüm.", einige sogar mit der Einstellung, es ist mir egal wie die Qualität des Kostüms ist.

Nummer 2: Cosplayer, die an Wettbewerben teilnehmen wollen, alles selber machen und auf jedes kleine Detail genauestens Wert legen und so ihr Kostüm anfertigen.

Natürlich können und werden Nummer 1 und 2 immer verschwimmen. Aus meiner Perspektive muss ich folgendes dazu sagen: Du wirst mit einem gekauften Kostüm nie die Qualität haben, die du mit einem selbstgemachten Cosplay bekommst. Es fängt alleine schon bei der Stoffqualität an.

Ich habe in der Vergangenheit für Last-Minute-Spaß mit Freunden, Raves oder Last-Minute-Charity-Events, wo ich keine Kostüme dabei hatte, selbst schon mal gekaufte Cosplays getragen. Man darf sich nicht immer super ernst nehmen und das Lachen eines Kindes auf dem Autism Walk ist mir wichtiger als Cosplay Standards. Jedoch wenn es um meine eigenen Cosplays geht, vor allem für Wettbewerbe, bin ich sehr perfektionistisch bis ins kleinste Detail. Im Endeffekt muss das jeder für sich selbst entscheiden, jedoch finde ich das gekaufte Cosplays nicht in einen Wettbewerb gehören.

Schreckst du vor manchen Kostümen oder Verarbeitungsarten zurück?

Der einzige Grund, warum ich je vor Verarbeitungsarten zurückschreckte, ist, wenn die Zeit drängte und ich eine andere Art kannte, die mir ein gleich gutes Resultat geliefert hat. Ich schrecke nicht vor Cosplays zurück, denn die Art wie ich meine Cosplays auswähle, ist die, dass je seltener ein Cosplay umgesetzt wurde und je komplizierter es ist, desto größer ist die Chance, dass ich es cosplayen möchte. Jedoch beachte immer: Jedes Cosplay ist ein neues Abenteuer! Du musst erst vieles ausprobieren, bis du die Richtige Technik, Verarbeitungsart oder Mechanik gefunden hast.

Was war dein aufwendigstes Kostüm und warum?

Shilen - Lineage II: Mein erstes Armor Cosplay. Damals, ja damals hatten wir noch kein Worbla. Ich habe ein hartes Plastik mit Hitze verformt. Ich hatte kein Geld für eine teure Perücke also hatte ich 2 Perücken zusammengenäht und eine Konstruktion eingebaut damit der Kopfschmuck auch hält. Den Kopfschmuck habe ich übrigens fast komplett aus Plastik Löffeln und Gabeln aus dem 1 Euro Laden hergestellt, für das Unterteil vom Kopfschmuck habe ich Zewa- und Toilettenpapierrollen als Basis benutzt und das Leder überspannt. Keiner hat je gesehen dass ich diese Materialien dafür benutzt habe.

Bird - Shadow Lady Bird: war ein Gruppenprojekt mit meinen liebsten Freunden. Ein Ganzkörperkostüm mit kolossalem Headpiece. Ich habe die einfachsten Mittel benutzt, einen Plastikhelm, den ich als Basis benutze, viel Schaumstoff und Handnähen des Badeanzugsmaterials. Um den Kopfschmuck herzustellen, musste ich etliche Federn herstellen.

Bild oben
Charakter: Yellow Rose (Eigenkreation)
Serie: Sakizou
Fotograf: Elite Cosplay
fb.com/EliteCosplay

Bild mitte
Spider-Man (Peter Mico)
und Supergirl (HaruVamp)
Fotograf: Christopher Norris

Bild unten
Charakter: Tails
Spiel: Sonic the Hedgehog
Fotograf: LJinto
www.flickr.com/photos/ljinto

Lilith - Yami to Boshi to Hon no Tabebito: Die seltsamsten Mittel und Materialien können die wahnsinnigsten Sachen kreieren. Für den Hut habe ich eine Strumpfhose mit Schaummaterial gefüllt und an einer Wäscheleine im Garten trocknen lassen, bis heute bereue ich es nicht Fotos von den Gesichtern der Nachbarn gemacht zu haben. Um die Hutstruktur auszutesten, habe ich erstmal mit einen umgedrehten Schemel arbeiten müssen. Natürlich kamen dann die Näh-, Stopf- und die Detailarbeit, um das Auge herzustellen. Ich trauere immer noch, dass ich diesen Hut bei meinem Umzug nach Amerika verkaufen musste.

Yellow Rose – Sakizou Eigenkreation: Dieses Cosplay entstand innerhalb einer Woche spontan und dass Headpiece hatte 300 Rosen und das Kleid 200 und ich habe alle Tag und Nacht mit der Hand angenäht. Mein Hobbyladen hat sich sehr über mich gefreut. Als Unterlage für den Kopfschmuck habe ich meine alte Marie Antionette Perücke von meinem Lady Oscar Kostüm benutzt die ich erst umgestylt habe und dann die Rosen und andere Details aufgenäht habe.

Was würdest du Cosplay Neulingen empfehlen?

Plane viel Zeit ein, sei dir im Klaren, es gibt viel zu lernen an Verarbeitungsarten und -techniken. Sei bereit, das gleiche Stück 4- bis 5-mal zu machen, bis du es so hast wie du es möchtest. Plane vor einer Convention mindestens 3 bis 6 Monate Verarbeitungszeit ein (vor allem für dein erstes Cosplay), mache gründliche Nachforschungen (Cosplay.com, Google, YouTube, schaue dir andere Cosplayer an und sei nicht zu schüchtern sie zu fragen). Beachte zudem, dass du bei manchen Wettbewerben ein paar Monate vor der Convention ein fertiges Foto von deinem Cosplay für den Wettbewerb einreichen musst oder manchmal sogar Videos. Aber am aller wichtigsten: Hab Spaß und Freude am Herstellen deines Cosplays und auf der Convention!

Charakter: Kiki, Film: Kiki's Delivery Service, Fotograf: Eric LaCore Photography, fb.com/EricLaCorePhotography

Cosplayunterricht / Workshops

Es gibt Cosplayer mit sehr viel Erfahrung im Herstellen von Kostümen und Requisiten, die regelmäßig Unterricht in Kostümherstellung (auch außerhalb von Veranstaltungen) für andere Cosplayer und Interessierte abhalten. Auch auf immer mehr Conventions gibt es inzwischen Workshops über die verschiedensten Themen vom reinen Nähen über Verarbeitung von thermoplastischen Werkstoffen bis hin zu Perückenstyling, sowie zu Rüstungs- und Mechabau.

Und wer mal eben schnell Hilfe zu einem bestimmten Thema braucht, der findet im Internet etliche Tutorials, die Schritt für Schritt erklären, was zu tun ist. Besonders zu empfehlen ist die Webseite:

http://www.cosplaytutorial.com

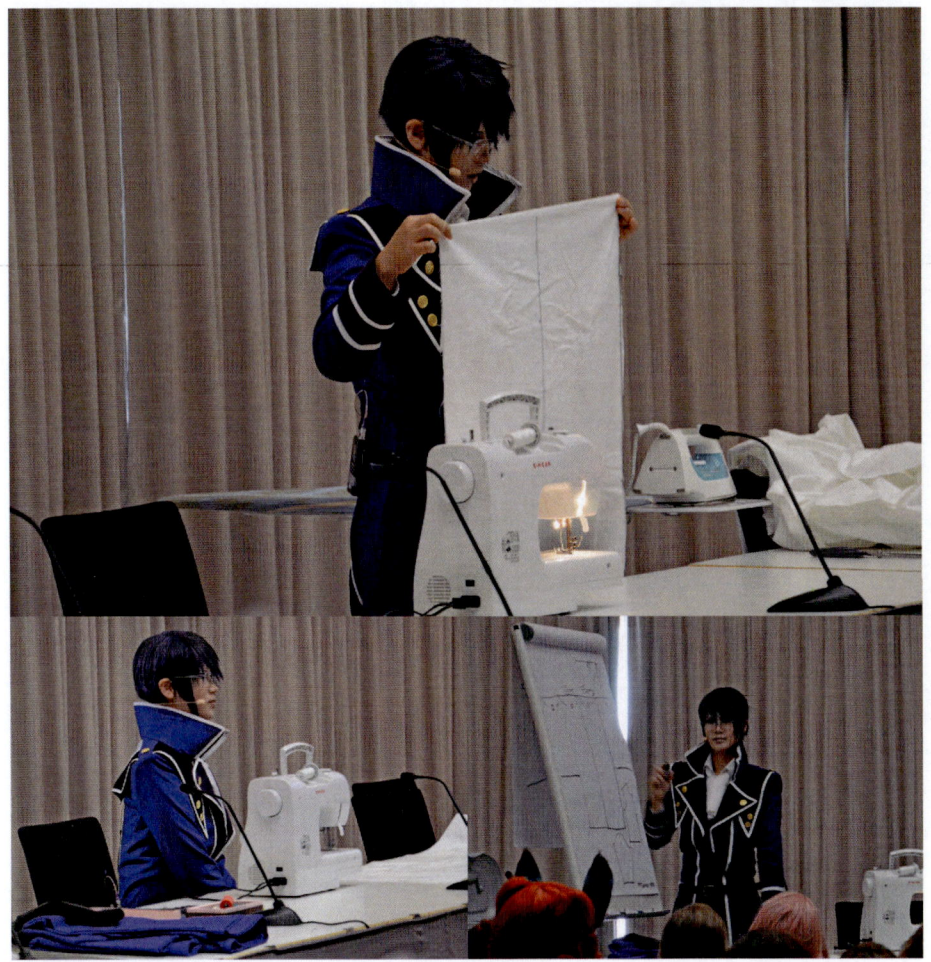

Bilder oben Workshop „Kimono für Cosplay" mit Reika. Charakter: Reishi Munakata. Serie: K. Connichi 2015. Fotograf: Fritjof Eckardt

Goldy

Ich erstelle überwiegend Rüstungen und Roboter-/Mechakostüme. Außerdem veranstalte ich in Akihabara entsprechenden Cosplay Kostümbau Unterricht und nutze dies auch als Möglichkeit für internationalen Austausch.

Beruf

Kostümhersteller

Wie bist du auf die Idee mit dem Cosplay Unterricht gekommen?

Ich unterrichte überwiegend die Herstellung von Rüstungen und verschiedenen Waffenarten, aber im Wesentlichen geht es um den Austausch von Erkenntnissen. Auch wenn man sich nicht nur für Kostümbau und Cosplay interessiert, so hat es auch das Ziel sich mit anderen Freunden auszutauschen. Es gibt verschiedene Arten dieser Treffen wie Unterricht, Partys oder gemeinsame Fahrten. Ich erhalte durch diesen Austausch neue Inspirationen. Von nun an denke ich, dass es gut wäre wenn diese Subkultur (Cosplay) eine neue Methode für den internationalen Austausch wäre.

Wie viele Leute nehmen an deinen Kursen teil und was lernen sie?

Da es mit einer großen Teilnehmeranzahl sehr anstrengend ist, sind es im Durchschnitt nur 5-10 Personen. Was die Formgebung / Herstellung angeht, so lehre ich jegliche Technik. Auch wenn man sich für Formgebung nicht interessiert, ist es kein Problem, wenn man nur zum Spaß haben kommt (und sich austauscht).

Wie oft findet der Unterricht statt? Kostet es etwas?

Ich fahre jeden Monat einmal nach Akihabara. Manchmal melden sich Stammbesucher und wir machen einen Wochenendkurs in Kostümbau. Unterrichtskosten entstehen meist nicht. Wenn man Material benötigt, dann ist das kostenpflichtig, aber in dem Fall, dass man selber Material mitbringt, zuschaut und nur Spaß haben will, ist es kostenlos.

Bild oben
Charakter: Evangelion Unit 01
Serie: Neon Genesis Evangelion
Fotograf: Ondo

Bild unten
Charakter: RX-78-2 Gundam
Serie: Mobile Suit Gundam
Fotograf: Tommy

Was war dein aufwendigstes Kostüm und warum?

Gegenwärtig stelle ich Unicorn Gundam her. Weil ich computergesteuerte LEDs und Motoren benutze, ist es notwendig sehr genau zu kalkulieren (da es sehr teuer ist). Ich denke, ich möchte neue Dinge ausprobieren und baue diese dann.

Ist Kostüm / Requisitenherstellung dein Job oder ist es „nur" ein Hobby für dich?

Ich stelle Kostüme und verschiedene Werkzeuge her. Ich nutze diese Kultur und interessiere mich für den internationalen Austausch.

Bild oben
Charakter: Gurren Lagann
Serie: Gurren Lagann
Fotograf: Tommy

Bild unten links / rechts
Charaktere: Evangelion Unit 01 (Goldy) und Evangelion Unit 00 (Edo Seijin)
Serie: Neon Genesis Evangelion
Auftritt bei Tōkyō Nico Nico Cospllection
Fotograf: Ondo

Kurzbericht Ausstellung „Cosplay – Ein erster Blick hinter die Kulissen"

EKO-Haus, Düsseldorf, 08.11 - 11.12.2016

Diese Ausstellung führte den Besucher mit Fotos, Kostümen und Texttafeln in die Welt des Cosplay und die damit verbundenen Aktivitäten ein. Es wurde dargestellt, was Cosplay ist, warum Leute Cosplay betreiben, wie ein Kostüm entsteht, wie sich Cosplay in Deutschland entwickelt hat, was es mit Cosplay-Wettbewerben und Conventions auf sich hat und wie Cosplay, Firmen, Politik und Sponsoren miteinander verbunden sind.

Impressionen der Ausstellung „Cosplay – Ein erster Blick hinter die Kulissen". Fotografen: Fritjof Eckardt und Mathias Eckardt

Oben: Impressionen der Ausstellung „Cosplay - Ein erster Blick hinter die Kulissen". Fotograf: Fritjof Eckardt
Unten: Eröffnung durch Generalkonsul Ryuta Mizuuchi, Fritjof Eckardt, Desi und Professor Aoyama. Fotografin: Yurie Takagi

Die verschiedenen Cosplayer-Typen

Kurz gesagt: Den wirklich „typischen" Cosplayer gibt es nicht. Cosplayer stammen aus allen sozialen Schichten und gehören den verschiedensten Alters- und Berufsgruppen an. Von (angehenden) Anwälten, Handwerkern, Künstlern und Lehrern bis hin zu Zahnärzten ist alles dabei. Die meisten Cosplayer sind im Allgemeinen unter 20 Jahre alt, weiblich und zwei bis vier Jahre richtig aktiv dabei. Nach dieser Zeit verliert sich meist entweder das Interesse vollständig oder die Cosplay-Aktivität wird (manchmal auch gezwungenermaßen) durch Arbeit, Familie oder Studium entsprechend reduziert. Natürlich gibt es auch Leute, die wesentlich länger aktiv sind, doch diese sind deutlich in der Minderheit. Während die Cosplayer in den „Anfangsjahren" meist über 20 Jahre alt waren, so ist das Einstiegsalter in den letzten Jahren deutlich gesunken.

Durchschnittsalter der Cosplayer (1. Kostüm) in Deutschland

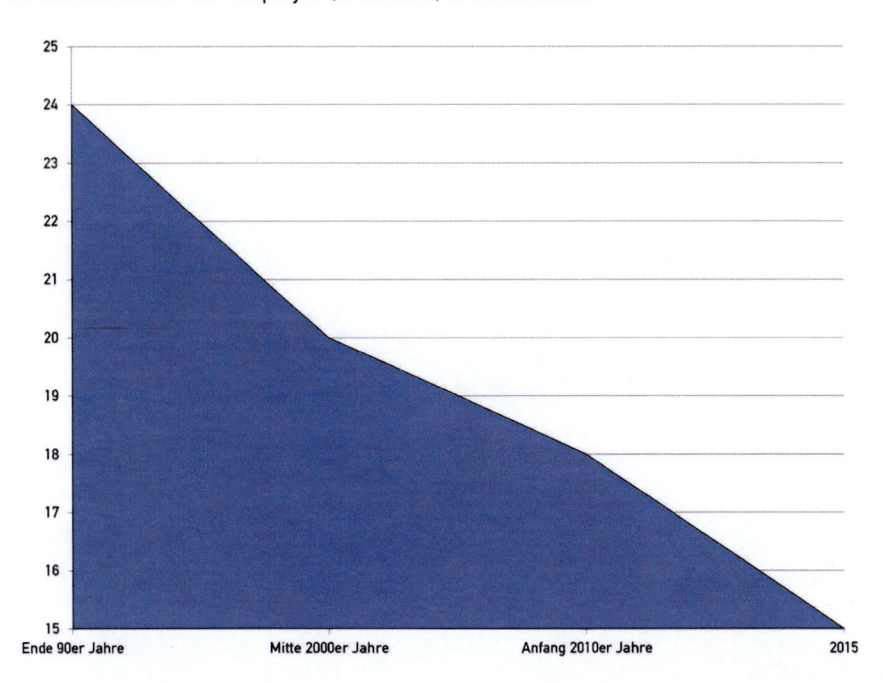

Ende 90er Jahre	Mitte 2000er Jahre	Anfang 2010er Jahre	2015
24	20	18	15

Nach oben gibt es altersmäßig keine Grenze, Cosplayer jenseits der 40 sind jedoch relativ selten. Es gibt mittlerweile auch einzelne Familien, die komplett kostümiert an Veranstaltungen teilnehmen und so die Cosplayer „der nächsten Generation" direkt mitbringen. Natürlich ist es sehr schön, wenn sich die verschiedensten Altersgruppen für dieses Hobby begeistern können, denn genau so sollte es sein. Es ist eben nicht nur ein Phänomen, das ausschließlich junge Leute betrifft.

Sehr viele Cosplayer sind auch Videospielfans, was nicht sonderlich verwunderlich ist, da Anime, Manga und Videospiele zumindest in Japan oft eng zusammengehören.

Es gibt drei grundsätzlich zu unterscheidende Arten von Cosplayern, die sich jeweils aus verschiedenen (Sub)Typen zusammensetzen:

- „Hobby-Cosplayer"
- „Problematische Cosplayer"
- „Kommerzielle Cosplayer"

Während die ersten beiden Cosplayer-Arten ihre Kostüme meist selbst herstellen und viel mit dem Hobby Cosplay verbinden, ist dies beim „kommerziellen Cosplayer" nicht unbedingt immer der Fall. Es gibt auch Cosplayer, auf die keine der folgenden Beschreibungen passt und die eine Kombination aus mehreren Typen sind. Manche Cosplayer stehen auch zwischen Hobby- und kommerziellem Cosplayer, da die Grenzen hier recht fließend sein können. Hin und wieder werden im Laufe der Jahre „Hobby-Cosplayer" zu „kommerziellen Cosplayern". Es gibt auch Leute, die keinerlei Kostüme selber machen, sondern diese ausschließlich kaufen.

Natürlich verwenden Cosplayer diese Bezeichnungen untereinander nicht. Diese Begriffe dienen hier lediglich der Veranschaulichung und um die Unterschiede zwischen den verschiedenen Cosplayern besser aufzeigen zu können, so dass sie jeder verstehen kann.

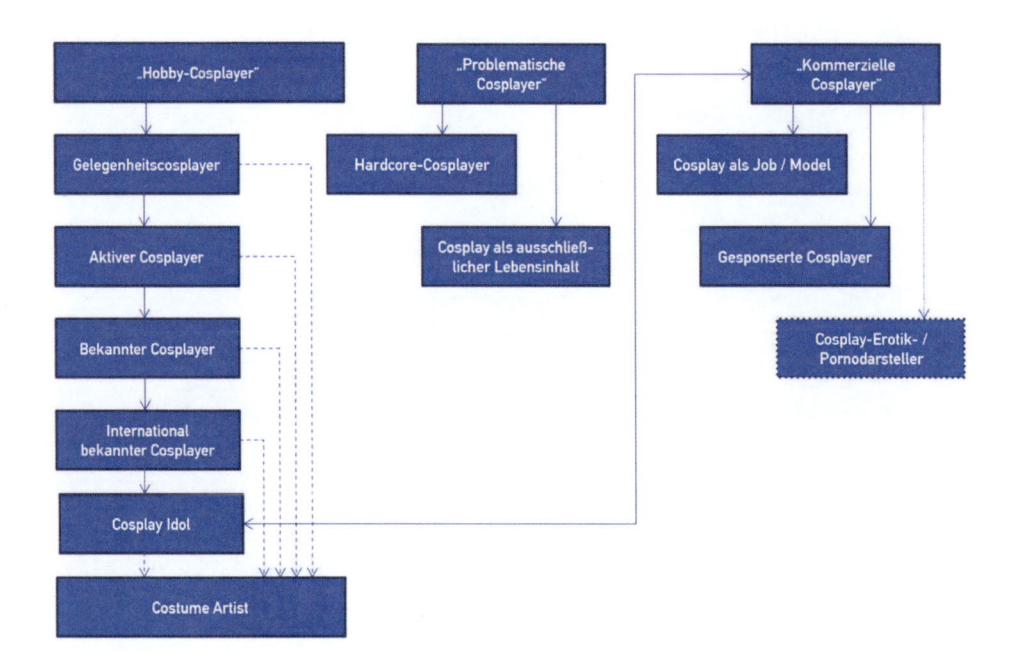

„Hobby-Cosplayer"

Der übliche Cosplayer beginnt als „Gelegenheitscosplayer" und entwickelt sich je nach Interesse, Fähigkeiten, Freizeit, verfügbarem Geld und im Laufe der Jahre entsprechend bis zum „Bekannten Cosplayer" weiter. Diese Leute betreiben Cosplay größtenteils als Hobby, machen die Kostüme und Requisiten meist selbst und ihnen ist Cosplay sehr wichtig. Cosplay ist für sie mehr als einfach nur ein Kostüm anzuziehen. Für nahezu alle Cosplayer ist es jedoch ein teures Hobby.

Manche Cosplayer produzieren auch Kostüme (gegen Geld) für andere Cosplayer. Meist machen das Leute, die Berufe in der Textilbranche oder gestaltende Berufe erlernen und sich so ein wenig Geld, Erfahrungen und Referenzen (dazu) verdienen (wollen).

Viele Cosplayer tragen an den einzelnen Tagen einer Veranstaltung verschiedene Kostüme, manche sogar unterschiedliche Cosplays an einem Tag. Je berühmter die Cosplayer werden, desto mehr Fans und leider auch Neider haben sie.

Typ Gelegenheitscosplayer

Dieser Cosplayer fertigt nur wenige Kostüme pro Jahr an und trägt diese bei Events oder zu lokalen Treffen. Cosplay wird als reiner Spaß und als Möglichkeit, um mit anderen Cosplayern, Anime- und Mangafans in Kontakt zu treten, gesehen. Diese Personengruppe nimmt selten an Wettbewerben teil. Für sie ist es nicht so entscheidend, ob ein Kostüm selbstgemacht, im Laden gekauft oder von anderen Cosplayern abgekauft worden ist. Die Hauptsache ist: Cosplayen macht Spaß! Es gibt absolute Anfänger, aber auch sehr erfahrene Cosplayer in dieser Gruppe. Der größte Anteil aller Cosplayer zählt zu dieser Gruppe.

Typ Aktiver Cosplayer

Die Teilnahme an Cosplay-Wettbewerben ist für diesen Typ sehr wichtig. Sie legen Wert darauf, dass die Kostüme und Requisiten eigenhändig angefertigt worden sind. Ebenso wird großer Wert auf kleine Details und Genauigkeit gelegt. Das Kostüm soll so echt wie möglich wirken. Für viele Cosplayer dieser Gruppe sind gekaufte Kostüme schon ein „Tabu". Ein Großteil dieser Cosplayer ist um die 20 Jahre alt. Je länger der Cosplayer dabei ist, desto mehr Energie und Zeit wird meist in das Kostüm gesteckt. Häufig betreiben sie auch eine eigene Webseite im Internet.

Typ Bekannter Cosplayer

Dieser Cosplayer nimmt normalerweise regelmäßig an Wettbewerben teil und wird durch das Gewinnen mehrerer Wettbewerbe oder durch besondere Auftritte und Kostüme innerhalb der deutschen Cosplayszene bekannt. Sie besitzen eine eigene Facebook- oder Webseite und Accounts in allen größeren sozialen Netzwerken sind obligatorisch. Man trifft ihn oder sie auf jedem größeren Event und manchmal auch auf Veranstaltungen im näheren Ausland an.

Typ International bekannter Cosplayer

Dieser Cosplayer hat an nationalen Vorentscheiden oder auch an internationalen Wettbewerben teilgenommen und diese gewonnen (wie Euro Cosplay Gathering, EuroCosplay Championships oder World Cosplay Summit). Es gibt auch Cosplayer, die diesen Status ohne Teilnahme an solchen Wettbewerben durch außergewöhnliche Kostüme und exzellente Selbstvermarktung auf Webseiten oder in sozialen Netzwerken erreichen können. Die bekanntesten Cosplayer dieser Gruppe werden hin und wieder zu Veranstaltungen eingeladen, sehr selten auch mit Übernahme der kompletten Kosten (wie Anreise und Hotel), um dort als Jurymitglied bei Cosplay-Wettbewerben (auch bei nationalen Vorentscheiden) teilzunehmen, Workshops zu halten oder in Paneldiskussionen über ihre Erfahrungen zu berichten. Im Gegenzug schreiben und werben Sie dann auf ihrer Webseite und in sozialen Netzwerken über bzw. für die jeweilige Veranstaltung. Einige wenige von ihnen werden auch von Firmen gesponsert (z.B. mit Kontaktlinsen, Materialien, Stoffen oder Perücken). Diese Cosplayer und natürlich auch die „Cosplay Idols" verfügen über viele Fans und werden auch von den Medien bewusster wahrgenommen. Manche von ihnen verkaufen eigene Poster, Bücher (Fotos oder Tutorials), Bilder oder andere Merchandising-Produkte im Internet und an Ständen oder bei Signierstunden auf Veranstaltungen (im Ausland).

Typ Cosplay Idol (auch „Celebrity Cosplayer" genannt)

Dieser Typ ist (international) innerhalb der Szene sehr bekannt, sei es durch Gewinn verschiedenster Wettbewerbe oder durch gute Selbstvermarktung im Internet oder auf Veranstaltungen mit eigenem Stand (und Merchandising-Verkauf). Er oder sie lässt seine Fans am eigenen Leben teilhaben und postet quasi täglich Fotos oder Informationen. Schnell haben diese Idols zehntausende Fans (manche weltweit auch wesentlich mehr) auf Facebook oder auf ihren eigenen Webseiten. Von manchen Fans werden diese Cosplayer als Cosplay-Botschafter ihres Landes angesehen. Daher ist es nicht verwunderlich, dass diese Leute auch unter einem enormen Druck stehen. Ihre Fans erwarten regelmäßig neue Berichte, Kostüme, Work-in-progress-Bilder, schöne Fotos und perfekt gestylte Idols, selbst wenn diese schon zehn Stunden auf einer Messe aufgetreten sind. Natürlich haben solche Idols auch entsprechend viele Neider. Wie bei Musikern und Schauspielern üblich erhalten sie von ihren Fans Geschenke (wie Kuscheltiere, CDs, Videospiele), zwielichtige Anfragen und sogar Heiratsangebote. Viele dieser Idols entscheiden sich für einen festen Stil für ihre Kostüme und ihren Look, wie beispielsweise niedlich, cool, sexy oder auch androgyn. Sie müssen nicht (mehr) an Wettbewerben teilnehmen und werden oft zu Veranstaltungen eingeladen. In Asien und den USA werden Cosplay Idols auch gegen Gage engagiert und verkaufen eigene Fanartikel oder Produkte. Der Übergang zu den rein kommerziellen Cosplayern ist hier manchmal fließend.

Typ Costume Artist

Einige Cosplayer bezeichnen sich selbst auch als Costume Artist. Am ehesten lässt es sich so erklären: Ein Costume Artist ist ein Cosplayer, der seinen Fokus eher auf die Qualität und die Präsentation der Kostüme und auf entsprechend hochwertige Fotos legt, anstatt an Wettbewerben teilzunehmen. Manche Leute, die sich als Costume Artist bezeichnen, haben zuvor erfolgreich an den verschiedensten Cosplay-Wettbewerben teilgenommen. Allerdings kann sich jeder Costume Artist nennen, die Bezeichnung sagt so gesehen nichts über den Bekanntheitsgrad, die Beliebtheit oder die Qualität der Kostüme aus. Ein Costume Artist kann somit ein Cosplayer sein, der jedem der zuvor beschriebenen Typen zugeordnet werden kann.

„Problematische Cosplayer"

Neben den vorherigen „Hobby-Cosplayern" gibt es zwei weitere Typen, die anderen Cosplayern und den Veranstaltern das Leben leider oft schwer machen und sogar manchmal großen Anlass zur Sorge geben. Diese Cosplayer betreiben Cosplay ebenfalls als Hobby wie die zuvor angesprochenen, sie tun dies jedoch völlig anders und verhalten sich auch entsprechend ungewöhnlich, denn sie haben vollkommen andere Beweggründe zu cosplayen.

Typ Hardcore-Cosplayer

Für diese Cosplayer ist es extrem wichtig, dass wirklich alles komplett selbstgemacht ist und bis ins allerletzte Detail dem Original entspricht. Notfalls werden auch die Schuhe selbst angefertigt, Hauptsache alles ist 100% authentisch. Wirklich alles muss perfekt sein. Dabei ist es nicht wichtig, wie aufwendig oder teuer es ist dies umzusetzen. Es ist diesen Cosplayern manchmal auch völlig egal, wie groß und unpraktisch das Kostüm ist und ob sich dadurch andere Leute gestört fühlen könnten oder auch tatsächlich gestört werden. Bei diesen Leuten ist die Toleranz für Cosplayer, die nicht diese Fähigkeiten haben oder ebenso detailversessen sind, nicht entsprechend Geld investieren können und wollen, oder einfach nur Anfänger sind, oftmals recht gering. Leider zeigen sie das teilweise den anderen Cosplayern gegenüber auch sehr deutlich. Anfänger oder Leute, welche die Serie und den Charakter, den sie cosplayen, nicht in- und auswendig kennen, sind für sie oft „nicht würdig" das entsprechende Kostüm zu tragen.

Für Veranstalter sind diese Leute auch nicht immer einfach zu handhaben, da es hin und wieder z.B. zu Beschwerden à la „Warum habe ich nicht den Wettbewerb gewonnen" oder „Mein Kostüm war doch perfekt" kommt und sehr wenig Einsicht oder Verständnis vorhanden ist, wieso der Jury und dem Publikum ein anderer Auftritt besser gefallen hat. Ebenso gibt es manchmal lange Diskussionen mit den Helfern am Halleneingang, die den Einlass von zu sperrigen Kostümen oder möglicherweise gefährlichen Requisiten aus Sicherheitsgründen (wegen engen Gängen, den Menschenmassen oder wegen dem Einsatz von gefährlichen / verbotenen Materialien) ablehnen müssen.

Cosplay als ausschließlicher Lebensinhalt (NICHT als Job)

Dies ist der mit Abstand problematischste Cosplayertyp überhaupt. Glücklicherweise trifft er nur auf einen Bruchteil der Cosplayer zu. Für diese Leute ist Cosplay kein Hobby, sondern ausschließlicher Lebensinhalt und eine Art Therapie. Alle Gedanken kreisen nur um das nächste Kostüm, die nächste Gelegenheit das Kostüm zu tragen, um den nächsten Auftritt oder um Diskussionen und Berichte über Cosplay. Es gibt nichts anderes mehr im Leben, Cosplay hat immer die allerhöchste Priorität.

So etwas entwickelt sich nicht über Nacht, sondern über Monate oder Jahre hinweg. Während normale Cosplayer ihr Hobby nur zeitweilig, zum Spaß und zur Erholung, ausüben, eben völlig normal Cosplay betreiben, ist es für diese Leute eine Art Dauerzustand. Erhalten sie dann nicht die gewünschte Aufmerksamkeit von anderen Cosplayern oder Veranstaltungsbesuchern bricht für sie eine Welt zusammen. Cosplay ist dabei nicht das eigentliche Problem, sondern nur ein Katalysator dafür, dass im alltäglichen Leben einiges quer läuft und diese Leute von niemandem (wirklich) unterstützt werden.

Oft werden dann auch Unsummen in das Kostüm investiert nur um auf jeden Fall aufzufallen und zum Gesprächsinhalt der Leute zu werden, unabhängig davon, ob einem überhaupt genug Geld zur Verfügung steht.

Manche „Hardcore Cosplayer" zählen ebenfalls zu dieser Gruppe. Das ist dann eine äußerst schwierige und komplizierte Mischung. Es gibt in manchen Ländern sogar einige wenige Leute, die sich nur für Cosplay und um ihren Idolen, also den jeweiligen Anime- oder Mangacharakteren, ähnlicher zu sein, zum Schönheitschirurgen begeben und sich entsprechend operieren lassen.

„Kommerzielle Cosplayer"

Manche „Hobby-Cosplayer" in Asien oder Amerika werden zu kommerziellen Cosplayern. Es ist auch nicht ungewöhnlich, dass manche diese Cosplayer in Asien Fernsehmoderator oder Model werden oder gar eine Gesangskarriere beginnen. Einige von ihnen erreichen durchaus den Berühmtheitsgrad von Filmstars, haben große Fangemeinden und erhalten für jeden ihrer Auftritte Geld, allerdings betrifft dies nur einen wirklich geringen Teil der Cosplayer. Wie bei „Filmstars" üblich bleiben da kleinere Skandale, extrem aufdringliche Fans und diverse Schönheitsoperationen nicht aus. Nicht alle Cosplayer sind von dieser Entwicklung begeistert und für manche stellt dies gar Verrat am Hobby dar.

Typ Cosplay-Erotik- / Pornodarsteller

In Japan gibt es einen riesigen Markt mit Sexfilmchen, entsprechenden Bildern und Büchern, in denen die Darsteller die verschiedensten Kostüme während des Aktes tragen. Dies sind aber KEINE Cosplayer im eigentlichen Sinne, sondern ausschließlich bezahlte Erotik- oder Pornodarsteller in Kostümen, die keine Verbindung zum Hobby Cosplay haben. Cosplay kann erotisch sein und hier geht es ausschließlich um Geld und Sex und nicht um das, was Cosplay eigentlich ausmacht. Es gibt jedoch auch einige wenige Cosplayer, die auf ein sehr erotisches Image setzen und entsprechende Fotos vertreiben.

Cosplay als Job / Model

In Asien sind Cosplayer als „Werbefiguren" nicht ungewöhnlich, sei es bei Messen, für Veranstaltungen oder Film- und Videospielpromotion. Oft, aber nicht immer, sind die Kostüme dafür dann gekauft oder speziell angefertigt worden. Diese Darsteller bewerben dann Anime, Manga oder videospielbezogene Produkte. Ob es nun wirklich Cosplayer sind bzw. Models, Schüler oder Studenten, für die das einfach ein Job oder Nebenjob ist, das sei dahingestellt. Es gibt auch einige Cosplayer, die vom Cosplayer zum Model wurden bzw. von Anfang an Cosplay nutzten, um berühmt zu werden.

Oft sind die Darsteller, also die Cosplayer, austauschbar, da nur das Kostüm für die Werbung zählt. Natürlich gibt es auch in Europa kostümierte Hostessen auf Messen, hier werden jedoch nur selten bzw. auf ganz ausgewählten Messen / Veranstaltungen Charaktere aus Anime, Manga oder Videospielen zu Werbezwecken eingesetzt.

Gesponserte Cosplayer

Haben Cosplayer einen gewissen Bekanntheitsgrad erreicht, werden sie auch für Firmen als Werbefiguren interessant. Cosplayer und Firma profitieren dann voneinander. Dies funktioniert besonders gut mit Videospielen, der Cosplayer / die Cosplayerin wird dann als ein Charakter aus einem Spiel beworben. In Asien ist dies nicht gerade ungewöhnlich, insbesondere in der eSports-Szene.

Der Cosplayer hat eine große Fangemeinde und macht so Werbung für das Produkt und die Firma sponsert dann die Kostüme, zahlt manchmal Gage oder lässt diese Kostüme teilweise auch von professionellen Schneidern und Handwerkern anfertigen. Ob die Kostüme eigenhändig gemacht werden, hängt natürlich auch immer von der jeweiligen Person ab und wie stark ihre Verbindung mit Cosplay (noch) ist, oder ob es nur als Mittel zum Zweck („Geldverdienen") angesehen wird.

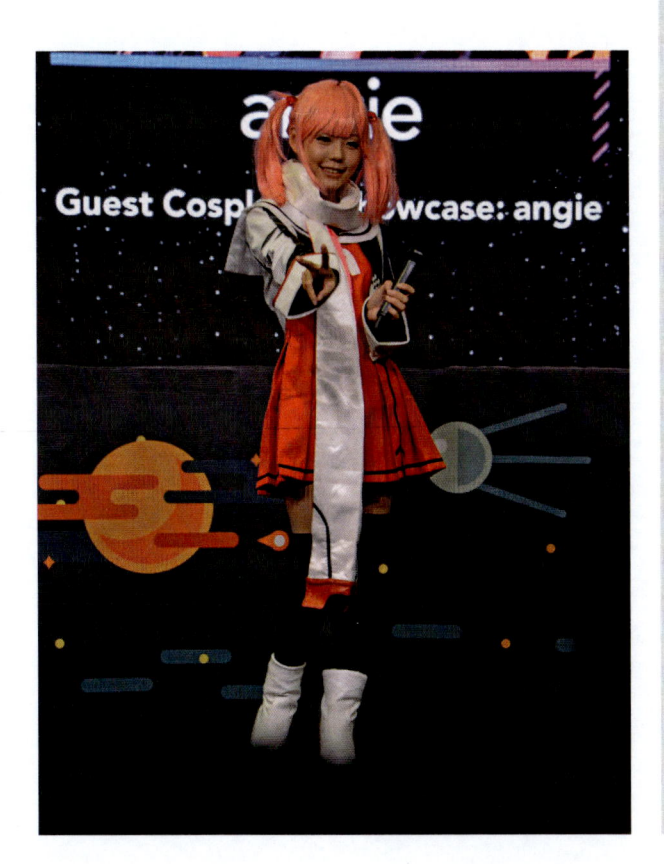

eSports

eSports bezeichnet sportliche Wettkämpfe (und alles was damit zu tun hat), bei denen Computerspiele gespielt werden. Diese Wettbewerbe folgen klaren Regeln und sind in Ligen organisiert. Es gibt Einzel- und Gruppenspiele und dementsprechend verschiedene Wettbewerbe. In manchen Ländern haben diese Veranstaltungen und deren Teilnehmer viele Fans. Je nach Spiel und Wettbewerb können hohe Geldpreise gewonnen werden. Viele Computerfirmen und Spielehersteller sponsern diese Wettbewerbe.

Bild unten
Charakter: Seika - AFA Maskottchen
Cosplayerin: Angie
Fotograf: Fritjof Eckardt

Désirée Richter (Desi)

Mein Name ist Désirée Richter, ich bin 24 Jahre alt und studiere Modernes Japan und Romanistik an der Heinrich-Heine Universität Düsseldorf (Bachelor of Arts). Mit Cosplay habe ich im Jahr 2002 angefangen, als ich 12 Jahre alt war. 2010 bin ich mit meiner Freundin Brigitte als Vertreterinnen Deutschlands zum World Cosplay Summit nach Nagoya geflogen.

Webseite

http://www.desi-music.de

Besonderheit

WCS Repräsentantin 2010, Showgruppenmitglied bei Yume & I Love you! Project (2005), Moderation auf dem Japan-Tag Düsseldorf seit 2010

Gibt es den typischen Cosplayer?

Anhand der Grafik (siehe Seite 78) würde ich den „typischen" Cosplayer zwischen „Gelegenheitscosplayer" und „aktiver Cosplayer" einordnen. Tendenz stärker zu Ersterem. Das liegt zu allererst an der großen Masse an Cosplayern die durch Conventions oder Freunde inspiriert werden und dann anschließend selber in ein Kostüm schlüpfen. Der „typische" Cosplayer betreibt das Cosplay als Spaßhobby und steckt sehr viel persönliche Emotionalität hinein. Beispielsweise kostümiert er sich meist nur aus Serien, die ihm oder seiner Freundesgruppe am Herzen liegen. Viele Cosplayer drücken darüber hinaus ihr Interesse an Anime/Manga/Games/Musik über Fanfictions, Fanart, RPGs und den persönlichen Nickname aus. Conventions werden als Anlass genutzt, um sich in der Gruppe zu treffen, dabei Cosplay zu tragen und Fotos zu schießen. Dabei liegt dem „typischen" Cosplayer nicht unbedingt viel an der Qualität der Fotos, sondern geht es vorrangig um den Spaß und die Erfahrung die er mit diesem Cosplay an dem Tag macht. Dementsprechend nimmt er auch nicht oder nur aus Spaß heraus an Wettbewerben teil. Gar so weit zu gehen und beispielsweise das Schustern für einen Kostümschuh zu erlernen, liegt dem „typischen" Cosplayer eher fern.. Es wird zwar auf Genauigkeit zum Charakter geachtet, allerdings meist in einem günstigen und machbaren Rahmen. Anders als beispielsweise der „Bekannte Cosplayer", der sehr viel mehr Wert auf selber gemachte Details am Kostüm und die Bestreitung eines Wettbewerbs legt.

Bild oben
Désirée Richter
Fotograf: Fritjof Eckardt

Bild unten
Charakter: Marron Kusakabe
Serie: Kamikaze Kaito Jeanne
Fotograf: Toni007.de

Wo siehst du die Unterschiede und Probleme zwischen den verschiedenen „Cosplayern"?

Schon die Einordnung selbst stellt für mich ein großes Problem dar. Viele Cosplayer haben ein ähnliches Verständnis (wie hier geschildert) von den verschiedenen Typen in der Cosplay Szene und sehen diese in einer Hierarchie angeordnet. Dabei ist der Bekanntheitsgrad von entscheidender Bedeutung. Unter den besonders bekannten Cosplayern innerhalb einer Länderszene herrscht zumeist die dickste Luft. Diesen, sich selber als „Elite Cosplayer" bezeichnenden Szenegängern, liegt nicht nur eine Menge an ihrem Hobby, es nimmt auch enorme Verhältnisse in ihrem persönlichen Leben ein. Die Teilnahme an Cosplay-Wettbewerben ist plötzlich nur ein Vorwand, um sich gegen die Konkurrenz zu profilieren. Der Neid ist ausgesprochen hoch und hinter der Bühne deutlich bemerkbar. Es entsteht für alle Beteiligten eine angespannte Situation. Ebenso ist das Onlineauftreten der „Elite-Cosplayer" und Kommentieren auf den Cosplayer Fanpages einschlägig provozierend und hochmütig oder stark gekünstelt. Diese Cosplayer sind sehr von sich eingenommen. Viele Cosplayer der „niedrigeren" Stufen bekommen davon erst einmal nicht viel mit, da die „Elite-Cosplayer" sehr mit sich selbst und ihren Konkurrenten zu tun haben. Doch sobald ein Neuling diese Ebene betritt, wird er schnell von allen Seiten beäugt und erfährt dann auch den Neid der Anderen.

Wie siehst du „kommerzielle Cosplayer"?

„Kommerzielle Cosplayer" haben in der Regel nur einen geringen Bezug zur eigentlichen Cosplay Szene. Es sind zumeist Models oder gebuchte Darsteller, die von Firmen engagiert werden. Sie sollen die Kostüme einer Serie tragen und dadurch populär machen. Selten schafft es sogar ein Hobby Cosplayer, einen solchen Auftrag zu ergattern. In der Szene selbst sind kommerzielle Cosplayer ein schwieriges Thema, da sie das Cosplay nicht aus einer Fan Haltung heraus sondern meistens aus finanziellen Gründen betreiben. Dadurch ist die Kommunikation zwischen beiden Seiten schwierig. Es fehlt die Liebe zum Hobby und zur Popkultur. Kommerzielle Cosplayer können sich in einem Gespräch mit einem Hobby Cosplayer in der Regel nicht über Aufwand, Material oder Wahl des Kostüms unterhalten oder zu der Serie des Kostüms Auskunft geben. Diese Kommunikationsbarriere ist definitiv ein wichtiger Grund für die angespannte Situation zwischen kommerziellen und nicht-kommerziellen Cosplayern. Darüber hinaus spielt auch der Neidfaktor eine zentrale Rolle. Da Cosplay ein sehr teures Hobby sein kann, ist jeder Cosplayer über finanzielle Hilfe mehr als glücklich. Ein kommerzieller Cosplayer bekommt häufig nicht nur das Kostüm umsonst gestellt sondern verdient darüber hinaus Tagesgage und bekommt den Aufenthalt auf der Convention plus An- und Abreise bezahlt. Eine Entlohnung, von der viele Hobby Cosplayer nur träumen dürfen. Unter den Begriff „kommerzielle Cosplayer" fallen auch die Erotik Darsteller in Anime Kostümen. Darsteller in aufreizenden Kostümen (teils nach Anime / Manga Vorlage) sind verstärkt im asiatischen Raum anzutreffen und werden nicht selten als Cosplayer betitelt. Dadurch entsteht für viele Außenstehende der Eindruck, dass es sich bei Cosplay um eine Rotlichtszene handele. Diese Art von Erotik ist jedoch sehr beliebt und durchaus lukrativ. Allerdings betrachte ich diesen weit entfernten Zweig der Szene eher als „böse Stiefschwester". Verwandt ist sie nicht, aber man bringt sie trotzdem damit in Verbindung. Beim Cosplay in eine andere Rolle zu schlüpfen ermöglicht natürlich auch die Chance sich in verschiedenen Facetten zu präsentieren. Besonders viele jugendliche Cosplayer nutzen das, um sich von ihrer sexuellen Seite zu überzeugen oder Bestätigung bei Anderen zu suchen. Aber Erotik steht beim Cosplay definitiv nicht im Vordergrund. Ich finde es sehr schade, dass das Image von Cosplay zu häufig mit Erotik in Verbindung gebracht wird. Hier besteht dringender Bedarf für einen positiven Imagewandel.

Die Cosplayer-Visitenkarte

Cosplayer-Visitenkarten, auch Coscards genannt, sind für Cosplayer unverzichtbar. Es gilt: je schöner und aufwendiger gestaltet, desto besser und einprägsamer. Einige Cosplayer haben mehrere Visitenkarten, auf denen sie mit verschiedenen Fotos ihrer bekanntesten Kostüme abgebildet sind. Es gibt beschichtete Visitenkarten, Visitenkarten im Quer- und im Hochformat, in besonderen Formen oder Größen und auf besonderem Papier, Pappe, Plastik oder glänzendem Material gedruckt.

Eine solche Visitenkarte kann folgende Daten enthalten

- Nickname
  (nur äußerst selten wird der echte Name angegeben)
- Foto(s)
- Homepage Adresse
- Twitter / Kontaktmöglichkeiten in sozialen Netzwerken
- Cosplaygruppe (falls Mitglied einer Gruppe / eines Team)
- E-Mail-Adresse
  (eine öffentliche, nicht die private E-Mail-Adresse)
- Kontaktmöglichkeiten über Cosplay-Pages
  (wie Cure, deviantART oder Worldcosplay)
- Titel / Besonderheiten
  (beispielsweise „Deutsches WCS Team 2010")

Einige Visitenkarten sind zweiseitig bedruckt, die meisten jedoch nur einseitig. Im Internet finden sich zahlreiche Anbieter, die Visitenkarten nach den eigenen Designvorstellungen drucken. Manche Seiten bieten auch eine große Auswahl an Vorlagen an, in die nur noch die persönlichen Daten und Bilder eingefügt werden müssen.

Diese Visitenkarten werden (zu Werbezwecken) auf Veranstaltungen, bei Wettbewerben und bei Fotoshootings teilweise in großer Anzahl unter den anderen Besuchern und Cosplayern verteilt. Eine solche Visitenkarte sollte daher NIEMALS die kompletten Adressdaten enthalten, sondern nur Informationen zu allgemeinen Kontaktmöglichkeiten (wie Twitter, Facebook oder Cure).

Nickname / Nick

Nicknames sind Spitznamen oder Kurznamen, die im Internet für die Anmeldung bei verschiedensten Services und auf Webseiten verwendet werden. Innerhalb des Anime-, Manga- und Japan-Fandoms werden Nicknames häufig auch außerhalb des Internets als Anrede verwendet. Fast jeder Cosplayer hat einen Nickname unter dem er oder sie innerhalb der Fanszene „bekannt" ist. Manche Leute verwenden auch ausschließlich ihren Nickname, um Cosplayaktivitäten und Berufs-/Privatleben strikt zu trennen.

Hintergrundbild   eventuell weiteres Bild

Nickname
Titel / Cosplaygruppe

Homepageadresse
Twitter
Emailadresse
Cure
deviantART
Worldcosplay

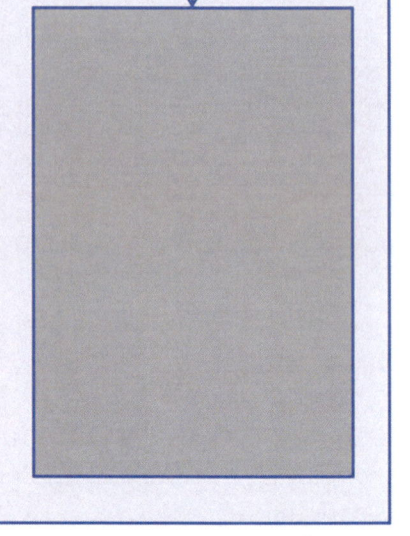

Ein mögliches Beispiel für eine Coscard

Die „Was ist Cosplay?" Visitenkarte, Fotograf (Visitenkarte): Fritjof Eckardt
Cosplayerin: Christy Bell Goh, Charakter: Eternal Sailor Moon, Serie: Sailor Moon, Fotograf: William Tjhin

Die Cosplayer-Homepage

Neben der Visitenkarte ist die eigene Homepage das Aushängeschild des jeweiligen Cosplayers. Man unterscheidet hier zwischen eigenen Webseiten und Seiten innerhalb von sozialen Netzwerken. Eigene Webseiten bieten wesentlich mehr Gestaltungsmöglichkeiten und Funktionen als Seiten in sozialen Netzwerken, die wiederum mehr auf direkten Kontakt mit vielen Fans ausgelegt sind. Viele dieser Webseiten basieren auf Content-Management-Systemen (wie dem Wordpress-System) und werden durch entsprechende Vorlagen (Templates) und Erweiterungen (Plug-Ins) an die Vorstellungen des Cosplayers angepasst. Grundsätzlich können jedoch alle Webseiten, abhängig vom Bekanntheitsgrad des Cosplayers und der dafür investierten Zeit, die folgenden Dinge (in abgewandelter Form) enthalten:

- Die Selbstvorstellung und weitere Informationen über den Cosplayer / die Cosplayerin
- Bilder von Fotoshootings in verschiedenen Kostümen und von Veranstaltungen
- Work-in-progress (WIP) Bilder von der Kostümherstellung / dem Kostümfortschritt
- Liste mit Veranstaltungen, an denen die jeweilige Person teilgenommen hat / teilnehmen wird
- Erwähnenswerte Presse- und Webberichte über den Cosplayer (sofern verfügbar mit Links)
- Blog (mit Ankündigungen, Informationen zu neuen Kostümen und Veranstaltungsberichten)
- Tutorials zum Kostüm- / Requisitenbau
- Unterstützungsmöglichkeiten (Materialsponsoring oder Geld via PayPal)
- Informationen über Sponsoren des Cosplayers (sofern der Cosplayer gesponsert wird)
- Give-away-Aktionen (Kampagne, bei der Artikel verschenkt werden) und Gewinnspiele
- Verkauf von alten Kostümen
- Annahme von Auftragsarbeiten (Commissions)
- Gästebuch
- Kontaktformular
- Links zu Seiten befreundeter Cosplayer und Veranstaltungen
- Buchungsmöglichkeiten als Model, für Workshops und für Werbung
- Informationen, wie man Autogramme erhalten kann
- Merchandising-Produkte / Webshop

Einige sehr beliebte Cosplayer lassen ihre Webseiten von Helfern, Freunden oder Fanclubs betreuen.

Deutsche Cosplayer (eine kleine Auswahl)

Anshie Cosplay	http://anshie.de
Cosbabe	http://www.cosbabe.com
CuteMichiyo Cosplay	https://www.fb.com/CuteMichiyo
Inus-Dream Cosplay	https://www.fb.com/InusDreamCosplay
Makkuro's Cosplay	http://www.makkuro.de
Bengal Lynx	http://www.fb.com/LunaLynxCosplay.de

Internationale Cosplayer (eine kleine Auswahl)

Angie0_0	https://www.fb.com/Angie7099
Aza Miyuko Cosplayer	https://www.fb.com/AzaMiyuko.FanPage
Dario	http://www.dariocosplay.com
DIVA Cosplay	https://www.fb.com/DivaCosplay
Ely	https://www.fb.com/eeelyeee
HaruVamp	https://www.fb.com/Haruvamp
Liui	https://www.fb.com/dorkyliui
raistlin03	http://raistlin03.deviantart.com
Sansin	http://worldcosplay.net/member/sansin
Siutao	https://www.fb.com/siutaoCOS
Tomia	https://www.fb.com/Tomia.OfficialPage
Ying Tze	https://www.fb.com/YingTze1206
YuanCross	http://yuancross.deviantart.com

Für den Inhalt der hier genannten Webseiten sind ausschließlich deren Betreiber verantwortlich.

Die Fotografen, Cosplay-Fotoshootings und Cosplay-Videos

Die Cosplayfotografie begann lange vor dem Siegeszug der digitalen Kameras und entwickelte sich mit deren Verbreitung entsprechend schnell weiter. Man muss nicht die teuerste Kameraausrüstung besitzen, sondern es genügt meist, mit der Ausrüstung die man hat gut umgehen zu können. Mit den heutigen Smartphones können sehr überzeugende Bilder geschossen werden, die durchaus mit Bildern von hochwertigen Kameras qualitativ mithalten können. Das beste Bild entsteht ohnehin meist völlig spontan und ungeplant. Cosplay-Fotografen werden auch als Cosgrapher bezeichnet.

Als ich meine ersten Cosplayfotos machte, gab es noch keine Digitalkameras. Die Bilder wurden mit einer analogen Kamera geschossen und man war sich nie so ganz sicher, wie die entwickelten Bilder am Ende aussehen würden. Die Entwicklung der Filme dauerte und kostete Geld, oft waren Bilder verwackelt oder die wichtigsten Motive sogar total misslungen. So war es völlig normal, dass man auf einer Veranstaltung nur sehr begrenzt Fotos machte und danach auch nur wenige schöne Bilder hatte, während es heutzutage üblich ist, hunderte oder gar tausende Bilder mit digitalen Kameras zu machen und nach der Veranstaltung am Computer auszusortieren. Damals war man froh, wenn man dann endlich die entwickelten Fotos in der Hand hatte. Diese wurden eingescannt und, da die Internetanschlüsse ziemlich langsam und die Verbindungen teuer waren, nur in sehr niedriger Auflösung auf Webseiten hochgeladen oder per Email verschickt. Bildbearbeitungsmöglichkeiten gab es oft nur begrenzt. Mit dem Einzug der digitalen Kameras folgte eine regelrechte Bilderflut, die in den ersten Jahren (auch aus technischen Gründen) jedoch häufig aus vielen verwackelten oder unscharfen Bildern bestand.

Schöne Fotos sind für Cosplayer extrem wichtig, es gibt aber die unterschiedlichsten Auffassungen und Vorstellungen, wie diese zu machen seien und wie selbige auszusehen haben. Es gibt zwei verschiedene Arten von Fotos, unter denen jedoch nicht alle Cosplayer und Fotografen dasselbe verstehen.

„Con(vention)fotos"

Dies sind Bilder, die auf die Schnelle oder quasi im Vorbeigehen von und mit Cosplayern, natürlich mit Erlaubnis, geschossen werden. Die Ergebnisse können sehr schön sein und sind in jedem Fall tolle Erinnerungen für die Cosplayer, die Veranstaltungsbesucher und alle anderen Interessenten. Die Cosplayer schauen bei diesen Fotos vornehmlich direkt in die Kamera. Der allergrößte Teil aller Cosplaybilder zählt zu dieser Kategorie.

Seriöse Fotografen, ob nun von der Presse oder privat, gehen auf die Cosplayer zu und machen nichts heimlich, sie fragen, bevor sie Fotos machen, um Erlaubnis oder knipsen nur, wenn der Cosplayer offen und erkennbar posiert.

Der Ablauf ist oft folgender (oder sollte folgender sein)

- Fotograf sieht einen Cosplayer
- Möchte Foto(s) machen
- Spricht (die) Cosplayer an
- Bittet den/die Cosplayer um (ein) Foto(s) gegebenenfalls mit besonderem Wunsch (z.B. in charaktertypischer Pose)
- Macht ein (paar) Foto(s)
- Tauscht sich mit dem/den Cosplayer(n) aus („Wie erhält der Cosplayer die Bilder?" oder „Wo wird das Bild hochgeladen?")
- Fotograf übergibt Visitenkarte (dies ist wichtig, wenn viele Bilder gemacht werden)
- Bedankt sich für das Foto/die Fotos

Posiert der Cosplayer oder die Cosplaygruppe bereits und es hat sich schon eine Fotografenschlange gebildet, dann entfällt oft das Fragen und man kann direkt fotografieren, wenn man an der Reihe ist. Dies ist auch allgemein so akzeptiert. In allen anderen Fällen müssen die Cosplayer jedoch zuvor um Erlaubnis gefragt werden. Es ist inzwischen üblich, dass diese Fotos auf verschiedenen Webseiten und in Netzwerken hochgeladen und allgemein verfügbar gemacht werden. Streng genommen müsste eigentlich jeder Cosplayer vor jedem Upload eines Bildes gefragt werden und dies jeweils einzeln explizit gestatten. Auftritte bei einem Cosplay-Wettbewerb auf einer Bühne sind ein Sonderfall, dort darf (vereinfacht ausgedrückt) einfach „drauflos" fotografiert werden.

Cosplay-Fotoshooting-Fotos

Der wirkliche Unterschied zu den Conventionfotos ist, dass man für diese Bilder Dinge vorbereiten muss und auch das Fotografieren selbst wesentlich mehr Zeit in Anspruch nimmt. Einen Cosplayer mal eben aus drei Blickwinkeln zu fotografieren ist KEIN Fotoshooting, auch wenn einige Leute genau dies darunter verstehen. Bei einem Fotoshooting wird wesentlich mehr Wert auf die richtige Stimmung gelegt oder auch darauf, dass der Cosplayer in Posen passend zum dargestellten Charakter / Kostüm ideal fotografiert wird. Solche Shootings können sehr aufwendig sein, neben Studioausrüstung (wie Hintergründen, Lampen, Reflektoren, Wind- und Nebelmaschinen) können auch Dekoelemente oder Hilfsmittel wie Blumen, Podeste, Seile, Stühle, Sportgeräte und vieles mehr eingesetzt werden.

Es gibt immer mehr professionelle Fotografen, die sich für Cosplayer als Motive interessieren und diese gerne fotografieren. Je nach Fotograf, Ausrüstung und betriebenem Aufwand können dabei Kosten für den Cosplayer entstehen. Der größte Teil der Cosplayfotografen sind jedoch Hobbyfotografen die, im Gegensatz zu selbstständigen Fotografen, nicht von ihren Fotos leben müssen.

Wichtig für ein gutes Fotoshooting und entsprechende Bilder sind:

- eine gute Vorbereitung und ein Konzept für das Fotoshooting.
- der passende Hintergrund / Ort.
- dass man sich an verbindliche Regeln, die für den gewählten Ort gelten, hält.
- dass die gegebenenfalls notwendige (kostenpflichtige) Fotogenehmigung eingeholt wird.
- Cosplayer, die mit tollem Kostüm und Requisiten gut posieren können.
- ein Fotograf, der seine Ausrüstung kennt und Erfahrung mit Cosplayern hat.
- gute Helfer (für Cosplayer und Fotograf).
- ein gutes Zusammenspiel zwischen Cosplayer, Fotograf und Helfern.
- dass alle Beteiligten sich gegenseitig zum besten Ergebnis „treiben".
- dass alle in Ruhe und möglichst ungestört arbeiten können.
- die richtige(n) Perspektive(n) zu wählen bzw. damit zu spielen.
- Improvisationsfähigkeit / Vorstellungsvermögen / Kritikfähigkeit aller Beteiligten.
- gutes Make-up (wenn nötig).
- das passende Licht bzw. entsprechende Reflektoren / Scheinwerfer.
- eine gute Nachbearbeitung.
- sich Zeit, Zeit und noch mehr Zeit zu nehmen (sowohl Cosplayer als auch Fotograf).

Auf manchen Conventions bauen Cosplay-Fotografen / -Vereine / -Webseiten Fotostudios auf, in denen Cosplayer Fotos von sich machen lassen können. Auch wenn die Ergebnisse oft sehr gut sind, können diese natürlich nicht immer mit individuellen (Outdoor-) Shootings mithalten. Während einer Veranstaltung wollen entsprechend viele Cosplayer in einer solchen Fotoecke fotografiert werden und so haben sowohl Cosplayer als auch Fotograf nur begrenzte Zeit zur Verfügung, um sich aufeinander einzustellen.

Wirklich tolle Fotos entstehen nur, wenn sowohl Cosplayer als auch Fotograf genau wissen, was sie tun, miteinander reden und entsprechend zusammenarbeiten. Das beste Kostüm und der beste Fotograf sind nutzlos, wenn der Cosplayer nur langweilige Posen macht. Ebenso sinnlos ist es, wenn der Fotograf keine Ahnung von dem hat, was er da tut. Gutes Posieren ist nicht so einfach wie es klingen mag, daher kann es nicht schaden, wenn sich ein Cosplayer vor einem Fotoshooting (oder auch einer Convention) Zeit nimmt und einige verschiedene Posen im Kostüm einstudiert. Richtig gute Fotos bzw. Fotoshootings sind im Rahmen einer Convention oft nur schwer machbar, dafür benötigt man Zeit und vor allem auch Ruhe. Ein guter Fotograf hat ein Auge für das richtige Bild, aber ohne Übung, Erfahrung und Zeit geht das nicht. Es ist auch sehr wichtig gute Helfer zu haben, die den Cosplayer und Fotografen unterstützen (Make-up machen, assistieren, Reflektoren oder Scheinwerfer halten, Transport und Verpflegung organisieren). Ebenso wichtig ist, dass Cosplayer und Fotograf die Nutzungsrechte der Bilder untereinander genau abklären und Absprachen treffen, insbesondere dann, wenn diese Bilder auf Webseiten hochgeladen, für Promotion oder in Büchern verwendet werden oder „Merchandising-Produkte" (wie Poster des jeweiligen Cosplayers) daraus entstehen sollen. In Japan gibt es eigene Fotostudios die speziell für Cosplayer gestaltet sind.

Shitstorm

Ein Shitstorm ist eine Diskussion im Internet (z.B. in einem sozialen Netzwerk), die sich immer weiter hochschaukelt und schließlich ausufert. Es beginnt meist mit einem Bild, einer Kritik oder einer Aussage auf das bzw. auf die immer mehr größtenteils unsachliche Kommentare folgen, so dass es mit der Zeit nicht mehr möglich ist, eine sinnvolle Diskussion zu führen. Es gipfelt leider immer darin, dass ein Großteil der Folgebeiträge nur noch aggressiv und beleidigend sind und mit dem eigentlichen Thema nicht mehr viel zu tun haben. Oft (aber nicht immer) sind so genannte „Forumstrolle" daran beteiligt. Das Gegenteil eines Shitstorms wird Candystorm genannt, in diesem Fall erhält die entsprechende Person massive Unterstützung und positiven Zuspruch aus dem Internet / sozialen Netzwerk.

Foren- / Forumstroll

Als Forumstroll oder Troll wird jemand bezeichnet, der in sozialen Netzwerken oder Web-Foren hauptsächlich Beiträge postet, die nichts mit dem eigentlichen Thema zu tun haben. Diese Beiträge sollen nur die eigentliche Diskussion stören und erboste Beiträge der anderen Forenteilnehmer provozieren. Einige „Trolle" gehen da sehr geschickt vor, um nicht gegen die Forenregeln zu verstoßen und von Administratoren aus Foren / Gruppen „entfernt" zu werden. Gegen Trolle hilft nur „nicht füttern", sprich sie ignorieren und ihre Beiträge konsequent nicht zu beantworten. Wenn es zu heftig und nervig wird, sollten diese Leute bei den zuständigen Administratoren gemeldet werden.

Keine Frage, neben der Auswahl des Charakters, der Herstellung des Kostümes und der Requisiten, der Location, dem Hintergrund, dem Posieren und den gut geschossenen Bildern, gehört natürlich auch die Nachbearbeitung von Bildern dazu. Gute Nachbearbeitung benötigt ihre Zeit. Leider neigen einige Leute hier hin und wieder zu Übertreibungen, so dass die Person auf dem Bild mit der echten Person nicht mehr viel gemeinsam hat. Selbstverständlich spricht nichts dagegen, den Kontrast und die Helligkeit anzupassen, eine Gammakorrektur durchzuführen, störende Objekte aus einem Bild zu entfernen oder nur einen Ausschnitt des Bildes zu verwenden. Ebenso macht es auch, je nach Kostüm, Sinn gut gemachte Effekte wie Feuer, Flammen, Regen, Wolken oder einen anderen Hintergrund hinzuzufügen. Es sollte jedoch darauf geachtet werden, dass der Unterschied zwischen der dargestellten Person und der Realität nicht zu extrem ist. Sonst kann das schnell in ungewollten Lachern und Shitstorms im Internet enden, wenn diese Person auf Veranstaltungen auftritt oder angetroffen wird und überhaupt nicht so aussieht wie auf den Bildern. Einige Leute beherrschen die Bildmanipulation so gut, dass sie problemlos bei diversen Hochglanzmagazinen anfangen könnten. Eine gute Nachbearbeitung benötigt entsprechende Zeit, dabei sollte besonders auf eine gesunde Mischung zwischen dem was machbar ist und dem was sinnvoll ist und gut aussieht geachtet werden.

Viele Cosplayer bzw. Fotografen versehen ihre Bilder mit Brandings oder Wasserzeichen. Dies ist notwendig geworden, da viele Bilder im Internet einfach geklaut und anderweitig verwendet werden. Es sollte dabei jedoch darauf geachtet werden, dass durch ein solches Wasserzeichen das eigentliche Bild und die Stimmung nicht zerstört werden.

Es gibt einige wirklich gute Cosplay-Fotografen, die sich vor Profifotografen nicht verstecken müssen und die auch die Sorgen und Nöte der Cosplayer bestens kennen. Zudem gibt es einige Cosplay-Fotografen, die tolle Fotos machen, sich aber auf einen einzigen Stil, gleichbleibende Perspektiven oder Techniken beschränken. Ebenso gestaltet sich mit einzelnen Fotografen die Zusammenarbeit nicht immer ganz so einfach. Aber auch einige Cosplayer sind in diesem Bezug schwierig, wenn sie z.B. am liebsten reihenweise Fotoshootings oder verschiedene Szenen an einem Tag machen möchten, anstatt sich auf ein Fotoshooting richtig zu konzentrieren und dafür die nötige Zeit und Mühe zu investieren. Gute Fotos brauchen ausreichend Zeit und lassen sich nicht in Eile machen.

Hans-Christian (HCB)

Mein Name ist Hans-Christian, 49 Jahre, im Fandom unter dem Nick HCB bekannt und seit 1998 hautnah in der Szene verankert. In den 90zigern Mitglied im 1.SMOF, Anime no Tomodachi, ANT und anderen damaligen Fanzusammenschlüssen. Gründungsmitglied des Animexx e.V. und bis 2006 im Vorstand und Präsidium tätig. Seit 2005 Redakteur, Fotograf und Administrator, zuerst bei Cosplay-Heaven.de und seit 2010 bei Cosplay.de, als Nachfolger der ersteren Seite. Ferner bin ich bei Cosplay.de für PR zuständig, Chefredakteur und Pressesprecher der Seite. Im Fandom bin ich als Juror bei verschiedenen Cosplay-Wettbewerben tätig. Unter anderem langjährig auf der AnimagiC, Connichi, den Buchmessen in Leipzig und Frankfurt. Auch bei dem deutschen Vorentscheid des World Cosplay Summit (WCS) war ich mehrmals mit für die deutsche Auswahl verantwortlich. Hauptsächlich bin ich in meiner Eigenschaft als Fotograf und News Redakteur auf Cons und Messen in Deutschland anzutreffen.

Was ist wichtig für einen Cosplay-Fotografen?

Man erlebt leider viel zu häufig, dass sich auf den entsprechenden Veranstaltungen zu viel Fotografen tummeln, die nicht sehr viel über die Szene wissen. Da fällt es natürlich schwer, sich in die Materie einzufühlen. Eine Kenntnis der Szene zu haben, ist für einen Cosplay-Fotografen wichtig. Viele Kostüme und Outfits wirken auf einen Außenstehenden sehr skurril. So fehlt meistens in diesem Fall ein Einfühlungsvermögen, sich auf das Ganze einzulassen. Das spielt sich natürlich auch bei der „Beziehung" des Fotografen und des Cosplayers eine Rolle. Ohne dieses Vertrauensverhältnis kommt kein gutes Shooting zusammen.

Es geht nicht nur darum ein Cosplay „abzulichten". Ein Cosplay-Fotograf muss auch das Gefühl haben, den Cosplayer und den Charakter den er darstellt ins rechte Licht zu rücken. Dazu gehört es auch diesen nicht in kompromittierenden Stellungen zu fotografieren. Viele Charaktere sind auf eine sexuelle Komponente hin ausgerichtet, als Fotograf hat man die Aufgabe, eine gewisse Grenze nicht zu überschreiten, die zu einer Peinlichkeit auf beiden Seiten führen kann.

Bild oben
Hans-Christian
Fotograf: Fritjof Eckardt

Bild unten
Fotoecke auf der Frankfurter Buchmesse
Fotograf: HCB

Man muss als Fotograf nicht unbedingt mit einer absolut professionellen Ausrüstung auftreten, das ist für die meisten auch aus finanziellen Gründen nicht möglich. Aktuelle Digitalkameras sind bereits in allen Preiskategorien mit hochwertiger Technik ausgestattet. In der Regel entscheidet nicht die Technik über ein gutes Foto, sondern die eigentliche Arbeit des Fotografen über eine gelungene Aufnahme.

Ein sicheres, entspanntes und seriöses Auftraten gegenüber dem „Model" sind auch entscheidend. Arrogantes und oberflächliches Verhalten sind genauso fehl am Platz. Referenzen von anderen Cosplayern oder bereits veröffentlichen Arbeiten erleichtern eine Kontaktaufnahme und schaffen schnell das obige bereits schon angesprochene Verhältnis zwischen dem Cosplayer und dem Fotografen.

Wie sieht ein typisches Fotoshooting bei dir aus?

Auf Conventions ist es nicht einfach, gute Shootings abzuhalten. Die meisten Locations bieten auch keine guten Möglichkeiten dafür. Meist finden Shootings in der näheren Umgebung statt. Fast jeder der etablierten Standorte der großen Conventions hier in Deutschland kann im Umfeld mit einem parkähnlichen Gelände aufwarten. Dort findet man im Allgemeinen auch entsprechende Backgrounds. In der Regel werden Shootings schon vor einer Con geplant. Man verabredet dann einen gemeinsamen Treffpunkt entweder auf dem Congelände oder auch gleich an der Shootinglocation. Ein Shooting kann unter Umständen schon einige Stunden dauern. Aus der Fülle der Aufnahmen werden dann die besten ausgewählt und nach Fertigstellung mit dem „Model" besprochen. Erst dann wird über eine Veröffentlichung der Fotos gesprochen. Dem Cosplayer werden dann die Bilder zur Eigenwerbung zur Verfügung gestellt, weiterhin dann in dem Medium veröffentlicht, für das der Fotograf tätig ist.

Wie kommt eine Fotosession zustande?

Für ein gutes Shooting ist es wichtig, dass ein Vertrauensverhältnis zwischen den Beteiligten besteht. Da ich die meisten Cosplayer schon seit Jahren kenne, kommt eine Kontaktaufnahme meist dadurch zustande, dass sich diese direkt bei mir melden. Entweder im Vorfeld über das Netz oder Communitys oder auch auf der Veranstaltung direkt und um ein Shooting nachfragen. Zuweilen frage auch ich auf einer Con direkt für ein Shooting an, wenn ich die entsprechenden Personen treffe.

Was hat sich mit dem Einzug der digitalen Kameras und sozialen Netzwerke verändert?

Conventions, wie wir sie heute kennen und Cosplayshootings hat es zur Zeiten der analogen Fotografie hier in Deutschland noch nicht gegeben. Durch die heutigen sozialen Netzwerke hat sich vor allem die Kommunikation erheblich verbessert. Auch die Möglichkeiten, die das Netz heute bietet, bilden erst den Rahmen der heutigen Cosplayfotografie. Die digitalen Kameras von heute bieten vor allem für den Amateurbereich erhebliche Vorteile, gegenüber der analogen Technik. Die hohen Kosten für Entwicklung und Papierabzug der Fotos fallen hier gänzlich weg. Der Austausch der Fotos findet meist in elektronischer Form statt. Auch die Bearbeitung der Fotos hat sich mit der digitalen Technik völlig verändert. Die modernen Programme bieten vielfältige Möglichkeiten zur Bildbearbeitung an, die es zu Zeiten der analogen Fotografie nicht gab.

Was ist dir bei Cosplay-Bildern besonders wichtig?

Wie bereits geschrieben, ist das Vertrauensverhältnis bei einem Shooting für mich besonders wichtig. Eine entspannte lockere Atmosphäre ist die Grundlage eines guten Shootings. Daneben ist auch die sorgfältige Auswahl der Location und des Backgrounds entscheidend. Während des Shootings sollten sich wenn möglich nicht so viele Zuschauer im Hintergrund befinden. Zuweilen wirkt sich das störend oder auch hinderlich aus und lenkt die beteiligten Personen unnötig ab. Auch der jeweilige Bildausschnitt der dann das Foto füllen soll muss sorgfältig gewählt werden. Ein bisschen lässt sich das mit dem „Director of Photography" beim Film vergleichen im Gegensatz zum „Editor" der das dann auf Film bzw. heutzutage Digitale Medien festhält. Natürlich sollte man auch darauf achten, den Cosplayer in keiner ihn kompromittierenden Stellung zu fotografieren. Leider achten viele nicht so sorgfältig darauf, so dass es in der Verantwortung des Fotografen liegt darauf zu achten. Negative Bilder fallen nicht nur auf den Cosplayer, sondern auch auf den Fotografen zurück.

Wie wichtig ist die Nachbearbeitung der Bilder für dich?

Grundsätzlich ist folgendes … Ein gutes Foto muss nicht aufwendig nachbearbeitet werden. In anderen Worten: Je sorgfältig man schon während des Shootings ist, umso weniger muss anschließend bearbeitet werden. Natürlich lassen sich besondere digitale Effekte nicht während des Shootings realisieren. Das ist beim Film nicht anders. Genauso wie dort ist dann eine Nachbearbeitung nötig. Ansonsten beschränke ich die Nachbearbeitung der Bilder am Computer nur auf das nötigste, um z.B. Farben oder Konturen deutlicher und lebendiger darzustellen, oder auch um kleinere Pannen während des Shootings zu retuschieren. Bei aller Planung kann es immer dazu kommen, dass man Fehler erst nach dem Shooting erkennt.

HCB auf der Frankfurter Buchmesse 2014. Fotograf: Fritjof Eckardt

BurmSeon Lee (Lee-san)

Hallo, ich bin BurmSeon Lee, Fotograf aus Südkorea. Derzeit wohne ich in Tōkyō, Japan. Ich kümmere mich um den Austausch von Gästen aus verschiedenen Ländern und Subkulturen bei Veranstaltungen, insbesondere in Korea und Japan.

Besonderheit

WCS Team Korea Organisator
Supervisor Wonder Cosplay Festival (in Korea)

Was ist wichtig für einen Cosplay Fotografen?

Zuerst muss der Fotograf verstehen welchen Charakter (welches Cosplay) er fotografieren soll. Er muss sich überlegen wie er diesen Charakter schön darstellen und wie das Fotoshooting ablaufen könnte. Zweitens, die Kommunikation mit dem Cosplayer ist wichtig. Zunächst sollte der Fotograf dem Cosplayer genau zuhören, welche Serie bzw. welchen Charakter er oder sie auf welche Weise cosplayen möchte. Die Vorbereitung und die Kommunikation mit dem Cosplayer ist wichtig. Ein gut vorbereitender Fotograf macht den Unterschied.

Wie sieht ein typisches Fotoshooting bei dir aus?

Die meisten Fotos (spontan gemachte Bilder) werden direkt auf Veranstaltungen gemacht. Manche Fotografen bereiten den Hintergrund oder die Umgebung perfekt vor, ich mache das eher weniger. Dort wo Fotografieren erlaubt ist, spreche ich vorher mit dem Cosplayer und die eigentliche Arbeit dauert dann zwischen 30 Minuten und 2 Stunden. Es wird sofort unterbrochen, wenn sich der Cosplayer nicht mehr wohl fühlt oder wenn ich selber merke, dass es nicht mehr geht.

Wie kommt ein Fotoshooting zustande? Kontaktierst du Cosplayer oder melden sich die Cosplayer bei dir?

Auf der Veranstaltung treffe ich die Cosplayer und danach kontaktiere ich sie. Ich bitte sie um ein Fotoshooting. Ohne ein Treffen vor dem Shooting wird es schwerer, ein gutes Ergebnis zu erhalten.

Hast du Tipps für Cosplay Fotografen und Cosplayer?

Es gibt nur einen einzigen Tipp: Fotografen und Cosplayer sollen sich um einander kümmern.

Bild oben
BurmSeon Lee

Bild unten
Cosplayerin: Usagi
Charakter: Megurine Luka
Serie: Vocaloid
Fotograf: BurmSeon Lee

Was hat sich mit dem Einzug der digitalen Kameras und den sozialen Netzwerken verändert?

Ich habe das Fotografieren am Anfang noch mit dem analogen Film gelernt und fotografiere auch heute oft noch so. Bei analogem Film musste man sehr ordentlich arbeiten und es hat lange gedauert bis man die Bilder hatte. Zuerst gab es nur Foto-Communities wo man Fotos hochladen konnte, durch die sozialen Netzwerke können mehr Fotos veröffentlicht und Cosplayer vorgestellt werden. Das ist ein Vorteil.

Was ist dir bei Cosplay Bildern besonders wichtig?

Ich denke, es ist wichtig - einen möglichst originalgetreuen passenden Ort (wie in der jeweiligen Serie) zum Charakter zu finden. Ebenso muss sich der Cosplayer entsprechend präsentieren und stimmig zum Ort passen.

Wie wichtig ist die Nachbearbeitung der Bilder für dich? Was sollte man tun und was nicht?

Die Nachbearbeitung erfolgt auf zwei verschiedene Weisen. Die eine ist die minimalistische Nachbearbeitung von Fotos. Die zweite ist die künstlerische Überarbeitung von Fotos, quasi wie eine Neuerschaffung des Bildes, weil dies wie eine Illustration ist. Ich arbeite eher nach der ersten Weise. Bei der Aufnahme ist schon alles entschieden und vollendet. Ich bearbeite anschließend nur den Blitz, Schatten im Gesicht oder mit Unschärfemasken. Ich behalte den fotografierten Zustand.

Du besuchst regelmäßig das World Cosplay Summit (WCS) in Nagoya. Wie ist es mit vielen ausländischen Cosplayern zu arbeiten?

Seit 2007 besuche ich als Organisator das jährliche WCS mit den koreanischen Teams. Dort treffe ich mich mit vielen internationalen Cosplayern und Veranstaltern. Wir unterhalten uns und haben viel Spaß zusammen.

Gibt es Unterschiede zwischen den verschiedenen Cosplayern und den Ländern aus denen sie kommen?

Cosplayer aus Europa und Nordamerika achten sehr genau auf die Details und die Qualität ihrer Kostüme. Es ist auch beeindruckend, wie die Cosplayer die Charakter und Serien neu interpretieren und für ihren Auftritt sehr viel üben. So wie es bei Aufführungen, Konzerten oder Musicals üblich ist. In Asien sind die Rüstungen und Kampfdarbietung hervorragend. Es ist eindrucksvoll, dass die Qualität immer besser wird.

Bild oben
Désirée Richter beim WCS 2010
Charakter: Alfin
Spiel: Shining Force Feather
Fotograf: BurmSeon Lee

Schwebestativ

Bei einem Schwebestativ, auch Steadycam genannt, handelt es sich um ein besonderes Halterungssystem für Filmkameras. Mittels dieses Systems ist es möglich, verwackelungsarme Filme aufzunehmen. So können die sich bewegende zu filmende Person (in einer Einstellung) mit der Kamera vom Kameramann umrundet oder außergewöhnliche Kameraschwenks durchgeführt werden.

Cosplay-Videos

In letzter Zeit gibt es immer mehr Videos, die ausschließlich verschiedene Cosplayer (posierend oder in Bewegung) auf einer Veranstaltung oder rund um den Veranstaltungsort herum zeigen. Diese Videos werden stetig beliebter, qualitativ hochwertiger und sind ebenso eine schöne Erinnerung an die Veranstaltung. Auch wenn die einzelnen Cosplayer oft nur wenige Augenblicke im jeweiligen Video zu sehen sind, gilt auch hier dasselbe wie bei den Cosplay-Fotoshootings: Es ist viel Arbeit und alle müssen wissen, was sie tun, damit das Video ein Erfolg wird. Die meisten dieser Videos werden mit digitalen Spiegelreflexkameras (DSLR), die an Schwebestativen montiert sind, gefilmt. Der Videograf muss sich dementsprechend gut mit der Technik und dem Videoschnitt auskennen und kann dann idealerweise die Vorteile von Foto- und Videokamera kombinieren. Die Besonderheit dieser Videos ist, dass viele davon, dank Schwebestativen, ruckelfrei gefilmt werden können, obwohl der Kameramann sich bewegt und somit einzigartige Perspektiven ermöglichen. Die meisten Cosplay-Videos sind mit Musik unterlegt.

Ebenso gibt es Aufnahmen von Showgruppen und reinen Cosplayauftritten. Außerdem gibt es von Fans gedrehte eigene Geschichten mit Cosplayern. Manche dieser Videos werden auch auf Conventions im Rahmen des Filmprogrammes gezeigt und die meisten von ihnen werden auf YouTube hochgeladen.

Fritjof Eckardt (als Rilakuma) und Casper Jensen auf der J-Popcon 2015.
Fotograf: Rasmus Depner

Casper Jensen (Usk)

Mein Name ist Casper. Ich bin Cosplayer und Videograf aus Kopenhagen, Dänemark. Ich arbeite seit 2005 mit / auf Conventions, als Cosplay (Wettbewerbs) Juror und als Videograf.

Alter

27

Besonderheit

Cosplay Videograf und Organisator

Was ist das wichtigste für einen Cosplay Videograf?

Das wichtigste für einen Cosplay-Videografen ist es den Charakter, den Cosplayer und das Kostüm in bester Art und Weise zu präsentieren. Für mich ist es wichtig, dass sich der Cosplayer sicher und glücklich während des Ablaufes und meiner Arbeit fühlt. Und natürlich kreativ zu sein.

Beschreibe bitte deinen typischen Videodreh. Wie sieht das aus? Was ist für dich dabei am wichtigsten?

Es hängt natürlich vom jeweiligen Projekt ab, doch üblicherweise finden Videoaufnahmen während Conventions über den Tag verteilt statt. Entweder ist die Idee für die Aufnahmen schon mit dem Cosplayer vorher geplant, er / sie wurde wegen eines interessanten Kostüms ausgewählt oder ich hatte eine Idee für ein Shooting. Die Aufnahme wird in drei Phasen gemacht.

Phase 1: Das gemeinsame Interesse herstellen und die Erwartungen ausbalancieren.

Sich mit dem Cosplayer zu treffen beginnt normalerweise damit, eine Verbindung/gemeinsame Ebene zu finden, Ideen hin und her zu spielen, festzulegen wie Sie Ihren Charakter darstellen wollen und zu einem passenden Ort zu gehen.

Mit diesen Dingen im Hinterkopf plane ich für mich ein Storyboard/wie die Szene gefilmt wird, während sich die Cosplayer vorbereiten. Wir diskutieren es dabei, um Beiden, den Erwartungen und dem Ergebnis gerecht zu werden.

Bild oben
Casper Jensen
Fotograf: Tomasz Niewiarowski

Bild mitte
Casper bei der Arbeit
Fotograf: Job Fermie

Bild unten
Fritjof Eckardt (als Rilakuma) und Casper Jensen auf der J-Popcon 2015
Fotograf: Rasmus Depner

Cosplayer spielen dann die jeweilige Szene am gewählten Ort, während ich überlege wie ich das am besten aus verschiedenen Winkeln filme. Diese Phase ist kritisch für das endgültige Filmmaterial, deshalb lasse ich den Cosplayern Freiraum um kreativ zu sein, aber ich gebe auch Anweisungen um die Darstellung lebhaft und so nah am Original wie möglich zu halten.

Phase 2: Die Szene umsetzen und die Atmosphäre schaffen

Während der Aufnahmen ist mein Fokus auf Timing und Position gerichtet. Zu verstehen wie es genau abläuft ist sehr schwierig, wenn man den Ort und die Wetterbedingungen nicht kennt. Daher stelle ich sicher, dass sich die Cosplayer nach jeder Szene wohl fühlen. Ich sage Ihnen wenn sie es gut gemacht haben und frage ob sie erschöpft sind und so. So stelle ich sicher, dass sie sich wohl fühlen und sie bestmöglich auftreten / spielen können. Ich frage immer ob sie eine Pause benötigen oder ob es in Ordnung ist die Szene noch einmal aufzunehmen. Normalerweise filme ich eine Szene 1 – 5 Mal, damit nichts daneben geht. Wenn ich mit der entsprechenden Szene zufrieden bin, gehe ich das mit dem Cosplay durch und wir machen mit der nächsten weiter.

Phase 3: Einen guten Eindruck hinterlassen.

Wenn beide Parteien mit dem Ergebnis zufrieden sind, rede ich mit den Cosplayern und gebe ihnen meine Visitenkarte. So können sie mit mir in Kontakt treten und ich kann ihnen den Link zum fertigen Video zukommen lassen.

Was hat sich mit dem der Verbreitung der sozialen Netzwerke verändert?

Für mich war das keine große Sache. Es hat mir geholfen die Art wie ich mich um meine Künstler kümmere zu verbessern. Soziale Netzwerke sind ein Branding-Tool, das ich benutze um Überblick über alte und neue Freunde zu bewahren. Es hat mir auch die Möglichkeit gegeben mich mit Cosplayern zusammen auf die Veranstaltungen vorzubereiten, die ich besuche. Aber außer diesen Dingen hat sich für mich nicht viel geändert, da ich die Leute meist vor Ort treffe.

Was ist wichtig für ein gutes Cosplay Video?

Am wichtigsten ist für mich bei einem guten Video, das Video/Schnitt/Szene und Ton harmonieren. Wenn dies nicht erreicht wird, dann wird es schwer Leute dazu zu bewegen es sich anzuschauen.

Wie wichtig ist die Nachbearbeitung der Cosplay Videos für dich? Was sollte man tun und was nicht?

Das Filmen und die Nachbearbeitung sind gleichwichtig für mich. Beides ist kreativ, aber während des Editierens erwacht die Idee zum Leben. In der Nachbearbeitung korrigiere ich die Farben, füge Spezialeffekte hinzu und stimme alles so ab dass der Ton passt.

Es ist schwierig eine Liste zu machen was man nicht machen sollte, da jeder seine eigene Kreativität und Arbeitsweise hat. Meine Arbeitsweise bei der Nachbearbeitung ist folgende:

Das Video editieren > Überbelichtetes Material und die Farben korrigieren > Erstellen, Hinzufügen von Spezialeffekten, Korrekturen > Einen Stil für das Video festlegen (warme Farben in den Bildern wenn es fröhlich sein soll oder dunkle Farben wenn die Atmosphäre dunkel und mysteriös ist).

Wenn du Cosplayern und Videografen einen Tipp geben könntest, welcher wäre es?

Für den Cosplayer: Wenn man mit einem Videografen zusammenarbeitet, frage in was für einem Projekt er dich präsentieren möchte. Gleicht eure Erwartungen an. Je schneller dies gelingt, desto problemloser wird die Umsetzung der Idee zum fertigen Film gelingen.

Für den Videografen: Versehe dein Video mit deinem individuellen Stil. Viele Leute haben Zeitlupeneffekte adaptiert. Sei kreativ und experimentiere. Wenn du das machst, wirst du viel mehr Spaß haben, es wird dich kreativ fordern anstatt nur aktuelle Trends zu imitieren.

Fritjof Eckardt (als Rilakuma) und Casper Jensen auf der J-Popcon 2015. Fotograf: Rasmus Depner

Was ist ein Cosplay-Wettbewerb?

Auf vielen regionalen Anime- und Manga-Treffen, Conventions und Messen gibt es sogenannte Cosplay-Wettbewerbe. Fast alle Wettbewerbe sind Teil einer Veranstaltung, komplett eigenständige Wettbewerbe sind inzwischen eher selten. Es gibt verschiedene Arten, wie Einzel-, Paar- oder Gruppen-Wettbewerbe. Ebenso gibt es, je nach Anlass, Wettbewerb und Veranstalter, unterschiedliche Regeln und Bewertungsgrundlagen für die Auftritte innerhalb der Wettbewerbe.

Für die meisten Wettbewerbe gilt jedoch, dass selbstgemachte Kostüme, deren Vorlagen oft aus Japan stammen müssen, in einem kurzen Auftritt vor Publikum und Jury präsentiert werden sollen. Solche Auftritte können aus den verschiedensten Elementen wie Schauspielerei, Kampfsportdarbietung, Tanzen oder Singen bestehen. Die Auftritte, das Kostüm, die Requisiten, die Aufführung / Präsentation, Publikumsreaktion und Bühnendekoration (wenn vorhanden), werden von einer Jury, meist bestehend aus Organisatoren, (eingeladenen / internationalen) Cosplayern, Experten (wie Schneidern), Medienvertretern und Sponsoren, bewertet.

Im Anschluss an den Wettbewerb werden Preise vergeben, deren Wertigkeit je nach Größe des Wettbewerbes und den beteiligten Sponsoren schwankt. Früher gab es Manga oder Artbooks als Hauptpreise zu gewinnen, inzwischen sind Spielekonsolen und Flugtickets nach Japan nicht mehr so außergewöhnlich. Bei einigen ausländischen Conventions (in den USA oder Asien) gibt es bei den regulären Cosplay-Wettbewerben auch (hohe) Geldpreise zu gewinnen (jedoch auch nur bei großen Veranstaltungen mit entsprechenden Budgets), dort geht es dann aber zumeist mehr um die reine Kostümpräsentation. Natürlich muss entsprechend Geld und viel Arbeit in das Kostüm investiert werden, um bei diesen Wettbewerben überhaupt eine Chance auf einen Gewinn zu haben. Diese Wettbewerbe sind bei vielen Cosplayern und Veranstaltungsbesuchern außerordentlich beliebt, manche Cosplayer lehnen die Teilnahme daran jedoch auch aus persönlichen Gründen ab.

Neben den regulären regionalen Wettbewerben gibt es große (internationale) Wettbewerbe, für die besondere Regeln gelten und die den Teilnehmern wesentlich mehr abverlangen. So muss, teilweise mit Fotos der Herstellung und Quittungen des für die Herstellung gekauften Materials, nachgewiesen werden (können), dass die Kostüme wirklich selbst gemacht worden sind. Da es im Internet inzwischen etliche Firmen, die Kostüme verkaufen, gibt und die Qualität teilweise sehr gut ist, sind solche Sicherheitsmaßnahmen notwendig geworden, weil schwer zu erkennen ist, ob das Kostüm selbstgemacht oder einfach nur gekauft worden ist. Mehr als einmal habe ich Kostüme im Internet bestellt, um die Qualität zu beurteilen und um ein Auge dafür zu kriegen, was man für wieviel Geld kaufen kann und worauf Jurymitglieder bei Wettbewerben somit verstärkt achten sollten.

Die Teilnehmer von internationalen Wettbewerben müssen sich durch regionale oder nationale Vorentscheide / -runden für das Finale, das dann im Ausland stattfindet, qualifizieren. Bei solchen Wettbewerben sind die Preise dann wesentlich hochwertiger (wie Flugtickets / Reisen nach Japan), aber die Konkurrenz untereinander ist natürlich auch um einiges größer und härter.

Anfängern wird empfohlen, zuerst Erfahrungen bei „regionalen" Cosplay-Wettbewerben zu sammeln und sich dann später an die größeren und die nationalen / internationalen Wettbewerbe zu wagen.

Bei den kleineren Wettbewerben ist die Konkurrenz zwischen den einzelnen Teilnehmern wesentlich geringer und es ist mit deutlich weniger Neid und möglichem negativen Feedback zu rechnen, als bei den großen Wettbewerben. Hat man sich daran gewöhnt, genug Erfahrung mit Wettbewerben gesammelt und ist das eigene „Fell dicker" geworden, so kann man sich an die großen Wettbewerbe wagen.

Die folgenden Schaubilder erklären, wie die Vorrunden der großen Wettbewerbe, bei denen deutsche Teams vertreten sind, ablaufen. Die Besonderheiten, Regeln und Unterschiede der einzelnen Wettbewerbe detailliert zu erklären, würde allerdings den Umfang dieses Buches sprengen. Wer es genauer wissen möchte, der findet Informationsmaterial und die Regeln auf den jeweiligen Veranstaltungs- / Wettbewerbs-Webseiten.

	Deutsche Cosplaymeisterschaft (DCM)	EuroCosplay Championships (EuroCos)	European Cosplay Gathering (ECG)	World Cosplay Summit (WCS)	Clara Cow's Cosplay Cup (CCCC)
Vorentscheid(e) in Deutschland	Conventions: Animuc, Anime Marathon, Hanami, Dokomi, CosDay², Ongaku Matsuri	Dokomi (Convention)	Connichi (Convention)	Connichi (Convention)	Animuc (Convention)
Anzahl der Cosplayer die zum Finale reisen	Die Anzahl der Teilnehmer für das Finale hängt von verschiedenen Kriterien ab.	ein Cosplayer je Land	Einzelteilnehmer und eine Gruppe aus bis zu drei Cosplayern	zwei Cosplayer (Team)	zwei Cosplayer (Team)
Finalveranstaltung	Frankfurter Buchmesse	MCM Comic Con in London (England)	Japan Expo in Paris (Frankreich)	Nagoya (Japan)	Den Haag (Niederlande)
Veranstalter	Animexx e.V. und Frankfurter Buchmesse	MCM Comic Con	Japan Expo	WCS Executive Committee (WCS ursprünglich gegründet von TV Aichi)	Animecon
Erster Vorentscheid im Heimatland	2007	2010	2010	2003	2015
Erster Vorentscheid in Deutschland	2007	2010	2011	2003 / 2004 (Kein Vorentscheid, Entscheidung durch Jury)	2015
Erste (Final-) Veranstaltung	2007	2010	2011	2003	2015
Aktuelle Anzahl der Partnerevents / Länder / Regionen	6	29	11	30	9

Stand der Daten: Mai 2016

Bühne des ECG Cosplay-Wettbewerbes, Japan Expo 2013, Fotografin: Charline-Nana Lenzner

Edmund Walter Hoff (Edo oder Edo Seijin)

Mein Name ist Edmund Walter Hoff, ich bin aber auch unter den Nicknames Edo oder Edo Seijin (für Cosplay) bekannt. Ich bin ein Organisator des World Cosplay Summit. Ich bin einer der ursprünglichen Organisatoren der Veranstaltung und am längsten am Stück aktiv (seit 2003). Ich komme ursprünglich aus Kanada, Vancouver. Ich kam 1998 nach Japan. Ich lebte in Utsonomiya, Präfektur Tochigi für ein Jahr und zog dann nach Nagoya, Präfektur Aichi, lebte dort 13 Jahre und wohne inzwischen in Tōkyō. Ich mache an der Universität Nagoya meinen Doktor mit Schwerpunkt japanische Jugendkultur, Popkultur und mit einem Auge auf Cosplay.

Ich wurde 1972 geboren und bin 43 Jahre alt.

Wie müsste der perfekte Cosplay Wettbewerb aussehen?

Ich finde dies ist ein Widerspruch in sich, Perfekt und Cosplay sind zwei Begriffe, die niemals zusammenpassen. Cosplay ist immer ein Streben nach Perfektion, die man aber nie erreichen kann. Du hast ein Bild von einem Charakter im Kopf, das ist der perfekte Charakter, aber du bist ein Mensch. Du kannst versuchen diesem Charakter so ähnlich wie möglich zu sein, du wirst aber niemals perfekt dieser Charakter sein können. Das ist Cosplay und so gilt es auch für die Wettbewerbe bzw. Veranstaltungen allgemein. Sie werden nie in der Lage sein, alle zufrieden stellen zu können. Aber du willst etwas machen, dass zumindest für die meisten Leute so perfekt wie möglich ist und du tust was du tun willst/sollst.

Was macht einen guten Cosplay Wettbewerb aus?

Es geht nicht darum den Leuten nur einen Wettbewerb zu geben, es ist eine Erfahrung oder ein Traum. Wenn ich über das WCS nachdenke, es sind viele junge Leute die 18/19 Jahre alt sind, sie verlassen vielleicht zum ersten Mal ihr Heimatland. Vielleicht treffen sie dort zum ersten Mal einen Cosplayer aus Malaysia oder Brasilien. Dann denke ich daran wie es für mich war als ich mit 18 Jahren zum ersten Mal nach Europa gereist bin und wie besonders das war. Es war ein wirklich prägender Moment für mich und in der Lage zu sein, jungen Menschen diese Erfahrung durch eine Veranstaltung zu vermitteln, ist unglaublich.

Bild oben
Charakter: Evangelion Unit 00
Serie: Neon Genesis Evangelion
Fotograf: Ondo

Bild unten
Charakter: Alphonse Elric
Serie: Fullmetal Alchemist
Fotograf: Edmund Hoff

Und wenn man etwas in eine Veranstaltung investiert dann bedeutet das sehr viel, auch für sie. Was ich meine, ist die Kostüm-Erstellung, die Vorbereitung auf den Auftritt bis zum Austauschen von Geschenken mit anderen Landesvertretern (Cosplayern). Das sind alles Dinge auf die wir uns vorbereiten, wir denken darüber nach, sorgen uns darum und dadurch dass wir Menschen sind erhält das Ganze eine wirkliche Bedeutung. Also ich denke, diese Dinge sind sehr wichtig. Nicht nur einfach machen und zur nächsten Sache übergehen, sondern etwas ganz besonderes draus machen, eine schöne Erinnerung.

Für die technischen Dinge des Wettbewerbs selbst benötigt man ordentliche Regeln, etwas das nicht angreifbar ist, auf das man immer zurückgreifen kann und sagen kann „Das ist in den Regeln". Die Organisatoren waren sich beim Aufbau der Regeln bewusst, dass diese länger und länger werden würden und immer mehr und mehr Informationen enthalten würden. Das nimmt leider auch etwas von der Freiheit bei Wettbewerben. Aber man braucht wirklich eine gute und solide Regelbasis. Ein weiterer Teil ist ein, klares unbestreitbares Bewertungssystem, das eine Berechtigung hat und auf das man sich beziehen kann wenn Probleme auftauchen. Das man klar sagen kann „das ist der Beurteilungsprozess" der zur Entscheidung geführt hat.

Worin liegt der besondere Reiz von internationalen Wettbewerben?

Ich denke als erstes, das Besondere an internationalen Wettbewerben ist das man, dass was man mit Cosplay verbindet und die Vorstellungen, mit denen man aufgewachsen ist, hinter sich lässt. Es gibt viel beim Cosplay im eigenen Land zu tun, innerhalb jeder Gemeinschaft gibt es persönliche Beziehungen und Dynamik. Du hast Beziehungen und Leute mit denen du viel machst und Leute mit denen das weniger so ist, irgendwie musst du in dieser Umgebung zurechtkommen. Ich meine, diese Lektionen, die man lernt, werden einem im Leben helfen. So ist eben die soziale Dynamik, du musst dich mit der menschlichen Natur arrangieren. So ist es eben. Aber manchmal kann das auch regelrecht ersticken und es ist gut Beziehungen mit internationalen Leuten in anderen Ländern die dasselbe machen wie du zu haben. Das ist irgendwie ein Aha-Erlebnis, ich denke dass sollte jeder haben. Wenn sie die Möglichkeit haben, dann sollten sie diese nutzen. Ich denke, sie können viel lernen ihren Horizont erweitern und es hilft ihnen die Dinge auf eine andere Weise sehen.

Natürlich kann es, wenn man Landesvertreter wird, Spannungen geben bei der Rückkehr ins eigene Land und diese Community. Das ist auch ein Teil davon sich zu stärken, macht einen erwachsen und fähig damit umzugehen und das zu managen. Vor allem jetzt mit in der digitalen Welt in der wir leben hat das Ganze eine völlig neue Dynamik. Wenn man Leute trifft, sagt man ihnen selten böse Sachen ins Gesicht. Das braucht Mut, aber online ist es sehr einfach schnell irgendwas zu sagen. Und ich meine, man muss damit klar kommen, auch das stärkt einen als Person. Auf viele Weisen sind internationale Wettbewerbe gut um Dinge loszulassen und weiterzugehen.

Ablauf Wettbewerb DCM (Deutsche Cosplaymeisterschaft)

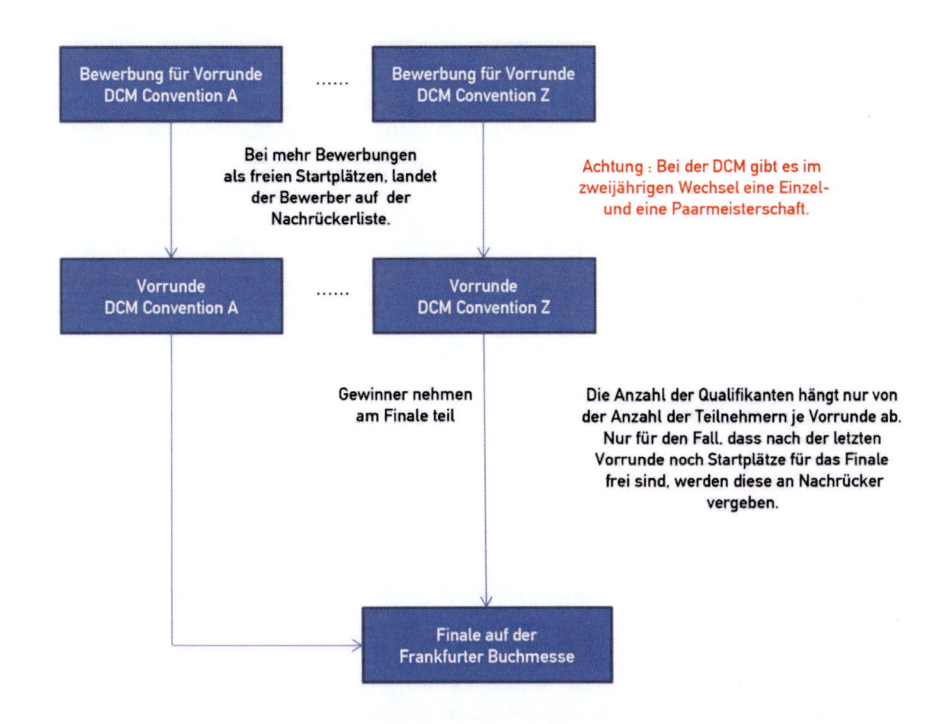

```
[Bewerbung für Vorrunde DCM Convention A] ...... [Bewerbung für Vorrunde DCM Convention Z]
```

Bei mehr Bewerbungen als freien Startplätzen, landet der Bewerber auf der Nachrückerliste.

Achtung : Bei der DCM gibt es im zweijährigen Wechsel eine Einzel- und eine Paarmeisterschaft.

```
[Vorrunde DCM Convention A] ...... [Vorrunde DCM Convention Z]
```

Gewinner nehmen am Finale teil

Die Anzahl der Qualifikanten hängt nur von der Anzahl der Teilnehmern je Vorrunde ab. Nur für den Fall, dass nach der letzten Vorrunde noch Startplätze für das Finale frei sind, werden diese an Nachrücker vergeben.

[Finale auf der Frankfurter Buchmesse]

Auftritt im DCM Finale 2014, Cosplayerinnen: Shiroku und Chiko-chan als Charaktere: Shirou Kotomine und Saber Alter Serie: Fate/Apocrypha und Fate/Hollow Ataraxia, Fotograf: Fritjof Eckardt

Peter Müller

Ich bin Peter Müller, beruflich leidenschaftlicher Goldschmied und Inhaber des Schmuckateliers TORA impressio. Als früher sehr aktiver Cosplayer habe ich zwischen den Jahren 1995 bis 2007 Cosplay kennen und lieben gelernt. In dieser Zeit habe ich selbst, oft erfolgreich, an vielen Wettbewerben teilgenommen oder sie organisiert. In den letzten Jahren kümmere ich mich vor allem als Leiter der DCM um unser kreatives Hobby, und unterstütze normale Wettbewerbe mit weiteren fairen Cosplay-Bewertungssystemen auf Basis der DCM-Erfahrungen.

Webseite

http://www.dcm-cosplay.de

Wie entstand die Idee zur DCM?

Die Idee zur DCM entstand in erster Linie durch ein Zusammentreffen von Jan Weber und mir. Jan, als damals schon erfahrener Organisator mehrerer Conventions (Conneko, J-Con, Hanami) plante, einen deutschlandweiten Wettbewerb ins Leben zu rufen. Zur gleichen Zeit saß ich schon an einem neuen Bewertungssystem für die Szene, das vor allem für fair geregelte Wettbewerbe sorgen sollte. So entstand der erste Entwurf für die „GCM" (German Cosplay Mastership), die allerdings sehr schnell in DCM umbenannt wurde. Für die Umsetzung holten wir dann noch, als größten Szene-Verein, den Animexx e.V. mit an Bord, und fanden einen weiteren hervorragenden Partner in der Frankfurter Buchmesse. Diese vor allem vertreten durch Wolle Strzyz, der auch heute noch aktiv an der DCM mitwirkt. Mit diesem Kernteam wurde die DCM im Jahr 2006 gegründet.

Was ist das Besondere an der DCM?

Mit Sicherheit, dass ein Wettbewerb dieser Größe von Cosplayern für Cosplayer ins Leben gerufen wurde und bis heute organisiert und durchgeführt wird. Ein Konzept, das auch auf vielen Jahren eigener Erfahrungen als Teilnehmer, Juror und Organisator verschiedenster Wettbewerbe aufbaut. Ein Konzept, für das mittlerweile weit über 50 verschiedene Wettbewerbe gründlich analysiert und ausgewertet wurden. Kurz gesagt, das Know-how und das stabile Fundament der DCM sind weltweit wohl einzigartig in der Szene.

Bild oben
Peter Müller
Fotograf: Arne Beilschmidt

Bild unten
Charakter: Kaktor
Spiel: Final Fantasy VIII
Fotograf: HCB

Worauf wird viel Wert gelegt?

Auf einen fairen Wettbewerb, an dem alle Teilnehmer ihren Spaß haben.

Und dies immer mit der Sicherheit zu wissen, wie und was genau bewertet wird. Sollte doch einmal etwas unklar sein, können sich alle Teilnehmer jederzeit an das DCM-Team wenden. Egal, ob es nun eine allgemeine Frage zum Wettbewerb ist oder kleine Details betrifft.

Das Wichtigste bei der DCM ist aber, dass wir den Begriff „Deutsche Meisterschaft" für uns sehr ernst nehmen und darum einen Wettbewerb entwickelt haben, der in jeder Phase nachvollziehbar und kontrollierbar ist.

Ein anderer Punkt, der für uns sehr wichtig ist, betrifft den Umgang der Teilnehmer untereinander. Wir versuchen jedes Jahr, eine Atmosphäre zu schaffen, die es den Cosplayern möglich macht, trotz der Konkurrenzsituation, die bei einem so großen Wettbewerb automatisch herrscht – schließlich geht es, außer dem Titel „Deutscher Cosplaymeister", auch um eine von unserem Hauptsponsor JAL Group bezahlte Reise nach Japan und den Echtgold-Meisterpin, freundschaftlich und solidarisch miteinander umzugehen. Deshalb haben wir auch ein gemeinsames Essen am Vorabend des Finales eingeführt, bei dem sich die Finalisten besser kennenlernen und Freundschaften schließen können. Dieses Essen findet übrigens seit ein paar Jahren beim japanischen Generalkonsul in Frankfurt statt, der aus diesem Anlass die Cosplayer in seine Privatresidenz einlädt. Möglich ist das auch, weil die Frankfurter Buchmesse allen Finalisten eine kostenlose Übernachtung vor dem Finaltag ermöglicht, die natürlich ebenfalls zu einer engeren Bindung der Teilnehmer untereinander beiträgt.

Warum gibt es so viele Regeln?

Weil nur ein klar geregelter Wettbewerb ein fair geregelter Wettbewerb sein kann.

Stell' dir zum Vergleich ein Fußballspiel vor, bei dem es nur die Regel „Ball im Netz = Tor" gibt. Keine Regeln, was die Spieler dürfen. Ein Schiedsrichter dürfte nach eigenem Geschmack pfeifen. Der Tormann wäre sich nicht sicher, ob er die Hände benutzen darf, usw. Und an genau diesem Punkt setzt die DCM an. Es gibt nicht nur einen Bewertungsbogen sondern auch:

Klare Regeln für die Teilnehmer.
Klare Regeln für den Juryleiter.
Klare Regeln für die Juroren, die von uns geprüft und geschult werden.
Klare Regeln für den Organisator des Wettbewerbs vor Ort.
Klare Wettbewerbsbedingungen.

Für all das benötigt man ein umfangreiches Regelwerk. Für einen Wettbewerb, der in mehreren Ebenen geprüft/nachgeprüft wird und sich auch nicht zu schade ist, Fehler, die allerdings so gut wie nie vorkommen, zu korrigieren.

Warum gibt es jährlich abwechselnd einen Einzel- und einen Paarwettbewerb?

Die Frage, ob Einzel-, Paar- oder beide Wettbewerbe gleichzeitig, stand natürlich auch bei uns vor einigen Jahren zur Diskussion. Für den Weg, jährlich zwischen Paar und Einzel zu wechseln, haben wir uns dann entschieden, da wir beide Wettbewerbsarten gleichwertig betrachten. Dennoch wollten wir uns pro Jahr immer nur auf eine Wettbewerbsart konzentrieren, wodurch es zum aktuellen System kam. Da es ansonsten oft schon schwer genug ist, ein zweiköpfiges Team über Vorrunde und Finale zusammenzuhalten, ist es übrigens nicht geplant, eine Gruppen-Meisterschaft einzuplanen.

Was waren deine schönsten Erlebnisse bei der DCM?

Von kleinen Momenten, in denen Cosplayer auf einen zukommen und anerkennen, was für eine große Arbeit hinter der DCM steckt, über ein Team, das sich ehrenamtlich und mit Leidenschaft in jeder freien Minute für die eigene Szene einsetzt, bis hin zu Teilnehmern, die sich bei einem so großen Finale gegenseitig helfen, motivieren und als Gruppe gemeinsam mit Spaß teilnehmen.

Und natürlich ist auch das Finale auf der FBM für mich jedes Jahr das letztendliche Highlight. Die Bestätigung für das, was mein Team, in einem weiteren Jahr mit der DCM erreicht hat.

Mein Dank geht hier vor allem an Björn, den technischen Leiter, Sakana, die fachliche Leiterin, Steffi, unsere Pressefrau, und Daniela, die für die Teilnehmerbetreuung zuständig ist, um nur ein paar zu nennen. Aber auch an alle Juroren, Juryleiter, Juryscouts, Vorentscheidsleiter, das Video und Foto Team, die Macher des DCM-Magazins und natürlich an die vielen Helfer ...

Wie sieht die Zukunft der DCM aus?

Die DCM läuft aktuell wie eine gut geschmierte Maschine. Das Grundgerüst ist mittlerweile hervorragend, dennoch werden wir immer an kleinen Details arbeiten, um sie von Jahr zu Jahr noch weiter zu verbessern.

Welche Tipps würdest du interessierten Cosplayern für die Teilnahme am Wettbewerb geben?

Sucht euch einen Charakter aus, der zu euch passt und zu dem ihr gute Vorlagen findet. Egal was für einen Auftritt ihr plant, denkt ihn euch nicht nur aus, sondern übt ihn auch so oft es geht. Und vor allem, geht mit Spaß an den Wettbewerb ran. Alle Juroren und fast das komplette DCM Team bestehen aus erfahrenen Cosplayern, die sich freuen, mit euch über Cosplay und eure Kostüme reden zu können. Sehr oft erhaltet ihr bei diesen Gesprächen auch sehr gute Tipps, wie ihr euch weiter verbessern könnt.

Ablauf internationaler Wettbewerb (Clara Cow's Cosplay Cup)

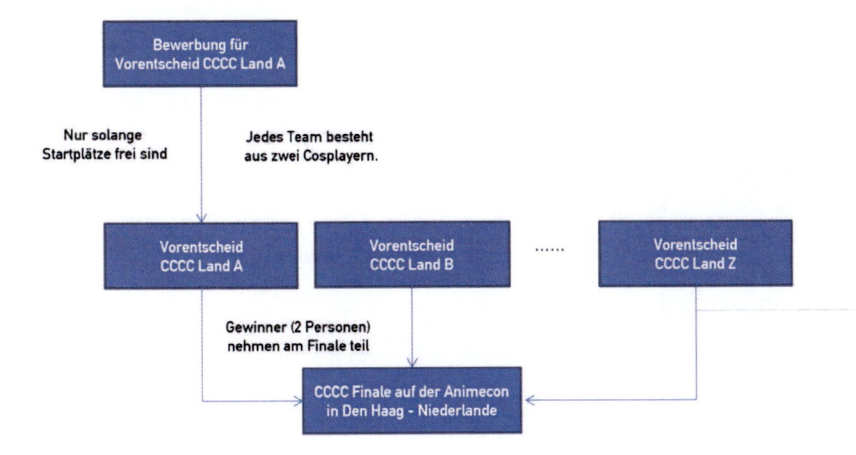

```
                    ┌─────────────────────┐
                    │   Bewerbung für     │
                    │ Vorentscheid CCCC Land A │
                    └─────────────────────┘
    Nur solange              │   Jedes Team besteht
 Startplätze frei sind       │   aus zwei Cosplayern.
          │                  │
          ▼                  ▼
  ┌─────────────┐   ┌─────────────┐         ┌─────────────┐
  │ Vorentscheid│   │ Vorentscheid│  ......  │ Vorentscheid│
  │ CCCC Land A │   │ CCCC Land B │         │ CCCC Land Z │
  └─────────────┘   └─────────────┘         └─────────────┘
                    Gewinner (2 Personen)
                    nehmen am Finale teil
                           │
                           ▼
                  ┌─────────────────────┐
                  │ CCCC Finale auf der Animecon │
                  │ in Den Haag - Niederlande │
                  └─────────────────────┘
```

Teilnehmende Länder

Benelux (Belgien, Luxemburg, Niederlande), Dänemark, Frankreich, Polen, Portugal, Rumänien, Schweiz, Spanien und Vereinigtes Königreich

Cosplayerinnen der Cosplaygruppe JSV (fb.com/JSVgroup) als Charaktere Meredy, Rufina, Rosiel und Princess Aira Blanc Neige Galdinius aus den Videospielen Shining Hearts / Shining Blade und der Serie Angel Sanctuary. Fotografen: Shan Shan. Sky Vision (fb.com/skyvisionfoto) und N8e (fb.com/N8e.cosplay.photography)

Niels Viveen (Niels)

Hi, mein Name ist Niels Viveen. Ich bin Vorsitzender des Anime Festivals (Animecon) in den Niederlanden. Ich bin seit 1990 in der Animeszene involviert, und Convention Organisator seit 1998. Vorsitzender bin ich seit 1999.

Besonderheit

Vorsitzender Anime Festival (Animecon)

Webseite

http://www.animecon.nl/cccc

Wie entstand die Idee zum CCCC?

Um ganz ehrlich zu sein, ich habe ich eine Menge an internationalen Cosplay Veranstaltungen gesehen. Ich mag sie alle, jede hat ihre besondere Art und habe großen Respekt davor, dass sie manchmal von kleinen Teams veranstaltet werden. Davon abgesehen, sie nehmen viel Zeit in Anspruch und die Teilnehmer müssen ihre Cosplays und Requisiten über weite Strecken transportieren. Weil wir eine tolle Location mit Hotel und großem entspannenden Backstage Bereich haben, fordert das gerade dazu heraus eine internationale Bühne zu werden.

Wir haben mit den Organisatoren der CICAF in China daran gearbeitet, die europäische Qualifikationsrunde durchzuführen und ihren Wettbewerb (der eine wirklich coole Bühne hat!) durch mehr ausländische Teilnehmer zu erweitern. Am Ende hat es leider aus verschiedenen Gründen nicht geklappt. Da wir bereits mit der Idee spielten, habe ich unseren Gremium dann die Idee vorgeschlagen und Sponsoren gesucht. Sie gaben mir dann grünes Licht Partner zu suchen und den Wettbewerb weiter zu entwickeln.

Was ist die Besonderheit beim CCCC? Worauf wird Wert gelegt?

Der größte Unterschied ist, dass die Benelux-Qualifikationsrunde die wir veranstalten in etwa 4 Stunden für die teilnehmenden Cosplayer abgeschlossen ist (1 Stunde Probe am frühen Nachmittag, 3 Stunden Auftritt und Bewertung). Das internationale Finale wird für die Teilnehmer genauso lange dauern.

Bild oben
Niels Viveen
Fotograf: Gerwin Derks

Bild unten
Logo Clara Cow's Cosplay Cup

So ist alles in 4 Stunden abgeschlossen, natürlich kommt noch die Zeit hinzu welche die Teilnehmer benötigen ihre Kostüme anzulegen. Wir wollen, dass der Wettbewerb so entspannt wie möglich ist, so dass die Teilnehmer für die meiste Zeit die Animecon genießen oder sich in der Backstage-Lounge entspannen können. Der Fokus liegt mehr auf dem PLAY Teil von Cosplay. Der Grund dafür ist, nach dem Besuch CICAF in Hangzhou, China, bemerkte ich, dass asiatische Cosplayer, insbesondere aber chinesische mehr Ausdruck in ihre Auftritte stecken. Mehr wie Schauspieler und Darsteller als es die meisten Europäer tun. Ich erachte das Kostüm und den darstellenden Teil für gleich wichtig und versuche die Cosplayer aus Benelux auf einen höheren Auftrittslevel zu bringen. Ich schlug einen höheren Fokus auf den darstellenden Teil vor, aber auch nicht zu vergessen dass die Kostüme erstklassig sein sollten. Das Gremium war mit meiner Idee einverstanden und so veranstalten wir nun eine Show, in der nur 2-Personen Teams mit diesem Fokus antreten. Der Grund für Duos ist im Grunde eine Einschränkung durch den von unseren Sponsoren gestifteten Preis und weil es alleine schwieriger ist eine guten Bühnenshow zu machen, da keine Person zum Interagieren anwesend ist.

Beschreibe bitte deinen unvergesslichsten Moment beim CCCC

Der unvergesslichste Moment war, dass die Qualität der Auftritte noch besser war, als ich es erhofft hatte. Das alle Cosplayer, so wirkte es für mich, eine großartige Zeit hatten und das CCCC als eine 3 tägige Party erfahren haben, so wie es unser Ziel war. Und, dass Russland ein neues Partnerland ist.

Wie sieht die Zukunft vom CCCC aus?

Ich hoffe, dass wir ein größeres Budget kriegen oder mehr Sponsoren finden um mehr Länder hinzuzufügen. Momentan ist es Europa, in Zukunft hätte ich nichts dagegen wenn es mehr Länder wären. Vor allem Länder die eine tolle Cosplayszene haben, aber nicht an internationalen Wettbewerben teilnehmen. Meiner Meinung nach müssen es keine europäischen Länder sein um an dem Spaß teilzunehmen. Wir werden jedoch nicht zu viele Länder hinzufügen, da dann die Show zu viel Zeit benötigt und es dann nicht mehr entspannt sein wird. Es könnte auch sein das wir jedes Jahr ein oder zwei Wildcards vergeben, die sich jedes Jahr ändern.

Welche Tipps würdest du interessierten Cosplayern für die Teilnahme am Wettbewerb geben?

Ja, stelle sicher, dass dein Kostüm selbst gemacht ist und du erklären kannst wie du es gemacht hast. Mache einen ausdrucksstarken Auftritt, keinen sinnlosen Kampf oder tanze einfach nur herum. Stelle sicher, dass die Audiodatei die du uns gibst nicht auf maximalster Lautstärker aufgenommen ist, ansonsten wird es auf der Bühne schlimm klingen. Ja, du kannst eine Reise nach Japan gewinnen. Aber, das Wichtigste ist: viele neue Freunde kennenlernen und eine tolle Zeit haben. Das sollte der Hauptgrund sein mitzumachen. Wenn ihr nervös seid und mit jemandem sprechen wollt, unsere Mitarbeiter sprechen alle Englisch, manche sogar weitere Sprachen. Wenn ihr uns vorher Bescheid gebt, werden wir unser Bestes versuchen und jemanden finden der deine Sprache spricht und dir Backstage helfen kann. Und wenn du Backstage nach deinem Auftritt duschen willst, dann bringe ein Handtuch und saubere Kleidung mit.

Ablauf internationaler Wettbewerb (European Cosplay Gathering)

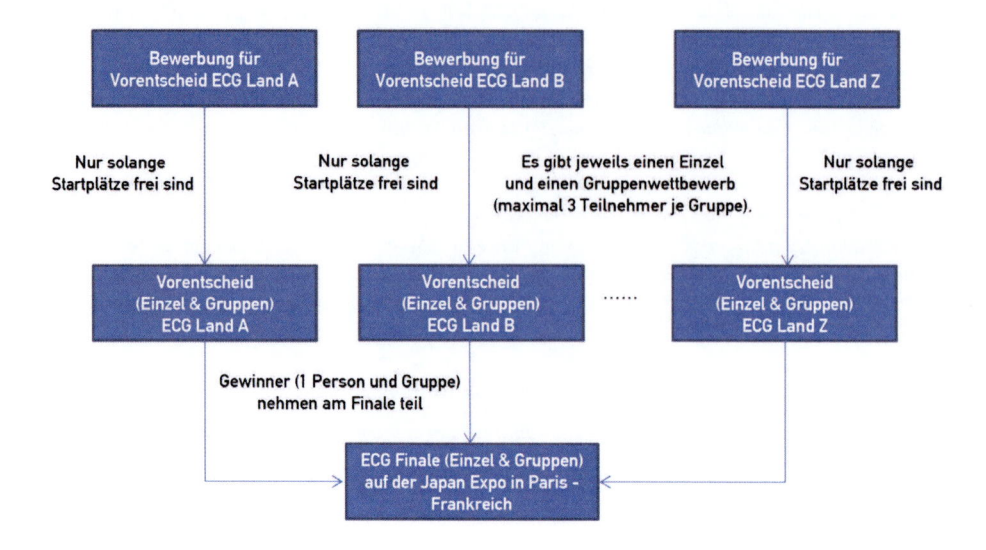

```
┌─────────────────────┐    ┌─────────────────────┐         ┌─────────────────────┐
│   Bewerbung für     │    │   Bewerbung für     │         │   Bewerbung für     │
│ Vorentscheid ECG    │    │ Vorentscheid ECG    │         │ Vorentscheid ECG    │
│      Land A         │    │      Land B         │         │      Land Z         │
└─────────────────────┘    └─────────────────────┘         └─────────────────────┘
```

Nur solange Startplätze frei sind | Nur solange Startplätze frei sind | Es gibt jeweils einen Einzel und einen Gruppenwettbewerb (maximal 3 Teilnehmer je Gruppe). | Nur solange Startplätze frei sind

```
┌─────────────────────┐    ┌─────────────────────┐         ┌─────────────────────┐
│   Vorentscheid      │    │   Vorentscheid      │  ......  │   Vorentscheid      │
│ (Einzel & Gruppen)  │    │ (Einzel & Gruppen)  │         │ (Einzel & Gruppen)  │
│      ECG Land A     │    │      ECG Land B     │         │      ECG Land Z     │
└─────────────────────┘    └─────────────────────┘         └─────────────────────┘
```

Gewinner (1 Person und Gruppe) nehmen am Finale teil

```
┌─────────────────────────────┐
│  ECG Finale (Einzel & Gruppen) │
│  auf der Japan Expo in Paris -│
│          Frankreich            │
└─────────────────────────────┘
```

Teilnehmende Länder

Belgien, Dänemark, Deutschland, Frankreich, Italien, Niederlande, Polen, Portugal, Schweiz, Spanien und Vereinigtes Königreich

Die Gewinnerinnen (Gruppe) des deutschen ECG Vorentscheides 2014, Leipziger Buchmesse 2014. Charaktere: Popoie, Primm/Purim und Randi, Spiel: Secret of Mana. Fotografen: Marco Russo, www.marcorusso.de und Sayuri Tanaka Cosplay and Photography, fb.com/Sayuri.Tanaka.Cosplay.and.Photography

Charline-Nana Lenzner (Sweety oder Rikku)

Mein Name ist Charline-Nana Lenzner, von Freunden aber kürzer genannt Charli. Ich bin 22 Jahre alt. In der Szene hat sich aber langsam mein Spitzname Sweety und / oder Rikku verfestigt. Hauptberuflich bin ich Grafikerin und habe von 2014 bis 2016 die Organisation des European Cosplay Gathering Vorentscheid in Deutschland übernommen.

Webseite

http://www.ecg-cosplay.com

Wie entstand die Idee zum ECG?

Leider können wir dazu nicht sehr viel sagen, da wir das ECG nicht ins Leben gerufen haben. Die Japan Expo in Paris hatte schon vorher Cosplay-Wettbewerbe. Die Idee war da sicher schnell geboren, vor allem wenn man so tolle Vorbilder wie das WCS und EC hat.

Was ist die Besonderheit beim ECG?
Worauf wird Wert gelegt?

Die Besonderheit, die man vor Ort am besten erleben kann, ist eine sehr starke Gemeinschaft ohne jeglichen Konkurrenzkampf. Man unternimmt gemeinsam sehr viel und es werden Kontakte geknüpft und gefestigt. Das ECG ist ein großes Kennenlernen von europäischen Cosplayern untereinander. Die Japan Expo selbst ist dazu auch noch etwas ganz besonderes. Die Location und die Bühne sind einfach der Wahnsinn!

Beschreibe bitte deinen
unvergesslichsten Moment beim ECG

Ich selbst als Organisatorin bekomme leider nicht viel von dem mit, was hinter der Bühne stattfindet und auch nicht, was zwischen den Teilnehmern abläuft. Unsere bisherigen Finalisten können uns dazu aber nur sagen, dass es immer sehr entspannt und organisiert war. Der Zusammenhalt hinter der Bühne ist unglaublich! Man unterstützt sich gegenseitig sehr, was wirklich toll ist! Hier geht es nicht darum, wer der Beste ist, sondern gemeinsam eine tolle Show abzuliefern. Das unvergesslichste für mich ist immer das Finale selbst!

Bild oben
Charakter: Panty Anarchy
Serie: Panty & Stocking with Garterbelt
Fotograf: Ruth Mietzke

Bild unten
Charline-Nana Lenzner
Fotograf: Pia Kuhlmann

Gerade die französischen Teilnehmer machen unglaubliche Kostüme und sind noch besser darin diese darzustellen! Die Halle, die so groß ist wie eine Halle der Leipziger Buchmesse, ist während des Finales mit tausenden von Zuschauern gefüllt. Es gibt Leinwände, damit auch jeder die Auftritte sehen kann. Dazu kommt die professionelle Lichtshow und das Anfeuern der Länderteams. Das alles hat mich in Paris dazu gebracht, dieses Finale für mich unvergesslich zu machen!

Wie sieht die Zukunft vom ECG aus?

Dank der sozialen Medien und unseren großartigen Vertretern aus Deutschland beim Finale in Paris, wächst der Bekanntheitsgrad des ECG in Deutschland stetig. Dementsprechend gibt es auch von Jahr zu Jahr immer mehr Anmeldungen. Vor gar nicht allzu langer Zeit, konnten wir froh sein, wenn es genügend Anmeldungen gab. Langsam, oder sogar sicher, müssen wir uns aber bald überlegen, ein Bewerbungsverfahren einzuführen, da die Anmeldungen immer mehr werden. Eigentlich wollen wir gerne allen eine Chance geben, aber das ist aufgrund des gesetzten Zeitrahmes nicht unbedingt möglich. Aber es gibt ja von Jahr zu Jahr auch wieder echte Überraschungen bei Cosplay-Neulingen, denen wir natürlich auch die Chance geben möchten!

Welche Tipps würdest du interessierten Cosplayern für die Teilnahme am Wettbewerb geben?

Auf jeden Fall sollte man den Konkurrenzkampf, der im Kopf stattfindet, abschalten. Das verhindert Enttäuschungen und erhöht dafür immens den Spaßfaktor. Es gibt jedes Mal klasse Auftritte, die leider nicht gewinnen. Wenn sich die Jury entscheiden muss, geht die Hälfte der Bewertung in das Kostüm ein, die andere Hälfte in den Auftritt. Es wird immer im Juryteam besprochen, wer Deutschland am besten in Paris vertreten könnte, danach wird ausgezählt und abgestimmt. In unserer Jury ist immer jemand dabei, der schon einmal in Paris war und weiß, worauf es beim Finale ankommt. Beim ECG wird nicht nur die professionelle und fachgerechte Verarbeitung des Kostüms bewertet, sondern auch die Kreativität der Umsetzung, genauso wie die gesamte Bühnenshow! Geht einfach mit einem Auftritt und Kostüm ins Finale, die ihr wirklich mögt, liebt und hinter dem ihr steht. Macht was euch Spaß macht und was euch selbst überzeugt! Dann könnt ihr mit euch auch zufrieden sein, wenn ihr es nicht ins Finale schaffen solltet!

Die Gewinnerinnen (Gruppe und Einzel) des deutschen ECG Vorentscheides 2014, Leipziger Buchmesse 2014. Charaktere: Primm/Purim, Randi, Popoie und Malefiz/Maleficent, Spiel/Film: Secret of Mana und Dornröschen. Fotograf: Marco Russo, www.marcorusso.de

Ablauf internationaler Wettbewerb (World Cosplay Summit)

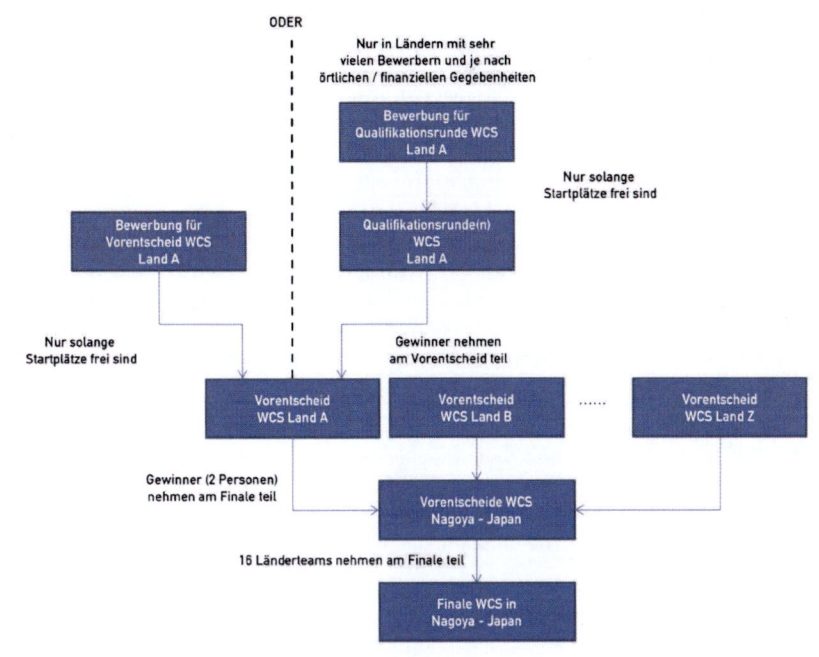

Teilnehmende Länder und Regionen

Australien, Brasilien, China, Dänemark, Deutschland, Finnland, Frankreich, Hong Kong, Indien, Indonesien, Italien, Japan, Kanada, Kuwait, Malaysia, Mexiko, Niederlande, Philippinen, Portugal, Russland, Schweden, Schweiz, Singapur, Spanien, Südkorea, Taiwan, Thailand, USA, Vereinigtes Königreich und Vietnam.

Désirée Richter und Brigitte Böttcher beim WCS 2010, Fotograf: Fritjof Eckardt

Edmund Walter Hoff (Edo oder Edo Seijin)

Meine Aufgabenbezeichnung beim WCS lautet WCS Communications. Ich mache und erstelle viele Dinge. Ich fing als Übersetzer 2004 / 2005 an und ab 2006 / 2007 arbeitete ich intensiver mit den Produzenten zusammen. Ich checke Emails, die englische Kommunikation, Vertragsübersetzungen und verschiedene Dinge. Ich kümmere mich um die englischen Beiträge auf Facebook und Twitter. Ich betreue und erstelle Gruppen auf Facebook. Ich bin der Ansprechpartner für bzw. einer der Ansprechpartner für Veranstalter, nationale Organisatoren, die teilnehmenden Cosplayer (Landesvertreter) und insbesondere auch für ehemalige Teilnehmer der Veranstaltung.

Webseiten

http://www.wcs-germany.de
http://www.worldcosplaysummit.jp/en

Wie entstand die Idee zum WCS?

Nun, ich meine, es entstand als Versammlung mit den ersten vier Nationen Deutschland, Frankreich, Italien und Japan. Es gab einen Rundgang durch Ōsu (in Nagoya), es war noch keine Parade. Ein Besuch in Kyōto, um sich als Maiko / Geisha zu kleiden. Einige andere kleine Auftritte und dann eine offizielle Versammlung mit vielen Fotografen. Die Landesrepräsentanten saßen vorne und sprachen über ihre Erfahrungen und Cosplay in ihrem eigenen Land. Es war auch ein Dokumentations Team anwesend. Der Fokus dieses Videos war soweit ich weiß auf der Japan Expo und dem feiern der japanischen Kultur außerhalb von Japan. So war das World Cosplay Summit quasi eine Erweiterung davon.

2004, gab es die erste offizielle Ōsu Parade. Und dann haben wir begonnen uns auf die Aichi Expo im Jahr 2005 zu konzentrieren und etwas Großes zu machen. 2005 hatten wir die erste Cosplay Meisterschaft. Und die Meisterschaft wurde nach der Expo 2005 fortgesetzt, wir haben erkannt, dass wir da etwas hatten das nicht nur uns Spaß machte, sondern auch allen anderen und von ihnen erwartet wurde, dass wir damit weitermachen. Uns wurde das klar, als es noch Teil vom Aichi TV Event Department war. Es war eine Veranstaltung, wie so viele andere Veranstaltungen, die sie hatten, wie Opern, Veranstaltungen oder Hundeshows im Nagoya Dome oder Pokémon Veranstaltungen für Kinder.

Bild oben
Edmund Hoff beim WCS 2012
Fotograf: Edmund Hoff

Bild mitte
Charakter: Evangelion Unit 00
Serie: Neon Genesis Evangelion
Fotograf: Edmund Hoff

Bild unten
Charakter: Alphonse Elric
Serie: Fullmetal Alchemist
Fotograf: Edmund Hoff

Der World Cosplay Summit war eine dieser Veranstaltungen die von Aichi TV veranstaltet wurden. Nach der Aichi Expo konzentrierten wir uns auf die Expo in Shanghai im Jahr 2010 und wollten damit weiter machen. Das Datum kam immer näher, aber wir erkannten, dass die Organisatoren und Veranstaltungen die unsere Partner waren, nicht so daran interessiert waren das World Cosplay Summit in einem anderen Land (statt Japan), in China zu machen. Im Jahr 2010, glaube ich, fand die chinesische WCS Vorrunde auf der Expo, aber das eigentliche WCS in Japan statt. Das nächste große Ding war dann das 10 jährige Jubiläum und zu dieser Zeit kehrte Tokumaru Oguri zum WCS zurück und war daran interessiert, dass Event von Aichi TV abzukaufen. Die Veranstaltung wurde, im Jahr 2012, zu einem Unternehmen. Seitdem ist es allgemein gewachsen und viele Dinge sind nun formeller.

Eine wichtige Sache, die zum WCS klargestellt werden muss ist, dass niemand vom WCS davor Erfahrung in Veranstaltungsorganisation (dieser Art) hatte. Die meisten Veranstaltungen auf der ganzen Welt werden von Menschen, die bei anderen Veranstaltungen als Mitarbeiter gearbeitet haben, gegründet. Du arbeitest bei einem Event mit, steigst aus, suchst dir Freunde / Team zusammen und machst etwas Neues. Beim WCS hatte keiner dieses Vorwissen so entstand alles durch Versuch und Irrtum. Wir probierten etwas aus. Klappte es nicht, machten wir es im folgenden Jahr anders. Ein Beispiel war die Idee das WCS in einem anderen Land stattfinden zu lassen. Nachdem wir mit unseren Partnerorganisationen diskutiert hatten, wurde uns klar dass dies unrealistisch war. Und so hat sich das Konzept des WCS in den letzten Jahren entwickelt. Nun, es ist einzigartig, da es eine Veranstaltung ist die in Japan stattfindet und bei der der Großteil der Mitarbeiter Japaner sind. So ist es eine Veranstaltung bei der wir mit unseren Partnerorganisationen zusammenarbeiten. Wir erhalten ihre Rückmeldungen und können so das WCS verbessern. In einer Weise, welche die meisten Leute zufrieden stellt, aber wir sind nicht in der Lage alle zufriedenzustellen. Wer kann das schon?

Was ist die Besonderheit beim WCS?

Nun, ich denke, der wichtigste und größte Unterschied ist, dass der World Cosplay Summit in Japan stattfindet. Weitere große Unterschiede sind eben, dass wir in Japan Möglichkeiten haben Dinge zu tun, die andere Veranstaltungen nicht tun können. Wir können zu verschiedenen Orten fahren oder als Beispiel, wir haben in einer Woche (Oktober 2014) die Veranstaltung Tōkyō International Film Festival an der WCS Vertreter (Cosplayer) aus 22 Ländern und Regionen teilnehmen. Und ja, das ist etwas Einmaliges, das kann gemacht werden weil es hier die Zusammenarbeit mit anderen Organisationen gibt, die alle hier sind. Es wird eine Parade in Ikebukuro geben, eine Bühnenshow in Nihonbashi, eine Bühnenshow in Roppongi, so etwas ist etwas Einzigartiges. Natürlich ist die WCS Meisterschaft selbst das Highlight und wird sehr offen von Nagoya begrüßt, die gesamte Innenstadt ist für alle geöffnet und es hat sich sehr positiv entwickelt. Das ist etwas, das wirklich einzigartig und besonders ist. Und es ist auch der einzige Cosplay-Wettbewerb, der vollkommen eigenständig ist und nicht im Rahmen einer Veranstaltung stattfindet. Oft sind Cosplay-Wettbewerbe nur ein Teil des Bühnenprogrammes von vielen auf der Veranstaltung.

Die World Cosplay Summit Vorrunden haben nicht dasselbe Format. Sie sind Teil anderer Veranstaltungen. Einige internationale Cosplay Veranstaltungen machen (mit den Teilnehmern) Touren durch die Stadt in der die Veranstaltungen stattfindet, haben gemeinsame Abendessen und ähnliche Programmpunkte. Aber das WCS ist eine 10 tägige Veranstaltung, bei welcher der Fokus auf den Teilnehmern liegt und das ist schon ein wenig anders als bei anderen Wettbewerben.

Worauf wird Wert gelegt?

Ich denke, dass ist auch wieder etwas, das mit der Einzigartigkeit des Events zusammenhängt und sich von anderen Cosplay-Wettbewerben unterscheidet. Einer der wichtigsten Punkte ist die Verbreitung von japanischer Populärkultur. So wie die Regeln für die Teilnehmer an der Meisterschaft nur japanische Anime, Manga, Videospiele und Tokusatsu (Charaktere aus japanischen Filmen) zulassen. Wie ich schon erwähnt habe, das läuft über die Zusammenarbeit mit Partnerorganisationen wie der Connichi in Deutschland oder der Japan Expo in Frankreich. Vor 20 Jahren konnte man keine Anime-und Manga Online finden, so wie das heute ist. Der einzige Ort, wo man diese Dinge bekam war auf Conventions und Treffen. Also in diesem Sinne ist es eine Art passender Beziehung, an der wir interessiert sind. Promotion und die Leute wissen lassen was es in Japan gibt. So viele viele Anime und so viele viele Manga und Videospiele die ständig erscheinen. Selbst das, was wir tun, ist nur ein Kratzen an der Oberfläche. Da gibt es noch viel mehr. Das ist worauf der Fokus des World Cosplay Summit gelegt wird und das ist einzigartig und unterscheidet es von anderen Wettbewerben.

Was waren deine schönsten Erlebnisse beim WCS?

Ich habe viele schöne Erinnerungen vom WCS. Jedes Jahr gibt es schöne Erinnerungen, eine Sammlung von schönen Erinnerungen. Das ist der Grund warum ich weiter an der Veranstaltung mitarbeite und was mich vom weiter kommen im normalen Leben abhält. Nein, nur ein Spaß. Ich bewege mich mit dem WCS, es ist ein großer Teil meines Lebens und ich genieße es sehr.

Ich denke, wenn ich einen Moment wählen müsste, dann würde ich sagen 2006, nachdem die Meisterschaft zu Ende war. Wir gingen alle in eine Kneipe, sahen uns das Video der Meisterschaft an, alle Teams jubelten sich (bei den Auftritten) zu. Es war das erste Jahr in dem Singapur teilnahm und Takahan der Organisator aus Singapur brachte jeden dazu Tabasco Sauce zu trinken, es war aber nicht die Sauce die es unvergesslich machte. Wirklich, es war mehr, ich weiß nicht genau, die gute Stimmung. 2006 war alles kleiner und weniger Leute als 2005. Es war mehr ein familiäres Gefühl, es war mehr das Gefühl einer eingeschworenen Gruppe. Und in diesem Moment, da habe ich wirklich gesehen oder verstanden, warum ich es mochte und es genossen habe. Ich habe das Potential für das zukünftige stetige Wachstum gesehen. Mir wurde in dem Moment klar, dass das was ich tat etwas sehr spezielles war.

Wie sieht die Zukunft vom WCS aus?

Es wird sich nicht wesentlich verändern von der Art wie es jetzt ist, aber es wird wachsen um über die 22 Länder und Regionen die momentan teilnehmen hinaus. Und aus vier werden ab 2015 sechs „Observernations" (Länder die eingeschränkt teilnehmen können) werden. Mit diesen Zahlen werden auch die Kosten steigen. Diese Kosten müssen irgendwie durch Sponsoren oder anderweitig gedeckt werden. Es wird also in diesem Bereich ebenfalls wachsen. Es muss passen damit es weitergeht.

Mit der Rückkehr von Herrn Oguri im Jahr 2012 erhielt die Veranstaltung mehr Fokus. Ich denke es ist die Vision einer Person, die die Idee für die Sache hat und die anderen Leuten bei der Veranstaltung helfen. Arbeiten mit den Veranstaltungen, einem Pfad folgen vereinfacht die Dinge sehr und es ist ein kleiner Richtungswechsel. Ja, jeder hat seine eigenen Ideen über die Dinge aber letztendlich kombiniert es die Gefühle der Leute und unsere Ideen.

Ich meine, dass auch jeder seinen Spielraum für Meinungen hat. Herr Oguri sagte er würde gerne 2015 50 teilnehmende Länder haben, zum 15. Jubiläum (2017) werden wohl vielleicht 40 oder 50 Länder involviert sein. Nach meiner Zählung gibt es 90-100 Länder auf der ganzen Welt, in denen es Cosplay Aktivitäten bei japanischen Popkultur Veranstaltungen gibt.

Ich sehe in der Zukunft mehr WCS Aktivitäten in Tōkyō. Ich denke, das Herz der Veranstaltung ist am Ort wo diese geboren worden ist und ich denke da muss es auch bleiben. Ich weiß das Herr Oguri in Nagoya geboren und aufgewachsen ist. In Tōkyō präsent zu sein und Dinge in Tōkyō zu unternehmen ist für die Veranstaltung sehr wichtig. Nicht nur in Tōkyō, sondern überall. Es gab Veranstaltungen in Kyōto, der Tottori Präfektur, Fukushima Präfektur und der Mie Präfektur.

Das WCS entstand kurz vor oder nach der Cool Japan Kampagne und wie viele andere Kampagnen die dasselbe Ziel, japanische Kultur global zu fördern, haben, ist es Teil davon. So denke ich ist es eine sehr effektive Werbung oder kennen sie eine prägnantere Art die japanische Kultur zu repräsentieren? Das ist was ich als Zukunft für das WCS sehe.

Welche Tipps würdest du interessierten Cosplayern für die Teilnahme am Wettbewerb geben?

Nun, wenn es nur darum geht als Zuschauer teilzunehmen, dann kommt nach Japan und seht es euch an. Nehm alles mit, es ist eine tolle Erfahrung, etwas das man jedem empfehlen kann. Was würde ich den Cosplayern die ihr Land repräsentieren empfehlen wollen? Nun auch in diesem Fall, kommt nach Japan und macht mit. Es ist eine Tatsache, ich meine nicht Cosplayer aus vielen Ländern, aber einige Cosplayer die zu Landesvertretern wurden, kamen zuvor nach Japan. An der Veranstaltung teilnehmen und ein Gefühl dafür kriegen. Die Bühne der Meisterschaft sehen und das Wissen und die Erfahrung die du dann hast sind unschlagbar. Lernen direkt vor Ort, wenn du den Livestream guckst siehst du die Bühne, aber es ist so viel mehr. Das ist meine Empfehlung, aber das kostet natürlich Geld und nicht jeder hat das Geld dafür. Es ist aber nicht notwendig und die Mehrzahl der Teams die ihr jeweiliges Land repräsentieren kommen vorher nicht zur Veranstaltung.

In dem Falle, dass man nicht über diese finanziellen Mittel verfügt, nehmt an euren Vorentscheiden teil, probiert es und lernt aus der Erfahrung. Wenn ihr nicht ausgewählt werdet, versucht es im nächsten Jahr wieder. Durch den Prozess von Versuch und Irrtum lernt ihr viel über euch, eure Cosplay Fähigkeiten und wie ihr euch verbessern könnt. Redet mit den Leuten um euch herum, redet mit ehemaligen Repräsentanten, holt euch Tipps und Tricks und schaut euch die Videos online an.

Es ist wie im Leben, du hast einen Traum, etwas das du wirklich willst, wenn du genug Leidenschaft hast, gib nicht auf. Für mich ist es so toll Teams zu sehen, die es drei oder vier Mal probiert haben und dann endlich Landesvertreter wurden. Ich denke das ist etwas bei dem die Leute einstimmig anerkennen sollten, dass dieses Team ihr Land vertreten soll. Für mich gibt es nichts traurigeres als Teams welche diesen Traum aufgeben. Oder wenn man online geht und seinem Zorn und die Energie auf negative Weise nutzt. Das ist sehr schade. Es ist bedauerlich. Geb deinen Traum nicht auf. Das ist mein wichtigster Tipp.

Es gibt weitere große internationale Wettbewerbe, jedoch (noch) ohne deutsche Beteiligung:

- AFA Regional Cosplay Championship (ARCC)
  http://www.animefestival.asia
- CICAF Grand Cosplay Award International (China)
  http://www.cicaf.com
- Cosplay City Cup (Italien)
  http://www.cosplaycitycup.it
- Cosplay World Masters
  http://www.cosplayworldmasters.com/en
- Nordic Cosplay Championship
  http://ncc.narcon.se
- Yamato Cosplay Cup (Brasilien)
  http://www.cosplay.com.br

Neben dem „Wettbewerb" an sich, haben die großen internationalen Wettbewerbe inzwischen auch eine hohe politische und enorme wirtschaftliche Bedeutung bekommen. Viele Besucher reisen extra zu den entsprechenden Final-Veranstaltungen in das jeweilige Land, benötigen dort Hotels, geben viel Geld vor Ort aus und die Medien berichten teilweise umfangreich. Bei manchen Veranstaltungen ist auch direkt die Politik eingebunden.

Selbstverständlich gibt es diese Wettbewerbe auch in abgewandelter Form als Online Contest im Internet oder innerhalb der sozialen Netzwerke. Die Cosplayer bewerben sich, je nach Wettbewerb, mit Bildern oder einem Video dafür und die Besucher der jeweiligen Abstimmungswebseite stimmen dann direkt für ihren Favoriten ab. Abhängig vom Wettbewerb gibt es dann entsprechende Vorgaben und teilweise auch mehrere Runden. Wie bei den üblichen Cosplay-Wettbewerben gibt es dort meist auch etwas zu gewinnen. In jedem Fall steigert eine erfolgreiche Teilnahme an einem solchen Online-Wettbewerb die Bekanntheit des Cosplayers (auch international).

Neben den Wettbewerben gibt es auch reine Cosplay-Modenschauen, bei denen es ebenfalls eine Jury gibt und auch Preise gewonnen werden können. Dabei geht es ausschließlich darum, das Kostüm zu präsentieren (und kurz zu posieren), es findet aber im eigentlichen Sinne kein Auftritt statt. Diese Modenschauen, auch Cosplay Catwalk, Cosparade oder Masquerade genannt, gibt es beispielsweise beim Japan-Tag in Düsseldorf. Auch diese Veranstaltungen unterscheiden sich in ihrer Art voneinander, so geht es bei den reinen Modenschauen nur um das eigentliche Vorführen des Kostümes, während bei Cosparade oder Masquerade auch das entsprechend passende Posieren (passend zum Charakter, dessen Kostüm getragen wird) sehr wichtig ist.

Soll Cosplay einer breiteren Masse außerhalb der üblichen Veranstaltungen (wie Anime- und Manga-Conventions) präsentiert werden, dann bieten sich Cosplay-Modenschauen an, da einige Cosplay-Auftritte im Rahmen eines Wettbewerbs für das Publikum nur schwer zu verstehen sind, insbesondere dann, wenn dieses die Serien und den Ablauf solcher Auftritte überhaupt nicht kennt.

Die Teilnahme an einem Cosplay-Wettbewerb

Wie sieht ein solcher Auftritt aus?

Ein Auftritt bei einem Cosplay-Wettbewerb besteht im Grunde genommen daraus, dass ein Cosplayer oder eine Gruppe von Cosplayern in ihren Kostümen mit Requisiten und gegebenenfalls mit Bühnendekoration auf die Bühne gehen und dort etwas aufführen. Dies kann eine eigene erdachte Geschichte oder eine existierende Handlung aus einem Anime, Manga oder Videospiel sein, aus denen die Charaktere stammen, deren Kostüme getragen werden. Natürlich ist es dann doch wesentlich aufwendiger und komplizierter als es so zusammengefasst klingt, denn gute Auftritte erfordern einiges an Vorbereitung. Meist wird dabei eine ausgewählte Musik oder eine zuvor selbst erstellte Audiodatei eingespielt. Manchmal ist es auch möglich, selbsterstellte Videos als Projektion laufen zu lassen. Bei vielen Wettbewerben können sogar besondere Licht- und Effektwünsche angegeben werden. Die eigentlichen Auftritte bestehen aus Schauspielerei und manchmal auch aus Gesang, Kampfsport oder Tanz. Die Teilnehmer werden von einem Moderator angekündigt und treten dann, je nach Art des Wettbewerbes, alleine oder in Gruppen auf. Der Auftritt wird vor einer Jury und vor Publikum aufgeführt. Die Jury bewertet die Kostüme und den Auftritt unter Berücksichtigung der Publikumsreaktion. Entscheidend ist dabei, dass die Auftritte inhaltlich leicht verständlich sind und nicht extremes Fachwissen über eine bestimmte Serie voraussetzen. Ebenso sollten Spoiler vermieden, also keine wesentlichen Handlungselemente einer Serie verraten werden.

Was muss einige Wochen oder Monate vor dem Wettbewerb erledigt werden?

Als erstes muss sich der Cosplayer für die Teilnahme am Wettbewerb anmelden und das Kostüm sollte bis zur Veranstaltung definitiv fertig sein. Je nach Wettbewerb kann die Anmeldeprozedur durchaus etwas umfangreicher ausfallen. So kann es vorkommen, dass Fragen beantwortet und entsprechende Unterlagen eingereicht werden müssen. Zusätzlich müssen die Regeln des entsprechenden Wettbewerbes / der Veranstaltung gelesen und befolgt werden, da sonst unter Umständen eine Disqualifikation drohen kann. Manche Wettbewerbe verlangen, dass das Kostüm extra dafür angefertigt wird und die eigenhändige Herstellung mit Fotos und Quittungen belegt werden kann. Dies ist zwar lästig für die Cosplayer, aber ein unabdingbarer Punkt für die Teilnahme an einigen Wettbewerben, die damit faire Bedingungen für alle sicherstellen. Leider gab es in der Vergangenheit schon mindestens einen Betrugsfall, so dass diese Regelung gerade bei den großen Wettbewerben inzwischen üblich ist.

Für den Auftritt muss angegeben werden, ob Mikrofone benötigt oder ob, wenn möglich, besondere Licht- oder sonstige Effekte gewünscht werden. Zu einem guten Auftritt gehört auch der passende Ton, auch wenn die Erstellung von Audiodateien oder gar Videos mitunter sehr zeitaufwendig ist. Wenn man bereit ist, diesen zusätzlichen Aufwand zu betreiben, dann ist es aber durchaus möglich, den Auftritt komplett ohne Mikrofone durchzuführen, indem man den Ton vorher aufnimmt und als Datei beim Veranstalter abgibt. Für die Teilnahme an manchen Wettbewerben müssen zudem detaillierte Auftrittspläne erstellt und eingereicht werden.

Das Kostüm und die Requisiten sollten so früh wie möglich fertig sein, damit in Ruhe im Kostüm und mit Requisiten geprobt werden kann. Oft treten dabei Probleme auf, die man nicht vorhergesehen hat. Nicht immer ist man im Kostüm so beweglich, wie es für den Wettbewerb nötig ist, oder in dem Kostüm ist es auch ohne die Bühnenscheinwerfer und die Auftrittsnervosität schon sehr warm.

Man sollte nicht unterschätzen, wie zeitaufwendig die Ausarbeitung und das Einüben eines guten Auftritts sein kann, insbesondere dann, wenn dieser Gesang, Tanz oder Kampfsportelemente enthält. Im Idealfall sollte jeder Auftritt außerdem so strukturiert sein, dass er auf irgendeine Art von Höhepunkt zusteuert und nicht nur langsam vor sich hin plätschert. Es empfiehlt sich, den Auftritt vor dem Wettbewerb vor Freunden oder der Familie aufzuführen und um deren ehrliche Meinung zu bitten. Zusätzlich kann man die eigenen Proben auf Video aufnehmen und anschließend selbst betrachten und daran arbeiten. Je nachdem, wie aufwendig es ist, das Kostüm anzulegen oder sich darin zu bewegen, die Requisiten handzuhaben oder das Make-up anzulegen, sollte man Freunde um Hilfe beim und vor dem Wettbewerb bitten.

Viele Cosplay-Wettbewerbe finden im Rahmen von Conventions oder Messen statt, daher sollte sich der Cosplayer auch frühzeitig um Eintrittskarten für die jeweilige Veranstaltung bemühen. Nur äußerst selten erhalten Wettbewerbsteilnehmer für den Tag, an dem der Wettbewerb stattfindet, Freikarten für die Veranstaltung. Ist der Cosplayer zum Wettbewerb zugelassen, erhält er oder sie weitere notwendige Informationen vom Organisator zu dem Wettbewerb. Jetzt beginnt die „heiße Phase".

Was findet am Vortag des Cosplay-Wettbewerbes statt?

Bei manchen Wettbewerben ist eine rechtzeitige persönliche Anmeldebestätigung vor Ort während der Veranstaltung notwendig. Spätestens dann erhalten die Cosplayer normalerweise auch ihre Startnummer, falls dies nicht ohnehin schon im Vorfeld geschehen ist. In der Nacht vor dem Wettbewerb wird dann oft noch am Kostüm gearbeitet, da irgendetwas noch nicht fertig ist oder unglücklicherweise beim Transport zur Veranstaltung beschädigt wurde. Und selbst wenn am Kostüm alles fertig sein sollte wird der Auftritt geprobt weil dieser eben noch nicht „perfekt" sitzt und nicht so rund läuft, wie gewünscht. Auch wenn alles in bester Ordnung ist, schlafen viele Cosplayer vor lauter Nervosität in der Nacht vor dem Wettbewerb ziemlich schlecht.

Was passiert direkt vor dem Wettbewerb?

Bei manchen Kostümen dauert das Anlegen, Schminken und Stylen recht lange, daher kann der Wettbewerbstag für den Cosplayer unter Umständen schon recht früh morgens beginnen. Das Anlegen mancher Kostüme und des entsprechenden Make-ups ist oft nur mit Hilfe von Freunden möglich.

Die Teilnehmer müssen sich fertig kostümiert auf der Veranstaltung an einem bestimmten Ort zu einer festgelegten Zeit für den Wettbewerb versammeln. Meist befindet sich der Treffpunkt an oder neben der Bühne, auf welcher auch der Cosplay-Wettbewerb stattfindet. Dann gehen entweder alle Teilnehmer gleichzeitig oder nacheinander in Grüppchen zusammen mit den jeweiligen Veranstaltungshelfern in den Backstagebereich. Die Helfer sortieren die Cosplayer dort nach Startnummern und beantworten die letzten Fragen.

Während die Teilnehmer auf den Beginn des Wettbewerbes warten, schauen sich die Juroren oft schon die Kostüme aus der Nähe an und verschaffen sich einen genaueren Eindruck von der Qualität und Machart.

Die meisten Cosplayer warten dann gespannt und sehr nervös auf ihren Auftritt. Hin und wieder fallen an diesem Punkt schon Teilnehmer aus, weil die Anspannung und Nervosität zu groß und es hinter der Bühne zu stickig ist oder weil im ganzen Trubel „einfach vergessen" wurde zu essen und zu trinken und der Kreislauf dann schlapp macht.

Wie läuft der Auftritt (mit einem einzelnen Teilnehmer) ab?

- Der Cosplayer wartet hinter der Bühne auf seinen Auftritt.
- Die Darbietung des vorherigen Wettbewerbsteilnehmers endet.
- Die Bühnenhelfer räumen die Bühnendekoration / Requisiten des vorherigen Teilnehmers von der Bühne und bringen die benötigte Bühnendekoration / Requisiten des Teilnehmers (wenn vorhanden und möglich) auf die Bühne.
- Falls benötigt erhält der Cosplayer nun ein Mikrofon.
- Sollte der Cosplayer eine Requisite für seinen Auftritt benötigen, die in die Kategorie „beanstandete Waffen" fällt, erhält er diese nun für die Dauer des Auftrittes ausgehändigt (im Kapitel „Die Organisation von Cosplay-Wettbewerben" finden Sie unter „Waffenregeln" genaue Erklärungen, was eine „beanstandete Waffe" ist).
- Die Helfer hinter der Bühne stimmen sich mit dem Cosplayer und den Technikhelfern (per Funk) noch ein letztes Mal ab.
- Der Moderator ruft den Teilnehmer auf die Bühne und die zuvor eingereichte Musik bzw. Tondatei wird den Anweisungen des Teilnehmers entsprechend abgespielt. Falls möglich werden Lichteffekte oder Videos wie vom Cosplayer vorgesehen erzeugt bzw. projiziert.
- Der Cosplayer kann schauspielern, singen, tanzen oder eine Kampfsportdarbietung vorführen. Im Idealfall sollte es ein Auftritt sein, der zu dem Charakter passt, der gerade dargestellt wird.
- Der Cosplayer tritt nach dem Auftritt kurz vor die Jury, die meist seitlich auf oder vor der Bühne sitzt und muss manchmal noch Fragen der Juroren beantworten („Wie wurde das Kostüm gemacht?", „Was ist das für ein Material?", „Womit ist das gefärbt?" und ähnliche Fragen).
- Der Cosplayer gibt seine Requisite, sollte es sich dabei um ein „beanstandete Waffe" handeln, wieder bei einem Helfer an der Bühne ab.
- Der Cosplayer verlässt die Bühne und der Auftritt ist beendet.

Wann stehen die Sieger fest?

Meist findet die Siegerehrung einige Stunden nach dem Cosplay-Wettbewerb statt, manchmal aber auch erst am nächsten Tag im Rahmen der Abschlusszeremonie der jeweiligen Veranstaltung. Je nach Teilnehmeranzahl und Art des Wettbewerbes können die Juryberatungen aber auch mehr Zeit in Anspruch nehmen. Abhängig von der Anzahl der von Sponsoren gespendeten Preise, werden entsprechend Gewinne vergeben. Die Wettbewerbs-Teilnehmer versammeln sich im jeweiligen Veranstaltungssaal und warten gespannt zusammen mit den restlichen Zuschauern auf die Siegerehrung.

Auftritte im Ausland

Für sämtliche Auftritte im Ausland gilt: Es ist ratsam, sich vorher über die Art der bei dieser Veranstaltung „üblichen" (siegreichen) Auftritte zu informieren und daraus Ideen für den eigenen Auftritt zu ziehen. In manchen Ländern zählt nur die Präsentation des Kostümes, während in anderen der eigentliche Auftritt wichtiger ist. Selbstverständlich soll niemand einfach nur Auftritte kopieren und seinen eigenen Stil völlig über Bord werfen, doch bei den Finalrunden des ECG, EuroCosplay und WCS sind eben andere Auftritte und auch Qualitätsstufen normal und üblich, als bei kleineren regionalen Cosplay-Wettbewerben und darauf sollte man sich einstellen.

Da diese Finalveranstaltungen in anderen Ländern stattfinden, stammt ein Großteil des Publikums und der Juroren nun mal größtenteils nicht aus dem eigenen Heimatland. Daher ist ein leicht verständlicher und gut durchdachter Auftritt absolut notwendig. Es ist nicht einfach damit getan, den eigenen Auftritt in die Landessprache zu übersetzen oder Englisch zu sprechen. Häufig sind in fremden Ländern z.B. auch ganz andere Serien beliebt oder hier beliebte Serien dort gar völlig unbekannt. Es ist auch nicht immer notwendig, überhaupt Sprache in einem Auftritt zu verwenden.

Ein gut präsentierter Auftritt kann nämlich durchaus auch komplett ohne Sprache auskommen, solange die Darbietung an sich überzeugt. Besonders wichtig sind dabei ein erkennbarer roter Faden, ein Spannungsbogen und eine tolle, überzeugende Darstellung. Man sollte zur Vorbereitung alle Informationsmöglichkeiten nutzen, die das Internet heutzutage bietet. Auch sollte man sich darüber im Klaren sein, dass man als Finalteilnehmer eines internationalen Wettbewerbes sein Land vertritt und damit schon eine gewisse Verantwortung übernimmt. Daher ist es besonders wichtig, auch entsprechende Sorgfalt im Bezug auf Webseiten, Postings in sozialen Netzwerken und bei eventuellen Grußvideos walten zu lassen.

Requisiten und Kostümteile bei einem Cosplay-Wettbewerb. WCS 2010. Fotograf: Fritjof Eckardt

Marie (Missie)

Was ist wichtig bei einem Auftritt?

Dass man auf die Bühne geht, sich dabei in seinem Kostüm wohlfühlt, sich bei seinem Auftritt sicher ist und natürlich das man einfach Spaß an der Sache hat. In den letzten Jahren haben sich der Standard für die Wettbewerbe bzw. die Auftritte sehr professionalisiert. Das bedeutet, früher als ich mit cosplayen angefangen habe, sprach man oft einfach in ein Mikro, Hintergrund-Musik gab es oft nur wenn man selber eine Anlage mit auf die Bühne brachte. Es gab auch keine „Professionellen" Wettbewerbe. Heute gibt es große Wettbewerbe, wo die Teilnehmer viel Zeit, Aufwand und Geld reinstecken. So werden Kulissen gebaut, vorher alles eingesprochen und vertont. Oft gibt es auch eine Vorbewertung durch eine fachkundige Jury. Daher ist es heute schon wichtig dass alles stimmt, von dem kleinsten Teil des Kostüms bis hin zu den Audiodateien.

Welche Fehler sollte man unbedingt vermeiden?

Man sollte nicht auf die Bühne gehen wenn man sich mit dem, was man machen will nicht zu 100% okay sagen wir 90% sicher ist, 10% würde ich als Lampenfieber einfach außen vorhalten. Wenn man sich mit seinem Kostüm schon vor der Kamera oder auf der Con selber nicht wohlfühlt, wird das Gefühl nicht besser wenn man auf die Bühne geht und dann vielleicht vor bis zu 1000 Leuten steht, die einen alle anstarren. Deswegen gehe ich nur in Kostümen und Sachen auf Bühnen in denen ich mich wohlfühle, die in meiner „Komfortzone" liegen.

Was ist das schlimmste was dir bei einem Auftritt passiert ist?

Das Schlimmste was mir bis jetzt passiert ist, war glaube ich, dass ich einen ziemlichen Hänger bei einem Tanz hatte, den wir für einen WCS Vorentscheid einstudiert hatten. Leider hatte meine Cosplay-Partnerin den Tanz alleine choreografiert. Und durch die Entfernung zu einander und die gemeinsamen Tätigkeiten in einer Tanzgruppe, hatten wir nicht genügend Zeit daran zu Arbeiten. Das war leider auch gut zu erkennen.

Bild oben
Charakter: Daena
Serie: Legend of Mana
Fotograf: Heiko Beyer

Bild unten
Charakter: Road Camelot
Serie: D.Gray-Man
Fotografin: prechu

Welche Tipps hast du für Cosplayer?

Kurzer Rock? Safety-Panty drunter ziehen. Lieber man sieht die kurze Hose, als eure Unterwäsche auf der Bühne. Die Fotografen stehen oft vorne am Bühnenrand/vor der Bühne und fotografieren von unten nach oben. Das gilt nicht nur für die Bühne sondern auch für Con-Fotos an sich. Das haben eine Freundin und ich einmal ganz schlimm in Japan bemerkt, wo die Fotografen sich gerne mal hinknien um einen sogenannten „Panty-Shoot" zu erhaschen.

Tiefer Ausschnitt? Doppelseitiges Klebeband gibt noch einmal Sicherheit, dass auch wirklich nichts „Raushüpft" und alles an seinem Platz bleibt. Doppelseitiges Klebeband hilft aber auch bei anderen Kleidungsstücken ganz gut um sie genau auf Position zu halten. Auch Perücken verrutschen gerade bei aufwändigen Choreografieren gerne mal. Lieber also mit einem Hautkleber fixieren, das funktioniert nicht nur bei Perücken mit „Lace Front" (also einem natürlich aussehen Ansatz) sondern auch bei den ganz normalen. Ich benutze gerne mal aus der Not heraus meinen Wimpernkleber dafür. Für den Auftritt gilt, sich gut vorbereiten. Nicht nervös werden und Spaß haben.

Eigentlich, immer einfach nur Spaß haben, denn darum geht es beim Cosplay. Spaß haben, im Kostüm mit anderen Menschen, die das Gleiche lieben wie man selber.

Charakter: Shinomaru, Serie: Zone-00, Fotografin: Yuugi-Mutou, yuugi-mutou.deviantart.com

HaruVamp

Was ist wichtig bei einem Auftritt?

Ich finde ein Auftritt sollte: „Spannung, Spaß und Schokolade" haben! Okay, Spaß beiseite. Hauptpunkte sind Spannung, Spaß und ein guter Cliffhanger am Ende! Mach etwas, was das Publikum unterhält und was dein Cosplay gut aussehen lässt.

Welche Fehler sollte man unbedingt vermeiden?

Stopfe nicht zu viel in deinen Auftritt hinein, es wird dann schnell unübersichtlich und langweilt das Publikum schnell. Achte darauf, dass alles was du planst tatsächlich ausführbar ist. Nicht, dass sich plötzlich deine Flügel mit den unsichtbaren Fäden deiner Requisite verheddern oder du am Ende halb nackt auf der Bühne stehst z.B. bei einem Kostümwechsel deines Cosplays. Wenn dann doch mal etwas schief geht, mach einfach weiter, „The show must go on!". Wenn die Perücke fällt, glaub mir, es sieht viel besser aus, wenn du es offiziell mit Humor nimmst und die Show fertig machst oder spontan den Patzer in den Skit (Auftritt) einbaust, als dass du dann nur verdattert auf der Bühne stehst.

Den schlimmsten Fehler den du begehen kannst, ist nicht zu üben. Übe zu Hause, vor der Con, ohne Cosplay, mit deinen Freunden, mit Cosplayern, und wenn ihr eine ruhige Ecke findet auf der Con oder im Hotel Zimmer. Sei sicher, dass du und alle die am Cosplay teilnehmen, die Stimmensynchro eingeübt haben.

Was ist wichtig bei Auftritten im Ausland? Wie ist ausländisches Publikum?

Ich hatte das Glück bei einigen Wettbewerben im Ausland teilnehmen zu dürfen. Unter anderem Frankreich, Polen und Amerika. Jedes Land hat seine eigenen Traditionen. Beachte wenn du deinen Skit planst, dass manche Witze oder Anekdoten nur in deinem Land verstanden werden und möglicherweise nicht den Effekt erzielen werden den du dir erhoffst. In Amerika gibt es zum Beispiel „Walk On's", für Cosplayer, die nur einmal auf die Bühne und Posen wollen, oder einfach kein Skit aufführen wollen. Dann wird auch unterschieden zwischen Anfänger, Medium und Master.

Bild oben
Charakter: Battle revenged Catwoman
Serie: Batman
Fotograf: Cantera Image
fb.com/canteraimage

Bild unten
Charakter: Juliet Starling
Spiel: Lollipop Chainsaw
Fotograf: LJinto
www.flickr.com/photos/ljinto

Zudem gibt es auch noch Hallencosplay, in dem 2 oder 3 Leute die besten Cosplayer/in in der Halle aussuchen. Dann gibt es die Bühnenshow und separat davon gibt es auch noch einen speziellen Wettbewerb nur für die Nähkunst. Über das Publikum konnte ich mich nie beschweren, egal in welchem Land, das Publikum war immer in Bombenstimmung und dafür möchte ich allen Cosplayzuschauern danken, ihr wisst nicht wie viel Mut ihr Cosplayern hinter der Bühne gebt.

Was ist das schlimmste was dir bei einem Auftritt passiert ist?

Ich muss ehrlich sagen ich habe kein „das schlimmste". Patzer passieren ab und an aber sie verschwimmen mit der Zeit, und alles woran du dich erinnern wirst nach einiger Zeit ist ein toller Auftritt und den Spaß den du mit deinen Freunden hattest. So ergeht es mir zumindest.

Ein paar Anekdoten gebe ich euch jedoch gerne: Für mein Roger Rabbit Cosplay hatte ich eine beschwerte, aufgerollte 2 Meter lange Zunge hergestellt, die dann zum passenden Moment bis zum Boden fallen sollte. Nun, wie dem auch sei, „Technik, die begeistert" Die Zunge steckte fest, zum Glück hat meine Jessica damals mit einem guten Ruck den Skit retten können und wir amüsierten uns noch lange prächtig über unseren Patzer.

Mein Stock, der alle Skelete mit mir synchron tanzen lies, brach in Mitten des DCM Wettbewerbs, ich rettete es indem ich einfach die Mitte hielt bis der Tanzpart vorbei war oh ja und ganz zu schweigen von dem kleinen extra Detail das ich schon komplett blind am Tanzen war, da meine Augenbinde verrutschte.

Für den WCS Wettbewerb trug ich mein Yami to Boshi to Hon no Tabebito Cosplay als ich mich am Ende für die Jury verbeugte, rutschte meine Befestigung für meinen riesigen Hut und fiel fast auf die Jury. Zum Glück konnte ich ihn halten, ohne dass irgendwer den Patzer bemerkte.

Welche Tipps hast du für Cosplayer?

Wenn du nur zum Spaß cosplayen willst, mach was immer du willst, genieße jede Minute und jeden Moment, denn das Leben ist kurz und jeder Moment zählt. Wenn du an Wettbewerben teilnehmen möchtest, informiere dich über die Standards, Richtlinien, was du machen darfst und was nicht. Welche Punktsysteme benutzt werden, was du machen darfst und was du lieber unterlassen solltest. Den richtigen Stoff zu finden, die richtigen Materialien, eine detaillierte Nachforschung zu betreiben, das ist die halbe Arbeit. Im Großen und Ganzen gilt, je größer, je besser. Desto mehr Details in deiner Arbeit steckt, je mehr du perfektionistisch bist, hart daran arbeitest und deinen Auftritt übst, desto größer ist deine Chance zu gewinnen. Was aber am wichtigsten ist: Hab Spaß, verzaubere dein Publikum und bring sie zum Lachen, inspiriere vielleicht den einen oder den anderen, erfülle deine Träume und Sehnsüchte und vielleicht sogar eines Tages siehst du eine/n wunderschöne/n Cosplayer/in auf dich zukommen und zu dir sagen: Du hast mich damals inspiriert zu cosplayen, wenn du nicht gewesen wärst, hätte ich nie den Mut gefunden mit Cosplay anzufangen. Das war mein wunderbarster Moment, den ich einige Male erleben durfte und ich bin so dankbar dafür.

Désirée Richter (Desi)

Was ist wichtig bei einem Auftritt?

Die Erfahrung hat gezeigt, dass ein Auftritt erst dann gelingt, wenn er mehrfach in voller Montur (mit Kostüm, fertiger Requisite, Effekten und Make-Up) durchgeprobt wurde. Dabei sollte das Team alles aufzeichnen und sich anschließend im Detail besprechen. Gerade bei den Cosplay Auftritten sollte jede Sekunde durchdacht und sinnvoll ausgenutzt werden, da die Regelungen bei diversen Shows nur sehr kurze Auftritte zulassen. Und eine Tendenz zu noch verstärkteren Kürzungen und damit verbundenem Zeitstress zu beobachten ist.

Welche Fehler sollte man unbedingt vermeiden?

Wie bei jeder Bühnenaktivität, sollte auch bei einem Cosplayauftritt die Notwendigkeit einer Generalprobe mitbedacht werden und die Akteure nicht erst bei der Aufführung sich zum ersten Mal auf der Bühne begegnen lassen. Auch trotz langer Distanzen zwischen den Teammitgliedern müssen reale Treffen zwingend realisiert werden. Kurzfristige Änderungen vor dem Auftritt sind ebenfalls ein „No go". Eine gute Checkliste, die rechtzeitig vorliegt, kann die meisten Anfängerfehler verhindern.

Was ist wichtig bei Auftritten im Ausland?

Die Performance sollte auch ohne Sprache oder Insider funktionieren. Es ist nicht verkehrt besondere Raffinesse in einen Auftritt einzuarbeiten (ein Gimmick/besondere Pose/Spruch aus dem jeweiligen Spiel oder Anime). Jedoch sollte darüber hinaus nicht vergessen werden, dass die Jury eventuell keine Vorkenntnisse besitzt. Auch können Wetterumstände und eine ungewohnte Umgebung sich auf den eigenen Auftritt auswirken und sollten kalkuliert werden, bevor beispielsweise eine Rüstung durch Hitze verbiegt oder eine Stoffmalerei nicht auf plötzlichen Regen vorbereitet war.

Wie ist das ausländische Publikum?

Jedes Publikum ist anders. Zeit und Ort können schon enorme Unterschiede machen (Applauspegel). Im Ausland muss zusätzlich bedacht werden, dass deutscher Humor nicht verstanden wird. Es ist nicht verkehrt, sich vorher mit einem Insider der jeweiligen Gesellschaft zusammen zu setzen und ein wenig Feldforschung zu betreiben.

Bild oben
Charakter: Gypsy
Spiel: Ragnarok Online
Fotograf: Toni007.de

Bild unten
Charakter: Ilya
Spiel: The Legend of Zelda
Fotografin: Saerom Jeong

Wie gut kommt Satire an? Das kann sich von Land zu Land schon sehr unterscheiden. In Japan würde ich beispielsweise nicht auf einen satirischen Sketch setzen, sondern auf Situationskomik.

Was ist das schlimmste was dir bei einem Auftritt passiert ist?

Bei einem Gesangspart auf einer Convention im Ausland konnte ich mich nicht auf dem Monitor hören und war unsicher in der Tonhöhe. Anschließend konnte ich im Video feststellen, dass ich sehr schief gesungen hatte. Ich schaue mir das Video heute nicht mehr an. Es ist sehr peinlich.

Welche Tipps hast du für Cosplayer?

Cosplay ist ein schönes Hobby – kann man grundsätzlich sagen. ABER man sollte sich vor Augen führen, dass Cosplay an sich schon eine kostspielige Angelegenheit ist und sogar eher noch teurer wird, da die Ansprüche, die man mit der Zeit entwickelt nicht nur zeitintensiv sind, sondern auch die Materialkosten in die Höhe schießen lassen. Bei Cosplay-Kollegen, die ihr Hobby sichtlich ernst nehmen, konnte ich teilweise ganze Laboratorien oder Werkstätten in ihren eigenen vier Wänden bewundern. Cosplay ist ein sehr einnehmendes Hobby und nur die Wenigsten bekommen echte finanzielle Hilfe durch Sponsoren. Ich bin zudem der Meinung, dass man ein ziemlich dickes Fell haben muss, wenn man sich innerhalb der Szene einen Namen machen möchte, da der Neid und die Konkurrenz unter den Cosplayern sehr hart sein können.

Bild links Désirée bei einem Gesangsauftritt, Fotograf: Fritjof Eckardt
Bild rechts Charakter: Eternal Sailor Moon, Serie: Sailor Moon, Auftritt mit der Showgruppe Yume, Fotograf: Jens Zier

Was ist bei einem Wettbewerbs-Auftritt zu beachten?

Welche Fehler sollte man vermeiden?

- Überlastung / Schlechte Vorbereitung: Man sollte sich auf einen Wettbewerb konzentrieren und nicht mehrere Kostüme gleichzeitig für verschiedene Wettbewerbe anfertigen und verschiedene Auftritte vorbereiten. Natürlich ist das nicht verboten, aber wenn man wirklich Chancen bei einem Wettbewerb haben möchte, dann sollte man sich wirklich nur auf diesen einen Wettbewerb, das entsprechende Kostüm und den Auftritt konzentrieren.
- Schäden am Kostüm / Requisite: Es kann immer passieren, dass das Kostüm oder die Requisiten auf dem Weg zur Veranstaltung oder kurz vor dem Auftritt beschädigt werden oder auseinanderfallen. Man sollte, falls möglich, Material zur Reparatur wie Nadel, Faden, Kleber, Sicherheitsnadeln und Klebeband mitnehmen. Selbst wenn man diese Dinge im Endeffekt nicht benötigt, ist man wesentlich entspannter wenn man weiß, dass man sie notfalls zur Hand hätte.
- Nicht gut sichtbar: Sehr dunkle Kostüme und Requisiten sollten nach Möglichkeit immer vermieden werden. Oft sind die Bühnenhintergründe schwarz und die Kostüme können trotz Bühnenlicht von Jury und Publikum nur schlecht oder gar unzureichend gesehen werden. Wenn es unbedingt schwarze Kostüme sein müssen, dann sollte man zwingend auf entsprechende auffällige Requisiten oder Bühnendekoration zurückgreifen, vor der sich die Kostüme sehr gut farblich absetzen. Glitzernde Stoffe, Pailletten oder auffällige Säume sind ebenfalls eine gute Möglichkeit, Aufmerksamkeit zu erregen, zumindest dann, wenn es bei dem betreffenden Wettbewerb keine Regeln gibt, die diese verbieten. Nichts ist für einen Cosplayer schlimmer, als nicht gesehen zu werden.
- Unbekannte Charaktere: Es sollten keine Charaktere ausgewählt werden, die nur ganz kurz im Manga oder Anime erscheinen und somit den meisten Zuschauern unbekannt sein dürften. Stattdessen sollten Charaktere gewählt werden, die bei den Fans / Zuschauern entweder wirklich beliebt oder extrem verhasst sind.
- Unpassender Stil: Man sollte sich vorher anschauen, welche Art von Auftritten bei diesem Wettbewerb „üblich" sind und die Möglichkeiten, die einem das Internet hier bietet, zur Vorbereitung nutzen.
- Zu kompliziert: Auftritte sollten immer möglichst einfach aufgebaut sein, so dass man nicht über extremes Wissen über den Charakter und die Serie verfügen muss, um den Auftritt verstehen zu können. Im Idealfall sollte man den Auftritt auch verstehen können, ohne die Serie überhaupt zu kennen.
- Etwas geht schief: Egal wie gut man sich vorbereitet, irgendwann geht bei einem Auftritt bei jedem Teilnehmer mal etwas schief, sei es, dass die Requisite auseinander- oder umfällt, die Perücke vom Kopf rutscht, das Kostüm reißt, der Partner den Einsatz vergisst, man hinfällt, die Tondatei defekt ist oder die CD springt. Darauf sollte sich jeder Cosplayer einstellen. Die Devise muss dann lauten: improvisieren und weitermachen, möglichst ohne sich etwas anmerken zu lassen.

- Keine Story: Jeder Auftritt sollte auf einen Höhepunkt zusteuern, also aus einer konkreten Handlung bestehen und nicht nur so vor sich hinplätschern. Es sollte etwas auf der Bühne passieren, wobei das kein Kampf sein muss. Man sollte als Cosplayer vermeiden, einfach nur herumzustehen. Ein Auftritt darf niemals langweilig sein, denn da bei einem Wettbewerb so viele Teilnehmer gegeneinander antreten, muss sich das Publikum und die Jury am Ende des Wettbewerbes noch positiv daran erinnern können.
- Spoiler: Es sollten keine wesentlichen Handlungselemente einer Serie verraten werden.
- Fehlende / geringe Präsenz der Teilnehmer: Die Teilnehmer sollten möglichst immer für die Jury und das Publikum auf der Bühne zu sehen sein. Kostümwechsel hinter Dekorationselementen oder das Herbeiholen / Vorbereiten von Requisiten sollten möglichst kurz sein.
- Sprachbarriere: Sprache sollte, insbesondere bei Auftritten vor ausländischem Publikum, sparsam und sinnvoll eingesetzt werden. Selbst wenn der Auftritt komplett in die Landessprache übersetzt wird, ist es fraglich, ob er die gewünschte Wirkung hat, denn oft ist die Denkweise oder der kulturelle Hintergrund des Publikums ein völlig anderer. Die Aufführung sollte nach Möglichkeit keinerlei (lange) Monologe enthalten. Ein Auftritt kann auch komplett ohne Sprache auskommen, wenn die Gestik und Mimik stimmen.
- Gründliche Vorbereitung: Jeder Auftritt sollte vor dem Wettbewerb mehrfach im kompletten Kostüm mit Requisiten und (wenn vorhanden) mit Bühnendekoration geprobt werden.
- Humor: Lustige Auftritte sind schön, völlig sinnfreie Auftritte sollten jedoch vermieden werden. Gerade im Ausland sollte nicht zu sehr auf (deutschen) Humor gesetzt werden, da in anderen Ländern teilweise auch völlig anderer Humor beim Publikum vorherrscht. Vermeintlich lustig kann da dann auch sehr schnell zu superpeinlich werden.
- Mögliche Blamage: Gesangs-, Tanz- und Kampfsportelemente sollten nur eingebunden und aufgeführt werden, wenn man die entsprechende Kunst auch wirklich beherrscht. Alles was man auf der Bühne macht wird von Jury und Publikum bewertet. Lieber ein grundsolider einfach gestrickter aber guter Auftritt, als sich zu blamieren indem man versucht etwas aufzuführen, das man nicht wirklich kann. Um einen Wettbewerb zu gewinnen muss man nicht singen oder tanzen können, ebenso braucht man kein Akrobat oder Kampfsportler sein.
- Körpersprache: Bei jedem Auftritt sollte der Cosplayer eine zum Bühnengeschehen passende Gestik und Mimik einsetzen. Egal wie gut Kostüme, Requisiten, Bühnendekoration und Auftritt auch sein mögen, wenn die Körpersprache dazu nicht passt, gehen oft unverzichtbare Wertungspunkte verloren.
- Schlechte Tondatei: Die Tondatei für den Auftritt sollte ordentlich aufgenommen und entsprechend hochwertig bearbeitet werden. Von Aufnahmen im Badezimmer mit dem Webcam-Mikrofon ist also dringend abzuraten. Bei vielen Wettbewerben sind Verstärker mit tausenden Watt im Einsatz, da können sich schlechte Aufnahmen schnell extrem negativ auswirken. Solche Aufnahmen sind der Albtraum jedes Organisators und der Tontechniker.
- Schlechtes Videomaterial: Sollte es möglich sein, Videos während des Auftrittes via Projektion über dem Cosplayer oder auf einem großen Bildschirm zu zeigen dann sollten diese in entsprechend hoher Auflösung und in absolut ruckelfreier Form vorliegen. Es sollten unbedingt die Vorgaben der Technik(helfer) und des Wettbewerbes eingehalten werden.

- Mikrofon: Haltet euch an die Informationen, die ihr von den Technik- oder Bühnenhelfern bekommt. Wenn man das Mikrofon während des Wettbewerbes erhält, sollte man nicht versuchen, es ein- oder gar auszuschalten. Im Normalfall sind die Mikrofone, so wie sie übergeben werden, betriebsbereit aber „gemutet", also still geschaltet und werden von den Tontechnikern aus der Ferne aktiviert, wenn der Auftritt beginnt. Ein Mikrofon muss nicht direkt an den Mund gehalten werden, es sollte jedoch direkt reingesprochen und es nicht in großem Abstand vom Gesicht in eine andere Richtung gehalten werden. Ebenso sollten Mikrofone nicht einfach auf den Bühnenboden (ab)gelegt werden oder die Cosplayer damit ins Publikum verschwinden. Zudem sollte man darauf achten, nicht zu nahe mit den Mikrofonen an die Boxen zu kommen, da sonst eine Rückkopplung erfolgen kann, die weder für Zuschauer noch für Cosplayer angenehm ist.
- Zielgruppe beachten: Es sollte unbedingt sinnlose Gewalt und (zu viel) Erotik in den Auftritten vermieden werden. Dies gilt insbesondere dann, wenn die Zielgruppe der jeweiligen Veranstaltung sehr jung oder die Veranstaltung, wie z.B. bei einem Stadtfest, öffentlich zugänglich ist.
- Klima: Zusätzlich zu den Auswirkungen, die das Klima auf das eigene körperliche Wohlbefinden hat, sind auch einige Materialien und Verarbeitungstechniken feuchtigkeits- oder hitzeempfindlich. Dies betrifft vor allem Heißkleber und thermoplastische Werkstoffe. Darauf sollte, insbesondere bei Auftritten in wärmeren Ländern, unbedingt geachtet werden. Unabhängig davon sollte man nicht vergessen, dass es Backstage und insbesondere auf der Bühne im Licht der Scheinwerfer unangenehm warm werden kann. In manchen Kostümen heizt es sich derart auf, dass jeder Schritt zur Qual wird und der Auftritt nicht wie geplant durchgeführt werden kann. Im schlimmsten Fall kann das zur Ohnmacht führen. Probiert euren Auftritt also vorher aus und sorgt soweit möglich für Kühlung im Kostüm. Bei einigen Kostümen kann möglicherweise eine Lüftung eingebaut werden. Je nach Klima kann aber auch das komplette Gegenteil eintreffen und es ist viel zu kalt im Kostüm.
- Essen und Getränke: Bei den meisten Wettbewerben müssen die Cosplayer bereits eine ganze Weile vor ihrem Auftritt anwesend sein. Es sollte daher vorher ausreichend gegessen und getrunken werden. Immer wieder kommt es vor, dass Cosplayer genau diese Grundregel im Stress vergessen und dann unter Umständen hinter der Bühne umkippen oder ihren Auftritt wegen vermeidbarer körperlicher Probleme nicht wie gewünscht aufführen können.
- Gesundheit: Nehmt nur an Wettbewerben und Vorentscheiden teil, wenn ihr fit und gesund seid. Die Teilnahme an einem Wettbewerb ist immer mit Stress und körperlichen Anstrengungen verbunden. Ihr tut euch keinen Gefallen damit, wenn ihr krank auftretet bzw. teilnehmt. Denkt auch an die anderen Teilnehmer und besucht Conventions nicht, wenn ihr an einer ansteckenden Krankheit (wie Erkältung oder Grippe) leidet.
- Kritik: Sollte ein Auftritt überhaupt nicht ankommen oder es gar Pfiffe aus dem Publikum geben, dann lasst euch nicht entmutigen und gebt nicht auf. Lernt aus den Fehlern und probiert es beim nächsten Wettbewerb erneut.
- Nach dem Wettbewerb: Tragt eure Kostüme möglichst auch bei der Siegerehrung. Für die Zuschauer ist es viel schöner, wenn sie euch in euren Kostümen sehen anstatt in zivil. Solltet ihr gewinnen, dann verhaltet euch vernünftig und würdig wie Gewinner dies tun, vor allem in den sozialen Netzwerken.

Die Hintergründe (aus der Sicht eines Organisators)

Die Organisation von Cosplay-Wettbewerben

Im Laufe meiner aktiven Jahre als Cosplay-Wettbewerbsorganisator wurde ich unzählige Male von Cosplayern, Eltern, Großeltern, Lehrern, Firmen und Medien angesprochen. Es kamen die unterschiedlichsten Fragen zu vielen verschiedenen Themen auf. Basierend auf der Grundlage dieser Fragen habe ich dieses Kapitel geschrieben.

Man sollte sich als Organisator klar machen, dass es, egal wie sehr man sich auch bemüht, immer Leute geben wird, die sich beschweren werden. Tut man das nicht, hat man möglicherweise schon nach den ersten organisierten Wettbewerben keine Lust mehr und gibt entnervt auf. Selbst wenn man eigentlich jeden einzelnen Wunsch der Teilnehmer berücksichtigt, wird es trotzdem noch Leute geben, die unzufrieden sind. Es hilft, sich vor Augen zu halten, dass die meisten Teilnehmer der Wettbewerbe sehr jung und vor dem Auftritt nervös sind und Cosplay für sie einen sehr hohen Stellenwert in ihrem Leben hat. Bei den Wettbewerben werden dann durchaus selbstverständliche Dinge und anständige Umgangsformen ohne bösen Vorsatz schnell vergessen. Das sollte man als Organisator auf gar keinen Fall persönlich nehmen. Mit der Zeit kennt man die Leute dann auch, lernt worauf es ankommt, weiß was man ignorieren sollte und was wirklich wichtig für die Cosplayer, die Veranstaltung, den Wettbewerb, die Medien und die Sponsoren ist. Man kann es niemals allen Leuten recht machen und sollte dies auch gar nicht erst versuchen, da man ansonsten garantiert scheitern wird. Es gilt, das richtige Gefühl und die nötige Balance für die Organisation solcher Wettbewerbe zu finden.

Manche Cosplayer haben ihre eigenen, teilweise recht amüsanten, Vorstellungen darüber, was ein Organisator eigentlich macht. Sie denken, die Aufgaben als Organisator wären supercool, man kriege ordentlich Geld dafür und hätte immer nur viel Spaß.

Ja, man steht kurzzeitig im Rampenlicht auf der Bühne oder gibt den Medien Interviews und trifft tolle (berühmte) Leute, aber das macht nur einen Bruchteil der Arbeit aus. Die meiste Zeit sehen die Aufgaben eines Organisators völlig anders aus und haben überhaupt nichts glorreiches. Oft ist man, abhängig vom Wettbewerb, eher mit Dingen wie Budgeterstellung beschäftigt, oder damit, Texte zu verfassen, Verträge auszuhandeln, Pläne zu machen, Regeln zu schreiben, Listen zu erstellen, Ankündigungen zu verfassen und die vielen Fragen, die per Email oder über die sozialen Netzwerke gestellt werden zu beantworten.

Man organisiert Cosplay-Wettbewerbe, weil es Spaß macht und zudem herausfordernd und interessant ist, zumindest dann, wenn das Team stimmt und die Wünsche und der durch einige Cosplayer verursachte „Stress und Ärger" nicht zu viel werden. Natürlich kann man sich dem Ganzen nur widmen, wenn man dafür überhaupt entsprechend Zeit neben Ausbildung, Job oder Studium hat. Es bereitet viel Freude, die Teilnehmer in ihren Kostümen glücklich auf den Veranstaltungen und auf der Bühne im Wettbewerb zu sehen.

Außerdem ist es einfach eine große Herausforderung, diese Wettbewerbe zu organisieren und es wird sehr viel Energie, Hingabe und Freizeit investiert. Jeder Wettbewerb und jeder Teilnehmer ist anders. Im Vorfeld und vor Ort können die verschiedensten unerwarteten Dinge passieren. Man muss immer sehr flexibel sein und stets versuchen, das Beste aus wirklich jeder noch so komischen Situation und den, meist nur beschränkt, vorhandenen finanziellen und örtlichen Möglichkeiten zu machen. Langweilig wird es jedenfalls nie, sondern man steht ständig unter Spannung. Man lernt unglaublich viel über Menschen, Improvisation und „Krisenmanagement". Im besten Fall steckt man als Helfer oder Organisator zwar kein persönliches Geld hinein, aber meist bleibt man doch auf gewissen Kosten, wie z.B. für Büroartikel, die Anreise zu Veranstaltungen, Verpflegung und Unterkunft sitzen. Fast kein Organisator wird für seine Arbeit bezahlt.

Natürlich erfüllt es einen durchaus mit Stolz, wenn man gebeten wird, einen Cosplay-Wettbewerb zu organisieren. Es ist aufregend zu sehen, wie aus dem Nichts eine große und pompöse Show mit vielen glücklichen Beteiligten entstehen kann. Solche Wettbewerbe kann man auch nur gut organisieren, wenn man sich in die Cosplayer hineinversetzt und dementsprechend viel Herzblut investiert. Man sollte sich immer zu 100% damit identifizieren können und davon begeistert sein, denn als Organisator schlägt einem je nach Veranstaltung und Stadt manchmal auch Widerstand von Außenstehenden, Firmen und den Medien entgegen. Da benötigt man dann entsprechend Ausdauer, ein dickes Fell, persönliche Überzeugung und manchmal auch großes Verhandlungsgeschick.

Pläne (Finale) WCS 2009. Fotograf: Fritjof Eckardt

Grundsätzlich

- Ohne die zahlreichen freiwilligen Helfer und ohne Sponsoren würde es KEINEN einzigen Cosplay-Wettbewerb oder überhaupt Conventions in Deutschland geben. Häufig machen sich die Wettbewerbsteilnehmer überhaupt keine Gedanken darüber, wie viel Arbeit in der Organisation dieser Wettbewerbe steckt und dass die Organisatoren und Helfer diese fast immer ehrenamtlich in ihrer Freizeit erledigen. Teilweise nehmen sie dafür extra Urlaub und manchmal müssen sie auch eigenes Geld investieren oder dies zumindest vorlegen.

- In manchen Ländern gibt es, bei sehr großen Veranstaltungen, Leute, welche die Organisation solcher Wettbewerbe und anderer Programmpunkte auf der jeweiligen Veranstaltung als Vollzeitjob betreiben und dafür bezahlt werden, dies trifft aber wirklich nur auf einen Bruchteil der Beteiligten zu.

- Jeder Organisator ist auf ein gutes Helferteam angewiesen und sollte daher jeden Helfer gut behandeln und keine Aufgaben vergeben, die er oder sie nicht selbst auch machen würde oder schon gemacht hat. Wenn Not am Mann ist, sollte sich keiner zu schade sein, auch wirklich nervige Arbeiten auszuführen. Es funktioniert nur wenn man im Team arbeitet und nicht, wenn einer von oben herab delegiert.

- Ebenso wichtig ist es, bestimmte Aufgaben auch an geeignete andere Leute abzugeben. Niemand kann alles perfekt und so ist es wichtig, Aufgaben sinnvoll unter den Helfern zu verteilen und sich als Organisator seine eigenen Schwächen auch einzugestehen. Ebenso sollte man für Kritik offen sein und den Mut haben, neue unkonventionelle Dinge auszuprobieren.

- Eigene private Probleme von Helfern oder Organisatoren haben nichts in der Organisation oder gar im Wettbewerb verloren und dürfen auch nicht als „Rechtfertigung" für Versäumnisse in der Organisation vorgeschoben werden. Wenn man das nicht sicherstellen kann, dann sollte man als Organisator gar nicht erst anfangen.

- Es wird ein Helferteam benötigt, das sehr gut zusammenarbeitet, denn das Veranstalten von Cosplay-Wettbewerben umfasst weitaus mehr als die reine Planung, Vorbereitung und Durchführung des eigentlichen Wettbewerbes. Ein Organisator muss sich zusammen mit seinem Helferteam auch um die Fragen, Sorgen und Nöte der Teilnehmer kümmern. Er oder sie sollte sich daher niemals in den Vordergrund drängen und dabei das Team vergessen.

- Wo es Begeisterung und Fanatismus gibt, da gibt es natürlich auch Helfer und Organisatoren, die manchmal ein wenig über das eigentliche Ziel hinausschießen. Es ist immer toll, wenn man so viel wie möglich für seine eigene Veranstaltung und deren Besucher herausholen kann, man sollte jedoch immer auch darauf achten, dass dabei nicht andere Veranstaltungen verprellt oder gar „an die Wand gedrückt" werden. Die Devise sollte immer: „Miteinander statt Gegeneinander" sein, zumindest bei Veranstaltungen, die von Fans organisiert werden. Natürlich versteht man sich mit einigen Leuten besser als mit anderen, aber man sollte immer so fair sein, die Erfolge und Leistungen anderer Organisatoren auch anzuerkennen.

- Vor allem aber sollte jeder Organisator aufpassen, dass er oder sie nach außen hin nicht wie der totale Freak, super arrogant und von sich total überzeugt wirkt. Sonst besteht die große Gefahr, dass er oder sie von Firmen, Politik(ern), möglichen Partnern und anderen Organisatoren in Zukunft nicht mehr wirklich ernst genommen und unter Umständen völlig zu Unrecht als unzuverlässig oder unseriös eingestuft wird. Gerade bei Ankündigungen oder Postings in sozialen Netzwerken oder auf Webseiten sollte verstärkt darauf geachtet werden.

Elvira Elzer (Elly)

Was ist wichtig für einen Cosplay-Wettbewerb?

Ich denke, dass egal welche Art von Cosplay Wettbewerb - also ob national, regional, international oder allein stehend - alle Wettbewerbe sich durch eine gute Organisation, ein gut verständliches Regelwerk, sorgfältig ausgewählte Jurymitglieder und eine gute Location auszeichnen. Es ist oftmals nicht leicht vor einem Publikum das die Materie gar nicht kennt einen „normalen" Wettbewerb abzuhalten, da Pointen nicht verstanden werden oder die Kostüme zu freizügig, abstrakt oder verrückt bewertet werden. Weiterhin sollte bereits im Vorfeld mit allen Teilnehmer eine gute Kommunikation stattfinden, so dass vor Ort keine Unklarheiten über Zeiten und / oder die Örtlichkeiten herrschen.

Wo liegen die Besonderheiten?

Über die letzten 15 Jahre gab es immer wieder Vorfälle bei Wettbewerben, die zu einer Erweiterung der regulären Regeln für Wettbewerbe in Deutschland geführt haben. Hinzu kommt die Regulierung des deutschen Waffengesetzes, was zu beachten ist. So müssen Organisatoren sich nicht nur Gedanken machen, wie und wo sie die Waffen der Teilnehmer einsammeln, sondern wie diese zur Bühne kommen und dort sicher verwahrt werden können. Das gleiche gilt auch für die immer aufwändigeren Requisiten der Teilnehmer. Außerdem kommen seit zwei drei Jahren immer mehr Anfragen, ob offenes Feuer, Trockeneis oder gar Kunstblut auf der Bühne in Ordnung gehen. Die Auftritte müssen immer dramatischer und aufwändiger werden, um in Erinnerung zu bleiben, so dass viele Teilnehmer auch gerne mit Einbindung von Videos arbeiten. Hier muss man als Organisator sachlich vermitteln und mit den meist immer jünger werdenden Teilnehmern auf einen gemeinsamen Nenner kommen.

Was ist am Schwierigsten? Wo liegen die Probleme?

Die größten Probleme sind unvorhergesehene Schwierigkeiten mit den Teilnehmern selber. Sei es, dass diese trotz Anmeldung nicht auftauchen oder es sich herausstellt, dass sie Regeln nicht einhalten. Zudem ist es nicht immer einfach Sponsoren für Sachpreise zu finden, so dass man am Ende teilweise den Unmut der Teilnehmer auf sich zieht, wenn diese meinen, die Preise seien nicht hochwertig genug.

Bild oben
Charakter: Asuka Langley Sōryū
Serie: Neon Genesis Evangelion
Fotograf: Heiko Beyer

Bild unten
Elvira Elzer organisiert auf dem Japan-Tag 2009 den Cosplay-Wettbewerb
Fotograf: Fritjof Eckardt

Was hat sich in den letzten Jahren geändert?

Die Auftritte der Teilnehmer sind weitaus durchdachter und die Kostüme werden immer aufwendiger. Die diversen unterschiedlichen Wettbewerbe setzen neue Maßstäbe an das Können der Cosplayer.

War es früher einfacher?

Es gibt kaum noch Wettbewerbe für Anfänger oder Just-for-Fun Cosplayer. Diejenigen die auf preiswerten Stoff zurück greifen oder Kostüme kaufen statt nähen sind schnell Spott und Hohn ausgesetzt. Hier ging meiner Meinung nach über die Jahre die natürliche Unbefangenheit unter den Cosplayern verloren. Es ist schade, dass Anfängern oder Cosplayern mit geringem Budget nicht ebenso wie früher die Beachtung gezeigt wird, dafür dass sie sich trauen und auch dabei sein wollen.

Die Wettbewerbe werden immer kommerzieller, wie siehst du das?

Ja, das stimmt. Da wie schon erwähnt die Sachpreise möglichst toll, groß und teuer sein müssen. Dies geht nicht ohne Sponsoren. Die Zeiten, in denen man als Teilnehmer als Hauptpreis drei Mangas und eine selbstgebastelte Figur bekommen hat und sich auch freute, sind leider vorbei.

Was war dein schönstes Erlebnis oder größter Erfolg?

Als Cosplayerin definitiv der zweite Platz bei der Animagic 2000 mit meinem ersten Cosplay, als Organisatorin waren es die ersten drei Jahre in denen Deutschland am ECG teilgenommen hat. Im ersten Jahr gab es noch kaum Teilnehmer für den bis dahin unbekannten Wettbewerb. Das änderte sich schnell und der Zuspruch und die Teilnehmerzahl stiegen. Ich hatte viel Spaß mit den deutschen Teilnehmern und im zweiten Jahr holten wir mit Calssara sogar den ersten Platz im Einzel-Wettbewerb! In Paris habe ich zahlreiche neue Bekanntschaften geschlossen und ich möchte die Zeit nicht missen, trotz des Stress, der Hitze und den gelegentlichen Platzregen zu den unpassendsten Momenten.

Wie beginnt die Organisation solcher Wettbewerbe?

Die Organisation beginnt üblicherweise damit, dass von einem Veranstalter einer Convention, eines Festes oder einer Messe beschlossen wird, dass es (wieder) einen Cosplay-Wettbewerb geben soll. Handelt es sich um einen bestehenden Wettbewerb auf einer Veranstaltung, d.h. es fand am entsprechenden Ort und innerhalb dieser Veranstaltung schon einmal dieser Wettbewerb statt, dann ist die Sache „relativ einfach" und es kann auf bestehende Erfahrungen, Abläufe und ein eingespieltes Helferteam aufgebaut werden. Ist es jedoch ein komplett neuer Wettbewerb, dann kann die Sache je nach Art und Größe der Veranstaltung und des Wettbewerbes sehr arbeitsaufwendig und unter Umständen auch kompliziert werden.

Handelt es sich um eine Veranstaltung auf der es ansonsten kein Anime- und Manga-Programm gibt, dann ist die Ausgangslage eine andere. Dann muss der Wettbewerb so ausgelegt sein, das nicht nur Cosplayer oder Anime- und Mangafans, sondern auch die restlichen Besucher ohne entsprechende Vorkenntnisse diesen und die Auftritte sofort verstehen können. Hier kann es helfen, Informationsmaterial zu erstellen und erklärende Präsentationen oder Vorführungen in das Bühnenprogramm aufzunehmen. Außerdem muss allen Beteiligten klar sein, dass es mit der Organisation des Wettbewerbes allein nicht getan ist. Kommen Cosplayer zu einer Veranstaltung, dann sollte es auch weitere passende Programmpunkte, wie Fotomöglichkeiten, entsprechende Workshops oder falls möglich eine Kostümreparaturstelle für die Cosplayer geben. Jeder auf der Veranstaltung sollte also auf Cosplayer eingestellt sein. Falls es sich nicht um eine Anime- / Manga- / Japan-Convention handelt, dann sollte es zumindest weitere japanbezogene Stände oder entsprechende Programmpunkte geben, ansonsten kommen sich die Cosplayer und Cosplayfans sehr schnell völlig fehl am Platze und unerwünscht vor oder können unter Umständen sogar als störend von anderen Besuchern empfunden werden. Es kann daher auch durchaus sinnvoll sein, einen völlig eigenständigen Bereich zu schaffen. Dies sollte den Veranstaltungsorganisatoren klar sein oder ihnen ansonsten von den Wettbewerbsorganisatoren klar gemacht werden.

Kleinere Reibereien innerhalb des Organisationsteam der jeweiligen Veranstaltung, in deren Rahmen der Cosplay-Wettbewerb stattfindet, sind natürlich. Dies liegt darin begründet, dass der Cosplay-Wettbewerb meist nur ein (kleiner) Teil einer Veranstaltung ist und jeder Bereich / Organisator selbstverständlich um die besten Bühnenzeiten, Extras, finanzielle Unterstützung, Preise und Sponsoren „kämpft". Dies kann aber mit ausreichend guter Kommunikation alles untereinander abgestimmt werden und man sollte schlussendlich zu einem Ergebnis kommen, das für alle Beteiligten so ideal wie möglich ist.

Wie wird man Organisator solcher Wettbewerbe?

Die meisten Organisatoren haben als Helfer bei Cosplay-Wettbewerben oder im Bühnenprogramm auf Conventions angefangen und sind dann irgendwann, durch geleistete gute Arbeit, zum Organisator „befördert" worden oder sind einfach nachgerückt, wenn ein anderer Organisator aufgehört hat. Zudem gibt es auch einige wenige Leute, die völlig eigenständig Cosplay-Wettbewerbe entwickelt und organisiert haben. Dann ist es auch so, dass für neue Wettbewerbe oft Organisatoren bestehender Wettbewerbe angesprochen oder dafür direkt weiterempfohlen werden. So ist es nicht verwunderlich, wenn man auf verschiedensten Events und Wettbewerben vermehrt die gleichen Organisatoren und Helfer antrifft.

Regionale Wettbewerbe und deren Kosten.

Bei den regionalen Wettbewerben stiften die Sponsoren Preise (zum Beispiel Spielekonsolen, Manga, DVDs, Artbooks, Videospiele, Perücken oder ähnliches) und die Veranstalter bedanken sich mittels Erwähnung im Conheft, in sozialen Netzwerken, auf der Bühne oder durch Logo-Projektionen während des Wettbewerbes. In der Regel funktioniert das problemlos, so dass der Veranstalter normalerweise keine Preise selbst kaufen muss. Manche Wettbewerbe verleihen auch Pokale oder Urkunden, für die dann natürlich Kosten anfallen. Diese werden in der Regel aus dem Veranstaltungsbudget bezahlt. Im Idealfall verursacht ein (regionaler) Wettbewerb jedoch keine zusätzlichen Kosten. Findet der Wettbewerb außerhalb einer Convention oder Messe als eigenständige Veranstaltung statt, kommen allerdings noch weitere erforderliche Dinge hinzu. Zu diesen Dingen gehören Halle / Bühne und Technik mieten, notwendige Genehmigungen einholen, die Gema-Anmeldung inklusive Bezahlung der entsprechenden Gebühren und das Bestellen eines Sanitätsdienstes und vieles weitere. Bei Wettbewerben innerhalb einer Veranstaltung werden diese Dinge meist schon durch die jeweilige Veranstaltung oder durch die Veranstaltungshalle geregelt.

Internationale Wettbewerbe und deren Kosten.

Das Veranstalten von Vorentscheiden für die internationalen Wettbewerbe und deren Ausrichtung, also vor allem die Anschaffung der Preise, welche die Teilnehmer gewinnen können, kosten Geld. Denn neben den üblichen Preisen müssen die Hauptgewinner dabei unterstützt werden zur Finalveranstaltung ins Ausland (EuroCos England, ECG Frankreich und WCS Japan) zu kommen, möglichst ohne eigene Ausgaben für den Flug und das Hotel zu haben. Da heißt es frühzeitig gute Sponsoren suchen, oder das Ganze wenn notwendig über das Veranstaltungsbudget mitfinanzieren. Eine Sponsorenlösung ist jedoch stets vorzuziehen. Bei manchen Wettbewerben trägt der Veranstalter des großen Finalwettbewerbes (im Ausland) alle anfallenden Kosten der Vorentscheide einschließlich der Anreise zu und Unterkunft der Cosplayer bei der Finalveranstaltung oder übernimmt zumindest einen Teil davon. Es kann durchaus auch eine Teilnahmegebühr für das Finale geben, welche durch die Partnerveranstaltung oder Sponsoren bezahlt werden muss. Auf jeden Fall bleiben jedenfalls meist Kosten, die der Veranstalter des nationalen Vorentscheides selbst mit Unterstützung von Sponsoren oder aus dem Veranstaltungsbudget bezahlen muss.

Je nach Wettbewerb kann es auch erforderlich und sinnvoll sein, dass die Cosplayer in Begleitung eines Landesorganisators zum Finale ins Ausland fliegen, der übersetzt, organisiert und sie unterstützt. Meist zahlen diese Leute die Reise komplett selbst oder erhalten nur eine minimale Kostenunterstützung. Was für manche Leute nach Urlaub aussieht, ist jedoch ein sehr harter und anstrengender Job. Im Idealfall sind auch diese Kosten von Sponsoren gedeckt, dies ist jedoch äußerst selten der Fall. Für manche dieser Wettbewerbe müssen die Teilnehmer (zumindest für die Teilnahme am Finale im Ausland) volljährig sein. Interessierte Mitreisende der Cosplayer, wie Eltern oder Freunde, müssen grundsätzlich alle Kosten selbst tragen und eine Teilnahme an allen Veranstaltungspunkten kann nicht immer garantiert werden.

Welche Dinge sind zu organisieren, damit ein Cosplay-Wettbewerb überhaupt stattfinden kann?

Hinter einem Cosplay-Wettbewerb steckt immer sehr viel Arbeit. Um den Aufwand nachvollziehen zu können, findet sich hier eine Liste mit Punkten, die einen Eindruck davon vermitteln sollen, wie viel im Vorfeld bedacht werden muss. Die aufgelisteten Punkte müssen entschieden, festgelegt und organisiert werden. Natürlich kann die Reihenfolge auch ein wenig abweichen und nicht für jeden Wettbewerb sind alle Punkte zwingend „abzuarbeiten".

- Wer ist die genaue Zielgruppe und wie setzt sich das Publikum der Veranstaltung zusammen?
- Wie alt müssen die Teilnehmer mindestens sein?
- Wie und wo soll der Wettbewerb genau stattfinden?
- Soll es ein Cosplay-Wettbewerb oder eine Cosplay-Modenschau sein?
- Soll es mehrere Cosplay-Wettbewerbe auf der Veranstaltung geben?
- Soll es ein Einzel-, Paar- oder Gruppenwettbewerb sein?
- Soll es ein Vorentscheid eines internationalen Wettbewerbes sein?
- Wie viele Startplätze soll es geben? Wie lange sollen die Auftritte dauern?
- Können Freikarten für die Teilnehmer am Veranstaltungstag gestellt werden?
- Sponsoren suchen, die passende und hochwertige Preise zur Verfügung stellen können.
- Details über die Bühne, Veranstaltung und deren Besonderheiten abklären.
- Teilnahmeregeln erarbeiten.
- Die „Waffenregeln" (Regeln für Kostümteile und Requisiten) festlegen.
- Das Helferteam zusammenstellen.
- Benötigte Technik abklären und wenn notwendig bestellen.
- Anmeldeverfahren für die Teilnehmer (Email, schriftlich oder per Webseite) ausarbeiten.
- Wettbewerb ankündigen (inklusive Anmeldefristen, Teilnahmeregeln und Waffenregeln).
- Fragen der Teilnehmer beantworten.
- Medienanfragen bearbeiten / Medien kontaktieren (je nach Wettbewerb).
- Jury bestimmen (kontaktieren und einladen) und Bewertungsbögen erstellen.
- Abklären, ob mögliche Ehrengäste besondere Preise stiften und übergeben könn(t)en.
- ModeratorIn auswählen und grundsätzliche Dinge abklären.
- Die Anmeldephase durchführen und dabei viele Fragen zur Anmeldung beantworten.
- Die Teilnehmer für den Wettbewerb festlegen.
- Ggf. eine Warteliste für die Teilnehmer (falls zu viele Anmeldungen) einrichten.
- Je nach dem Alter der Teilnehmer - Einverständniserklärung der Eltern anfordern.
- Besonderheiten der einzelnen Auftritte / Teilnehmer mit den Cosplayern abklären.
- Teilnehmerliste erstellen und ggf. Startnummern vorab an die Teilnehmer verschicken.
- Abstimmung mit dem Helferteam.

- Abstimmung mit den Helfern am Eingang / Waffencheck.
- Eingetroffene Preise (von den Sponsoren) checken.
- Die Anzahl der Plätze und ggf. Sonderpreise (für die Siegerehrung) festlegen.
- Die endgültige Moderation festlegen (basierend auf der aktuellen Teilnehmerliste).
- Endgültige Listen erstellen, drucken und an Jury, Moderation und Helfer verteilen.
- Die Teilnehmer vor Ort für den Wettbewerb versammeln und ggf. Startnummern ausgeben.
- Letzte Fragen der Teilnehmer vor Ort beantworten.
- Alle benötigten Dinge bereitstellen (Tische, Mikrofone und weitere Gegenstände).
- Die Medienvertreter einweisen.
- Ggf. beanstandete Requisiten von den Helfern des „Waffenchecks" für die Dauer des Auftrittes an die Cosplayer aushändigen und danach wieder einsammeln lassen.
- Falls möglich für jeden Teilnehmer ein kleines Teilnahmegeschenk zur Verfügung stellen.
- Kostümjudging (Bewertung).
- Den „eigentlichen" Wettbewerb durchführen.
- Jurybesprechung / Auswertung zum Ermitteln des Siegers / der Sieger.
- Ggf. Sonderpreise ermitteln.
- Die Siegerehrung (möglichst mit Ehrengast) durchführen.
- Newsmeldung mit den Platzierungen veröffentlichen.
- Nachbereitung des Wettbewerbes.
- Vorbereitung der Gewinner auf das Finale (nur bei nationalen Vorentscheiden).
- Mit den zu erwartenden (üblichen) Beschwerden einiger Cosplayer auseinandersetzen.

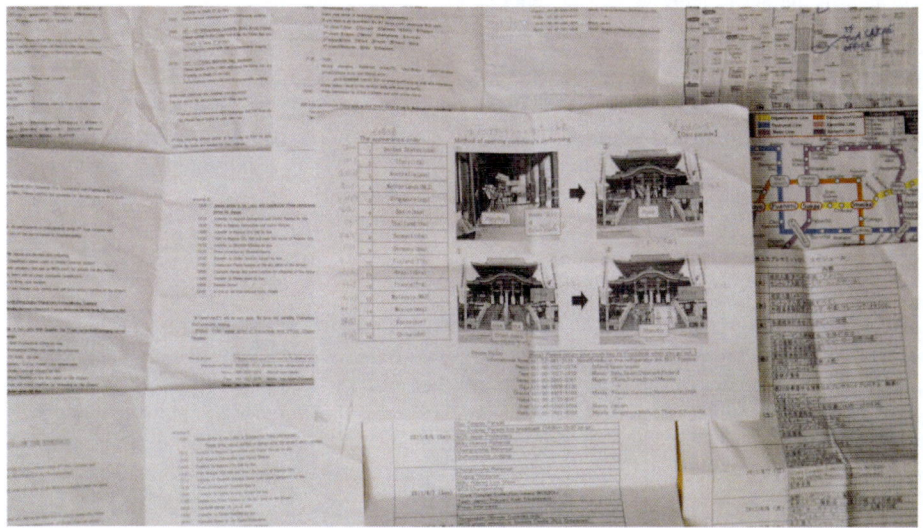

WCS Ablaufpläne. Fotograf: Fritjof Eckardt

Doch was steckt genau hinter diesen genannten Punkten?

Wer ist die genaue Zielgruppe und wie setzt sich das Publikum der Veranstaltung zusammen?

Dies ist eine der wichtigsten Fragen überhaupt. Der schönste Wettbewerb bringt nichts, wenn er für die falsche Zielgruppe, sowohl im Bezug auf die Teilnehmer als auch auf die Zuschauer, organisiert worden ist. Je nachdem, ob der Wettbewerb auf einer Buchmesse, einer Convention, einer Messe, einem Stadtfest oder an einem anderen öffentlichen Ort oder einer Veranstaltung stattfindet, ist das Publikum vollkommen verschieden.

Auf einer Anime- / Manga- / Japan-Convention kennt jeder Cosplay, während dies bei einem Stadtfest logischerweise vollkommen anders ist. Manchmal muss den Zuschauern auch verständlich erklärt werden, was Cosplay überhaupt genau ist. Natürlich ist Cosplay auf einer Convention wesentlich populärer als bei anderen Veranstaltungen. Ebenso sollte man in Erfahrung bringen, wie bekannt diese Veranstaltung ist und mit wie vielen Cosplayern, Teilnehmern und interessierten Zuschauern überhaupt gerechnet werden kann.

Es muss auch geklärt werden, ob es bei einer einmaligen Veranstaltung bleibt, oder ob der Wettbewerb regelmäßig im Rahmen dieser Veranstaltung stattfinden soll bzw. ob dieses Event überhaupt regelmäßig stattfinden wird. Dies sollte von Anfang an auch entsprechend an die Besucher und Cosplayer (über Webseiten) kommuniziert werden.

Im Vorfeld sollte erörtert werden, ob ein Cosplay-Wettbewerb überhaupt in die jeweilige Veranstaltung passt oder ob eine Modenschau nicht sinnvoller wäre. Vielleicht geht Cosplay ja auch völlig am Thema der Veranstaltung vorbei und passt überhaupt nicht dazu. Ein guter Organisator sollte im Zweifelsfall diesbezügliche Anfragen mit einer entsprechenden Begründung ablehnen.

Wie alt müssen die Teilnehmer mindestens sein?

Grundsätzlich kann bei den meisten Cosplay-Wettbewerben, unabhängig vom Alter, jeder der möchte nach erfolgreich bestätigter Anmeldung teilnehmen. Bei minderjährigen Cosplayern ist jedoch immer eine schriftliche Einverständniserklärung der Erziehungsberechtigten notwendig. Bei manchen Wettbewerben, insbesondere bei Vorentscheiden von internationalen Wettbewerben, ist allerdings zwingend vorgeschrieben, dass die Teilnehmer aus Deutschland mindestens volljährig sein müssen oder spätestens zu dem Zeitpunkt, wenn die Gewinner des deutschen Vorentscheides zum Finale ins Ausland reisen, volljährig sein werden.

Wie und wo soll der Wettbewerb genau stattfinden?

Sobald feststeht auf welcher Veranstaltung der Wettbewerb stattfindet, muss festgelegt werden, an welchem Tag der Veranstaltung und zu welcher Uhrzeit dieser durchgeführt werden soll. Manche Veranstaltungen erstrecken sich über mehrere Tage und verfügen über mehrere Bühnen. Cosplay-Wettbewerbe ziehen zumindest auf Conventions immer viele Besucher an und sollten daher möglichst auf einer großen Bühne im Hauptsaal stattfinden und auch nicht mit anderen Hauptprogrammpunkten der Veranstaltung kollidieren. Das sorgt sonst zu Recht für reichlich Unmut und Beschwerden von Seiten der Besucher.

Findet der Wettbewerb vollkommen eigenständig, also außerhalb einer bestehenden Veranstaltung, statt, muss man auch ein Budget ermitteln und alle Kosten besonders genau kalkulieren. Grundsätzlich sollte man aber immer ein Budget festlegen, auch wenn der Wettbewerb im Rahmen einer Veranstaltung stattfindet und diese im Normalfall alle Kosten übernimmt. Die anfallenden Kosten und wer diese übernimmt muss lange vor dem Wettbewerb geklärt werden.

Soll es ein Cosplay-Wettbewerb oder eine Cosplay-Modenschau sein?

Neben den Cosplay-Wettbewerben gibt es auch reine Cosplay-Modenschauen. Bei diesen geht es ausschließlich darum, das Kostüm zu präsentieren und nicht darum, einen Auftritt im eigentlichen Sinne durchzuführen. Manchmal ist dies von Veranstaltern gewünscht, besonders dann, wenn dieser Veranstaltungspunkt im Rahmen einer Veranstaltung stattfinden soll, die für eine sehr breite Masse geöffnet ist und bei der Anime- / Manga-Fans nur einen Bruchteil der Besucher ausmachen. So kann man das Hobby Cosplay auf einfache Art und Weise einer Vielzahl an Leuten nahebringen, ohne dass sich diese Besucher unter Umständen durch Aufführungen (innerhalb eines Cosplay-Wettbewerbes) irritiert fühlen. Dies kann sonst schnell geschehen, weil Sie die Serien nicht kennen, die aufgeführte Handlung nicht verstehen oder die Auftritte eventuell sogar verstörend wirken können.

Soll es mehrere Cosplay-Wettbewerbe auf der Veranstaltung geben?

Mehr Wettbewerbe, sei es verschiedene Einzel-, Paar- oder Gruppen-Cosplay-Wettbewerbe oder gar mehrere Vorentscheide für die unterschiedlichen internationalen Wettbewerbe auf einer Veranstaltung; das klingt erstmal gut. Aber ist es das wirklich?

Selbstverständlich ist es toll, wenn es viele Möglichkeiten für Cosplayer gibt, an Wettbewerben teilnehmen zu können. Es besteht aber auch die Gefahr, dass einzelne Wettbewerbe dadurch untergehen und die Unterschiede zwischen den Wettbewerben und ihre Besonderheiten für die Besucher und Teilnehmer schnell vollkommen verschwimmen können. Sowohl für Publikum als auch für Cosplayer kann das dann rasch zu viel und uninteressant werden. Ebenso (auch zu Recht) ärgern sich dann einige Cosplayer, wenn sie aus zeitlichen Gründen nur an einem Wettbewerb teilnehmen können.

Natürlich kann man mehrere Wettbewerbe und Vorentscheide auch in einem gemeinsamen Wettbewerb kombinieren. Die Cosplayer melden sich dann für die jeweilige Kategorie / den jeweiligen Vorentscheid entsprechend an und treten alle in einem gemeinsamen Wettbewerb auf. Die Gefahr ist dabei jedoch recht groß, dass dies für das Publikum schwer verständlich wird und zudem die Besonderheiten des jeweiligen nationalen Vorentscheides wie ECG, EuroCosplay oder WCS vollkommen untergehen. Meiner Meinung nach sollte es pro Veranstaltung, wenn möglich und überhaupt gewünscht, höchstens einen internationalen Vorentscheid für einen der möglichen internationalen Wettbewerbe und einen normalen Cosplay-Wettbewerb geben. Dieser Vorentscheid sollte dann auch als eines der Highlights der Veranstaltung beworben werden.

Entscheidend ist ebenfalls, auf die ausgewogene Gewichtung des Programmes bei einer Veranstaltung zu achten. Für Cosplayer ist es natürlich toll, wenn es viele Wettbewerbe und entsprechende Programmpunkte gibt. Es besteht dann aber auch die Gefahr, dass sich etliche Besucher von zu viel Cosplayprogramm überrumpelt fühlen, andere Programmpunkte schmerzlich vermissen und in letzter Konsequenz dieser Veranstaltung in Zukunft fernbleiben werden.

Soll es ein Einzel-, Paar- oder Gruppenwettbewerb sein?

Dies ist die entscheidende Frage, die es zu klären gilt, noch bevor mit der eigentlichen Planung des Wettbewerbes wirklich begonnen werden kann. Im Grunde verändern sich, je nach Wettbewerbsart, nur einige „Kleinigkeiten", diese haben es dann aber so richtig in sich. So sind für einen Gruppenwettbewerb mehr Helfer, mehr einzelne Preise, mehr Bühnentechnik und meist auch mehr Auftrittszeit als für einen Einzel-Wettbewerb notwendig. Für Gruppenwettbewerbe muss es auch entsprechend mehr Platz und eine ausreichend große Bühne geben. Dies kann manchmal, je nach örtlichen Gegebenheiten, durchaus zu einem Problem werden.

Soll es ein Vorentscheid eines internationalen Wettbewerbes sein?

Je nach Art, Dauer und Größe der Veranstaltung und deren finanziellen Mitteln kann es Sinn machen, mehrere verschiedene Cosplay-Wettbewerbe oder auch einen deutschen Vorentscheid für einen der internationalen Cosplay-Wettbewerbe zu veranstalten. Dies geht natürlich nur, wenn man schon Partner ist oder es überhaupt internationale Wettbewerbe gibt, die noch keine festen Partner-Veranstaltungen haben oder aber gewillt sind, zu einer anderen Veranstaltung bzw. zu einem anderen Partner zu wechseln. Die Entscheidung liegt hierbei allein beim Veranstalter des Finalwettbewerbes. Einen existierenden Vorentscheid von einer Veranstaltung auf eine andere zu verlegen ist jedoch eine Sache, die nur äußerst behutsam angegangen werden sollte und die schnell zu einem Politikum werden kann. Cosplayer, Sponsoren und Veranstalter sind für solche Änderungen oft nur sehr schwer zu begeistern. In Deutschland gab es bei den internationalen Vorentscheiden bisher auch noch keinen Wechsel dieser Art.

Für den Vorentscheid eines internationalen Wettbewerbes gelten meist weitaus aufwendigere Regeln als für die regionalen Cosplay-Wettbewerbe. Ebenso ist der eigentliche Vorentscheid häufig aufwendiger gestaltet und enthält neben den Auftritten der Teilnehmer auch Aufführungen der Vorjahressieger, Berichte über die Finalveranstaltung, kurze Einspielfilme, Sponsoreneinblendungen und weitere Erklärungen für das Publikum. Die Jury setzt sich meist aus ausländischen Cosplayern und / oder ausländischen Organisatoren, Sponsoren oder Abgesandten des Veranstalters der Finalveranstaltung zusammen.

```
┌─────────────────────────────────┐
│ Auf was für einer Veranstaltung │
│ soll der Wettbewerb stattfinden?│
└─────────────────────────────────┘
         │           │           │
         ▼           ▼           ▼
┌──────────────┐ ┌──────────┐ ┌──────────────┐
│Veranstaltung │ │Veranstal-│ │Reine Anime,  │
│ohne bisheri- │ │tung mit  │ │Manga, Japan  │
│gen Cosplay-  │ │Cosplay-  │ │Veranstaltung/│
│oder Japan-   │ │oder Japan│ │Convention    │
│bezug (z.B.   │ │bezug     │ │(z.B. AnimagiC│
│ein Stadtfest)│ │          │ │oder Connichi)│
└──────────────┘ └──────────┘ └──────────────┘
                     │              │
                     ▼              ▼
              ┌──────────────┐ ┌──────────────┐
              │Besucher größ-│ │Einige Besu-  │
              │tenteils keine│ │cher Anime-,  │
              │Anime-, Manga-│ │Manga- und    │
              │oder Cosplay- │ │Cosplayfans   │
              │fans (z.B.    │ │oder eigener  │
              │Japan-Tag)    │ │Bereich (z.B. │
              │              │ │Frankfurter / │
              │              │ │Leipziger     │
              │              │ │Buchmesse)    │
              └──────────────┘ └──────────────┘
                     │              │
                     ▼              ▼
         ┌──────────────────┐  ┌──────────────────┐
         │Cosplay Modenschau│  │Cosplay-Wettbewerb│
         └──────────────────┘  └──────────────────┘
```

| | Einzel / Paar Cosplay-Wettbewerb | Gruppen Cosplay-Wettbewerb | Nationaler Vorentscheid Cosplay-Wettbewerb |

Je nach Art der Veranstaltung, Budget und Zeit können verschiedene Wettbewerbsarten stattfinden

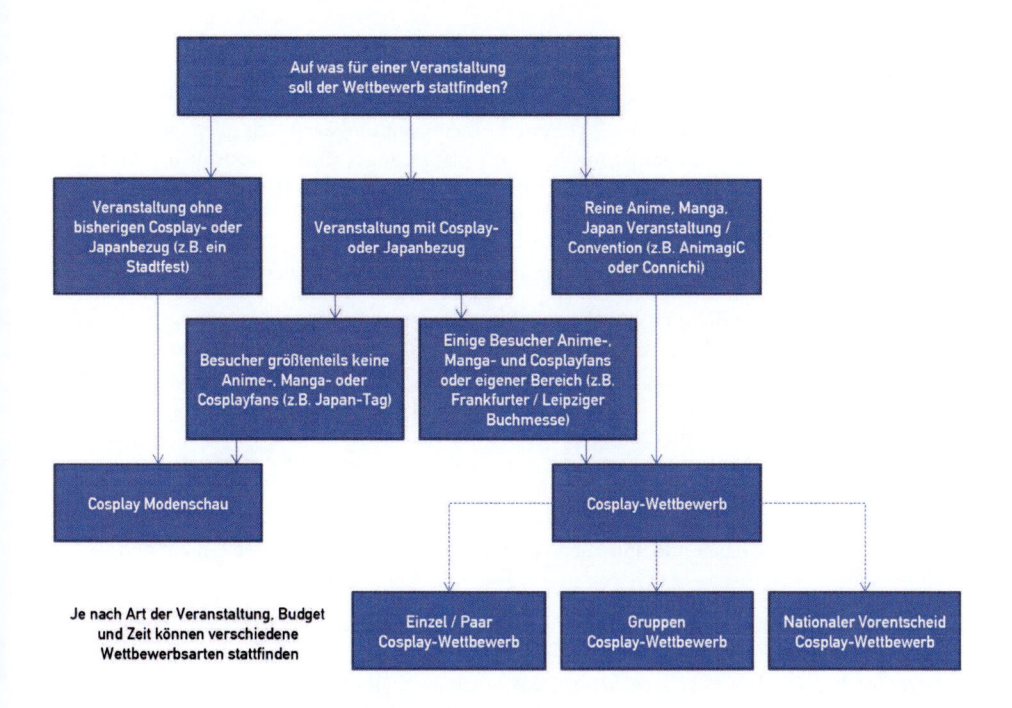

Wie viele Startplätze soll es geben? Wie lange sollen die Auftritte dauern?

Die grundsätzliche Frage lautet eher: Welches Zeitfenster wird dem Wettbewerb im Rahmen der Gesamtveranstaltung eingeräumt?

- Ist es eine Modenschau oder ein „echter" Wettbewerb?
- Gibt es Einzel-, Paar- oder Gruppenauftritte?
- Handelt es sich um einen Vorentscheid für einen internationalen Wettbewerb?
- Müssen Dinge für Publikum und Teilnehmer erklärt werden?
- Gibt es Auftritte der Gewinner des letzten Jahres?
- Soll ein Film oder eine Präsentation gezeigt werden?

Wenn diese Punkte geklärt sind, muss festgelegt werden, wie lange die Teilnehmer jeweils auf die Bühne dürfen. Sobald dies feststeht, sollte diese Information schnellstmöglich an die interessierten Teilnehmer kommuniziert werden, denn auf Basis dieser Angaben werden die Auftritte von den Cosplayern ausgearbeitet. Man sollte bei der Zeitberechnung zwingend einkalkulieren, dass die Teilnehmer auch Zeit zum Betreten der Bühne und für den Auf-/Abbau von Requisiten oder Dekorationen benötigen. Bei den meisten Wettbewerben sind je Auftritt ein bis drei Minuten Standard, für Modenschauen ist eine Minute pro Startnummer üblich.

So werden bei Wettbewerben meistens zwischen 20 und 25 Startnummern ausgegeben. Bei reinen Cosplay-Modenschauen gibt es meist maximal 50 Startnummern. Diese Zeiten und Startnummern haben sich als guter Kompromiss zwischen den Bedürfnissen der Cosplayer und der Interessen des Publikums herausgestellt. So bleibt der Wettbewerb interessant und zieht sich nicht endlos in die Länge. Eingeplant werden sollte auch eine gewisse Vorbereitungs- / Umbauzeit für den Wettbewerb an sich. Ein Cosplay-Wettbewerb ist also definitiv kein „mal eben schnell eingeschobener" Programmpunkt.

Können Freikarten für die Teilnehmer am Veranstaltungstag gestellt werden?

Findet der Wettbewerb im Rahmen einer kostenpflichtigen Veranstaltung statt, benötigen alle Teilnehmer selbstverständlich gültige Eintrittskarten für den entsprechenden Veranstaltungstag. Im Idealfall kann man mit dem Veranstalter aushandeln, dass die Teilnehmer kostenlose Eintrittskarten für den Veranstaltungstag erhalten. Das funktioniert jedoch leider nur selten, so dass die Teilnehmer solcher Wettbewerbe fast immer selbst Eintrittskarten für die Veranstaltung kaufen müssen. Darauf sollte sehr deutlich in den Cosplay-Teilnahmeregeln und -Informationen auf der Wettbewerbs-Webseite hingewiesen werden.

Sponsoren suchen, die passende und hochwertige Preise zur Verfügung stellen können.

Sobald erste Details über den Wettbewerb feststehen, geht es daran, verschiedene Firmen (wie zum Beispiel Buchläden, Händler, Publisher oder Verlage) zu kontaktieren und Sponsoring zu erbitten. Bei großen oder internationalen Wettbewerben und Veranstaltungen sollten auch Fluggesellschaften angesprochen werden. Ebenso sollten grundsätzlich auch Hersteller von Produkten mit Cosplaybezug, also z.B. von Nähmaschinen, Perücken oder Kontaktlinsen einbezogen werden. Findet der Wettbewerb auf einer Convention statt, entfällt dieser Punkt teilweise, da dann oft der Veranstalter selbst die Suche übernimmt und mögliche Sponsoren (Firmen, Händler und Aussteller), die die Veranstaltung und ihre Größe und Werbewirkung bereits kennen, anspricht. Ansonsten muss möglichen Interessenten mit Hilfe von Informationsmaterial möglichst genau erklärt werden, warum sie diesen Wettbewerb unterstützen sollten und welche Vorteile sie davon haben. Es ist in jedem Fall notwendig, sich rechtzeitig um das Thema Sponsoring zu kümmern, sei es jetzt finanziell oder auch materiell in Form von Sachspenden. Wichtig ist, dass die Cosplayer auch angemessene Preise gewinnen können, die etwas mit Japan zu tun haben. Gibt es lediglich Preise zu gewinnen, die absolut nichts mit dem Thema zu tun haben oder Ramsch sind, werden diese Cosplayer nicht erneut teilnehmen und der Wettbewerb fängt sich schnell ein ziemlich negatives Image ein. Gerade im Zeitalter der sozialen Netzwerke ist die Wirkung solch negativer Erfahrungsberichte nicht zu unterschätzen. Wichtig ist auch, dass nicht gerade Ausgabe 10 von einem Manga oder die elfte DVD einer Serie als Preise vergeben werden, denn damit kann man als Gewinner, wenn man die Serie nicht kennt, nur sehr begrenzt etwas anfangen.

In Deutschland sind Sachpreise, wie zum Beispiel DVDs, Manga, Bücher oder Spielkonsolen und Gutscheine als Preise üblich, während es bei einigen ausländischen Veranstaltungen auch (hohe) Geldpreise zu gewinnen gibt. Im Falle eines internationalen Vorentscheides gilt es, Sponsoren zu gewinnen, welche die durch den Wettbewerb verursachten Folgekosten wie die Reise der Gewinner zum Veranstaltungsort des Finales und die Unterkunft übernehmen, falls diese nicht vom Veranstalter des Finalwettbewerbes getragen werden.

Ebenso sollte geklärt werden, ob es Urkunden (für die Gewinner oder die Teilnehmer einer Finalrunde), Pokale oder Schilder für den Wettbewerb und die Preisverleihung geben soll, die dann entsprechend rechtzeitig gestaltet, gedruckt, hergestellt und finanziert werden müssen.

Details über die Bühne, Veranstaltung und deren Besonderheiten abklären.

Bevor der Wettbewerb angekündigt werden kann, müssen die genauen Details über die Bühne, die Technik und alle für den Wettbewerb wissenswerten Besonderheiten der Halle / des Ortes abgeklärt werden. Meist geschieht das durch Ortsbesichtigungen, über Webseiten mit Bildern, Broschüren und Pläne oder durch Telefonate. Im Idealfall kennt der Organisator den Veranstaltungsort schon und dieser Schritt kann entfallen. Unter Umständen, wenn beispielsweise die Bühne sehr klein ist oder der Raum eine niedrige Decke hat, kann es notwendig sein, die Teilnahmeregeln entsprechend anzupassen und die Cosplayer früh auf die lokalen Besonderheiten hinzuweisen. Wird dies versäumt führt dies unter Umständen dazu, dass am Wettbewerbstag Auftritte ausfallen müssen, weil beispielsweise Kostüme oder Requisiten zu groß sind. Für die Helfer ist es natürlich ebenso zwingend notwendig, den Veranstaltungsort gut zu kennen und sich unter Umständen auf schwierige Abläufe, wie z.B. auf einen komplizierten oder schmalen Bühnenaufgang, einstellen zu können. Außerdem muss geklärt werden, ob es Garderoben für die Cosplayer gibt oder ob entsprechende Räume bereitgestellt werden können. Bei manchen Veranstaltungen werden zu diesem Zweck Zelte aufgebaut oder andere der Bühne nahe Räume umfunktioniert. Gute Vorbereitung erleichtert den Wettbewerb und die Beantwortung einiger sehr spezieller Fragen mancher Cosplayer ungemein.

Teilnahmeregeln erarbeiten.

Wo es Wettbewerbe gibt, da muss es auch Regeln geben. Diese Regeln sollen einen fairen, geordneten Ablauf für alle Beteiligten sicherstellen und die Fragen der Teilnehmer auf ein Minimum reduzieren. Neben den Teilnahmeregeln gibt es noch besondere Vorgaben für sämtliche Requisiten und Kostümteile; diese werden umgangssprachlich auch „Waffenregeln" genannt. Viele Cosplayer wünschen sich bei ihren Auftritten natürlich Pyrotechnik und ähnliche Effekte. Dies ist jedoch vollkommen unmöglich, da die Auflagen der Feuerwehr in diesem Punkt sehr eindeutig sind und keinerlei Spielraum zulassen. Manche Regeln mögen komisch erscheinen, sind jedoch leider durch äußerst negative Erfahrungen in der Vergangenheit, wie zum Beispiel schier endlose Aufführungen, sehr makabre Bühnenshows, Schlangen und Hunde auf der Bühne oder sehr spärlich bekleidete Cosplayer, notwendig geworden.

Im folgenden Auszüge aus den möglichen Teilnahmeregeln
(für einen Einzel-Cosplay-Wettbewerb im Rahmen einer Convention):

- Die Kostüme müssen selbstgemacht und dürfen nicht gekauft sein.
- Das Audiomaterial muss als Audio-CD oder MP3-Datei vorliegen.
- Es gibt [Anzahl] Startplätze.
- Die Kostüme dürfen nicht zu freizügig sein, d.h. Busen, Intimbereich und Po müssen ausreichend von Kleidung bedeckt sein. Obszöne Gesten/Handlungen sind ebenfalls untersagt.
- Der Wettbewerb findet am [Tag] um [Zeit] Uhr auf der [Veranstaltung] im Raum [Name] statt.
- Die Teilnehmer des Cosplay-Wettbewerbes benötigen eine gültige Eintrittskarte für den Veranstaltungstag.
- Jeder Teilnehmer hat maximal [Minuten] Zeit für den Auftritt.
- Lebende Tiere, Darstellungen von Gewaltszenen oder Selbstverstümmelung sowie das Werfen von Gegenständen ins Publikum sind verboten.
- Die Bühne darf nicht verunreinigt werden, d.h. alles, was nach dem Verlassen der Bühne dort noch liegt, wird als Verschmutzung gewertet. Das Verschütten von Flüssigkeiten ist tabu.
- Es darf keine zusätzliche Technik verwendet werden. Darunter fallen alle elektronischen Geräte, welche nicht per Batterie betrieben werden können.
- Chemische Effekte, sowie Trockeneis und Feuer, sind verboten.
- Den Anweisungen der Helfer vor Ort ist Folge zu leisten. Die Bühne darf nur nach Aufforderung betreten werden. Mit der Bühnentechnik ist sorgfältig umzugehen. Teilnehmer können für Schäden haftbar gemacht werden.
- Eine Änderung des Kostüms (Charakter) ist nach erfolgter Anmeldung nicht mehr möglich. Der Cosplayer muss sich bei einem Kostümwechsel erneut für den Wettbewerb bewerben.
- Die Teilnehmer müssen pünktlich zum Beginn des Wettbewerbes anwesend sein. Sind Teilnehmer nicht rechtzeitig anwesend, werden diese automatisch disqualifiziert.
- Die Bekanntgabe der Sieger findet im Rahmen der Abschlussveranstaltung statt. Die Anwesenheit im Kostüm ist erwünscht.
- Der Veranstalter behält sich das Recht vor, Teilnehmer (auch nachträglich) auszuschließen bzw. diese nicht zuzulassen.
- Es gilt die Hausordnung der Veranstaltung [Name].

Bei vielen Wettbewerben gilt ferner:

- Die Kostüme müssen aus einem japanischen Manga, japanischen Anime oder japanischen Videospiel stammen.

Bei Vorentscheiden von internationalen Wettbewerben gilt oft:

- Die Teilnehmer an den deutschen Vorentscheiden müssen die deutsche Staatsangehörigkeit besitzen.
- Die Teilnehmer müssen zum Zeitpunkt der Finalveranstaltung des jeweiligen Wettbewerbes mindestens volljährig sein.

Quelle: Autor, für verschiedenste Veranstaltungen erstellt und angepasst.

Natürlich können sich die Regeln je nach Veranstaltung, Art des Wettbewerbes (Einzel-, Paar-, Gruppen-Cosplay, Vorentscheid für einen internationalen Wettbewerb) und technischen Möglichkeiten der Bühne oder Halle unterscheiden oder auch massiv (erlaubte Bühnendekoration, detaillierte Punktevergaberegeln für die Juroren, Vorgaben, Videoeinsatz und weitere Dinge) erweitert werden. Grundsätzlich gelten obige Regeln jedoch in abgewandelter Form für nahezu alle in Deutschland stattfindenden Cosplay-Wettbewerbe. Im Laufe der Zeit gab es immer wieder auch schwarze Schafe unter den Cosplayern, so dass es bei Wettbewerben, bei denen man höherwertige Preise, wie Flugtickets, gewinnen kann, für die Teilnehmer nunmehr oft heißt: Fotonachweise der Herstellung, Materialreste und Quittungen der verwendeten Materialien einreichen und extrem genaue Fragen der Jury beantworten können.

In Zukunft werden sich einige neue „Probleme" für Wettbewerbe ergeben, denn bisher bauen Cosplayer ihre Requisiten aus Holz, Gips, Metall, Pappe, Plastik oder thermoplastischen Werk-/Kunststoffen komplett selbst. Die angefertigten Requisiten werden dann bemalt oder gefärbt. Die Entwicklung der 3D-Drucker schreitet jedoch sehr schnell voran und die Geräte werden langsam allgemein verfügbar. In immer mehr Städten gibt es Copyshops oder Läden, die 3D-Druck anbieten und die Preise für entsprechende Ausdrucke und Geräte sinken stetig. Ebenso verändert sich die Größe und Qualität der Objekte, die so gedruckt werden können. In den nächsten Jahren dürfte es wesentlich einfacher und billiger sein, an solche Geräte bzw. Ausdrucke zu kommen. Der Fertigungsprozess für Requisitenteile oder gar ganze Requisiten könnte so auf einen Bruchteil der ursprünglichen Arbeitszeit reduziert und perfektioniert werden. Es müsste „nur" ein Vektormodell vorhanden sein. So kann dann gedruckt und anschließend bemalt werden. Natürlich ist es je nach Kostümteil oder Requisite sehr viel Arbeit, eine entsprechende Vektorgrafik zu erstellen, diese könnte aber auch im Internet heruntergeladen, gekauft, kopiert oder von jemand anderem angefertigt worden sein. Das ist dann nur noch sehr schwer nachprüfbar. Es ist auch nur noch eine Frage der Zeit, bis es 3D-Kopierer geben wird und spätestens dann muss gehandelt werden. Es versteht sich von selbst, dass dann die Regeln für solche Wettbewerbe angepasst werden müssten. Auch wird es umso zwingender notwendig, dass je nach Wettbewerb die Cosplayer die Fertigungsschritte genauer (fotografisch) dokumentieren müssen und die Jury penibler nachfragt und prüft. Wenn zweifelsfrei erwiesen ist, dass die entsprechende Vektordatei selbst erstellt worden ist, dann sollte dies wie konventionelle Fertigung gewertet werden.

Die „Waffenregeln" (Regeln für Kostümteile und Requisiten) festlegen.

Dies ist ein sehr heikler und von einigen Cosplayern regelmäßig äußerst leidenschaftlich diskutierter Punkt. Viele Charaktere in Anime, Manga und Videospielen haben Requisiten, Stäbe und Waffen in allen nur erdenklichen Arten, Größen, Formen und aus den verschiedensten Materialien. Natürlich gehört es zum Cosplay dazu, diese Dinge auch entsprechend nachzubauen. Hier muss jedoch, auch durch gesetzliche Auflagen, stark darauf geachtet werden, mit welchen Gegenständen die Cosplayer auf Veranstaltungen herumlaufen und woraus diese genau gefertigt worden sind. Bis zur Einführung des neuen Waffengesetzes zum 01.09.2003, als Folge des Amoklaufes an einer Schule in Erfurt, waren die Regeln relativ locker. Bei den Menschenmassen, die bei einigen Veranstaltungen inzwischen jedoch üblich sind, ist die Verletzungsgefahr, unabhängig von gesetzlichen Auflagen, bei manchen Requisiten einfach zu groß. Daher muss hier besonders genau auf die „Waffen" geachtet werden. Niemandem wird eine böse Absicht unterstellt, aber im Gedränge und der Begeisterung einiger Leute kann leider sehr schnell unbeabsichtigt etwas passieren.

Deswegen gibt es entsprechende Regeln, welche im Laufe der Zeit entsprechend angepasst worden sind. Requisiten können auch unbeabsichtigt unter das Waffengesetz fallen oder durch das verwendete Material, Art oder Größe schlicht zu gefährlich sein, um diese mit in eine volle Halle nehmen zu dürfen. Natürlich kann dies auch für Teile, die in Kostümen verbaut werden, wie Flügel, Dornen oder „integrierte Waffen" gelten. Cosplayer schrecken beim Requisitenbau vor keinem Material und keiner Verarbeitungsweise zurück, egal wie kompliziert, teuer und aufwendig das Material auch zu verarbeiten sein mag. Zu einigen Conventions kommen tausende Besucher, daher ist es in manchen Bereichen teils extrem voll, die Gänge schmal und es muss dort besonders auf Sicherheit geachtet werden. Leider gab es in der Vergangenheit einige unschöne Ereignisse wie Verletzungen und Polizeieinsätze wegen Führens von Waffen in der Öffentlichkeit, so dass seit einigen Jahren alle Veranstaltungen von sich aus sehr auf die Einhaltung aller Regeln und der gesetzlichen Vorgaben achten bzw. sogar mit ihren eigenen Regeln darüber hinausgehen.

Daher gibt es bei allen Conventions am Eingang einen Stand oder Bereich, in welchem die Requisiten von Helfern kontrolliert und klassifiziert werden. Veranstalter, die dies nicht tun, handeln sich unter Umständen große Probleme und hohe Strafen ein. Je nach Aussehen, Größe, Machart und Material wird entschieden, ob die jeweilige Requisite in die Halle hinein darf oder nicht. Die Helfer am Stand entscheiden dies unter Berücksichtigung aller rechtlichen Vorgaben. Dieser Stand, auch „Waffencheck" genannt, muss während der gesamten Veranstaltung geöffnet sein und sollte über ausreichend gesicherte „Lagermöglichkeiten" verfügen. Die schiere Größe einiger Requisiten macht die Aufgabe nicht unbedingt leichter. Ebenso gibt es hin und wieder Probleme mit Kostümen, die durch ihre Größe und Machart einfach nicht für Menschenmassen oder schmale Gänge geeignet sind und aufgrund derer dem Cosplayer der Zutritt in die Halle verwehrt werden kann.

Das Führen und Tragen von jeglichen Requisiten geschieht immer und zu jeder Zeit grundsätzlich auf eigene Gefahr. Ein rechtlicher Anspruch auf Einlass und Einstufung der Requisite in die beliebteste Gruppe „Erlaubte Waffen" besteht nicht. Das letzte Wort haben die Helfer am Eingang und im Zweifelsfall das Ordnungsamt oder auch die Polizei. Der „Spielraum" ist dabei, je nach Sachlage, meist recht gering. Die Helfer am Eingang lassen Cosplayer nur mit Requisiten in die Halle, wenn diese entsprechend vom „Waffencheck" gekennzeichnet und freigegeben wurden. Die meisten Veranstaltungen sortieren und kennzeichnen die Requisiten oder Kostümteile am Eingang mit Aufklebern, Bändern, Kabelbindern, Plomben und einer Nummer nach folgenden Gruppen

Blick in das „Waffenlager" auf der Connichi Convention, Fotograf: Fritjof Eckardt

Verbotene Waffen

Das Führen dieser Waffen ist in jedem Fall und ohne jede Ausnahme auf dem gesamten Veranstaltungsgelände absolut verboten. Je nach Vorkommnis muss unter Umständen auch die Polizei hinzugezogen werden. Selbst wenn es erst einmal ziemlich unwahrscheinlich klingt, hin und wieder werden immer noch Cosplayer mit solchen „Requisiten" erwischt. Sie haben keine bösen Hintergedanken, sondern wollen die Waffe nur als Requisite für ihr Kostüm nutzen. Der Cosplayer muss dann jedoch, je nach Schwere des Vorfalles, mit einem sofortigen Hausverbot und möglichen weiteren rechtlichen Konsequenzen, wie einer Anzeige oder einem Bußgeld, rechnen, unabhängig davon, ob er oder sie für die jeweilige „Waffe" einen Waffenschein besitzt oder nicht.

- Jede Art von echten Schusswaffen (auch SoftAir- und Gaspistolen).
- Jede Art von Wurfwaffen (Wurfsterne, Wurfmesser und ähnliches).
- Jede Art von echter Munition.
- Jede Art von Pyrotechnik und Explosivkörper.
- Schlagringe, Totschläger und ähnliches.
- Würgewaffen.
- Alle Arten von Hieb- und Stichwaffen mit scharfer oder stumpfer Metallklinge oder mit Spitzen (außer Taschenmessern).

Beanstandete Waffen

Das Führen dieser Gegenstände ist auf Veranstaltungen verboten, diese Requisiten dürfen jedoch für Wettbewerbsauftritte genutzt werden. Helfer bringen diese Requisiten gesichert zum Wettbewerb und sammeln sie direkt nach dem Auftritt des jeweiligen Cosplayers wieder ein. Diese Requisiten werden am Eingang beim „Waffencheck" gesammelt und dort sicher verwahrt. Der Cosplayer erhält bei Abgabe der Requisite einen entsprechenden Abholzettel mit Nummer / Beschreibung. Mit diesem kann er / sie die Requisite beim Verlassen der Halle dann wieder abholen.

Achtung: Sämtliche „Anscheinswaffen" müssen verschlossen, gut verpackt, vor dem Zugriff dritter gesichert und nicht sichtbar transportiert werden. Es besteht, außerhalb der Veranstaltung, schnell die Möglichkeit, dass es zu Missverständnissen mit üblen Konsequenzen wie Verwechselung mit echten Waffen und anschließendem Polizeieinsatz kommen kann. Es kam es schon vor, dass einzelne Cosplayer wegen zu echt aussehender Requisiten, die außerhalb von Veranstaltungen in der Stadt getragen wurden, verhaftet wurden und große Probleme bekommen haben.

- Jede Art von Schusswaffenimitationen („Anscheinswaffen") und Repliken aus Metall und Holz.
- Jede Art von Hieb- und Stichwaffen mit einem Klingenersatz aus Holz oder Plastik.
- Jede Art von Stäben und Rohren aus Holz, Metall, Fiberglas, Hartplastik oder Kombinationen davon.
- Jede Art von Pfeilen, unabhängig vom Material.
- Reitgerten über 1 m Länge, Handpeitschen mit Bandmaß über 1,5 m, Stabpeitschen mit Stab über 1 m und Bandmaß über 1,5 m Länge.

LARP-Waffe

LARP-Waffen sind nachgebaute realistisch aussehende Waffen und werden auch Polsterwaffen genannt. Viele dieser Waffen bestehen im Kern aus einem stabilen aber elastischen Material, um das herum Schaumstoffe zur Polsterung angebracht sind. Mit LARP-Waffen können „Kämpfe" in Rollenspielen oder bei Auftritten ohne Verletzungsgefahr nachgespielt werden.

Erlaubte Waffen

Diese Gegenstände dürfen während der gesamten Veranstaltung und jederzeit vom Cosplayer mitgeführt werden.

- Jede Art von Waffenimitationen aus Schaumstoff, Gummi, Pappe oder Weichplastik.
- Jede Art von LARP-Waffen.
- Jede Art von Waffen und Stäben, die aus einer Kombination von Holz und / oder Pappe / Plastik / Weichmaterial gefertigt sind (wenn der Holzanteil nicht überwiegt).
- Stäbe, bei denen klar erkennbar ist, dass diese nur zur Stabilisierung der Requisite dienen.
- Bogen und Köcher ohne Pfeile.
- Reitgerten, Peitschen (sofern diese nicht unter „beanstandete Waffen" fallen).

Kostümbestandteile

Je nach Kostüm oder Requisite und verwendetem Material können einzelne Elemente, ohne dass diese unter die anderen drei Rubriken fallen, durchaus ein Sicherheits- oder Verletzungsrisiko darstellen und der Einlass mit diesen verwehrt werden. Daher wird meist auch auf die folgenden Punkte geachtet:

- Große Kostümanbauteile wie Flügel oder Ausleger.
- Stumpfe Stachelarm- / Halsbänder, deren Stacheln eine Länge von 5 cm überschreiten.
- Ketten aus Holz und / oder Kunststoff müssen klar erkennbar zum Kostüm gehören.
- Ketten aus Metall müssen fest mit der Kleidung verbunden sein (nicht abnehmbar).
- Die Kleidung sollte keine scharfen Ecken und Kanten aufweisen.

Welche Kostüme und Requisiten dürfen in die Halle / Veranstaltung?

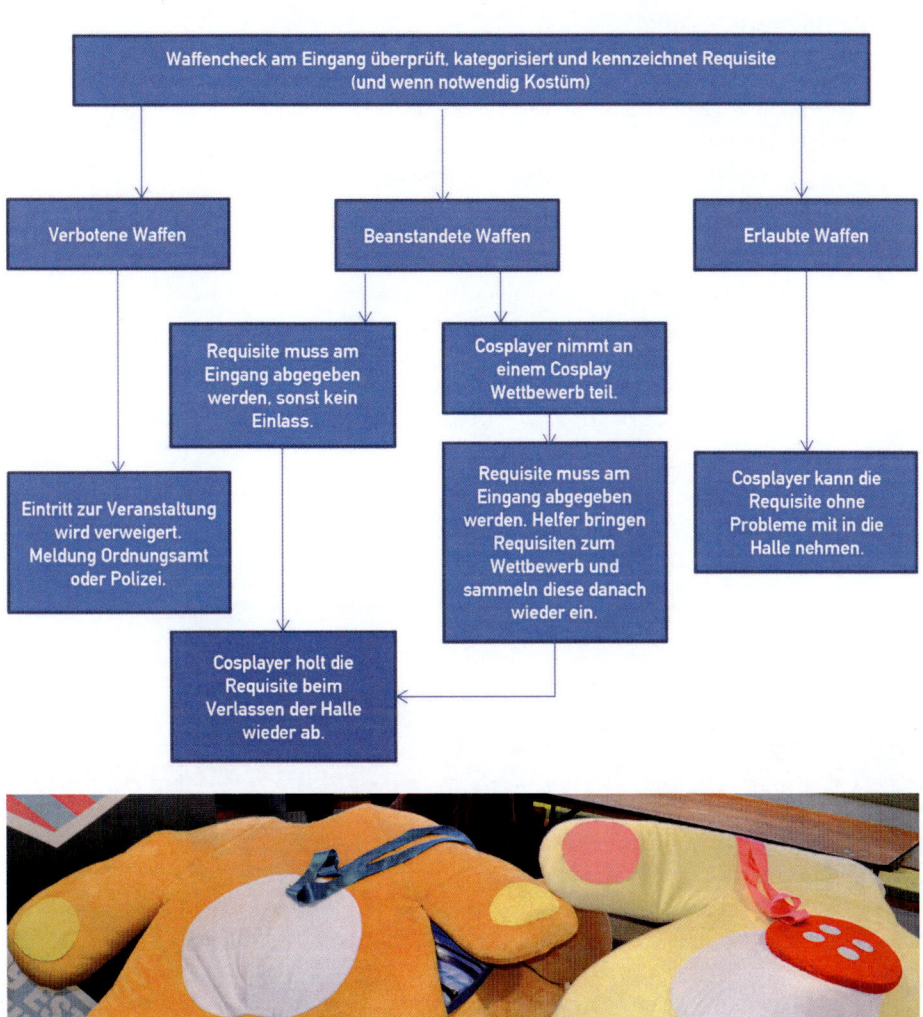

```
                    Waffencheck am Eingang überprüft, kategorisiert und kennzeichnet Requisite
                                    (und wenn notwendig Kostüm)
```

- **Verbotene Waffen**
  - Eintritt zur Veranstaltung wird verweigert. Meldung Ordnungsamt oder Polizei.

- **Beanstandete Waffen**
  - Requisite muss am Eingang abgegeben werden, sonst kein Einlass.
  - Cosplayer holt die Requisite beim Verlassen der Halle wieder ab.

- **Erlaubte Waffen**
  - Cosplayer nimmt an einem Cosplay Wettbewerb teil.
  - Requisite muss am Eingang abgegeben werden. Helfer bringen Requisiten zum Wettbewerb und sammeln diese danach wieder ein.
  - Cosplayer kann die Requisite ohne Probleme mit in die Halle nehmen.

Rilakuma Kostüme auf der J Popcon 2015, Fotograf: Fritjof Eckardt

Rechtliche Grundlagen für die Waffenregeln

Deutsches Waffengesetz (WaffG):

§ 1 Gegenstand und Zweck des Gesetzes, Begriffsbestimmungen

    (1) Dieses Gesetz regelt den Umgang mit Waffen oder Munition unter Berücksichtigung der Belange der öffentlichen Sicherheit und Ordnung.

    (2) Waffen sind

    1. Schusswaffen oder ihnen gleichgestellte Gegenstände und

    2. tragbare Gegenstände,

        a) die ihrem Wesen nach dazu bestimmt sind, die Angriffs- oder Abwehrfähigkeit von Menschen zu beseitigen oder herabzusetzen, insbesondere Hieb- und Stoßwaffen;

        b) die, ohne dazu bestimmt zu sein, insbesondere wegen ihrer Beschaffenheit, Handhabung oder Wirkungsweise geeignet sind, die Angriffs- oder Abwehrfähigkeit von Menschen zu beseitigen oder herabzusetzen, und die in diesem Gesetz genannt sind.

§42 Verbot des Führens von Waffen bei öffentlichen Veranstaltungen

    (1) Wer an öffentlichen Vergnügungen, Volksfesten, Sportveranstaltungen, Messen, Ausstellungen, Märkten oder ähnlichen öffentlichen Veranstaltungen teilnimmt, darf keine Waffen im Sinne des § 1 Abs. 2 führen.

    (...)

    (4) Die Absätze 1 bis 3 sind nicht anzuwenden

        1. auf die Mitwirkenden an Theateraufführungen und diesen gleich zu achtenden Vorführungen, wenn zu diesem Zweck ungeladene oder mit Kartuschenmunition geladene Schusswaffen oder Waffen im Sinne des § 1 Abs. 2 Nr. 2 geführt werden

Quellen : Dirk Döring, Connichi, Dokomi und deutsches Waffengesetz

Blick in das „Waffenlager" auf der Connichi Convention, Fotograf: Fritjof Eckardt

Dirk Döring (Watashi-san)

Mein Name ist Dirk Döring oder auch bekannt als Watashi-san. Ich bin Jahrgang 1969, seit Mitte der 80er Fan, und seit Ende der 90er Jahre aktiv in der Anime / Manga / Cosplay-Szene tätig. Ursprünglich war ich in der Bühnentechnik oder als Organisationshelfer anzufinden, mittlerweile überwiegend am Waffencheck. Beruflich bin ich Buchhalter. Ferner bin ich Sportschütze und Schießsportleiter im Schützenverein. So bin ich auch zur Waffenkontrolle gekommen.

Besonderheit

Bereichsleiter Waffencheck Connichi seit 2003
Bereichsleiter Waffencheck Cosday² seit 2011
Bereichsleiter Waffencheck Dokomi seit 2010
Unterstützung Waffencheck Leipziger Buchmesse seit 2008

Wieso sind so genaue und strenge Regeln notwendig? Gab es Vorfälle?

Vor 2003 gab es auf Treffen und Veranstaltungen gar keine festgelegten Regeln und die meisten Veranstaltungen haben nach eigener Einschätzung das meiste „durchgewunken". Da allerdings 2002 das deutsche Waffenrecht rapide verschärft wurde, sind auch die Veranstalter darauf aufmerksam geworden, dass sie eine Sorgfalts- und auch eine Fürsorgepflicht erfüllen müssen. Das verschärfte Waffenrecht trat 2003 in Kraft und die Connichi 2003 war die erste Convention nach Inkrafttreten. Es gab zu dem Zeitpunkt noch keine festen Regeln sondern nur Richtlinien. Da ich in meiner Person als Schießsportleiter im Schützenwesen in den Änderungen des Waffengesetzes vertraut war, hatte ich angeboten für Fragen und Hilfestellung zu Verfügung zu stehen. Dieses hat nachher dazu geführt das ich meiner eigentlichen Tätigkeit der Bühnentechnik an dem Wochenende nicht mehr nachkommen konnte, sondern tatsächlich komplett an der Eingangskontrolle die „Waffen" nach Tauglichkeit geprüft habe. Im ersten Jahr war das noch recht unübersichtlich und deshalb wurden für die nächste Convention in Zusammenarbeit mit dem Schützenbund sowie dem Sport- und Theaterverein die Basisregeln entwickelt, die dafür Sorge tragen sollten, dass andere Personen (oder Gegenstände) nicht gefährdet werden.

Bild oben
Dirk Döring mit einer „Waffe"
Fotograf: Fritjof Eckardt

Bild unten
„Waffenlager" Connichi Convention
Fotograf: Fritjof Eckardt

Hauptsächlich sind diese Regeln auf die Beschaffenheit und Machart der Waffen ausgerichtet, allerdings auch nach Art der Waffe als solches unter Berücksichtigung des deutschen WaffG §1, §2, §3, §40, §41, §42 und seit 2008 auch §42a. Diese Regeln wurden in den nächsten 2 Jahren noch etwas auf die Erforderlichkeiten angepasst und ergänzt, weil einige Sachen (Ketten, Stachelhals- und -armbänder etc.) in der Basisfassung nicht berücksichtigt waren und erst durch den Bedarfsfall aufgefallen sind. Die derzeitigen Waffenregeln existieren jetzt seit 2006 in der heutigen Fassung mit der Ergänzung des §42a in 2008.

Haben sich die Cosplayer inzwischen an die Regeln gewöhnt?

Am Anfang wurde noch viel gemeckert und diskutiert, aber heute haben die meisten Cosplayer den Sinn und den Hintergrund der Waffenregeln eingesehen. Und die heutige dritte und vierte Generation der Cosplayer sind mit den Regeln „aufgewachsen". Auch wissen die meisten Cosplayer, wie man sich conventiongerechte Waffen und Accessoires baut, oder man fragt vorher bei den Veranstaltungen nach. Es gibt inzwischen auch sehr gute und preisgünstige Werkstoffe wie Styrodur oder Worbla, welche erst nach Auftauchen der Regeln ihren festen Einzug in die Verarbeitung von Cosplays gefunden haben. Dadurch wurde es inzwischen auch wieder erheblich einfacher Freigaben zu erteilen. Aber leider verstehen es bis heute einige immer noch nicht, dass bestimmte Gegenstände (wie z.B. Softairwaffen, Metallschwerter etc.) auf öffentlichen Veranstaltungen einfach verboten sind und auch nichts zu suchen haben.

Wie sieht ein typischer Tag am Waffencheck aus?
Was ist wichtig und worauf muss besonders geachtet werden?

Der Tag am Waffencheck fängt lange vor Einlass mit Vorbereiten der Utensilien und der Registrationsunterlagen an. Auch geht man mit dem vorhandenen Personal noch einmal die Regeln durch und auch das Verhalten bei Auftreten von „Sonderfällen". Meistens ist es dann so dass teilweise schon vor Einlass in die Conventionhalle Zugang zu den Kassen gewährt wird. Damit fängt dann für den Waffencheck die eigentliche Arbeit an da hier die ersten Kontrollen durchgeführt werden. Es wird normalerweise nach drei Kategorien unterschieden.

Kategorie 1: Die Waffen die bedenkenlos sind. Diese werden als freigegeben markiert und durchgelassen.

Kategorie 2: Waffen die beanstandet werden. Das sind Objekte, die dem Waffenrecht entsprechen (oder nicht davon erfasst werden), jedoch bestimmte Voraussetzungen an die Hausauflagen (zu Groß, zu Sperrig, zu Spitz etc.) nicht erfüllen. Diese Gegenstände werden am Waffencheck dann registriert und eingelagert.

Kategorie 3: Regelwidrige Waffen beziehungsweise verbotene Waffen. Hier runter fallen u.a. Softairs, Metallschwerter, verschiedene Messersorten und alles was nach Waffenrecht unter Auflage steht. Diese Waffen werden nicht angenommen und die Besitzer müssen diese wieder nach Hause bringen.

Bei einigen Sachen sind die Übergänge zwischen den einzelnen Kategorien recht fließend und manchmal wirklich Millimeterentscheidungen, jedoch gibt es für die Kategorie 3 keinen Spielraum.

Die ersten 2-3 Stunden sind immer am hektischsten, weil alle direkt und als erstes reinkommen wollen, deswegen muss die Konzentration hier auch stark gebündelt werden. Im Verlauf des Mittags bis Nachmittag wird der Ansturm dann meist etwas weniger und es sind nun überwiegend Cosplayer da, die für Shootings ihre Waffen kurz abholen und anschließend wieder einlagern. Auch kommt zwischendurch mal der ein oder andere Cosplayer an, der seine Waffe nicht immer mit rumtragen will und sie deshalb von sich aus einlagern lässt. Zwischendurch gibt es manchmal noch Diskussionen oder Nachfragen, warum man etwas nicht so oder so machen kann, oder wie man bestimmte Gegenstände regelkonform bauen könnte. Die Aufgabe des Waffencheck ist in erster Linie darauf zu achten, dass die Regeln eingehalten werden und das Gefährdungspotential für Mensch und Material so gering wie möglich zu halten.

Gibt es Requisiten die nicht abgeholt werden?

Ich habe bisher keine Veranstaltung gehabt, wo alles wieder abgeholt wurde. Allerdings sind die Gegenstände mittlerweile schon deutlich weniger geworden. Bei den meisten Gegenständen kann durch die Registrierung der Besitzer ausfindig gemacht werden und man setzt sich mit der Person in Kontakt, ob und wie die Sachen wieder zurückkommen sollen.

Ich habe hier schon öfter Gegenstände von einer Convention zur nächsten mitgenommen und dort übergeben, oder auch per Post zugeschickt. Zweimal wurden Sachen auch persönlich wieder bei mir abgeholt. Es gibt aber auch Gegenstände wo sich die Besitzer nicht mehr melden, diese Sachen werden trotzdem erstmal aufbewahrt. Ich habe inzwischen bei mir diverse Stäbe, Schilde, Schilder, Schwerter, Kunai, Baseballschläger und sogar ein Steckenpferd eingelagert.

Was war das „schlimmste" das du (oder Helfer) bei einer Veranstaltung erlebt hast?

Das schlimmste war ganz klar ein Vorfall auf der Connichi 2006, als ein Kenshin-Cosplayer mit einem Katana-Schwert am Waffencheck stand. Eine wirklich sehr schöne Waffe, schön dekoriert und absolut passend, aber mit einer Klinge die mehrfach gefaltet geschmiedet war und dadurch so scharf, das ein Blatt Papier schon vom drauflliegen zerschnitten wurde. Wir haben ihn gebeten dieses Katana nach Hause zu bringen. Darauf fing er eine lange Diskussion an, dass er Sportkendo-ka sei und damit umgehen kann und das mit dem Schwert auch gar nichts passieren könnte. Er wollte es einfach nicht einsehen, dass er dieses Katana nicht mit reinnehmen dürfe. Wir haben hier allerdings klipp und klar gesagt, dass es nicht mit reinkommt. Der Cosplayer ist dann laut fluchend rausgegangen. Vor der Halle wurde er dann wohl von einem Fotografen angesprochen, ob er mal posieren wollte. Das hat der Cosplayer getan, dabei hat er das Katana aus der Scheide gezogen und sich hierbei den Daumen komplett abgeschnitten. Der Daumen wurde ihm im Krankenhaus wieder angenäht, aber das Schwert musste er bei der Polizei auslösen.

Ein etwas amüsanterer Vorfall: Ein Cosplayer der seine Softair partout nicht nach Hause bringen wollte und sagte, er dürfe die Waffe überall mitnehmen, weil sie ja ab 18 frei zu kaufen sei. Ich habe ihn dann erstmal über den Unterschied zwischen „Besitzen einer Waffe" und „Führen einer Waffe" (in der Öffentlichkeit) aufgeklärt. Er war jedoch nicht von seiner Meinung abzubringen. Ich habe ihm dann angeboten, dass er sich doch in die Bahn setzen sollte und einige Stationen in das benachbarte Fußballstadion fahren solle. Wenn er dort mit der Softair reinkommen würde, würde ich ihn auch durchlassen. Wir haben denjenigen seitdem nicht mehr wieder gesehen.

Das Helferteam zusammenstellen.

Ein gutes Helferteam ist das A und O einer jeden Veranstaltung. Es werden Helfer für den Backstage-Bereich, die Bühne, die Moderation, den Cosplay-Infostand, die Bühnentechnik, die Tontechnik und den Waffencheck am Eingang benötigt. Die meisten Veranstaltungen haben ein festes Technik-/Helferteam für ihre Bühnen, mit dem dann der Wettbewerb abgestimmt werden muss. Selbiges gilt für die Helfer am „Waffencheck". Die Aufgaben der Cosplay-Helfer sind sehr unterschiedlich und alle müssen mit Stress und äußerst nervösen Teilnehmern gut zurechtkommen und dabei trotzdem innere Ruhe ausstrahlen. Das reicht von organisatorischen Dingen, über Kostümreparaturen, bis hin zum Seelentröster für sehr nervöse oder enttäuschte Teilnehmer. Gerade bei Wettbewerben mit hochwertigen Preisen ist dieser Bereich nicht zu unterschätzen, da hier nach der Siegerehrung manchmal Tränen fließen. Wichtig ist, dass die Kommunikation innerhalb des Teams stimmt und alle wissen, wie man sich gegenseitig erreichen kann und wer für was zuständig ist. Im Idealfall kennen sich die Mitglieder des Helferteams schon vor dem Wettbewerb.

Benötigte Technik abklären und wenn notwendig bestellen.

Für einen Cosplay-Wettbewerb sind eine ausreichende Anzahl an (Funk)Mikrofonen, die Möglichkeit Ton von einer CD oder als MP3-Dateien einspielen zu können und ordentliches Licht auf der Bühne das Allerwichtigste. Wünschenswert sind Nebelmaschinen und verschiedenfarbiges Licht. Viele Cosplayer hätten gerne Headsets statt Handmikrofone, doch aufgrund von mangelnder Erfahrung können nur die wenigsten dann tatsächlich damit umgehen. Daher bieten viele Veranstalter, auch wegen des höheren zeitlichen Aufwands beim Einsatz von Headsets (An-/Ablegen), diese gar nicht erst an. Können die Auftritte vor dem Wettbewerb geprobt werden, dann sind Headsets durchaus eine gute Alternative zu Handmikrofonen. Bei manchen Wettbewerben sollen auch Videos (der Teilnehmer) während des Auftrittes eingespielt werden, dann sind ein Videobeamer und ein entsprechendes Abspielgerät für die Videodateien notwendig. Egal welche Möglichkeiten bestehen, der Einsatz dieser Technik muss genau abgeklärt werden. Ebenso sollte es immer genügend Akkus und Batterien für die Mikrofone geben.

Tontechniker bei der Arbeit. Fotograf: Fritjof Eckardt

Anmeldeverfahren für die Teilnehmer (Email, schriftlich oder über die Webseite) ausarbeiten.

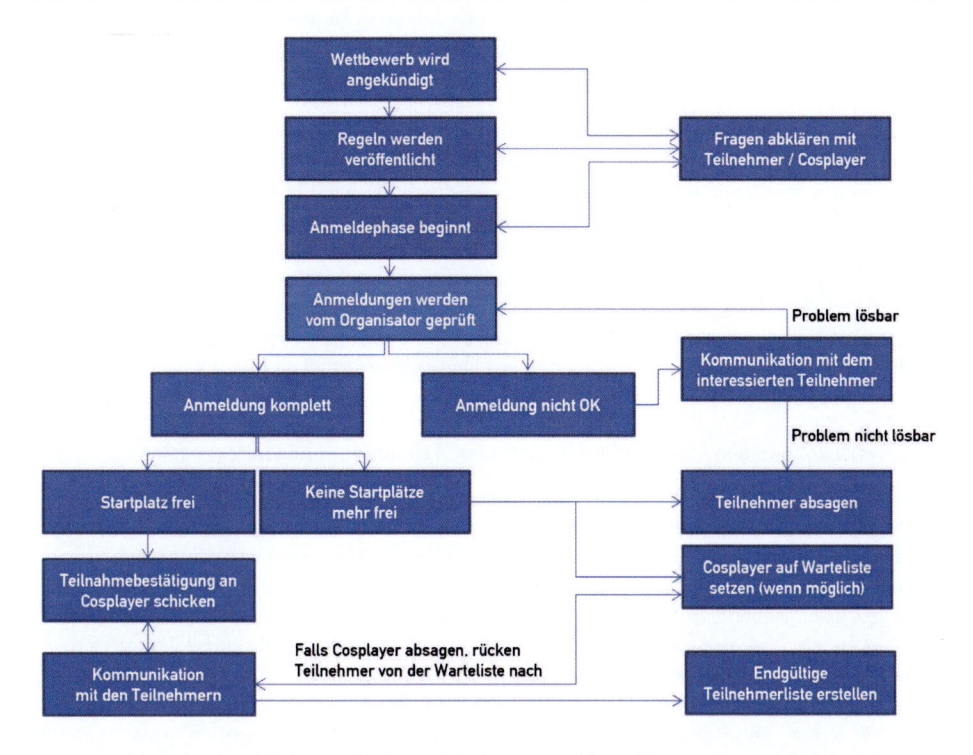

```
[Flussdiagramm:
Wettbewerb wird angekündigt
  → Regeln werden veröffentlicht
  → Anmeldephase beginnt
  → Anmeldungen werden vom Organisator geprüft
      → Anmeldung komplett
          → Startplatz frei → Teilnahmebestätigung an Cosplayer schicken → Kommunikation mit den Teilnehmern
          → Keine Startplätze mehr frei
      → Anmeldung nicht OK
          → Kommunikation mit dem interessierten Teilnehmer
              → Problem lösbar (zurück zur Prüfung)
              → Problem nicht lösbar → Teilnehmer absagen
  → Fragen abklären mit Teilnehmer / Cosplayer
  → Cosplayer auf Warteliste setzen (wenn möglich)
  Falls Cosplayer absagen, rücken Teilnehmer von der Warteliste nach
  → Endgültige Teilnehmerliste erstellen]
```

Es ist unerlässlich ein einfaches und übersichtliches Anmeldeverfahren zu entwickeln. In den Anfangsjahren erfolgte die Anmeldung zu einem Cosplay-Wettbewerb oft noch in schriftlicher Form (als Brief oder per Postkarte). Dies ist jedoch schon seit Jahren nicht mehr üblich und bei vielen Wettbewerben meldet man sich bereits lange Zeit auf digitalem Wege an.

Die Anmeldung per Email ist jedoch meist die denkbar schlechteste Methode, denn oft vergessen die Cosplayer viele notwendige Informationen bei der Anmeldung („Hauptsache erst mal eine Anmelde-Email geschickt") und so endet dies oft in vielen weiteren Nachfrage-Emails und großem unnötigen Aufwand.

Als Ideal haben sich Webseiten herausgestellt, auf denen die Cosplayer alle notwendigen Informationen angeben müssen und sich dann erst anmelden können. Natürlich müssen solche Seiten gut durchdacht und leicht verständlich sein. Ebenso braucht man Leute, die entsprechende Anmeldesysteme überhaupt einrichten und programmieren können und diese dann betreuen.

Die Anmeldung ist so oder so erst abgeschlossen, wenn diese vom jeweiligen Organisator oder Anmeldesystem per Email an den Teilnehmer bestätigt worden ist. Grundsätzlich sind immer folgende Informationen notwendig: Name, Nickname, Adresse, Alter, Email-Adresse, Kostüm (Charakter / Serie) und die Vorlage für das Kostüm (ein Bild aus einem Manga, Artbook oder Screenshot).

Diese Daten sind notwendig, damit die Jury eine Vorlage hat um das Kostüm fair zu bewerten und damit, falls der Cosplayer zur Siegerehrung nicht anwesend sein kann, die möglicherweise gewonnenen Preise dem Gewinner zugeschickt werden können. Ist der Teilnehmer noch minderjährig ist zusätzlich eine Einverständniserklärung der Erziehungsberechtigten notwendig.

Je nach Wettbewerb kann die Anmeldung auch umfangreicher ausfallen, insbesondere bei den nationalen Vorentscheiden der internationalen Wettbewerbe sind oft weitere Informationen notwendig. Es beginnt damit, dass die Bewerbung manchmal in englischer Sprache abgegeben werden muss, da die Juroren vornehmlich aus dem Ausland kommen. Zusätzlich müssen vorgegebene Punkte bearbeitet werden, wie z.b. die Motivation, am Wettbewerb teilzunehmen und das Verfassen einer Selbstvorstellung. Außerdem gibt es Fragen wie zum Beispiel „Wie viele Kostüme hast du schon gemacht?", „Was ist dein Lieblingsmanga?" und „Welche Sprachen sprichst du?". Manchmal sollen die interessierten Cosplayer zur Anmeldung auch eine kleine Bewerbungs- / Infomappe abliefern. So soll sichergestellt werden, dass sich nur Leute mit ernsthaftem Interesse zu den Wettbewerben anmelden.

Wettbewerb ankündigen (inklusive Anmeldefristen, Teilnahme- und Waffenregeln).

Am einfachsten und sinnvollsten ist es, die Ankündigung von Cosplay-Wettbewerben über die jeweiligen Veranstaltungswebseiten, über Facebook und per Twitter durchzuführen. Sehr selten werden Wettbewerbe auch durch lokale Medien angekündigt. Meist wird der Wettbewerb zusammen mit den Teilnahme- und Waffenregeln angekündigt und die Anmeldephase beginnt dann wenige Tage später. Neben den Regeln sollten grundsätzliche Informationen zum Veranstaltungsort wie Garderoben, Einlassregelung oder örtliche Einschränkungen ebenfalls angekündigt werden. Ein besonderes Augenmerk sollte darauf gelegt werden, wie diese Informationen zur Verfügung gestellt werden. Keinesfalls sollten Ankündigungen „von oben herab" erfolgen, sondern man sollte die interessierten Teilnehmer persönlich und freundlich ansprechen. Je mehr Informationen die Teilnehmer frühzeitig erhalten, desto besser ist dies für den Wettbewerb.

Fragen der Teilnehmer beantworten.

Bevor die eigentliche Anmeldung überhaupt möglich ist und manchmal auch bevor die genauen Regeln veröffentlicht worden sind, gibt es bereits viele Fragen der zukünftigen Teilnehmer. Dieser Punkt ist zeitlich nicht zu unterschätzen. Es ist unerlässlich, alle Fragen deutlich und verständlich zu beantworten, sofern dies zu diesem Zeitpunkt überhaupt schon möglich ist. Bei manchen Wettbewerben kommen sehr viele Fragen, so dass es manchmal sinnvoll sein kann, eine zusätzliche Webseite (FAQ) mit weiteren Informationen und Beispielen („Was erlaubt und was verboten ist!") online zu stellen und bei Fragen auf diese zu verweisen.

Medienanfragen bearbeiten / Medien kontaktieren (je nach Wettbewerb).

Cosplay-Wettbewerbe werden auch für Medien immer interessanter, von daher gibt es in letzter Zeit vermehrt entsprechende Anfragen an die Veranstalter. Natürlich ist es schön, wenn über Wettbewerbe berichtet wird, allerdings sollte hier stets genau geprüft werden, um was für eine Art von Bericht / Medien es sich handelt. Die Medienvertreter sollten vor Ort betreut und die Berichterstattung so eingebunden werden, dass diese den Ablauf des eigentlichen Wettbewerbes, die anderen Teilnehmer und die Veranstaltung nicht stört. Besonders wichtig ist es den Medienvertretern gute, gesammelte und einfach zu verstehende Informationen über die Veranstaltung, den Wettbewerb und das Thema Cosplay zukommen zu lassen.

Jury bestimmen (kontaktieren und einladen) und Bewertungsbögen erstellen.

Eine Jury besteht, je nach Art des Wettbewerbes und der Art der Preise, die vergeben werden, meist aus (international) erfahrenen und bekannten (eingeladenen) Cosplayern, Cosplay-Fotografen, Vertretern der jeweiligen Veranstaltung / Organisatoren, Sponsoren oder auch professionellen Vertretern aus kreativen oder medienschaffenden Berufen. Die „richtige" Jury zu bestimmen ist nicht so einfach wie es klingt. Es müssen je nach Wettbewerb und gewünschter „Gewichtung" der einzelnen Bewertungskriterien die Mitglieder der Jury entsprechend sorgfältig ausgewählt werden. Eine Jury, die nur aus Cosplayern besteht, bewertet anders, als eine Jury, die nur aus Veranstaltungsorganisatoren oder Sponsoren besteht. Steht die „Wunschjury" fest, müssen die Juroren kontaktiert und eingeladen werden. Nicht alle Leute können zum jeweiligen Termin kommen und erschwerend kommt hinzu dass die Juroren ihre Kosten meist selbst tragen müssen, da in den seltensten Fällen die Anreise oder Übernachtung für die Jurymitglieder bezahlt werden kann. Glücklicherweise sind viele Juroren gleichzeitig auch Aussteller, Gäste oder Stammbesucher auf den Veranstaltungen, so dass dies meist kein größeres Problem darstellt. Die Arbeit einer Jury besteht, zumindest bei den großen Wettbewerben, aus weitaus mehr Verpflichtungen, als man zunächst denken mag. Freier Eintritt für die Juroren ist daher selbstverständlich.

Aufgaben einer Jury:

- Absolut neutral sein
- Kompetent sein
- Ggf. Fotos / Serien / Charakterbilder im Vorfeld ansehen
- An der Vorbesprechung teilnehmen
- Kostüme vor Ort genau anschauen
- Auf die Einhaltung der Regeln achten
- Kostüme / Auftritte im Wettbewerb bewerten und diese mit den von den Teilnehmern eingereichten ausgedruckten Vorlagen abgleichen
- Fragen an die Teilnehmer zur Machart des Kostüms stellen
- An der Jurysitzung teilnehmen
- Sieger festlegen
- Ggf. an der Nachbesprechung teilnehmen
- Ggf. eine schriftliche Rechtfertigung der Entscheidung verfassen (bei Beschwerden)

Diese einzelnen Aufgaben können zusammengenommen bei manchen Wettbewerben durchaus einen ganzen Tag in Anspruch nehmen. Für kleinere regionale Wettbewerbe ist die Bestimmung einer Jury keine große Sache, bei großen Wettbewerben oder nationalen Vorentscheiden ist dies jedoch anders. Es sollten dann möglichst Leute aus dem Ausland in der Jury sitzen, die kaum Kontakt zu den (deutschen) Teilnehmern haben, diese also möglichst überhaupt nicht persönlich kennen und die möglichst durch ihren Beruf und ihre Qualifikation sehr neutral urteilen können. Je mehr es zu gewinnen gibt oder je bekannter der Wettbewerb ist, desto genauer muss auf solche Dinge geachtet werden. Eine Jury, die leicht „angreifbar" ist („Die kannten doch die Sieger!" oder „Die sind doch in derselben Showgruppe!"), hat in einem bedeutsamen Wettbewerb nichts zu suchen. Ebenso Leute, die nicht wirklich für diese Tätigkeit qualifiziert sind. Die Juroren sollten im Vorfeld klar und transparent, am besten auf einer Webseite, kurz vorgestellt werden.

Vor dem jeweiligen Wettbewerb werden die Jurymitglieder genau informiert, welche Punkte für die Bewertung und die Ermittlung des Siegers besonders wichtig sind. Für den Cosplay-Wettbewerb erhalten alle Jurymitglieder einen „Jurybogen". Bei einigen Wettbewerben gibt es Regeln, die gewisse Punktebewertungen nach vorgeschriebenen Kriterien, ähnlich einer Checkliste, fest vorgeben. Diese Wertungsbögen unterscheiden sich teilweise massiv entsprechend der Art des jeweiligen Wettbewerbes und der jeweiligen Gewichtung der Kriterien. Grundsätzlich geht es darum, Punkte für das jeweilige Kostüm und den Auftritt zu vergeben.

Wettbewerbs- / Jurybogen

Jury-Mitglied:

Nr.	Name	Charakter Serie	Auftritt Geschichte Verständlichkeit (max. 30 Punkte)	Kostüm Machart Ähnlichkeit zum Original (max. 30 Punkte)	Idee & Präsentation Originalität Umsetzung (max. 10 Punkte)	Eindruck Charisma Bühnenpräsenz Zuschauerreaktion (max. 30 Punkte)	Gesamtpunkte
1.							
2.							
3.							
4.							
5.							
6.							

Quelle : Autor, erweiterter deutscher WCS 2011 Vorentscheid Jurybogen

Hans-Christian (HCB)

Was ist bei (der Auswahl) einer Cosplay-Wettbewerbs-Jury am wichtigsten?

Eine wesentliche Voraussetzung für einen erfolgreichen Wettbewerb ist die Auswahl der Jury. Eine Richtlinie dafür gibt es nicht, es gehört vielmehr eine Portion Fingerspitzengefühl dazu.

Wenn möglich sollten die einzelnen Mitglieder in die Materie vertieft bzw. damit vertraut sein. Natürlich verlangt niemand, dass man jede Serie oder jeden Charakter im Einzelnen kennt. Dafür ist die Bandbreite im Fandom mittlerweile viel zu groß geworden. Jeder sollte aber in der Lage sein, aus seinem persönlichen Erfahrungsschatz eine unabhängige Wertung abgeben zu können.

Die Jury sollte aus Mitgliedern verschiedener Gruppen des Fandom bestehen. Aus Fans, Cosplayern und auch Händlern und Angehörigen von Verlagen oder Herausgebern. Damit erzielt man eine große Bandbreite bei der Bewertung.

Was macht eine Jury genau?

Die Jury bewertet die Auftritte bzw. Darbietungen der einzelnen Kandidaten. In eine Bewertung fließen in der Regel die verschiedensten Punkte ein, je nach dem verwendeten Punkteschema. Idealerweise sollten neben dem Kostüm selber, die Präsentation dessen bzw. des Charakters, sowie auch die Reaktion des Publikums in die Bewertung einfließen.

Natürlich gibt es für die oben genannten Punkte auch die verschiedensten Unterpunkte, um eine genauere faire Wertung zu ermöglichen. Es gibt verschiedene Bewertungsschemen. Welche verwendet werden bleibt dem Organisator vorbehalten. Öfter werden auch verschiedene Schemen miteinander verknüpft, was aber letzthin zu einem sehr komplizierten Bewertungsvorgang führt.

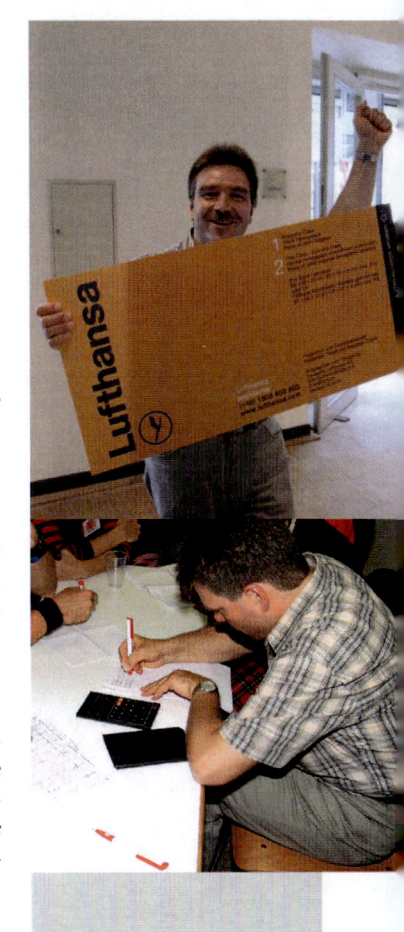

Bild oben
HCB mit dem Hauptpreis für den deutschen WCS 2009 Vorentscheid
Fotograf: Fritjof Eckardt

Bild unten
HCB bei einer Jurysitzung
Fotograf: Toni007.de

Was ist am schwierigsten?

Oft nehmen an den Wettbewerben auf den einzelnen Veranstaltungen die gleichen Kandidaten teil. Das führt dann fast automatisch zu einem Bekanntheitsbonus. Man neigt dazu, den bekannten Cosplayer im Gegensatz zu einen unbekannten bevorteilt zu bewerten.

Das Schwierige dabei ist, sich nicht auf die gewohnte Leistung aus anderen Wettbewerben zu stützen, sondern die Leistung des aktuellen Auftritts in allen Punkten zu bewerten.

Wie sieht eine typische Jurysitzung aus?

Ein wichtiger Punkt bei einem Wettbewerb ist die Sitzung der Jury.

Nach dem verwendeten Schema werden in der Regel die Punkte addiert und eine grobe Reihenfolge aufgrund der Punktzahl festgelegt. Allerdings heißt das nicht, dass damit auch automatisch schon die Sieger feststehen. Oft gibt es Punktegleichheit oder die einzelnen Abstände zwischen den Kandidaten sind nicht so klar zu definieren.

Hier fängt dann die notwendige Diskussion der Juryteilnehmer an.

Je nach Art des Wettbewerbs bzw. der Preise, oder den Erwartungen, die an die Sieger gestellt werden (vor allem bei internationalen Wettbewerben wie dem World Cosplay Summit oder European Cosplay Gathering) kann durch eine reine Punktefolge oft nicht der ideale Gewinner ermittelt werden.

Je nach Vorgabe der Verantwortlichen des Wettbewerbs werden bestimmte Erwartungen an die Sieger gestellt. Vor allem in Punkten wie Belastbarkeit oder Öffentlichkeitsauftritt und Verhalten gegenüber Presse und Medienvertretern. Nicht jeder Cosplayer ist geeignet, diesen Druck meistern zu können. Somit kann die eigentliche Entscheidung der Jury also manchmal nicht der tatsächlichen Punktebewertung entsprechen.

Gab es nach einer Juryentscheidung schon mal Ärger?

Es liegt in der Natur der Dinge, dass man nie alle zufrieden stellen kann. Es gibt immer Personen, die nach einem Wettbewerb in den Sozialen Netzwerken dann über die Entscheidungen mehr oder weniger konstruktive Kommentare abgeben. Irgendwelche Konsequenzen oder Änderungen an den Entscheidungen der Jury sind aber eher selten.

Abklären, ob mögliche Ehrengäste besondere Preise stiften und übergeben können.

Die Siegerehrung eines Wettbewerbes wird natürlich umso spannender, wenn ein Ehrengast Preise stiftet oder sogar den Hauptpreis selbst übergibt. Findet der Wettbewerb im Rahmen einer Convention statt, so sind meist auch (japanische) Ehrengäste anwesend. Dies ist besonders für die Berichterstattung und Werbewirkung ein sehr entscheidender Punkt. Ebenso ist es für die Gewinner eine besondere Ehre, den Preis von einem bekannten (japanischen) Musiker, Produzenten, Synchronsprecher oder Zeichner zu erhalten.

ModeratorIn auswählen und grundsätzliche Dinge abklären.

Die Moderation eines derartigen Wettbewerbes ist aufwendig. Als Moderator sollte man die Serien kennen, die Namen der Charaktere richtig aussprechen können und auch spontan genug sein, um bei unvorhergesehenen Vorkommnissen entsprechend „überbrücken" zu können. Essenziell ist, dass die Moderation interessant, lustig und seriös ist und sie darf nie arrogant, gekünstelt oder lächerlich wirken. Je bedeutender der Wettbewerb, desto wichtiger sind diese Aspekte, insbesondere auch für Partner, Sponsoren und die Medienberichterstattung. Eine gute Moderation erfordert entsprechende Vorarbeit. Das klingt einfach, ist es aber nicht wirklich. Kurz gesagt: das Publikum merkt schnell, wenn der Moderator keine Ahnung von der Materie hat, die Regeln des Wettbewerbes nicht gut kennt und Unsinn erzählt. Es kommt auch nie gut an, wenn er in seiner Moderation die Veranstaltung oder die Kostüme ins Lächerliche zieht oder sich arrogant benimmt. Ist die entsprechende Person ausgewählt, muss diese über die Besonderheiten des jeweiligen Wettbewerbes und die Anzahl der zu erwartenden Teilnehmer und deren gewählte Kostüme informiert werden. Zu den Aufgaben des Moderators gehört (nur in Absprache mit dem Organisator) auch, Auftritte zu beenden, wenn die Teilnehmer ihre Auftrittszeiten massiv überschreiten oder die Auftritte gegen die geltenden Regeln verstoßen. Meist sind die Moderatoren selbst Cosplayer, Organisatoren des Wettbewerbes oder aber sie werden von der Veranstaltung, in deren Rahmen der Wettbewerb stattfindet, gestellt. Bei manchen Wettbewerben moderieren auch die Wettbewerbsgewinner des Vorjahres. Diese sollten dann ebenfalls vor ihrem Auftritt entsprechend instruiert werden.

Die Anmeldephase durchführen und dabei viele Fragen zur Anmeldung beantworten.

Ist der Wettbewerb gemeinsam mit den Teilnahme- und Waffenregeln angekündigt und die Anmeldephase gestartet, beginnt die wahrscheinlich zeitaufwendigste Phase für die Organisatoren. Der Aufwand hängt zwar auch davon ab, um welche Art von Wettbewerb es sich handelt, meist lässt sich jedoch sagen: je größer, wichtiger und berühmter der Wettbewerb ist, desto anstrengender wird diese Zeit.

Doch warum ist das so?

Egal wie ausgeklügelt, leicht verständlich und gut durchdacht das Anmeldesystem und die Regeln auch sein mögen, es gibt immer Leute, welche die Informationen nur halb lesen, entscheidende Daten bei ihrer Anmeldung vergessen oder auch Falschangaben machen, sich regelmäßig für ein anderes Kostüm entscheiden oder einfach nur gerne diskutieren. Manchmal wird von den Interessenten auch versucht, die verschiedenen Wettbewerbe im Bezug auf ihre Regeln gegeneinander auszuspielen, frei nach dem Motto: „Bei Wettbewerb X ist dieses oder jenes aber zugelassen. Wieso geht das dann nicht bei euch?".

In der Anmeldephase werden manchmal auch komische und nervige Fragen immer wieder und wieder gestellt, egal ob die Antworten auf den Webseiten oder in den Regeln schon gut erklärt sind und sich leicht finden lassen. Trotzdem muss man bei der Erklärung ernst bleiben und nett antworten. Ironie und Sarkasmus hat in solchen Antworten oder gar auf Webseiten und in sozialen Netzwerken nichts verloren, seien die Antworten auch noch so unmissverständlich und noch so oft schon geschrieben worden. Außerdem gibt es an dieser Stelle selbstverständlich auch berechtigte Fragen zum genauen Ablauf, zu den erlaubten Requisiten, dem Auftritt oder zu der verfügbaren Bühnentechnik.

Wie bereits erwähnt betreibt praktisch kein Organisator oder Helfer von Cosplay-Wettbewerben dies als richtigen „Job", mit dem er seinen Lebensunterhalt bestreitet. Die große Mehrzahl der Leute helfen oder organisieren ehrenamtlich und in ihrer Freizeit. Manche Teilnehmer erwarten sofortige Antworten, doch können diese nicht erfolgen, wenn der zuständige Helfer auf der Arbeit, in der Schule oder in der Universität ist. Zwar sind bei manchen sehr großen Veranstaltungen einige wenige Leute fest angestellt und kümmern sich dann vielleicht unter anderem auch um die Organisation von Cosplay-Wettbewerben, aber auch diese können nicht im Minutentakt antworten, da sie oft viele weitere Aufgaben und Bereiche zu betreuen haben.

Erstaunlich oft fehlen bei Anmeldungen notwendige Daten. Diese fehlenden Daten müssen dann einzeln bei den jeweiligen Teilnehmern abgefragt werden, was in einigen Fällen und insbesondere dann, wenn spontan der Charakter gewechselt wird, recht arbeitsintensiv sein kann. Wenn die Anmeldung überhaupt nicht klappt, die Fristen überschritten werden oder das Kostüm bzw. die Auftrittsplanung nicht mit den Regeln vereinbar sind, dann müssen durchaus auch Interessenten vom Wettbewerb ausgeschlossen werden. Häufen sich jedoch Probleme während der Anmeldephase bei fast allen Teilnehmern, dann sollte man sowohl den Ablauf der Anmeldung als auch die Regeln für den nächsten Wettbewerb entsprechend überarbeiten und anpassen.

Die Vorstellung davon, was eine ausreichend lange Auftrittsdauer ist und welche Bühnentechnik und Requisiten erlaubt sind, geht zwischen einigen Cosplayern und Veranstaltern weit auseinander. Zusätzlich muss stets sich alles in dem Rahmen bewegen, der durch die in Deutschland geltenden Gesetze vorgegeben wird. Gewiss wird immer versucht alles so optimal wie möglich für die Cosplayer zu gestalten, aber es gibt natürlich Grenzen, sei es durch verursachte Kosten und gesetzliche Vorgaben, oder bedingt durch den Ablauf, Veranstaltungsort und den zeitlichen Aufwand. Die häufig von Cosplayern gewünschte Generalprobe auf der Veranstaltungsbühne kann z.B. leider nur äußerst selten ermöglicht werden.

Neben der Beantwortung der Fragen bestehen die Hauptaufgaben in dieser Phase aus dem Erstellen bzw. stetigen Aktualisieren der Teilnehmerliste, aus der Aufbereitung der eingeschickten Daten für die Jury und alle beteiligten Helfer und aus der Übermittlung aller weiteren relevanten Informationen an die Teilnehmer. Auch die Teilnahmebestätigung muss in irgendeiner Form zugestellt werden.

Je nach Anzahl der Teilnehmer, den Regeln und der Art des jeweiligen Wettbewerbes kommen so leicht mehrere hundert Emails allein für die Kommunikation zwischen den Teilnehmern und den Organisatoren zusammen.

Hier ein paar anonymisierte (nicht fiktive) Bespiele solcher Emails:

Wenn die Regeln nicht gelesen werden

1.

- Veranstalter: „Ich brauch ein Referenzbild, nach dem du genäht hast und kein Foto vom fertigen Kostüm."
- Cosplayer: „Wieso, das Kostüm ist gekauft."

  Anmerkung: Die Teilnehmer mussten die Regeln im Vorfeld bestätigten. Die wichtigste Regel lautete: Das Kostüm muss selbstgemacht sein.

2.

- Cosplayer: „Ich bringe dann das Schwert für den Wettbewerb mit."
- Veranstalter: „Das ist hoffentlich eine Nachbildung die NICHT aus Metall besteht."
- Cosplayer: „Nein, das ist schon echt. Da passiert schon nichts."

  Anmerkung: Das ist strengstens verboten, siehe „Waffenregeln".

3.

- Cosplayer: „Ich möchte bei meinem Auftritt gerne Feuerbälle werfen, geht das? Ich passe auch gut auf."
- Veranstalter : „Feuerbälle???"
- Cosplayer: „Ja, ich möchte Pyrotechnik bei meinem Auftritt einsetzen."
- Veranstalter: „Nein, tut mir leid, aber da haben die Halle und die Feuerwehr etwas dagegen".

Änderung Kostüm / Partner (bei einigen Wettbewerben sind solche Änderungen NICHT möglich.)

- Cosplayer : „Ich habe einen neuen Partner für meinen Auftritt."
- Veranstalter: „In Ordnung, bitte schicke mir den entsprechenden Namen und die Informationen zu seinem / ihrem Kostüm."

[Cosplayer schickte eine E-Mail mit allen entsprechenden Informationen] [Nächste E-Mail]

- Cosplayer: „Wir haben nun doch andere Kostüme."
- Veranstalter: „OK."

[Nachfrage nach Kostümen. Cosplayer schickte die notwendigen Informationen.] [Nächste E-Mail]

- Cosplayer: „Wir haben den Auftritt nochmal geändert und nun andere Kostüme."
- Veranstalter: „OK."

[Nachfrage nach Kostümen. Cosplayer schickte die notwendigen Informationen.] [Nächste E-Mail]

- Cosplayer: „Oh, wir haben gerade gesehen, dass der Wettbewerb um X Uhr ist, da sind wir gar nicht da."

Anmerkung: Dies passiert bei nahezu jedem Wettbewerb regelmäßig. Es gibt einige Leute, mit denen sich solche Dialoge über ein Dutzend E-Mails ziehen, bis sie dann so oder so ähnlich enden. Bei manchen Wettbewerben sind „Kostümänderungen" oder „Partnerwechsel" nicht gestattet, erfordern eine Neuanmeldung und unter Umständen, wenn alle Startnummern vergeben sind, ist dann eine Teilnahme nicht mehr möglich oder man muss darauf hoffen, von der Warteliste aus nachrücken zu können.

Ggf. eine Warteliste für die Teilnehmer (falls zu viele Anmeldungen) einrichten.

Manche Wettbewerbe sind sehr beliebt und die Startplätze daher entsprechend begehrt. Insbesondere bei einigen Vorentscheiden für internationale Wettbewerbe gibt es oft wesentlich mehr Interessenten als Startplätze verfügbar sind. Daher ist es zumeist unumgänglich, eine Warteliste zu führen. Im Wesentlichen funktioniert das so, dass Cosplayer, wenn alle Plätze für den Wettbewerb vergeben sind, in der Reihenfolge ihrer Anmeldung in die Warteliste aufgenommen werden. Immer wenn dann ein angemeldeter Cosplayer oder eine Gruppe mit Teilnahmebestätigung seine / ihre Teilnahme absagt, rückt Platz 1 von der Warteliste in den Wettbewerb nach und erhält dann seine Teilnahmebestätigung für den Wettbewerb.

Je nach Wettbewerb / Alter der Teilnehmer - Einverständniserklärung der Eltern anfordern.

Sind minderjährige Teilnehmer für den jeweiligen Wettbewerb (laut Regeln) zugelassen, so muss für jeden minderjährigen Teilnehmer spätestens am Veranstaltungstag eine Einverständniserklärung der oder des Erziehungsberechtigten vorliegen. Manche Wettbewerbe schließen minderjährige Teilnehmer vom Wettbewerb aber direkt kategorisch aus, insbesondere dann wenn es Flugtickets oder ähnlich wertvolle Preise zu gewinnen gibt oder Verpflichtungen, wie die Reise zum Finale, entstehen.

Besonderheiten der einzelnen Auftritte / Teilnehmer mit den Cosplayern abklären.

Grundsätzlich muss für jeden Auftritt geklärt werden, ob Mikrofone verwendet werden, von welcher Seite die Teilnehmer auf die Bühne kommen und welche Musik- / Audiodatei eingespielt werden soll. Manchmal sind auch besondere Lichteinstellungen, Bühneneffekte (wie Nebel) oder gar eingespielte Videos möglich. Hin und wieder ist die vom Cosplayer geschickte Audiodatei (oder CD) und ggf. das Video unvollständig, in schlechter Qualität, nicht abspielbar oder gar falsch und muss überarbeitet und erneut geschickt werden. Bei einigen Wettbewerben sind Bühnendekorationen und zusätzliche Requisiten in einem dann jeweils näher definierten Rahmen erlaubt. Hierzu ist im Vorfeld eine genaue Absprache mit den jeweiligen Cosplayern und anschließend mit den Bühnenhelfern notwendig. Manche Dekorationselemente sind klein, andere groß und nicht alle sind in kürzester Zeit im Wettbewerb leicht auf der Bühne zu platzieren. Manche Teile müssen aufgebaut oder von mehreren Bühnenhelfern getragen werden. Je nach Art und Größe des Kostüms kann es auch sein, dass ein Teilnehmer nicht den üblichen Bühnenzugang nehmen kann oder beim Betreten / Verlassen der Bühne Hilfe benötigt. Ebenso gilt es abzuklären, ob es für den Auftritt benötigte Requisiten gibt, welche am „Waffencheck" gelagert werden müssen, weil diese unter die Rubrik „beanstandete Waffen" fallen.

Teilnehmerliste erstellen und ggf. Startnummern vorab an die Teilnehmer verschicken.

Beim Erstellen einer Teilnehmerliste ist es unverzichtbar darauf zu achten, dass der Wettbewerb abwechslungsreich verläuft und nicht Cosplayer derselben Serie oder derselben Charaktere mehrmals hintereinander auftreten. Auch sollten die Startnummern so vergeben werden, dass auf eventuell notwendigen Aufbau von aufwendigeren Bühnendekorationen oder auf weitere Besonderheiten Rücksicht genommen und trotzdem ein flüssiger Ablauf des Wettbewerbes sichergestellt werden kann. Ebenso müssen alle Besonderheiten, wie Bühnendekoration, Effekte oder Lichtwünsche, dort vermerkt sein. Sobald die Reihenfolge feststeht, müssen die Startnummern an die Teilnehmer verschickt bzw. vor Ort vergeben werden.

Früher wurden teilweise echte Startnummern als Anhänger zum Anstecken per Post verschickt, heutzutage erhalten die Teilnehmer aber meist nur noch eine Information per Email oder die endgültige Startnummer erst vor Ort. In den Tagen vor dem Wettbewerb ändert sich oftmals noch vieles bei den Teilnehmern oder Cosplayer rücken von der Warteliste nach, so dass es gerade bei großen Wettbewerben selten sinnvoll ist, die Startnummern bereits im Vorfeld (per E-Mail) an die Teilnehmer zu verschicken.

Abstimmung mit dem Helferteam.

Dies ist, was den internen Ablauf anbelangt, mit Abstand der wichtigste Punkt. Alle Helfer müssen die für sie jeweils nötigen Informationen, Listen und Pläne erhalten. Dabei ist absolut üblich, dass sich diese Daten noch mehrfach vor dem Wettbewerb verändern und durch aktuellste Pläne am Veranstaltungstag ersetzt werden. Für alle Beteiligten sind die Pläne im Vorfeld jedoch schon sehr hilfreich, um sich auf den Wettbewerb richtig vorbereiten zu können. Es gibt viele Dinge zu koordinieren und alle Helfer sollten sich nicht erst am Veranstaltungstag oder kurz vorher austauschen. Jeder im Team sollte so früh wie möglich alle Listen haben und sich die Abläufe in Ruhe ansehen, durchlesen und Fragen stellen können. Das Technikteam muss alle nötigen CDs und Dateien für die einzelnen Auftritte rechtzeitig erhalten. Besonders entscheidend ist, dass die Kommunikationswege und die Zuständigkeiten genau geklärt und eingehalten werden.

Abstimmung mit den Helfern am Eingang / Waffencheck.

Natürlich kommt es immer wieder vor, dass einige Requisiten der Cosplay-Wettbewerbsteilnehmer unter die Rubrik „beanstandete Waffen" fallen. Dies hat zur Folge, dass diese Gegenstände nicht auf der Veranstaltung mitgeführt werden dürfen, für Auftritte im Rahmen eines Wettbewerbes jedoch erlaubt sind. Den Helfern am Eingang („Waffencheck") muss mitgeteilt werden, welche Requisiten benötigt werden. Diese bringen die Requisiten dann gesichert zur Bühne. Um hier Missverständnissen und Verwechslungen vorzubeugen muss dies exakt koordiniert und in allen Listen vermerkt werden, damit jeder Helfer immer genau weiß, welcher Teilnehmer welche „beanstandete Waffe" im Wettbewerb für seinen Auftritt benötigt. Für die „erlaubten Waffen" ist dieser zusätzliche Aufwand hingegen nicht notwendig. „Verbotene Waffen" (siehe „Waffenregeln") sind grundsätzlich für keinerlei Cosplay-Wettbewerbe zugelassen. Je nach Requisite kann die endgültige Einstufung manchmal auch erst am Veranstaltungstag oder kurz vor dem Wettbewerb erfolgen, so dass das ganze Prozedere kurzfristig abgeklärt werden muss.

Eingetroffene Preise (von den Sponsoren) checken.

Einige Preise (Hauptpreise) stehen meist schon lange vor dem Wettbewerb fest und werden entsprechend zusammen mit den Informationen und Regeln des Wettbewerbes im Vorfeld angekündigt. Bei vielen weiteren (kleineren) Preisen ist dies jedoch nicht immer so. Meist treffen „Spenden" von Firmen erst kurz vorher oder auch erst am Veranstaltungstag ein und müssen vor Ort dann zu Preispaketen zusammengestellt werden. Ebenso sollte nicht vergessen werden, (sofern vorgesehen) die Urkunden, Pokale oder Schilder für den Wettbewerb und die Siegerehrung vorzubereiten.

Die Anzahl der Plätze und ggf. Sonderpreise (für die Siegerehrung) festlegen.

Abhängig von der Anzahl der Teilnehmer und der gestifteten Preise, kann sich die Zahl der ursprünglich eingeplanten Plätze für die Siegerehrung durchaus ändern. Natürlich müssen Preise in einem Gruppenwettbewerb anders zusammengestellt werden, als in einem Einzelwettbewerb. Es sollte auch immer daran gedacht werden, einen oder zwei Sonderpreise in Reserve zu haben. Oft gibt es Auftritte in den Wettbewerben, die vielleicht nicht in allen Wertungskriterien überzeugen können, aber irgendwie doch herausstechen und entsprechend gewürdigt werden sollten.

Die endgültige Moderation festlegen (basierend auf der aktuellen Teilnehmerliste).

Wenn die soweit endgültige Teilnehmerliste kurz vor dem Wettbewerb feststeht, sollte es ein letztes Briefing mit dem Moderator / der Moderatorin geben, falls die Moderation nicht der Organisator selbst übernimmt. Oft haben sich zu diesem Zeitpunkt noch Dinge geändert oder es müssen aktuelle Veranstaltungsinformationen angekündigt werden.

Endgültige Listen erstellen, drucken und an Jury, Moderation und Helfer verteilen.

Sobald alle Teilnehmer feststehen, werden die endgültigen Listen für die Jury, Moderation und alle Helfer gedruckt. Am besten macht man kurz vor dem Wettbewerb mit allen beteiligten Helfern eine kurze Besprechung vor Ort, um die aktuellsten Pläne zu verteilen und letzte Fragen zu klären. Allen sollte dabei bewusst sein, dass selbst diese Listen nicht endgültig sein werden und Teilnehmer vor Ort noch Minuten vor dem Wettbewerb ausfallen, ggf. Teilnehmer von der Warteliste nachrücken oder sich noch andere nicht beeinflussbare Dinge wie Verzögerungen im Programm der Veranstaltung ereignen können. Ebenso müssen alle Bildvorlagen der Charaktere, deren Kostüme die Teilnehmer tragen, für die Jury ausgedruckt oder die Bilder auf Notebooks oder Tablets kopiert werden.

Die Teilnehmer vor Ort für den Wettbewerb versammeln und ggf. Startnummern ausgeben.

Manchmal gibt es vor dem eigentlichen Wettbewerb eine Informationsveranstaltung für die Wettbewerbsteilnehmer. Dies nimmt ihnen einiges an Nervosität und beseitigt etliche Falschinformationen, die bei solchen Wettbewerben leider meist im Vorfeld durch das Internet geistern. Je nach Wettbewerb werden die Startnummern auch erst vor Ort (unmittelbar vor dem Wettbewerb) an die Teilnehmer ausgegeben.

Letzte Fragen der Teilnehmer vor Ort beantworten.

Kurz vor dem Wettbewerb werden die Teilnehmer noch einmal richtig nervös und die Anzahl der erneut gestellten Fragen, die eigentlich schon geklärt waren, steigt sprunghaft an. Egal wie anstrengend das auch sein kann, es ist wichtig für die Teilnehmer, dass sie kurz vor ihrem Auftritt jemanden haben, den sie fragen oder mit dem sie einfach nur reden können. Die Cosplayer sollten auf gar keinen Fall alleine ohne Helfer irgendwo Backstage „geparkt" werden. Je besser die Leute betreut werden, desto reibungsloser läuft der Wettbewerb ab. Wichtig ist zudem, dass die Helfer Ruhe und Kompetenz ausstrahlen. Sie sollten zwar, wenn nötig, energisch auftreten, aber nicht die Cosplayer im Kommandoton anbrüllen.

Alle benötigten Dinge bereitstellen (Tische, Mikrofone und weitere Gegenstände).

Kurz vor dem Wettbewerb müssen alle benötigten Gegenstände für die Auftritte bereitstehen und überprüft werden. Ebenso müssen Tische, Stühle, Stifte, Ausdrucke der eingereichten Kostümvorlagen oder Computer / Tablets und Getränke für die Jury, die meist seitlich auf oder vor der Bühne sitzt, bereitgestellt werden. Bei manchen Veranstaltungen sitzen die Juroren im Publikum.

Die Medienvertreter einweisen.

Oft möchten Vertreter von Fanmagazinen oder Medien aus der Szene über die Wettbewerbe berichten. Für diese ist keine größere Einweisung notwendig, da sie die Abläufe solcher Wettbewerbe kennen. Bei Vertretern von Tageszeitungen und Fernsehsendern sieht das dagegen anders aus. Sie benötigen oft mehr Unterstützung, eine gründliche Einweisung oder möchten dann auch gerne Interviews mit den Veranstaltern oder Teilnehmern. Am besten ist es, wenn ein Helfer aus dem Wettbewerbsteam oder vom Veranstalter den Medien exklusiv als Ansprechpartner zur Verfügung gestellt wird.

Ggf. beanstandete Requisiten von den Helfern des „Waffenchecks" für die Dauer des Auftrittes an die Cosplayer aushändigen und danach wieder einsammeln lassen.

Minuten vor dem Beginn des Wettbewerbes bringen die Helfer vom „Waffencheck" die „beanstandeten Waffen" der Wettbewerbsteilnehmer vom Eingang zur Bühne. Ein Helfer händigt dem jeweiligen Cosplayer seine Requisite kurz vor dessen Auftritt aus und ein weiterer Helfer (oder derselbe) sammelt diese anschließend direkt danach wieder ein. Nach dem Wettbewerb werden dann alle „beanstandeten Requisiten" wieder zum Eingang gebracht und dort sicher verwahrt.

Falls möglich für jeden Teilnehmer ein kleines Teilnahmegeschenk zur Verfügung stellen.

Es ist natürlich toll, wenn man jedem Wettbewerbsteilnehmer ein kleines Geschenk überreichen kann. Alle haben schließlich viel Arbeit, Geld, Mühe und Zeit in ihre Kostüme, Requisiten und den Auftritt investiert. Diese Geschenke erhalten die Teilnehmer dann nach ihrem jeweiligen Auftritt. Ob es so etwas gibt, das entscheidet sich meist erst recht kurzfristig vor dem Wettbewerb und ist größtenteils abhängig von den Sponsoren und der Anzahl der Wettbewerbsteilnehmer.

Kostümjudging (Bewertung)

Die Jury schaut sich am besten vor (manchmal auch nach) dem Auftritt die Kostüme aus der Nähe am Cosplayer an. So kann die Ähnlichkeit zum Original, Arbeitsqualität, Machart, verwendete Materialien, Stickarbeiten, Verzierungen, Malarbeiten, Perückenstyling, Make-up und weitere Kriterien gut beurteilt werden. Je nach Wettbewerb und den jeweils gültigen Regeln verläuft dies sehr unterschiedlich. Es kann ganz schnell gehen aber auch mehrere Minuten pro Cosplayer dauern. Der Cosplayer lernt dabei die Juroren kurz kennen und kann ebenso Fragen stellen oder Tipps erhalten.

Den „eigentlichen" Wettbewerb durchführen.

Vom eigentlichen Wettbewerb kriegt man als Organisator meist, so komisch es auch klingen mag, nicht wirklich viel mit, da man währenddessen gut beschäftigt ist und oft noch etliche ungeplante Sachen geschehen: da erscheinen Cosplayer einfach nicht, es gibt technische Probleme, Auftritte verlaufen völlig anders als geplant, Listen sind falsch und vieles andere mehr läuft nicht so, wie man sich das ursprünglich vorgestellt hat. Bevor der Wettbewerb losgeht, wird das Publikum über die Besonderheiten des Wettbewerbes informiert und die Jury und die Sponsoren vorgestellt. Der Wettbewerb an sich ist dann eigentlich das, was am wenigsten Probleme macht, denn wenn es einmal läuft dann läuft es meistens irgendwie auch rund. Die Teilnehmer treten auf, die Jurymitglieder schauen sich die Kostüme (nochmals) gründlich an, vergleichen diese mit den eingereichten Bildvorlagen, stellen Fragen und der Moderator führt durch den Wettbewerb. Entscheidend ist, dass von allen Helfern darauf geachtet wird, dass sich alle Teilnehmer an die Teilnahmeregeln halten. Sehr selten kommt es vor, dass Auftritte (wegen Zeitüberschreitung oder anderen Regelverstößen) abgebrochen oder Teilnehmer disqualifiziert werden müssen. Meist, vor allem bei großen Wettbewerben, machen Juroren oder besondere Helfer von den Auftritten Fotos und Videos, die bei der anschließenden Jurybesprechung genutzt werden können, um sich die Auftritte nochmal genau vor Augen zu führen.

Jurybesprechung / Auswertung zum Ermitteln des Siegers / der Sieger.

Nach dem Wettbewerb zieht sich die Jury mit den Wertungsbögen zur Beratung zurück. Die Punkte der einzelnen Juroren werden zusammengezählt und es wird über die Platzvergabe beraten. Je nach Vorgaben des Wettbewerbs und dem genauem Regelwerk sind die Juroren bei ihrer Punktevergabe manchmal sehr an Regeln oder Checklisten gebunden, die exakt vorschreiben, was wie viele Punkte oder Abzüge gibt. Dies wird bei der Jurysitzung ebenfalls genauestens überprüft. Hin und wieder kommt es vor, dass Teilnehmer gleiche Punktzahlen haben. Dann muss die Jury entscheiden, welcher Teilnehmer, sofern gleichwertige Platzierungen nicht möglich sind, den jeweils hochwertigeren Preis erhält oder ob man den Preis nicht doch irgendwie teilen kann. Da muss dann unter Umständen bei internationalen Wettbewerben auch überlegt und entschieden werden, wer denn der bessere Repräsentant wäre oder wem man diese Aufgabe eher zutraut. Dies wird notfalls so lange diskutiert, bis eine klare Entscheidung feststeht, Zufallsentscheidungen gibt es an dieser Stelle nicht. Es ist durchaus üblich, dass sich die Juroren einzelne Auftritte und Kostüme noch einmal auf Video oder als Foto genauer ansehen. Ebenso wird in dieser Besprechung noch einmal das eingereichte Material der Teilnehmer detailliert geprüft und verglichen. Es ist durchaus möglich, dass sich die Punktzahl eines Teilnehmers, wenn gravierende Regelverstöße auffallen, auch noch während der Jurysitzung ändert oder dass ein Teilnehmer gar nachträglich disqualifiziert wird. Diese Entscheidungen sind naturgemäß nicht einfach und können auch zu erheblichen Diskussionen innerhalb der Jury führen. Da es bei nationalen Vorentscheiden nur einen Sieger geben kann, dauert die Entscheidung der Jury erfahrungsgemäß manchmal durchaus länger. Hier ist sehr sorgsames Arbeiten notwendig, da es hin und wieder vorkommen kann, dass sich die Jury später für ihre Entscheidung genau rechtfertigen muss. Aus diesem Grund werden auch alle Jury-Listen grundsätzlich länger aufbewahrt.

Ggf. Sonderpreise ermitteln.

Nicht jeder Auftritt kann immer in allen Punkten die Jury und das Publikum überzeugen. Sollte ein Auftritt jedoch in einzelnen Wertungskriterien außergewöhnlich gut gewesen sein, es insgesamt aber dennoch nicht unter die Top-Platzierungen geschafft haben, dann können ein oder mehrere Sonderpreise vergeben werden. Dies ist zum Beispiel dann der Fall, wenn ein Auftritt besonders originell oder das Kostüm außergewöhnlich gut, der Auftritt hingegen nicht so toll war. Selbiges kann für Auftritte von Kindern in niedlichen Kostümen gelten. Natürlich ist eine kleine Hexe oder ein kleiner Zauberer niedlich anzusehen, das Kostüm und die Aufführung muss jedoch auch fair im Vergleich zu den anderen zum Teil wesentlich aufwendigeren Aufführungen, Kostümen und Requisiten bewertet werden. Es sollten nur nicht zu viele Sonderpreise verliehen werden, da diese sonst schnell wie „Mitleidspreise" wirken. Die Sonderpreise sollten auch entsprechend gut benannt werden (wie „Beste Performance" oder „Beste Requisite").

Die Siegerehrung (möglichst mit Ehrengast) durchführen.

Alle Teilnehmer warten natürlich sehr gespannt auf die Siegerehrung, daher sollte man diese kurz und knackig durchführen. Ein ganz besonderes Highlight ist es, wenn die Siegerehrung von einem Ehrengast unterstützt wird. Der Platzierung nach aufsteigend werden dann die Gewinner auf die Bühne gebeten und erhalten ihre Preise. Die Sonderpreise werden, je nachdem ob oder wie viele es gibt, ebenfalls vergeben. Je näher die Hauptpreise rücken, desto mehr steigt die Spannung im Publikum an. Natürlich ist es am schönsten, wenn die siegreichen Teilnehmer dann auch anwesend sind und in ihrem Wettbewerbskostüm auf die Bühne kommen können. Sind alle Preise vergeben, gibt es meist ein Gruppenfoto mit allen Gewinnern. Im Anschluss daran werden in der Regel die offiziellen Siegerbilder gemacht. Im Rahmen der Siegerehrung sollte auch allen Helfern, Partnern und Sponsoren gedankt und diese (kurz) vorgestellt werden, man möchte ja schließlich auch im folgenden Jahr wieder mit deren Mitarbeit und Unterstützung rechnen können. Es sollte auch darauf geachtet werden, dass Teilnehmer, die nicht zur Siegerehrung anwesend sein können, ihre Preise per Post nachgesendet bekommen.

Newsmeldung mit den Platzierungen veröffentlichen.

Kurz nach dem Wettbewerb werden die Gewinner auf der Veranstaltungswebseite und / oder auf diversen Cosplay-Webseiten veröffentlicht. Inzwischen ist es meistens jedoch so, dass die Cosplayer und Zuschauer per Facebook, Twitter oder auf eigenen Webseiten in diesem Punkt wesentlich schneller sind, als die Veranstalter. Manchmal werden auch die kompletten Wettbewerbe inklusive Siegerehrung live als Video über das Internet gestreamt.

Nachbereitung des Wettbewerbes.

Ein Wettbewerb kann nur besser werden, wenn man diesen im Anschluss ausgiebig analysiert und sich dazu auch die Kritik von Teilnehmern und Feedback aus Foren, Facebook und Twitter ansieht. Natürlich haben manche Teilnehmer Wünsche, die in keinster Weise umsetzbar sind, da sie gesetzlichen Vorgaben widersprechen, die finanziellen Mittel übersteigen oder sich mehr Zeit gewünscht wird, als man den einzelnen Teilnehmern im Rahmen eines solchen Wettbewerbes zur Verfügung stellen kann. Es sind jedoch hin und wieder auch wirklich gute Ideen und Innovationen dabei, für die man als Veranstalter ein offenes Ohr haben sollte. Ein Wettbewerb, der sich nicht weiterentwickelt, ist irgendwann am Ende.

Vorbereitung der Gewinner auf das Finale (nur bei nationalen Vorentscheiden).

Bei den nationalen Vorentscheiden der großen internationalen Wettbewerbe folgt meist direkt nach der Preisverleihung ein erstes Briefing, in dem die Gewinner die notwendigsten Informationen / Informationsmappen und die Kontaktdaten ihrer (deutschen) Ansprechpartner / Betreuer für die Finalveranstaltung erhalten bzw. diese erstmals treffen. Ebenso folgen dann erste Interviews, Fragebögen werden ausgefüllt und erste offizielle Fotos gemacht. Im Laufe der nächsten Monate bereiten sich dann die Gewinner und Betreuer (Landesorganisatoren) vor und fahren oder fliegen dann gemeinsam zum Finale des Wettbewerbes ins Ausland. Bei diesen Wettbewerben wird davon ausgegangen, dass sich alle Teilnehmer problemlos auf Englisch verständigen können.

Es ist Aufgabe des Betreuers, die Koordination zwischen den Cosplayern und den Veranstaltern (der Finalveranstaltung) zu regeln, den Teilnehmern bei Problemen als Ansprechpartner zur Seite zu stehen, sich um die Berichterstattung (und ggf. auch Vermarktung) zu kümmern und die Cosplayer mit allen notwendigen Informationen zu versorgen. Ebenso sollte der Betreuer bei der Kostümauswahl und der Ausarbeitung des Auftrittes hilfreich zur Seite stehen. Während der Finalveranstaltung sollen sich die Cosplayer ganz auf ihre Teilnahme konzentrieren können. Der Ansprechpartner nimmt ihnen daher möglichst alle anderen Aufgaben ab und leistet moralische Unterstützung.

Mit den zu erwartenden (üblichen) Beschwerden einiger Cosplayer auseinandersetzen.

Der Wettbewerb wurde erfolgreich abgeschlossen und man könnte jetzt meinen, dass es das gewesen ist, doch das trifft leider nicht immer zu. Selbst wenn der Wettbewerb scheinbar super gelaufen ist und das Publikum hochzufrieden war, hagelt es trotzdem teilweise Beschwerden. Je nach Wertigkeit der Preise oder Wichtigkeit des Wettbewerbes, vor allem wenn es ein nationaler Vorentscheid ist, kommen dann reihenweise Nörgel- und Meckeremails. Diese reichen vom einfachen „mein Kostüm war aber besser" über „der Auftritt ist geklaut" bis hin zu Vorwürfen wie „das Kostüm hat er / sie nicht selbst gemacht". Auch persönliche Beleidigungen oder Bedrohungen der Gewinner, der Jury oder auch der Organisatoren kommen vor, sind aber zum Glück relativ selten. Hin und wieder werden dann auch schon mal Shitstorms im Internet losgetreten. Die Veranstalter und Organisatoren haben die Gewinner gegen unbegründete Anfeindungen und Vorwürfe zu unterstützen, sie sollten dabei aber immer sachlich bleiben.

Leider hat sich auch bei einigen wenigen Cosplayern eine „Geiz ist Geil"-Mentalität und das „Ich beschwere mich solange bis sich was ändert"-Syndrom durchgesetzt, unabhängig davon, ob es überhaupt Sinn macht oder überhaupt möglich ist etwas zu ändern. Meist stehen den Änderungswünschen jedoch triftige Gründe wie Budgets, Gesetze, Auflagen der Halle, die Feuerwehr oder Vorgaben vom Ordnungsamt im Wege. In jedem Fall verursachen solche Emails viel Arbeit für die Wettbewerbsorganisatoren und können für mächtig Unruhe unter den anderen unbeteiligten Cosplayern sorgen.

Bekannte Cosplayer zu Veranstaltungen einladen?

Bekannte Cosplayer können einer Veranstaltung (wesentlich) mehr Besucher und Medienaufmerksamkeit einbringen und entsprechend viele Fans und Firmen anlocken. Insbesondere im (asiatischen) Ausland ist dies vollkommen normal und berühmte Cosplay Idols (Celebrity Cosplayer) sind fester Bestandteil vieler Veranstaltungen. Es macht jedoch wenig Sinn bekannte Cosplayer einzuladen, wenn dies mit größeren Ausgaben verbunden ist und die Veranstaltung ohnehin regelmäßig ausverkauft und das Publikum eventuell überhaupt nicht an solchen Ehrengästen interessiert ist. Je nach Bekanntheitsgrad des Cosplayers kann eine Einladung aber, neben der Werbung und mehr Besuchern, unter Umständen auch für die Veranstaltung zu neuen Kontakten bei Firmen und Sponsoren führen. Es kann aber auch viel zusätzlichen Aufwand bedeuten, da einige wirklich bekannte Cosplay Idols von ihren Fans wie Filmstars verehrt werden und deshalb Anpassungen im Ablauf und Programm der Veranstaltung erforderlich sein können.

Einige von ihnen haben große Fanclubs im Schlepptau. Wenn diese Cosplayer über die jeweilige Convention berichten und Werbung machen, dann kann es durchaus der Veranstaltung dienen sie einzuladen. Natürlich entstehen dabei auch Kosten für Anreise des Gastes, Unterkunft, Verpflegung, unter Umständen Gage und Ausgaben für zusätzliches Sicherheitspersonal. In Asien gibt es „Cosplay-Superstars" mit Veranstaltungen, die nur um sie herum geplant werden.

Mögliche Programmpunkte (an denen eingeladene Cosplayer teilnehmen):

- Cosplayauftritte auf einer Bühne (oder an einem Stand)
- Präsentation von neuen Anime, Manga oder Videospielen in entsprechenden Kostümen
- Fotoshootings (mit anderen Cosplayern)
- Verkauf von eigenen (Merchandising)-Produkten (wie Poster, Prints, Büchern oder Fotobüchern)
- Signierstunden
- Jurymitglied bei einem Cosplay-Wettbewerb
- Workshops
- Panels

Besonderheiten in Deutschland

Deutschland ist in dieser Hinsicht ein wenig anders, hier gibt es seit vielen Jahren etliche Showgruppen, die auf den unterschiedlichen Conventions in Kostümen ihre Shows aufführen. Im Ausland gibt es solche Gruppen zwar stellenweise auch, es sind aber bedeutend weniger. In Deutschland besteht das Bühnenprogramm der Veranstaltungen zur Hälfte, manchmal auch mehr, aus solchen Darbietungen, Cosplay-Wettbewerben und Konzerten. Die Besucher sind an ein „Vollprogramm" (Gesang, Tanz und Schauspiel) mit vielen Darstellern in Cosplay-Kostümen gewöhnt und möchten unterhalten werden.

Ein Cosplayer, der als einziger Ehrengast alleine auf einer Bühne auftritt und etwas erzählt, Workshops hält, an Panels teilnimmt und anschließend signiert ist den Convention-Besuchern hier schlicht und ergreifend oft zu wenig Programm. Dies greift insbesondere dann, wenn dafür (wegen begrenzten Budgets) auf das Einladen weiterer Showgruppen oder Ehrengäste (wie Musiker, Regisseure oder Mangaka) verzichtet oder die Anzahl dieser Ehrengäste reduziert werden müsste.

Hin und wieder erhalten Cosplayer, meist die Finalisten der internationalen Wettbewerbe, Freikarten für verschiedene Veranstaltungen in Deutschland. Selbstverständlich gibt es auch in Deutschland international bekannte Cosplayer, die regelmäßig zu Veranstaltungen in das Ausland eingeladen werden, es sind aber vergleichsweise nur wirklich wenige. In Deutschland werden sie auf Veranstaltungen meist nicht als besondere Gäste vorgestellt, während einige von ihnen im Ausland auf manchen Veranstaltungen regelrecht als Superstars präsentiert werden. Das Einladen von bekannten Cosplayern oder Idols konnte sich in Deutschland bisher noch nicht wirklich durchsetzen. Einen so extremen Starkult um Cosplayer, wie in einigen Ländern üblich, den gibt es in Deutschland (noch) nicht. Das liegt zum Teil auch daran, dass es hier sehr viel Neid innerhalb der Szene gibt und anderen Cosplayern kein oder nur wenig Erfolg gegönnt wird, auch wenn es nach außen hin anders erscheinen mag.

Vor vielen Jahren gab es Versuche, bekannte Cosplayer zu deutschen Veranstaltungen als Ehrengäste einzuladen. Diese Pläne wurden aber schon nach ersten vorsichtigen Umfragen sofort wieder abgebrochen. Damals waren die Veranstaltungsbesucher hier nicht davon begeistert, dass Eintrittsgelder für die Einladung anderer Cosplayer ausgegeben werden sollten. Sie wünschten sich stattdessen eher vergünstigten Eintritt, wenn sie Veranstaltungen im Kostüm besuchten. Da machte es natürlich keinen Sinn Cosplayer einzuladen und die Idee wurde schnell wieder eingestampft.

In letzter Zeit hat sich die Meinung innerhalb des Fandoms jedoch geändert. Es werden nun auch Cosplayer zu Veranstaltungen als Gäste eingeladen, so dass es für die Zukunft durchaus vorstellbar wäre, mehr Cosplay Idols als Ehrengäste zu präsentieren. Natürlich besuchen auch, unabhängig von Einladungen, einige bekanntere Cosplayer aus dem Ausland deutsche Conventions. Sie tun dies dann allerdings mehrheitlich komplett auf eigene Rechnung oder mit Hilfe ihrer Sponsoren.

Cosplayerin Aza Miyuko bei einem öffentlichen Fototermin auf der AFA 2014 Singapur. Fotograf: Fritjof Eckardt

Reika

Ich bin die japanische Cosplayerin Reika. Gegenwärtig besuche ich hauptsächlich Veranstaltungen in Asien, Europa sowie in Nord- und Südamerika. In Übersee führe ich Workshops wie Cosplay Makeup, Perücken und Herstellung von Kostümen (in Arbeitskreisen) durch.

Webseite

https://www.fb.com/pages/Reika/315573555144954

Beruf

Fashion Designer

Wie war dein erster Kontakt mit Cosplay?

Als ich an einer kleinen Convention in einer Stadt in der Umgebung teilnahm, sah ich zum ersten Mal viele Cosplayer. Das war der Moment wo ich dachte, dass ich auch Cosplay versuchen wollte.

Was bedeutet Cosplay für dich? Warum machst du Cosplay?

Es ist für mich der gefühlsmäßige Ausdruck zu zeigen, dass ich die Bücher / Werke mag. Ich kann nicht malen, daher gebe ich durch das Cosplayen den Werken die Form, die ich mir vorstelle.

Was war dein schönstes Erlebnis?

Das war als ich von einem Radiosprecher auf einem japanischen Event für den Charakter, den ich darstellte gelobt wurde. Ich habe mich sehr gefreut.

Wie siehst du die sozialen Netzwerke, haben sie den Konkurrenzdruck zwischen den Cosplayern verstärkt?

Es sind Kameraden, welche die gleichen Bücher / Werke mögen. Es ist sehr traurig, wenn dem nicht so ist und sie zu Rivalen werden. Ich denke es ist kein Wettbewerb und es besteht keine Notwendigkeit sich mit Jemandem zu vergleichen.

Bild oben
Charakter: Ren Jinguji
Serie: Uta no Prince-Sama

Bild mitte
Charakter: Ren Jinguji
Serie: Uta no Prince-Sama

Bild unten
Charakter: Levi Ackermann
Serie: Attack on Titan

Bist du (im Internet) vielen Anfeindungen ausgesetzt?

Früher gab es das.

Was machst du auf Conventions? An welchen Programmpunkten nimmst du teil?

Hauptsächlich an Workshops, Frage- und Antwortstunden und als Jurymitglied bei Wettbewerben.

Wie ist der Kontakt mit den Fans?

Ich bin ein wenig schüchtern. Ich denke sie sind „Otaku" Kameraden für mich, wie eine jüngere Schwester.

Was sind die Unterschiede zwischen deutschen und ausländischen Veranstaltungen und Fans?

Weil ich außer am Japan-Tag 2014 noch an keiner anderen Veranstaltung in Deutschland teilgenommen habe, kann ich dazu nicht so viel sagen. Ich denke jedoch, dass es nicht so unterschiedlich ist. Ich freue mich, dass mich alle so warm empfangen haben.

Bild links Charakter: Joker, Serie: Black Butler
Bild rechts Charakter: Guo Jia, Spiel: Dynasty Warriors 7

Angie, Aza Miyuko und YingTze

Webseiten

Angie (Malaysia)
https://www.fb.com/Angie7099

Aza Miyuko (Korea)
https://www.fb.com/AzaMiyuko.FanPage

Ying Tze (Malaysia)
https://www.fb.com/YingTze1206

Wie habt ihr mit Cosplay angefangen?

Aza: Als ich während meiner Zeit an der Oberschule einige Anime sah, begann ich die Animationen, die ich sah zu lieben. Wir wollten zusammen mit Freunden Cosplay machen und so fing es an.

Angie: Ich liebe Manga schon seit ich sehr jung war. Nachdem ich ans College gekommen war entdeckte ich mit meinen Freunden das Hobby das sich „Cosplay" nannte. Es war sehr interessant und man, konnte sich in den Charakter verwandeln, der man sein wollte. So begann ich das Hobby auszuprobieren.

Ying Tze: Ich bin schon seit meinem vierten Lebensjahr ein Riesenfan von Anime, Game und Manga. Ich bin mit Anime und Manga aufgewachsen und entdeckte Cosplay 2003. Zu dieser Zeit hatte ich aber noch nicht die Möglichkeiten dies zu tun und so wartete ich bis 2005.

Warum betreibt ihr Cosplay? Was ist der Hauptgrund? Ist es Leidenschaft? Oder wollt ihr wie der Charakter sein den ihr auf der Bühne zeigt? Oder was ist es?

Angie: Für mich ist es wirklich die Leidenschaft. Cosplay ist teuer und benötigt viel Zeit. Es gibt so viele Kostüme, die ich wegen der Charaktere (die sie tragen) mag. Ich liebe die Leidenschaft daran. Es ist wirklich etwas zu erschaffen das man erschaffen möchte. Den Charakter den man mag zum Leben erwecken. Du kannst diesen Charakter cosplayen, das ist Cosplay. Diese Leidenschaft treibt mich dazu zu cosplayen.

Bild oben (von links nach rechts)
Aza und Angie als Nico Yazawa (Love Live)
Ying Tze als Nozomi Tojo (Love Live)

Bild mitte (von links nach rechts)
Angie als Inori (Guilty Crown)
Ying Tze als Teresa (Chain Chronicle)
Fotograf: Fritjof Eckardt

Ying Tze: Bei mir ist es die Liebe für den Charakter und weil ich es liebe Kostüme zu Machen. Man kann sagen, dass mich das zum Cosplay treibt, weil ich es mag neue Kostüme herzustellen. Bei jedem Projekt lerne ich etwas Neues für mich

Aza: Ich mag es die Kostüme aus den Anime herzustellen und noch mehr Charaktere zu cosplayen. Es macht viel Spaß die Charaktere zu cosplayen und so begann ich.

Was sind die Herausforderungen auf dem Weg ein professioneller Cosplayer zu werden?

Angie: Für mich ist Cosplay ein Hobby. Ich versuche mein Bestes zu geben und gebe es. Ich möchte glauben dass wir Profis sind, weil wir mehr Erfahrung haben, aber eigentlich sind wir mitten in der Lernphase. Mach einfach dein bestes, schätze es und dann wirst du ein guter Cosplayer.

Ying Tze: Für mich ist es genauso. Wie Angie sagte, es ist ein Hobby. Wenn man von Herausforderungen spricht, für mich gibt es da keine besonderen. Ich mache die Kostüme die ich mag, wenn ich sehe ich mag dieses Kostüm dann mache ich es einfach für eine Veranstaltung. Das wichtigste für mich ist es das Kostüme herstellen als Hobby zu genießen.

Aza: Es hängt sehr davon ab welche Schritte du machst. Ich mag Schwierigkeiten, diese Dinge machen uns stärker und erhöhen die Leidenschaft für Cosplay.

Ihr betreibt Cosplay schon sehr lange. Hat es euer Leben beeinflusst oder verändert?

Angie: Ich habe eine Menge durch Cosplay und das Hobby gelernt. Nach der Oberschule war ich ein Mädchen das nicht wusste wie sie sich stylen und wie sie leben sollte. Nachdem ich mit Cosplay begonnen hatte, wusste ich wie man viele Dinge macht. Wie man Haare stylt, wie man ein Kostüm näht, wie man mit Kameras umgeht, wie man posiert, wie man zu dem Charakter wird. Ich habe sehr viele Dinge gelernt. Es ist mein Leben.

Ying Tze: Für mich ist es genauso. Vor Cosplay war ich unsicher mit vielen Leuten oder was ich auf einer Bühne machen sollte. Bei meinem ersten Auftritt als Gast auf einer Bühne im letzten Jahr, lief ich mit dem Mikrophon hin und her und hatte keine Ahnung was ich da erzählt habe. Durch Cosplay wurde mir klar, dass ich es mag Kleidung zu entwerfen und herzustellen. Deshalb habe ich mich für „Modedesign" an einer Modeschule entschieden. Zuvor war ich mir nicht sicher ob ich etwas mit Kunst oder Design machen sollte. Bevor ich zum College ging hatte ich keine Ahnung wie man ein Kostüm macht. Durch Cosplay habe ich gelernt bei Details wesentlich genauer zu sein. In der Modeschule schauten die Lehrer genau und sagten „Das ist nicht gut genug" und dann musste man die Sachen entsprechend überarbeiten. Ich denke dies hat meinen Blick für Details sehr geschärft.

Aza: Ich habe viele Dinge durch Cosplay gelernt. Unter anderem wie man besser näht und viele weitere Kostüme herstellt. Es ist ein Hobby mit dem ich sehr viel Leidenschaft verbinde.

Die konventionellen Medien

Fernsehen und Zeitungen gehören inzwischen fest zum Cosplay dazu. Ob man das nun mag oder nicht, man kann nicht mehr ohne die Medien auskommen, aber die Zusammenarbeit mit ihnen ist gerade was das Thema Cosplay anbelangt auch nicht immer einfach. Leider ist die Berichterstattung in den deutschen „fachfremden" Medien, insbesondere im (privaten) Fernsehen, oft noch relativ schlecht, selbst wenn es in den letzten zehn Jahren insgesamt gesehen eine durchaus positive Entwicklung gegeben hat. Immer mehr Medien und deren Mitarbeiter sind dem Thema Cosplay gegenüber inzwischen wesentlich offener und vorurteilsfreier eingestellt. Da das aber eben leider nicht auf alle zutrifft, ist immer etwas Vorsicht im Umgang mit ihnen angebracht. In Asien und in einigen anderen Ländern sind die Medien dem Thema gegenüber wesentlich unvoreingenommener und positiver eingestellt als in Deutschland.

Traurigerweise wird hier immer noch oft, aber glücklicherweise nicht immer, nur nach etwas von den Medienvertretern gesucht, das man dem TV-Publikum oder der Leserschaft gut als „andersartig" präsentieren kann. Glaubt man einigen TV-Formaten, so hat jeder Cosplayer mindestens eine Persönlichkeitsstörung, ist nicht sehr intelligent, meist Mitte zwanzig, wohnt noch bei den Eltern, ist ungebildet, hat keine Freunde, ist arbeitslos, läuft den ganzen Tag nur im Kostüm herum und lebt vollständig in einer Traumwelt. Höchstwahrscheinlich gibt es tatsächlich einige wenige Fälle, auf die das zutrifft, aber der durchschnittliche Cosplayer ist weit davon entfernt und geht im normalen Leben sehr geregelten Tätigkeiten wie Schule, Studium oder Arbeit nach. Teilweise arbeiten die Leute in angesehenen Berufen und nutzen Cosplay einfach nur zum Ausspannen und Erholen.

Je „verrückter" das Kostüm jedoch (auf Außenstehende) wirkt, desto höher ist die Wahrscheinlichkeit, als Cosplayer bei einer Veranstaltung von Medienvertretern unvermittelt angesprochen zu werden. Dies sollte jedem Cosplayer klar sein, insbesondere dann, wenn man im Kostüm durch die Stadt läuft. Im Idealfall sprechen die Medien die Veranstalter an und so kann man als Veranstalter versuchen, sie entsprechend gut über das Thema aufzuklären.

Die heutige Hard- und Software bietet selbst Amateuren eindrucksvolle Bild-, Ton- und Videomanipulationsmöglichkeiten. Einfallsreiche Profis können mit diesen Werkzeugen so ziemlich alles darstellen und erstellen was gewünscht wird. Der Zeitraum, welcher in den Medien als ein Tag, eine Woche, ein Monat oder ein Jahr präsentiert wird, kann in der Realität wesentlich kürzer aber auch um einiges länger sein. Ebenso ist durch geschickte Schnitte (oder andere Manipulationen) das Erzählen einer ganz anderen Geschichte recht einfach möglich. Viele Berichte und Serien im Fernsehen sind „gescripted", d.h. es gibt ein Drehbuch und nichts ist dem Zufall überlassen.

In der Vergangenheit gab es bereits einiges an negativen Berichten, so dass manche Produktionsfirmen, Sender und Sendungen bei den Cosplayern ein sehr schlechtes Image hatten bzw. teilweise immer noch haben. Manchmal erhielten diese Medienvertreter oder Firmen zeitweilig auf bestimmten Veranstaltungen keinerlei Akkreditierung oder Interviews mehr. Es wurde beispielsweise in den Medien von einem Manga-Mord (der Täter hatte als Hobby Anime und Manga), angeblich stinkenden Videospielern (auf einer Messe) oder einem Kampfmönch berichtet, der scheinbar eine ganze Stadt tagelang in Angst und Schrecken versetzt haben soll (ein Cosplayer im Kostüm, der durch die Stadt lief).

So etwas verkauft sich natürlich wesentlich besser bei den Lesern und Zuschauern, als Leute, die sich einfach nur kostümiert treffen und dabei ihren Spaß haben.

Wenn es bereits vor der entsprechenden Veranstaltung offizielle Pressekonferenzen gibt, wie dies bei einigen städtischen Festen mit Cosplay-Wettbewerben der Fall ist, dann ist die Berichterstattung im Vorfeld und danach meist neutral bis ziemlich gut. Bei kleineren Events kann das jedoch völlig anders sein und eine wahrhaft wilde Berichterstattung erfolgen, insbesondere dann, wenn die Veranstaltung zum ersten Mal stattfindet und die lokalen Medienvertreter keinerlei Erfahrung mit dem Thema haben. Grundsätzlich gilt, dass man sich als Veranstalter gut präsentieren muss, wenn man einen guten Bericht möchte. Man muss die Medienvertreter entsprechend mit kurzen und gut verständlichen Informationen versorgen, sich um sie kümmern und einen Ansprechpartner für Fragen zur Verfügung stellen. Medienvertreter sind vielbeschäftigt und haben selten Zeit, selbst zu recherchieren oder sich gar im Vorfeld ausreichend in die Materie einzulesen. Darauf sollte sich jeder Veranstalter einrichten und vorbereitet sein.

Es gibt bedauerlicherweise auch immer wieder Cosplayer und Veranstaltungsbesucher, die unbedingt in die Medien wollen und denen es völlig egal ist, wie sie das schaffen. Manche Cosplayer präsentieren sich dafür in Kostümen, die sehr schnell missverstanden werden können, wie z.B. in Uniformen, in extrem sexy Outfits oder in völlig verrückten Kostümen.

Man sollte sich immer darüber im Klaren sein, dass man sich bei anderen Cosplayern und Mitmenschen schnell zum Hassobjekt macht, wenn man sich in den Medien ungeschickt äußert, herumschreit, als totaler Freak „rüberkommt" oder komisch für die Kamera posiert. Geht ein Bericht daneben oder zieht dieser das Hobby ins Lächerliche, sparen die Cosplayer im Web und auf Veranstaltungen nicht mit heftiger Kritik. Tränen, Frust und Trauer sind da dann vorprogrammiert.

Manchmal merkt man schon in den ersten Minuten mit den Medienvertretern, dass es diese darauf abgesehen haben, das Hobby in die „Freak-Ecke" zu drängen und sämtliche Fragen ausschließlich darauf zielen, die Person, mit der gesprochen wird, komisch darzustellen. Es beginnt mit Fragen à la „Läufst du immer so herum?", „Hast du Probleme zu Hause?", „Gehst du so zur Arbeit?", „Mach mal komische Gesten!" oder „Strecke die Zunge raus?". Gerne kommt auch die Bitte „Mach mal auf sexy!". Da sollte man dann auch deutlich „Stopp" sagen und gegensteuern, hinterher ist sonst das Geschrei der Leute und der anderen Cosplayer im Web sehr groß. Sehr entscheidend ist es auch, den „Fremdschämfaktor" so weit wie möglich unten zu halten.

Mehr als einmal hatte ich als Cosplay-Organisator selbst mit zweifelhaften Fragen von Pressevertretern zu tun, die dann mit deutlichem Hinweis auf „Ob es auch vernünftige Fragen gäbe", deutlichen Klarstellungen oder gar mit dem Abbruch des Interviews endeten.

Selbstredend gibt es auch Journalisten, die viel Wert auf gute, neutrale, sachliche und seriöse Berichterstattung legen. Diese sollten dann umso mehr von Veranstaltungen und Cosplayern unterstützt werden. Es ist völlig normal, wenn zu Beginn Fragen gestellt werden, die komisch klingen mögen. Ob wirkliches Interesse dahinter steckt, merkt man meist relativ schnell.

Jedem Cosplayer, der in Berichten und Interviews erscheint, muss zweifellos klar sein, dass man nach Auftritten im Fernsehen oder Fotos/Interviews in Zeitungen von fremden Leuten bei den „unmöglichsten" Gelegenheiten darauf angesprochen werden kann. Das kann durchaus auch manchmal peinlich werden, wie „an der Kasse im Supermarkt" oder „im Meeting mit Kunden".

Viele Leute denken, ein Fernsehbericht funktioniert nach dem Motto: „Lächeln, Winken, Posieren, etwas sagen und fertig". Im Prinzip ist es „eigentlich" auch so, aber nur wenn der Bericht wenige Sekunden lang sein soll. Bei längeren Berichten sieht die Realität vollkommen anders aus. Aufnahmen und Szenen müssen mit den Protagonisten geprobt, mehrfach aufgenommen oder gar wieder komplett geändert werden, von der Nachbearbeitung (wie Vertonung, Musikunterlegung, Schnitt) ganz zu schweigen. Fernsehen ist unglaublich viel Arbeit, das ist kein „wir filmen mal ein bisschen und fertig". Es ist nicht ungewöhnlich, dass für einen kurzen Bericht (1 - 2 Minuten Sendezeit) eine Stunde oder länger gefilmt wird. Welche Ausmaße das annimmt, wenn der Bericht dann eine Sendelänge von mehreren Minuten oder gar einer Stunde hat, kann man sich schnell denken. Abgesehen davon erfordert jede Filmaufnahme entsprechende Vorbereitungszeit, die dann noch dazu kommt. Es ist sowohl für das Filmteam als auch für die Darsteller wirklich harte Arbeit.

Ich flog 2010 mit dem deutschen WCS Team und einem Filmteam von „Auf und davon" zum World Cosplay Summit nach Nagoya (Japan). Es war unglaublich interessant, aber auch sehr viel Arbeit. Der Zeitaufwand war enorm, die beiden Cosplayerinnen hatten das WCS-Veranstaltungsprogramm mit vielen Events und zusätzlich noch die zahlreichen Filmaufnahmen für die Sendung zu absolvieren. Das Programm des WCS mit seinen vielen Veranstaltungspunkten an sich war schon überaus anstrengend, insbesondere wegen des extremen Klimas im japanischen Sommer von stellenweise über 35°C bei mehr als 80% Luftfeuchtigkeit. Es gab keinerlei Freizeit für die beiden, sondern eine Woche lang von früh morgens bis spät nachts nonstop Veranstaltungen, Filmaufnahmen, Proben und Stress. Die Vorbereitungen für den Bericht (wie Drehgenehmigungen einholen, Recherchen und Koordination) waren ebenfalls sehr zeitaufwendig.

Fremdschämen

Als Fremdschämen wird bezeichnet, wenn man sich für etwas, das eine andere Person tut, schämt, obwohl man diese Person möglicherweise überhaupt nicht kennt. Dafür kann es unterschiedliche Gründe geben. Vielleicht hat die Person etwas (vermeintlich) Dummes gesagt oder getan, trägt komische Kleidung oder ist in ihrem Verhalten überhaupt nicht verständlich und nachvollziehbar. Es gibt vielfache Ursachen für Fremdschämen, je nach Ursache, Ort und Vorkenntnissen sind Leute in diesem Bezug auch verschieden empfindlich. Vielen Leuten, die nicht wissen, was Cosplay ist, ergeht es beim Anblick von Cosplay-Kostümen und Cosplayern (anfänglich) so.

Bild oben
Charakter: Marron Kusakabe
Serie: Kamikaze Kaito Jeanne
Fotograf: Fritjof Eckardt

Bild unten
Charakter: Marron Kusakabe
Serie: Kamikaze Kaito Jeanne
Fotograf: Fritjof Eckardt

Désirée Richter (Desi)

Du wolltest damals mit „Auf und davon" zum WCS, hättest du gedacht dass Fernsehen so viel Arbeit ist?

Ich habe vor allem gedacht, dass meine körperlichen Grenzen nicht so schnell erreicht werden. Ich bin ein sehr sportlicher und vitaler Mensch. Doch die Arbeit, die wir mit dem Fernsehteam hatten, die Denkprozesse dahinter, die Angst, einen Fehler zu machen, der dann im Fernsehen zu belächeln ist und der straffe Zeitplan haben mich an meine äußersten Grenzen getrieben. Gerne hätte ich mehr Zeit mit den anderen WCS Teilnehmern verbracht, was durch die Dreharbeiten aber nicht möglich gewesen ist. Heute bereue ich das ein wenig. Das ganze Event konnte ich deswegen nicht ansatzweise so auf mich wirken lassen und Erfahrungen mitnehmen, wie ich es mir gewünscht hätte.Nichtsdestotrotz ist am Ende ein Fernsehbericht entstanden, der für mich und viele Kollegen in der Szene einiges bewirkt hat.

Wie sah der typische Tag beim WCS und dem „Auf und davon" Bericht aus?

Nach dem Aufstehen gab es das Briefing beim Frühstück. Wir mussten sowohl das WCS Briefing, als auch das vom Fernsehteam aufnehmen und miteinander verarbeiten. Die Pläne dafür standen schon Wochen zuvor fest. Schlechte Laune war ein „No go" – völlig egal wie es Brigitte und mir ging, wir rafften uns zusammen und überspielten, wie kaputt und ausgelaugt wir vom Jetlag wirklich waren. Morgens stand meistens ein WCS Task auf dem Plan. Wir zogen schnell unsere Kostüme an und legten das Make-Up auf. Dabei war jede Minute wertvoll. Die Outfits für den restlichen Tag haben wir kurz besprochen und rausgelegt, um auf alles vorbereitet zu sein. Wenn der Scheinwerfer nicht gerade auf uns als Team Deutschland gerichtet war, kam das Fernsehteam und interviewte Alles, was wir gerade erlebt hatten, um möglichst viel Material von uns im Kostüm und bei unseren WCS Aufgaben zu filmen. Wenn wir mit den Cosplay Auftritten fertig waren, bekamen wir vom WCS Staff eine offizielle Pause, die die anderen Teams mit Entspannung und Mittagessen füllten oder um sich untereinander besser kennen lernen zu können. Wir setzten uns jedoch kurz mit dem Fernsehteam hin, besprachen die nächsten Einstellungen und aßen dabei Reisbällchen. Danach wurde in den Hotelzimmern gefilmt. Vom WCS hatten Brigitte und ich jeder ein Hotelzimmer bekommen, jedoch nutzen wir beide eines davon nur für die Fernsehproduktion (Interviews und Dreharbeiten) und schliefen gemeinsam in dem anderen Zimmer. So hatten wir einen privaten Rückzugsort.

Außen-Drehs waren vor allem am Nachmittag angesetzt. Dann liefen wir durch Nagoya und sprachen Passanten vor der Kamera an, oder gingen in Shops, um spezielle Ereignisse aufzunehmen, die im Skript standen. Geplant war eine „Fail and Success" Struktur, die uns vorschrieb, dass wir verschiedene Aktionen machen sollten, die entweder gestellt „gut" oder gestellt „schlecht" für uns ausgingen. Manchmal nahmen wir auch zwei verschiedene Varianten auf. Spät abends besprachen wir alle Einstellungen und Ergebnisse bei einem ausgiebigen Abendessen und gingen den Plan für den nächsten Tag schon einmal durch. Zusammenfassend kann ich sagen, dass die Filmarbeiten uns eine Menge Konzentration und Kraft gekostet haben, die durch das WCS sowieso schon aufgebraucht waren.

Wie waren deine Erfahrungen nachdem der Bericht in Deutschland gesendet worden ist? Gab es komische Situationen (z.B. im Supermarkt)? Haben dich Leute auf der Straße erkannt und angesprochen?

Nach der Ausstrahlung im deutschen Fernsehen habe ich verschiedene Reaktionen beobachtet: Meine Familie war stolz auf unsere Leistung, da sie wussten, wie viel Arbeit der Bericht insgesamt gekostet hatte. Außerdem waren sich alle engeren Freunde und auch die Familie darüber einig, dass der Bericht uns als Personen nicht wirklich real und glaubhaft darstellt, sondern das versucht wurde, aus unseren Interviews neue Sachzusammenhänge zu schneiden und so unsere Aussagen zu verändern. Beispielsweise wurden aus Brigittes Interviews vor allem die vulgären Ausdrücke hervorgehoben und oft eingespielt. Außerdem kam der Team Charakter nicht wirklich zur Geltung, da in ihren Untertiteln meist Sachen standen wie „Ist Désirée's beste Freundin", während bei mir Dingen standen wie „Hat schon in einem Musical mitgespielt". Brigitte wurde quasi als Freundin der Hauptprotagonistin hingestellt und zurechtgeschnitten. Zur Zeit der ersten Fernsehausstrahlung erhielt ich über Facebook zuhauf Nachrichten und Zuspruch von Zuschauern des Beitrags und Interessierten. Alle mit positivem Background. Die meisten hatten noch nie was von Cosplay gehört und waren begeistert davon, welche Ausmaße dieses Hobby doch hat. Sie fanden den Bericht sehr informativ und er hat auch viele junge Menschen nachhaltig inspiriert, selber mit dem Cosplay anzufangen. Das hat mich persönlich sehr berührt und es hat mir bewiesen, dass es richtig war, soviel Energie für den Bericht zu investieren. Die negativen Kommentare auf YouTube & Twitter waren meist anonym, aber konnten von uns zuverlässig identifiziert werden. Diese kamen allesamt aus der deutschen Cosplay-Szene und enthielten weder konstruktive Kritik noch Lob. Es wurde auf uns herumgehackt, was uns denn einfallen würde, so ein „schlechtes" oder peinliches deutsches WCS Team zu sein. Sehr aggressive und angreifende Botschaften erreichten uns auch per E-Mail. Es war ziemlich lästig, dass gerade aus den eigenen Reihen so wenig Support und Achtung dafür vorhanden war, was wir geleistet hatten.

Die ersten sechs Monate nach der Ausstrahlung wurde ich, als Privat-Person auch sehr häufig auf der Straße, an der Uni oder im Supermarkt auf den Bericht positiv angesprochen und erzählte meiner Partnerin, Brigitte, die zu diesem Zeitpunkt schon angefangen hatte, im Ausland zu studieren, von den Erlebnissen und Gesprächen, damit auch sie die positive Stimmung miterleben konnte. Heute nach sechse Jahren gibt es keine Reaktionen mehr auf den Bericht. Auch auf Conventions werde ich nicht mehr angesprochen oder erkannt.

Was würdest du Cosplayern für Auftritte im Fernsehen oder in Zeitungsinterviews empfehlen?

Die Interviews laufen meist darauf hinaus, das Hobby Cosplay als seltsam, bescheuert oder sonst wie medieninteressant darzustellen. Deswegen sollte man in einem Interview ständig im Hinterkopf behalten, dass jeder Satz den man von sich gibt, in einem neuen Kontext anders dargestellt werden kann. Dabei kennen die Fernseh- und Zeitungsleute keine Skrupel, da sie ihr Geld nicht mit Friede-Freude-Eierkuchen-Interviews, sondern mit Skandalberichten und „erschreckenden" Erkenntnissen verdienen. Ich würde von den Boulevard Zeitungen grundsätzlich abraten. Genauso die Fernsehsender. Viele Studenten und Menschen mit wissenschaftlichem Interesse lassen sich für ihre Arbeiten Interviews mit Cosplayern geben. In einem solchen Fall sollte man sich vorher den Interview Bogen zuschicken lassen und für sich selbst entscheiden, ob man der entsprechenden Person den nötigen Sachverstand zutraut, das Thema objektiv und interessant zu behandeln. Letzten Endes ist es jedoch „nur" ein Bericht oder Zeitungsartikel unter mittlerweile sehr vielen. Das Thema war vor 10 Jahren noch viel bedeutender als heute, da die Szene auch schon sehr groß geworden ist und seit Jahren von den Medien mal gut mal schlecht beleuchtet worden ist. Möchte man die Erfahrung gerne machen, rate ich zu seriösen Zeitungen und bin fast ausschließlich gegen Fernsehinterviews (bedingt durch Deutschlands schlechte Fernsehkultur). YouTube Kanäle interessieren sich auch für das Thema Cosplay. Dort kann man erste Erfahrungen machen und sich ein Bild verschaffen, wie Cosplayer in den Medien häufig dargestellt werden und welche Fragen häufig gestellt werden.

Charakter: Sailor Venus, Serie: Sailor Venus PGSM, Fotograf: Arne Beilschmidt

Cosplay-Zeitschriften

Natürlich gibt es kommerzielle deutschsprachige Anime- / Manga- / Japan-Magazine, in denen die Berichterstattung zum Thema Cosplay wesentlich kompetenter ist. Immer wieder gab es auch in Deutschland Versuche, reine Cosplay-Zeitschriften oder Zeitschriften mit einem sehr hohen Anteil an Cosplay-Inhalten zu etablieren, sowohl von Seiten der Fans als auch von Verlagen. Bisher war bedauerlicherweise keines dieser kommerziellen Projekte von dauerhaftem Erfolg gekrönt. Momentan will sich das Cosplay Magazin Cohaku (http://www.cohaku.de) auf dem deutschen und internationalen Markt etablieren.

Es gibt zudem verschiedene Fanmedien (zum Beispiel Fanzeitschriften), die sich mit dem Thema beschäftigen, der Großteil davon ist online mit Webseiten, auf YouTube oder in sozialen Netzwerken vertreten.

In Japan (und Asien) sind viele Medien und Leute dem Thema gegenüber wesentlich aufgeschlossener und positiver eingestellt. Berichte von und mit Cosplayern sind dort nicht ungewöhnlich und es wird viel mehr auf die Kostüme, Personen oder die Veranstaltung eingegangen. Die Zielgruppe ist dort recht groß und so ist es auch nicht verwunderlich, dass es einige kommerzielle Magazine mit hohen Auflagen über das Thema gibt. In diesen Ländern wird mit dem Thema Cosplay sehr viel Geld verdient. Einige dieser Magazine kann man auch über japanische Händler in Deutschland erhalten.

Cover COSMODE THAILAND Ausgabe 24 und 25 (Jahr 2014)

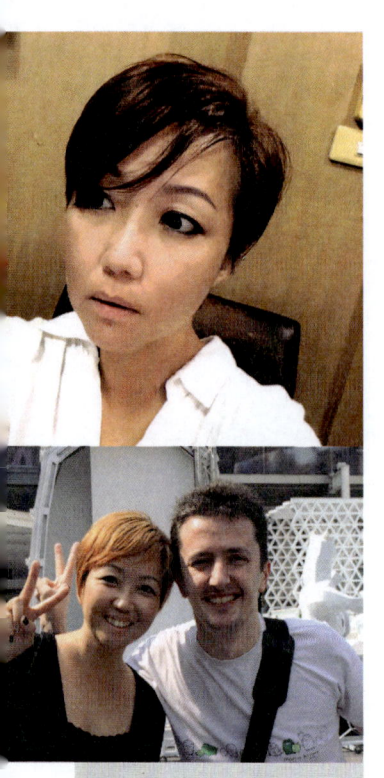

Shigeno Makoto

Ich wohne seit 1999 in Bankok, Thailand und arbeite für den thailändischen Verlag Animate Group Co., Ltd. Ich veröffentlichte unter Mitwirkung der japanischen Zeitschrift COSMODE (gegenwärtig COSPLAY MODE) im Jahr 2010 erstmals in Thailand eine Cosplay Zeitschrift, die „COSMODE THAILAND", inzwischen in „Cosplaymode Thailand" umbenannt.

Beruf

Grafikdesigner

Wie lange gibt es eure Zeitschrift schon?

Seit der Veröffentlichung im Oktober 2010 sind das nun 4 Jahre.

Die ursprüngliche Zeitschrift erscheint in Japan, wie kam es dazu, dass eine thailändische Version entwickelt wurde?

Ich besuchte auch thailändische Veranstaltungen und merkte, dass die Anzahl der Cosplayer zunahm. Ich dachte mir, dass ich die jungen thailändischen Fans, welche sich für Anime, Cosplay und Manga interessierten, unterstützen könnte. Da ich die Leute von COSMODE Japan kannte, habe ich mit ihnen gesprochen.

Was sind die Themen?

Cosplay Anleitungen [How To] und Cosplayer Vorstellungen / Momentaufnahmen.

Wie viele Leute kaufen Cosmode?

Ungefähr 6000 Leute.

Berichtet ihr auch über Cosplayer und Veranstaltungen im Ausland?

Da ich kein großes Budget habe um auf Recherche ins Ausland zu gehen, geht das leider meistens nicht. Aber wenn es große Veranstaltungen gibt, dann gibt es natürlich Artikel über Japan und andere asiatische Länder.

Bild oben
Shigeno Makoto
Fotografin: Shigeno Makoto

Bild unten
Shigeno Makoto und Fritjof Eckardt
Fotograf: Joan Jung Jensen

Ruxandra Târcă

Webseite

http://www.cosplaygen.com

Aufgabe

Chefredakteurin (Cosplay GEN - Magazin aus Rumänien)

Wie lange gibt es eure Zeitschrift schon?

Wir starteten das Projekt im Frühjahr 2010 und es ist nicht unser erstes Magazin (wir haben ein weiteres, „Otaku Magazin", das 2006 gestartet wurde. Dieses ist nicht nur auf Cosplay sondern auf die Otaku-Kultur und ihren Einfluss allgemein ausgelegt). Cosplay GEN ist ein Magazin, das an einem Abend, nach einem Chat zwischen mir und meinem Freund Cristian Botea entstand, während dem wir uns Cosplay Fotos im Internet ansahen. Die weiteren Mitglieder des Kernteams kamen in weniger als einer Woche dazu und wir begannen schon Inhalt für die Pilotausgabe zusammenzutragen. Wir haben bereits acht Ausgaben veröffentlicht und wir arbeiten derzeit an der nächsten. Und, natürlich, haben wir nicht die Absicht so schnell damit aufzuhören.

Wie wurde das Konzept für Cosplay GEN entwickelt?

Wir sahen so viele talentierte Cosplayer und Fotografen und haben wir uns gefragt, wie man sie einem breiterem Publikum vorstellen könnte. Wir haben uns ja schon mit, nennen wir es „Otaku Medien", durch unser Otaku Magazin beschäftigt. So suchten wir nach entsprechenden veröffentlichten Medien. Aber wir erkannten, dass es keine solche Sache wie ein internationales Magazin mit dem Schwerpunkt Cosplay, in einer Sprache die universell verständlich war, mit einem guten Preis und Artikeln, Tutorials, Interviews und weiteren Informationen für Cosplayer, Fotografen und Fans gleichermaßen gab. Natürlich, es gibt COSMODE, was ein großartiges (japanisches) Magazin ist, aber die Sprachbarriere ist ein großes Problem innerhalb des westlichen Fandoms. Nicht zu vergessen, es kann wirklich teuer werden, da ja auch die Versandkosten hinzukommen. Deshalb wollten wir ein Magazin erstellen, das alle oben genannten Kriterien erfüllt. Und es sollte natürlich gut aussehen und attraktive Inhalte haben - alle schriftlichen Inhalte sind extra für Cosplay Gen (außer die Fotos), so dass man mit jeder Ausgabe wirklich brandneue Dinge liest.

Cosplay GEN Cover

Was sind die Unterschiede zwischen Cosplay GEN und anderen Cosplay Magazinen? Wo ist der Fokus von Cosplay GEN?

Nun, soweit ich weiß, gibt es nicht so viele Cosplay Zeitschriften, die auch in gedruckter Form erscheinen. Aber unserer Meinung nach, ist das was Cosplay GEN von anderen Projekten mit ähnlichem Schwerpunkt unterscheidet unser Kernkonzept. Wir wollten ein Magazin, das mehr wie ein Foto-Buch aussieht, in limitierter Auflage, von Fans für Fans gemacht. Deshalb gibt es in Cosplay GEN keine Werbung, keine Schlagzeilen auf dem Cover oder andere Elemente die von diesem Konzept abweichen würden. Wir machen Cosplay GEN nicht des Geldes wegen (es ist ein Projekt, das wir mit unserem eigenen Geld und ohne Sponsoren, Werbung oder ähnliches begonnen haben). Wir wollen Cosplay und alles was damit zu tun hat fördern, weil wir diese Kunst wirklich lieben. Daher halten wir den Preis niedrig, so dass nur die Druck- und Versandkosten gedeckt sind. Das Magazin stützt sich selbst durch das Fandom - das Geld für eine verkaufte Ausgabe wird für die Veröffentlichung der nächsten Ausgabe eingesetzt. Ein weiterer wichtiger Aspekt ist die Recherche, die hinter jeder Ausgabe steckt. Wir wollen nicht nur weltbekannte Cosplayer veröffentlichen, wir bemühen uns auch sehr talentierte Cosplayer, die im Grunde innerhalb des Fandom unbekannt sind zu finden und die mehr Beachtung verdienen. Und wir können Ihnen versichern, dass Sie solche Cosplayer in allen Ecken der Welt finden.

Wieviele Leute arbeiten für euer Magazin?

Unser Kernteam umfasst Ruxandra Târcă (Chefredakteurin), Cristian Botea (Koordinator Inhalt), Bogdan Gorgăneanu (Co-Gründer und Herausgeber) und unser fantastischer Grafikdesigner Angelo Waclaw aka Cyril Rictus, der für den visuellen Aspekt von Cosplay GEN verantwortlich ist. Kürzlich kam ein weiterer Freund, Alexandru Mihai Gheorghe, zum Team als Manager für internationale Kontakte hinzu. Aber abgesehen davon, haben wir eine ganze Armee von Freunden, die unsere Mitarbeiter wurden und Mitarbeiter die unsere Freunde wurden. Wir sind einigen Leuten sehr dankbar dafür, das sie dieses Projekt am Leben halten: unsere Übersetzerin Odeena (ihre Japanisch Kenntnisse sind sehr wichtig für Cosplay GEN), Catalina (unsere sehr hilfsbereite koreanisch Übersetzerin) und vielen, vielen anderen. Nicht zur vergessen die Cosplayer und Fotografen, die ebenfalls Teil unseres größeren Teams wurden. Rückblickend auf unsere erste Ausgabe (als wir nur zu dritt ein sehr gewagtes Projekt gestartet haben), können wir sagen, wir sind doch sehr gewachsen. Jetzt sind wir wie eine große, glückliche Familie mit Verwandten in der ganzen Welt.

Wieviele Leute kaufen das Magazin?

Wie ich bereits erwähnt habe, ist Cosplay GEN ein Magazin mit limitierter Auflage. Wir drucken nicht mehr als 1000 Exemplare jeder Ausgabe und wir drucken ausverkaufte Ausgaben auch nicht nach. Wenn eine Ausgabe ausverkauft ist, dann stellen wir sie kostenlos online. Darüber hinaus haben wir eine stetig wachsende Fangemeinde, sowohl auf Facebook und DeviantArt und auch auf unserer Website. Das ist so, weil wir uns nicht nur auf das gedruckte Magazin beschränken (das ist natürlich der Kern unseres Projekts), aber wir promoten auch viele Cosplayer und Fotografen auf unseren Webseiten. Wir haben verschiedene kleinere Projekte, wie „Best on deviantART" und wir beabsichtigen dies beizubehalten und diese in Zukunft auszubauen. Die Anzahl der Leute, die Cosplay GEN lesen und mit den ganzen Projekt in Verbindung sind, ist aktuell viel größer als es die Verkaufszahlen spiegeln.

Bitte beschreibe den schönsten Moment / die schönste Erfahrung bei eurer Arbeit an dem Magazin

Für uns, ist jede Begegnung mit einem Cosplayer oder Fotografen, die wir bereits aus unseren Recherchen kennen oder jedem neuen Cosplayer oder Fotograf, den wir durch unsere Recherchen finden, jedes neue Interview, das wir erhalten eine schöne Erfahrung. Neue Freunde finden, das internationale Team, das wir haben zu vergrößern oder die Erfahrungen von Cosplayern oder Fotografen oder anderen sind gleichzeitig inspirierend und motivierend. Es gab Momente, in denen sich meine Augen beim Lesen eines Interviews mit Tränen füllten, denn es gibt so viele emotionale Geschichten da draußen. Oder wir waren so glücklich und aufgeregt, die Cosplayer und Fotografen persönlich zu treffen, die wir bereits durch unsere bisherigen Zusammenarbeiten für Cosplay GEN kannten und die bereits unsere Freunde geworden waren. Für uns ist jede solche Begegnung eine neue kostbare Erinnerung.

In welche Richtung wird sich Cosplay GEN in Zukunft entwickeln?

Nun, das ist das einzige, was sicher ist, wir werden so weitermachen wie bisher. Wir wollen dieses Projekt so lange wie möglich am Leben halten, auch wenn wir alle mindestens einen Vollzeitjob haben der unsere meiste Aufmerksamkeit erfordert, so haben wir dennoch nicht vor Cosplay GEN zu zeitig aufzugeben. Es ist ein Projekt, das wächst und wir füttern es mit außergewöhnlichen Leuten, die helfen können so dass es stärker und nützlicher wird für den stets größer werdenden internationalen Cosplay Fandom.

Team Cosplay GEN (v.l.n.r.): Cyril Rictus/Milan, Reactive, Lina Lau, Ruxi & Otaku

Ratgeber für Cosplayer bei Medienanfragen

Medien (das ist nun mal deren Geschäft) sind besonders an ausgefallenen, interessanten und abgedrehten Geschichten interessiert. Wenn man schon als Cosplayer „auffällt", dann sollte man gerade im Umgang mit den Medien besonders darauf achten, dass man sich bestmöglich präsentiert und niemandem eine Vorlage gibt, einen lächerlich zu machen. Den perfekten Cosplay-Bericht wird es bei Fernsehsendern und in fachfremden Zeitschriften vermutlich niemals geben, aber man kann vieles dafür tun, damit der Bericht halbwegs gut ausfällt. Seid euch aber auch dessen bewusst, dass immer mehr konventionelle Medien inzwischen ebenfalls online vertreten sind und die Berichte, Bilder oder Videos auch im Internet verwertet werden können.

Immer beliebter werden Berichte, in denen Cosplayer schon im Vorfeld der Veranstaltung (Kostümherstellung), auf der Veranstaltung selbst (Treffen und Fotos mit anderen Cosplayern), beim Wettbewerb und schlussendlich bei der Siegerehrung begleitet werden. So etwas sollte man sich gut überlegen, denn derartige Berichte erfordern viel Zeit und schränken einen auch auf den Veranstaltungen ziemlich ein. Außerdem möchten auch nicht alle Freunde unbedingt in einem solchen Bericht erscheinen.

Tipps für Cosplayer zum Umgang mit Medienvertretern

- Wenden sich Medienvertreter vor einer Veranstaltung an euch, dann schaut euch an und recherchiert (auch im Internet), was diese Sender, Zeitschriften und Firmen in der Vergangenheit gemacht und wie bzw. ob sie schon über Cosplay berichtet haben. Möchten Sie euch auf der Veranstaltung oder beim Cosplay-Wettbewerb begleiten und filmen, dann wendet euch bitte vor jeder Zusage unbedingt an den Organisator oder Veranstalter der Convention oder des Wettbewerbes, falls die Anfrage nicht von eben diesen direkt an euch vermittelt wurde. Ihr könnt nicht Dinge zusagen („Ja, klar könnt ihr mich beim Wettbewerb filmen."), wenn ihr den Veranstalter nicht vorher gefragt habt und dieser sich damit einverstanden erklärt. Manche Veranstalter wollen nicht (mehr) mit einigen Medien zusammenarbeiten, es könnte also ggf. sehr peinlich für euch werden, wenn ihr dann den Medienvertreten erklären dürft, dass es doch nicht geht und es keine Akkreditierung für sie gibt.

- Wenn sich Leute (auf einer Veranstaltung) vor euch als Journalisten ausgeben, ohne dass sie vorher Kontakt mit euch aufgenommen haben, dann lasst euch unbedingt die Presseausweise oder eine entsprechende Legitimation (wie Anhänger oder Pressekarte der entsprechenden Veranstaltung) zeigen. Echte Journalisten stellen sich vor und haben auch kein Problem damit, sich auf Nachfrage auch entsprechend auszuweisen. Eine große Kamera alleine sagt heute nichts mehr aus. Die kann wirklich jeder haben.

- Gewöhnt euch daran, dass einige Pressevertreter schon eine vorgefertigte Meinung und einen Bericht inklusive Schlagzeile im Kopf haben, noch bevor das Interview und die Veranstaltung überhaupt wirklich begonnen hat. Wenn euch das nicht gefällt, dann lehnt den Bericht / das Interview (notfalls) dankend ab.

- Haltet persönliche Informationen (z.B. über Familie, Job oder Wohnort) soweit möglich aus den Berichten heraus und macht die Medienvertreter darauf aufmerksam, dass diese Daten nicht im Bericht genannt werden sollen.

- Cosplayer, die nicht gefilmt / fotografiert werden möchten, müssen das sagen oder sich „wegdrehen", wenn gefilmt oder fotografiert wird. Nichts sagen und posieren gilt manchmal als stille Einverständniserklärung.
- Schreit oder grölt nicht sinnlos in die Kamera.
- Stellt euch und euer Hobby seriös und positiv, aber auch nicht zu langweilig dar.
- Sprecht so, dass euch auch Leute ohne jegliches Anime-, Japan-, Manga- und Cosplay-Hintergrundwissen verstehen können. Lasst, soweit es geht, sämtliche „Fachbegriffe" weg und falls das nicht möglich sein sollte, dann erklärt diese Wörter leicht verständlich. Geht immer davon aus, dass der Zuschauer oder Zuhörer den Charakter, dessen Kostüm ihr tragt und die dazugehörige Serie nicht kennt und keine Ahnung hat, was ihr da eigentlich macht.
- Macht keine aufreizenden Posen vor der Kamera, denn sonst geht die Berichterstattung möglicherweise in eine ganz andere ungewollte Richtung.
- Sagt ruhig auch mal „Nein", wenn ihr um etwas gebeten werdet, das ihr nicht machen wollt oder was euch als unpassend erscheint. Durchaus auch wenn ihr denkt, dass es nicht zum Charakter passt, den ihr darstellt. Erklärt den Medienvertretern dann aber auch sinnvoll und verständlich, warum ihr das nicht machen wollt und bietet Alternativen (wie passende Posen) an.
- Wenn ihr merkt, dass das Interview oder das Fotoshooting in eine negative Richtung abdriftet und kein wirkliches Interesse an einem sachlichen Bericht oder ordentlichen Fotos besteht, dann sprecht den Interviewer oder Fotografen direkt darauf an und brecht das Interview oder das Fotoshooting notfalls höflich aber bestimmt ab.
- Denkt genau nach, was ihr gegenüber Pressevertretern macht, sagt und wie ihr euch präsentiert. Gegen einen „negativen" Bericht vorzugehen ist recht aufwendig und unter Umständen auch sehr kostspielig. Am besten sollte es daher erst gar nicht zu Problemen mit Medienvertretern kommen.

Die neuen Medien

Treffender wäre vielleicht die Formulierung: „Willkommen auf dem modernen Schlachtfeld". Das Internet ist eine eigene Welt mit eigenen Regeln, die teilweise vollkommen anders sind, als man das von den konventionellen Medien gewöhnt ist. Früher war es so, dass die Fernsehsender, Zeitschriften und Medienfirmen über die alleinige „Informationsmacht" verfügten. Heute hat sich das Verhältnis ziemlich geändert. Das Internet und die neuen Medien stellen nun durch die interaktiven Nutzungsmöglichkeiten und die Tatsache, dass jeder im Internet publizieren kann und die weltweite blitzschnelle Verfügbarkeit von Informationen einen Gegenpol und völlig neue Möglichkeiten dar. Das Internet ist durch die Masse seiner Benutzer und deren Interaktionsmöglichkeiten äußerst mächtig, zugleich aber auch gefährlich. Nicht jeder Benutzer nutzt diese Möglichkeiten nur für positive Zwecke. Im Internet gibt es „Stars", von denen man im Fernsehen oder in Zeitungen noch nie etwas gehört hat, die aber hunderttausende (oder auch mehr) Fans haben. Sie haben eine enorme „Macht" und erreichen ihre Zielgruppe direkter und besser als es jede Werbekampagne jemals könnte, da sie ihre Fans direkt in „ihrer Sprache" ansprechen.

Viele Cosplayer nutzen das Internet daher, um sich zu präsentieren, sich Inspiration für neue Charaktere und Material für Kostüme zu suchen, Tipps zur Kostüm- / Requisitenanfertigung zu erhalten, Auftritte und Fotos anzuschauen, Feedback zu erhalten, sich in Cosplay-Gruppen für Auftritte und Fotoshootings zusammenzuschließen, in Kontakt mit ihren Cosplay-Freunden zu bleiben und um neue Leute kennenzulernen. Sie betreiben auch eigene Webseiten oder Weblogs. Immer mehr Cosplayer setzen (zusätzlich) auf eine eigene Seite im sozialen Netzwerk Facebook. Als Teilnehmer an den Finalveranstaltungen der großen internationalen Wettbewerbe ist es inzwischen völlig normal, via Facebook und Twitter „live" über die erlebten Ereignisse zu berichten. Ohne diese Möglichkeiten wären die meisten Cosplayer, selbst innerhalb der Szene, relativ unbekannt.

Durch die fortschreitende Entwicklung des (mobilen) Internets, der Computer, Digitalkameras, Smartphones, Tablets und insbesondere der sozialen Netzwerke und der Anime- / Manga- und Cosplay-Communities verbreitete und entwickelte sich das Phänomen Cosplay in den letzten Jahren weltweit wesentlich rasanter als all die Jahre zuvor. In den neuen Medien sind zahlreiche Fanmedien (wie Cosplay-Blogs) vertreten, da sich hier eine kostengünstige Möglichkeit bietet, zu berichten und (weltweit) viele Leute zu erreichen. Es ist nun auch wesentlich einfacher mit Cosplayern weltweit in Kontakt zu treten, zu sehen wo es überall Cosplayer gibt und was die Menschen dort so an Kostümen herstellen. Früher war man was das betrifft eher auf die Nachbarschaft und ausschließlich auf Leute, die man persönlich kannte, beschränkt, während man heute Cosplayer in allen Ecken der Welt in Echtzeit kontaktieren, Fotos / Videos tauschen und Informationen über deren Veranstaltungen im jeweiligen Heimatland erhalten kann.

Dies bringt Vor- aber auch Nachteile mit sich. Die neuen Medien und insbesondere die sozialen Netzwerke haben den Wettbewerb unter den Cosplayern sehr verstärkt und die Prioritäten extrem verschoben. Für viele Cosplayer ist nun die eigene Präsentation im Netz stellenweise wichtiger als der Besuch von Veranstaltungen oder die Teilnahme an Wettbewerben. Einige von ihnen haben es durch die neuen Medien zu großer (weltweiter) Bekanntheit (innerhalb des Fandoms) gebracht, die sie ohne diese nie erlangt hätten.

Welche verschiedenen Besonderheiten, Kommunikationsarten, Medien und Techniken gibt es?

Anime- / Manga- / Cosplay-Communities

Sie sind die Treffpunkte für Cosplayer und Cosplay-Fans im Internet. Dort werden Fotos und Videos hochgeladen und Tipps ausgetauscht, man präsentiert sich, diskutiert in Foren über Kostüme und Serien, da wird Feedback erhalten und gegeben, sich über Veranstaltungen informiert, sich für Auftritte und Fotoshootings zu Cosplay-Gruppen zusammengeschlossen und der Kontakt zu anderen Interessierten aufgebaut bzw. gehalten. Es gibt unzählige solcher Communities in den verschiedensten Ländern. Hier eine Übersicht der in Deutschland gebräuchlichsten Webseiten.

Animexx	http://www.animexx.de
CosBase	http://www.cosbase.de
Cosplay-it	http://www.cosplay-it.com
Cosplay.com	http://www.cosplay.com
Cure	http://en.curecos.com
deviantART	http://www.deviantart.com
Worldcosplay.net	http://worldcosplay.net

Apps

Immer mehr Webseiten, Veranstaltungen, Services und natürlich auch die sozialen Netzwerke bieten Apps für die unterschiedlichen Betriebssysteme von Smartphones an. Apps sind besondere Programme, die auf die jeweiligen Smartphones und deren Bedienungskonzepte spezialisiert sind. So kann man auch unterwegs immer komfortabel „online" sein und die Funktionen der entsprechenden Services oder Webseiten nutzen.

Der „letzte Schrei" sind Apps, die sich mit einem bestimmten Cosplayer beschäftigen. Diese Anwendungen sind ähnlich wie Cosplayer-Webseiten aufgebaut und interessierte Fans finden in solchen Programmen gebündelt alle Informationen über die jeweilige Person. Neben den sozialen Netzwerken bietet dies eine weitere neue Möglichkeit, um z.B. auch mit Fans in Kontakt zu bleiben, die nicht in den sozialen Netzwerken vertreten sind.

ask.fm und formspring.me

Dies sind Webseiten, auf denen jeder, egal ob anonym oder namentlich, Fragen an einen dort registrierten Benutzer, in diesem Fall an Cosplayer, stellen kann. Dazu muss der „Fragende" nicht auf der Webseite registriert sein. Beide Webseiten verfügen über verschiedenste Einstellungen. Ask.fm und formspring.me werden oft verwendet, um Fragen zu Kostümen, den nächsten Auftritten oder privaten Informationen zu stellen und natürlich gibt es hin und wieder auch Fragen, die nicht „jugendfrei" sind. Ob auf einige der manchmal recht provokanten Fragen geantwortet wird bleibt dem jeweiligen Cosplayer selbst überlassen.

Für den Inhalt der hier genannten Webseiten sind ausschließlich deren Betreiber verantwortlich.

Chat

Früher waren „feste" Chatrooms basierend auf dem IRC-System sehr beliebt, heute bietet fast jede Community-Webseite und viele Smartphone Apps eine entsprechende Funktion wie Privatchat, öffentlicher Chat oder Chats innerhalb eigener Gruppen an.

Cosplay-Online-Magazine

Es gibt auch Online-Cosplay-Magazine, die wie Zeitschriften aufgemacht sind. Dort werden Cosplayer, Events und neue Trends vorgestellt. Ebenso gibt es meist hilfreiche Tipps zur Anfertigung von Kostümen und Requisiten.

Cohaku http://www.cohaku.de
Cosplay GEN http://www.cosplaygen.com

Cosplayer-Webseiten

Natürlich haben die meisten Cosplayer inzwischen eigene Webseiten. Von der schlichten Seite bis hin zur extrem aufwendig produzierten Seite ist alles dabei. Viele Cosplayer betreiben eigene Webseiten (oder lassen diese betreiben) und sind zusätzlich auf allen wichtigen Plattformen (wie Facebook, Twitter usw.) vertreten. Einige Cosplayer (vor allem in Asien) sind so beliebt und berühmt, dass sie eigene Fanclubs und entsprechende Fanclub-Webseiten betreiben (lassen).

Forum

Ein Internetforum ist ein Diskussionsforum im Internet. Dort können (registrierte) Benutzer über diverse, vom Forum abhängige, Themen in den entsprechenden Bereichen diskutieren. Es gibt anonyme, öffentliche und private Foren. In den Foren trifft man die unterschiedlichsten Leute, unter anderem leider auch Forentrolle und Weaboos.

Weaboo

So werden Leute bezeichnet, die der westlichen Kultur angehören, sich jedoch extrem stark zur japanischen Kultur hingezogen fühlen. Es wird alles, was aus Japan stammt, geguckt, gekauft und getan, um diese fremde Kultur soweit wie möglich nachzuahmen. Allerdings ist das Ergebnis genau der gegenteilige Effekt. Die meisten Weaboos haben keinerlei wirkliches vertieftes Wissen über Japan. Sie versuchen jedoch, mit ihrem „Halbwissen" bei jeder Gelegenheit (vergeblich) andere Leute zu beeindrucken. Ihr ganzes Leben dreht sich um japanische Anime, Manga, Musik, Filme, Serien, Spiele und Produkte. Sie werden oft, auch von anderen Fans, als sehr nervig und zum Teil auch als extrem peinlich empfunden.

Foto-Communities (wie Instagram oder flickr)

Natürlich sind auch allgemeine Fotowebseiten, Dienste und Communities ohne ausschließlichen Anime-, Cosplay- und Mangabezug bei Cosplayern und Cosplay-Fotografen recht beliebt. So verwundert es nicht, dass man dort ebenfalls reihenweise Cosplay-Fotos und Bilder von Veranstaltungen finden kann. Diese Dienste werden gerne von Cosplay-Fotografen verwendet, da dort Bilder, im Gegensatz zu sozialen Netzwerken, zumeist in hoher Qualität hochgeladen werden können oder diese Anbieter besser dafür geeignet sind und mehr individuelle Möglichkeiten bieten.

Imageboards

Imageboards sind Diskussionsforen (zu allen möglichen Themen) im Internet, über die Bilder und andere Dateien (manchmal zeitlich begrenzt) getauscht werden können. In diesen Systemen wird über diese Bilder (und Dateien) meist anonym diskutiert. Zahlreiche Boards beschäftigen sich mit dem Thema Cosplay. Oft wird Cosplay dort jedoch ins lächerliche gezogen, rein sexuell betrachtet, sehr unvorteilhafte Bilder hochgeladen oder über die entsprechenden Cosplayer übel gelästert. Am besten macht man als Cosplayer einen Bogen darum, außer man hat ein „dickes Fell" und denkt sich seinen Teil, wenn man die Einträge liest und entsprechende Bilder sieht.

Instant Messaging

Instant Messaging bedeutet, dass zwei oder mehr Personen, die über tausende Kilometer entfernt sein können sich nahezu in Echtzeit über das Internet Nachrichten per Computer, Smartphone oder Tablet zuschicken und so kommunizieren können. Es gibt etliche Systeme und die Nutzung ist meist kostenlos. Neben den reinen Nachrichten können oft auch Bilder, Dateien oder Videos verschickt und teilweise (Video) Telefonate geführt werden. Viele Online-Communities und soziale Netzwerke bieten auch Instant Messaging an. Unabhängig davon gibt es für Computer, Tablets und Smartphones auch reine Instant Messaging-Programme und -Services. Neben WhatsApp gibt es seit Oktober 2013 LINE auch in Deutschland wo es sich wachsender Beliebtheit erfreut. Diese Systeme haben die früher übliche SMS/MMS, zumindest in der jungen Zielgruppe, nahezu vollständig verdrängt.

Nico Nico Douga

Hierbei handelt es sich um eine japanische Videoplattform im Internet, auf die Videos hochgeladen bzw. gestreamt werden können. Benutzer können sich diese Videos anschauen und sie kommentieren. Im Gegensatz zu YouTube werden die Kommentare live innerhalb der Videos (ähnlich wie in einem Chat) angezeigt.

Online-Contests

Es gibt eine Reihe von Wettbewerben (wie bestes Cosplay, bestes Bild, bestes Styling, beste Pose und vieles mehr) im Internet oder innerhalb von sozialen Netzwerken. Manche werden von Fans, Veranstaltungen, Magazinen oder auch Firmen ausgeschrieben. Häufig können die Besucher der jeweiligen Webseite für ihren Favoriten stimmen und die Teilnehmer dabei etwas gewinnen. In jedem Fall ist es Werbung für die teilnehmenden Cosplayer, Firmen und Veranstaltungen.

Podcasts / Webcasts / Weblogs

Ein Podcast ist eine Audio- bzw. eine Videodatei, die heruntergeladen und jederzeit auch auf mobilen Geräten angehört bzw. angesehen werden kann. Da quasi jeder seine eigenen Podcasts erstellen und verbreiten kann, findet man zu so ziemlich jedem Thema Podcasts im Internet. Je nach „Produzent" sind diese Werke mehr oder weniger brauchbar und objektiv. Es gibt darüber hinaus sogar Sendungen, die von Sponsoren unterstützt und in deren Sinne (mit)gestaltet werden, aber nicht als Werbung entsprechend gekennzeichnet sind.

Ein Webcast ist ähnlich wie ein Podcast, jedoch mit dem großen Unterschied, dass es sich hierbei um eine „Livesendung" handelt. Eine solche Sendung ist deshalb besonders, da es währenddessen möglich ist, direkt mit den Machern per Chat, Twitter oder Email in Kontakt zu treten und den Verlauf der Sendung gegebenenfalls mitzubestimmen. Manche Webcasts kann man hinterher auch (als Podcast) herunterladen.

Ein Weblog / Blog ist eine Art Online-Tagebuch im Internet. Wie auch bei den Podcasts / Webcasts kann jeder ein solches Weblog erstellen und führen. Es gibt einige Anbieter, die fertige Systeme (teilweise kostenlos) zur Verfügung stellen, so dass jeder Interessierte schnell und einfach starten kann. Viele Weblogs sind öffentlich, manche können jedoch auch nur von festgelegten Benutzergruppen gelesen werden. Die Systeme sind umfangreich konfigurierbar und können somit vielfältig an die jeweiligen Wünsche angepasst werden.

Es gibt reihenweise Blogs mit Bildern und Berichten, Webseiten, Podcasts und Webcasts, die sich mit dem Thema Anime, Cosplay, Manga und Japan und den entsprechenden Veranstaltungen beschäftigen. Einige haben sich auf diese Themen spezialisiert, während andere nur darüber berichten, wenn es gerade „in" ist oder eine entsprechende Veranstaltung in ihrer Stadt stattfindet. Bei den meisten normalen Berichten dieser Art handelt es sich um nichtkommerzielle Produktionen. Diese sind ein wichtiger Teil der Berichterstattung über Anime-, Cosplay- und Manga-Veranstaltungen.

Entsprechend groß ist inzwischen demnach die Nachfrage von Blogs, Podcasts und Webcasts nach Freikarten, Ständen, Exklusivberichten und Interviews auf Conventions und bei Cosplay-Wettbewerben. Selbstverständlich werden Fanmedien / Neue Medien gerne gesehen und unterstützt, aber es muss für den Veranstalter einen erkennbaren Nutzen haben, bestimmte Vertreter einzuladen, da Pressekarten nur begrenzt ausgegeben werden können. Ebenso können beispielsweise nicht Interviews mit Ehrengästen gewährt werden oder besondere technische Möglichkeiten oder Stände zur Verfügung gestellt werden, wenn den Bericht am Ende nur wenige Leute anschauen bzw. lesen. So kommt es dann manchmal auch vor, dass „Fanmedien" leider nicht bei den Freikarten berücksichtigt werden können.

Wenn man ihn richtig bewirbt, kann man schnell tausende Leser / Zuschauer für einen seiner Podcasts, Webcasts oder Weblogs im Internet gewinnen, entscheidend ist jedoch, ob die Leute den Bericht wirklich komplett lesen oder ansehen, ob es regelmäßig neue Berichte gibt und ob die Leser / Zuschauer wiederkommen. Ebenso wichtig ist es, dass zwischen den Machern und den Konsumenten eine echte konstruktive Kommunikation stattfindet.

IP-Telefonie

Mittels IP-Telefonie kann über Computernetzwerke oder das Internet telefoniert werden. Es gibt die verschiedensten Anbieter, Systeme und Techniken. Es ist möglich, von Computer zu Computer per Software zu (video)telefonieren, ebenso von Computer zu Festnetztelefon, Handy oder auch von Telefonen, die direkt an Computernetzwerken, Routern oder Telefonanlagen angeschlossen sind, zu jedem beliebigen Endgerät zu telefonieren. Zudem gibt es auch entsprechende Software für Smartphones. Einige dieser Services sind gebührenpflichtig, die Kosten sind jedoch meist geringer als über normale Telefonverbindungen.

Selfie

Ein Selfie ist ein Bild, das man von sich mit einer Digitalkamera oder einem Smartphone (manchmal auch mit Hilfe eines Spiegels oder Selfie Stick) aufnimmt und in einem sozialen Netzwerk oder auf eine Internetseite hochlädt. Oft werden diese Bilder auch vor spektakulären Hintergründen aufgenommen. Es gibt auch Selfies, auf denen mehrere Leute zusammen mit dem Fotografen zu sehen sind. Diese Bilder sind in letzter Zeit enorm beliebt geworden.

Skype

Skype ist die mit Abstand beliebteste IP-Telefonie- und Videotelefonie-Software. Mittels Skype kann (video)telefoniert, Instant Messaging betrieben und Telefon- / Videokonferenzen geführt werden. Ebenso können von einem Computer / Smartphone via Internet Festnetztelefone und Handys gegen Gebühr angerufen werden, gerade ins Ausland meist wesentlich günstiger als über normale Telefonanbieter. Inzwischen bieten soziale Netzwerke und andere Instant Messaging-Programme ebenfalls einige dieser Funktionen an. Skype wird auch gerne für Interviews und „Liveschaltung" auf bzw. von Veranstaltungen genutzt.

Soziale Netzwerke

Neben den reinen Anime-, Manga- und Cosplay-Communities sind die sozialen Netzwerke, allen voran Facebook, die wichtigsten Plattformen für Cosplayer und Cosplayfans. Im Unterschied zu den verteilten einzelnen lokalen nationalen Anime-, Manga- und Cosplay-Communities operieren die sozialen Netzwerke in den verschiedensten Ländern, mit jeweils entsprechend lokalisierter Benutzeroberfläche, weltweit. Man erreicht so innerhalb eines solchen Netzwerkes weltweit wesentlich mehr Leute, als man dies in einer lokalen Community würde. Facebook hat dadurch vermutlich den größten Einfluss auf die Veränderung der weltweiten Cosplay-Szene (gehabt).

Facebook bietet neben den üblichen Profilseiten funktionsmäßig angepasste „Facebook Pages" für Unternehmen, Orte, Marken, Produkte, Künstler und viele weitere Zwecke an. Einige dieser Seiten kann man nur gegen Nachweis erstellen und manche Services kosten Geld.

Viele Cosplayer nutzen inzwischen die „Künstler"-Seite oder die „Person des öffentlichen Lebens"-Seite, denn diese verfügen über Funktionen und Statistiken, um einfach mit vielen Leuten in Kontakt zu treten, die eigenen Fans zu informieren und dies alles komfortabel zu managen. So kann man direkt seinen „Erfolg" mittels etlicher Statistiken detailliert messen. Es ist möglich, eine private Profilseite, die nur für Freunde zugänglich ist und eine öffentliche Cosplay-Seite innerhalb des Netzwerkes zu betreiben. Facebook wird ständig weiterentwickelt und so kommen regelmäßig neue Funktionen hinzu, bestehende werden geändert und manche verschwinden gar ganz. Man ist jedoch an die Geschäftsbedingungen von Facebook gebunden, so dass Dinge die heute noch gestattet sind, morgen nicht mehr erwünscht sein können.

Grundsätzlich gilt, dass alle Beiträge, Bilder und Videos innerhalb des Netzwerkes, wenn diese vom Ersteller freigegeben sind, mit einem „Gefällt mir" („Like") von anderen Leuten gekennzeichnet, geteilt oder kommentiert werden können. Für private Profilseiten kann auch für jeden Beitrag einzeln genau eingestellt werden, welche Benutzer was sehen oder tun dürfen (nur ausgewählte Leute, Freunde, Freunde von Freunden, Gruppenmitglieder). Für die jeweilige „Künstlerseite" gelten natürlich meist wesentlich freizügigere Einstellungen, da die Person sonst nicht innerhalb des Netzwerkes gefunden werden könnte bzw. keine Interaktion und kein Kontakt mit dieser möglich wäre. Es können auch „Seiten" innerhalb von Facebook (z.B. von Cosplayern) mit „Gefällt mir" markiert werden, dann erfährt der jeweilige Fan immer (oder zumindest oft) Neuigkeiten (Beiträge, Bilder, Videos), die der jeweilige Cosplayer postet. Die Anzahl der Fans und die der möglicherweise neuen Fans, die erreicht wird, hängt von verschiedenen Kriterien ab. Um seine Fanzahl und die Reichweite zu erhöhen kann man ganz gezielt gerichtete Werbung auf Facebook einkaufen. Viele Leute landen auch durch Werbung in Foren, auf Webseiten, Visitenkarten, in Kurznachrichtendiensten oder durch andere Seiten innerhalb von Facebook oder Empfehlungen von Freunden auf der jeweiligen Cosplayer-Webseite im sozialen Netzwerk.

Einige Cosplayer haben tausende Fans und scheffeln mit jedem Kostüm Unmengen an „Likes" für das jeweilige Kostüm bzw. „Fans" für sich als Person. Mit ein wenig Arbeit, wie dem Schreiben von Forenpostings, der Nutzung von Twitter und dem Austeilen von Visitenkarten auf Conventions ist es nicht wirklich schwer, schnell hunderte oder auch tausende Likes und Fans zusammenzubekommen. Damit die Fans und Likes bleiben und möglichst sogar mehr werden, posten die Cosplayer regelmäßig neue Bilder, Nachrichten oder Videos. Die Fans wollen schließlich unterhalten werden. Im Grunde machen die Cosplayer nichts anderes, als sich als Produkt selbst zu vermarkten und sie arbeiten dazu stark an der Kundenbindung. Zu diesem Zweck veranstalten manche Cosplayer „Give away"-Aktionen, bei denen sie unter ihren Fans Geschenke wie signierte Poster, Materialien oder auch Kostüme verlosen. Manchmal verlosen sie auch von Sponsoren gestiftete Artikel, dies ist jedoch selten und betrifft nur sehr wenige Cosplayer.

Für etliche Cosplayer und Fans ist inzwischen leider die Anzahl der Likes und Fans das entscheidende Kriterium und nicht mehr der Cosplayer selbst, die Qualität der Kostüme oder der Spaß, den man gemeinsam am Cosplay hat. Die Anzahl der Fans und Likes sagt jedoch nicht immer etwas über die tatsächliche Beliebtheit, die Qualität der Kostüme, der Fotos und der Auftritte des jeweiligen Cosplayers aus und schon gar nicht etwas über die Person selbst aus. So kommt es durchaus vor, dass sich einige Cosplayer wie Superstars mit tausenden Likes auf Facebook präsentieren, aber deren Auftritte und Kostüme nicht wirklich außergewöhnlich sind. Sie können sich einfach „nur" besser verkaufen als die anderen Cosplayer.

Tauschbörsen

Tauschbörsen sind gleichzeitig Fluch und Segen. Durch (illegale) Tauschbörsen im Internet verbreiteten sich Anime, gescannte Manga und eingescannte übersetzte Manga (sogenannte Scanlations) und mit diesen auch Cosplay weltweit wesentlich schneller, als all die Jahre zuvor. Allerdings sind diese auch für den Niedergang einzelner Anime-Studios und DVD-Hersteller / -Publisher mitverantwortlich, da viele Leute zeitweilig nur noch kostenlos Dinge heruntergeladen haben, anstatt offizielle Produkte der Serie zu kaufen. Dieser Trend sorgte dafür, dass Kosten zu Lasten der Qualität bei Anime-Produktionen eingespart werden mussten. Die „Geiz ist geil"- und „Im Internet ist alles umsonst"-Mentalität schadet der gesamten Branche leider sehr, hat aber auch enorm für die Verbreitung der Serien gesorgt.

Twitter

Twitter ist der wohl bekannteste Kurznachrichtendienst und wird gerne von Cosplayern verwendet, um aktuelle Veranstaltungsinformationen, Kostüme oder Fotos anzukündigen, oder einfach nur, um sich auf dem Laufenden zu halten, zu diskutieren, mit Freunden zu kommunizieren, Nachrichten und Bilder zu verschicken, Informationen anzukündigen und sich miteinander für Treffen abzusprechen. Oft werden auch Bilder eingebunden oder Links zu Webseiten und Blogeinträgen veröffentlicht. Viele Veranstaltungen und Firmen verwenden neben den sozialen Netzwerken und eigenen Webseiten auch Twitter, um Neuigkeiten zu verbreiten. Jeder Benutzer von Twitter kann anderen Benutzern (Firmen, Vereinen, Privatpersonen) „folgen" und wird so über deren Beiträge (Tweets) auf dem Laufenden gehalten. Einige Benutzer haben (zehn)tausende Menschen, die ihnen folgen (sogenannte „Follower") und so können Nachrichten sehr einfach, schnell, weit und zielgerichtet verbreitet werden.

YouTube

YouTube ist neben den sozialen Netzwerken eine weitere Anlaufstelle für alle Cosplayer im Web. Auf der YouTube-Video-Plattform finden sich unzählige Cosplay-Auftritte aus aller Welt, Tutorials, Veranstaltungsberichte, Cosplay-Videos, Podcasts, Informationen über Veranstaltungen und Wettbewerbe, Interviews und vieles mehr. Natürlich wird dort auch fleißig über die Auftritte und Videos diskutiert. Jeder kann dort Videos aller Art, entsprechend den jeweiligen Landesgesetzen und Copyrightbestimmungen, hochladen. YouTube ist eine der Inspirationsquellen und neben den sozialen Netzwerken „das Tor zur Welt" für Cosplayer.

Die Gefahren

- Jeder, wirklich jeder, kann heutzutage ohne umfangreiche technische Kenntnisse und großen Kostenaufwand Berichte, Bilder, Kommentare, Podcasts, Videos und ähnliches ins Web stellen. Keiner wird dadurch zum (Qualitäts) Journalisten, dementsprechend kritisch sind alle diese Seiten, Sendungen und Werke anzusehen.

- Viele zukünftige Chefs oder deren Personalchefs nutzen die Suchmaschinen im Internet und schauen sich (vor der Einstellung oder Einladung zum Vorstellungsgespräch) genau an, was der Bewerber in seiner Freizeit so treibt. Daher sollte man sich gut überlegen, wie man sich online selbst präsentiert.

- Wenn denn mal ein unvorteilhaftes Foto von einem Cosplayer auf einer Webseite hochgeladen worden sein sollte, muss man sich gut überlegen, wie man vorgeht. Eine freundliche Email mit der Bitte, das Bild zu entfernen, kann da weitaus hilfreicher sein als gleich mit dem Anwalt zu drohen. Auch wenn man im Recht ist, kann dies unter Umständen so daneben gehen, dass durch eine rechtliche Aktion viel mehr Leute dieses Bild bzw. die Sache überhaupt wahrnehmen und der Imageschaden unter Umständen immens sein kann und Shitstorms folgen können. Oft ist Aussitzen und klare sachliche Postings schreiben die bessere Wahl, als rechtlich aktiv zu werden. Dies hängt natürlich immer vom jeweiligen Einzelfall ab. Notfalls sollte man sich von einem Anwalt, der sich in den neuen Medien gut auskennt, erst einmal beraten lassen.

- Es sollte nie vergessen werden, dass die sozialen Netzwerke und Webseiten nur äußerst selten die Wirklichkeit widerspiegeln. So schön es auch sein mag, viele „Likes" oder Fans zu haben, für den Großteil aller Cosplayer wird es niemals mehr als eine Scheinwelt sein. Nur in den wenigsten Fällen bringen einem die Likes und Fans wirklich materiell etwas ein. Viele Leute „liken" Cosplayer nur auf Grund eines tollen Kostüms oder weil es einen entsprechenden Link oder Bericht auf einer anderen Webseite oder in den Medien gab. Manchmal tun sie dies auch nur, weil es von anderen Cosplayern erwartet wird, ohne sich wirklich für die Person dahinter zu interessieren. Nur ein ganz kleiner Teil der Leute, die „Like" anklicken, ist wirklich auch an der Person interessiert, allen anderen geht es ausschließlich um das Kostüm oder auch nur um das jeweilige Foto. Viele Leute, die bei einem Bild den „Like"-Button anklicken, haben nicht unbedingt eine Beziehung zum Thema Cosplay, sie mögen einfach nur schöne Fotos oder auch nur hübsche Damen in sexy Kostümen. Man sollte der Fan- und Like-Anzahl also nicht grenzenlos vertrauen. Es gibt durchaus auch gekaufte oder durch Programme vorgetäuschte oder erstellte Fans, Kommentare und Likes, die nicht wirklich einen Wert haben. Dies wird Crowdturfing genannt. Normalerweise bringt einem der Online-Ruhm außerhalb des Fandoms nichts ein, zumindest ist das momentan in Deutschland (noch) so. Sollte sich das Image von Cosplay positiv entwickeln, mehr Firmen, Leute, Medien und Sponsoren daran interessiert sein und darin involviert werden, dann könnte sich das durchaus ändern. Natürlich „verkaufen" sich Fotos, Bücher, Poster und weitere eigene Merchandising-Produkte besser und leichter, wenn man viele Fans hat. Aber auch hiervon sind nur die allerwenigsten Cosplayer betroffen.

- Viele Leute nutzen die scheinbare Anonymität im Internet und schreiben dort Dinge, die sie einem persönlich selten direkt ins Gesicht sagen würden („flamen"). Auch Cosplayer äußern sich hin und wieder online negativ über andere Cosplayer und insbesondere bei Bildkommentaren sind einige Leute da nicht gerade zimperlich. Besonders im Zentrum von Attacken stehen natürlich die Cosplayer, welche Wettbewerbe gewinnen und da insbesondere die Gewinner der nationalen Vorentscheide. Einige Leute tun nichts anderes, als zu meckern oder Cosplayer zu beleidigen, zu bedrängen oder gar zu bedrohen. Wer lästern will, der findet (leider) immer einen Weg oder etwas, über das er oder sie sich (grundlos) aufregen kann. Einige Leute schrecken traurigerweise vor fast nichts mehr zurück. Auf eigenen Webseiten oder in eigenen Beiträgen hilft dann manchmal nur, die Kommentarfunktionen (zeitweilig) abzuschalten. Auch wenn manch einer vom Gegenteil überzeugt sein mag, das Internet ist natürlich kein rechtsfreier und wirklich anonymer Raum.

- Es gibt im Internet zahllose Webseiten, Magazine und Fanpages. Viele sind seriös und gut gemacht, aber eben nicht alle. Jeder Cosplayer sollte sich überlegen wem er, wenn es Anfragen für Interviews gibt, diese gewährt. Selbiges gilt für Kooperationen mit Webseiten. Ebenso sollte darauf geachtet werden, auf welcher Seite man sich anmeldet. Es schadet nie sich vorher ausgiebig zu informieren und Freunde um Rat zu fragen.

- Ein großes Problem ist inzwischen der Identitätsdiebstahl innerhalb von sozialen Netzwerken. Immer öfter gibt es Leute, die sich als ein bekannter Cosplayer ausgeben, Bilder dieser Person als die angeblich eigenen hochladen und Beiträge und Gerüchte verfassen. Sie tun dies um „Beachtung" und „Fans" zu erhalten oder auch um „Leute anzugraben". So kann es schnell passieren, dass Besucher unbeabsichtigt auf solche falschen Webseiten oder Profilseiten reinfallen.

- Leider passiert es immer wieder, dass Bilder auf Flyern, Webseiten und in Zusammenhängen (z.B. als Werbung für Produkte) auftauchen, die so nicht unbedingt vom Cosplayer gewollt sind. Manche Leute scheren sich nicht um Nutzungsrechte und verwenden Bilder einfach. Da werden weder Fotografen noch die Cosplayer erwähnt oder überhaupt gefragt.

- In letzter Zeit gibt es immer wieder Interview-Anfragen per Skype an bekanntere Cosplayer. Soweit ist das auch völlig in Ordnung, die Interviewer und Webseiten gehen eben mit der Zeit. Allerdings sollte man sich auch hier gut überlegen, wem man da Interviews gibt. Vorher gilt es, unbedingt die jeweilige Seite oder die Person zu überprüfen, denn das ist im Zeitalter der Suchmaschinen und Webboards kein Problem mehr. Es kann auch nicht schaden eine Freundin oder einen Freund mit dabei zu haben, er oder sie muss ja nicht sichtbar im Bild sitzen. Im Zweifelsfall einfach auch Mal „Nein" sagen. Es gab immer wieder mal Fälle, wo das Interview in Gewinnspielen, plumpen Flirtversuchen (es ging von Anfang an gar nicht um „Cosplay") oder direkt in „Hey, zieh doch ein Kleidungsstück aus" endete.

- Leider gibt es im Internet etliche schwarze Schafe, die Cosplay wegen teils knapper Kostüme mit Erotik gleichsetzen und denken, Cosplayer wären „leichte Beute". Ja, manche Kostüme sind sehr sexy, aber das heißt trotzdem nicht, dass sich die entsprechenden Cosplayer gerne auf Erotik-Webseiten oder ähnlichem wiederfinden möchten.

- Immer wieder kommt es auch vor, dass Cosplayer (automatisierte) Anfragen erhalten in denen Ihnen Geld für die Web- oder Facebookseite angeboten wird. Dabei geht es ausschließlich nur darum, dass diese Seite viele Fans und dementsprechend viele Aufrufe hat und somit einen gewissen Marktwert / Werbewert darstellt. Lässt man sich auf so einen Verkauf ein, dürfte in kürzester Zeit statt der bisherigen Seite Werbung für zwielichtige Dinge oder gleich eine Sexseite entstehen.

- Es gibt sicherlich auch Veranstalter, die nur auf die Like- und Fanzahl schauen und rein danach Cosplayer als Gäste einladen, damit diese ihre Veranstaltung besuchen und mit Besuchern und Programm füllen. Ob diese nun überhaupt zur Veranstaltung und Zielgruppe passen ist dabei zweitrangig, die Rechnung ist vereinfacht gesagt folgende: „Cosplayer hat X Fans = X mögliche (zusätzliche) Besucher". Die Werbekosten und der Aufwand bleiben so relativ gering, aber ob dies wirklich Sinn macht und die Rechnung tatsächlich aufgeht ist mehr als fraglich.

- Es darf nicht verschwiegen werden, dass gerade das Internet mit Diensten wie Facebook, Twitter und Communities Stalkern und „gestörten Fans" Möglichkeiten bietet, die vor Jahren noch absolut undenkbar waren. Während damals Leute mit einem gestörten Verhältnis zu ihrem „Star" meist nur das Mittel Brief oder Telefon hatten, oder demjenigen persönlich nachzustellen und dadurch für viele die Hemmschwelle doch recht hoch war, ist durch die neuen Medien die Hemmschwelle für viele Leute auch durch die scheinbare Anonymität des Internets wesentlich niedriger geworden. Jeder, der sich im Internet präsentiert, muss leider auch damit rechnen, dass es Leute, gibt die ihn oder sie einfach (grundlos) hassen oder im schlimmsten Fall auch stalken. Je bekannter der Cosplayer ist, desto heftiger kann es werden und desto mehr Vorfälle können geschehen: Negative Kommentare, endlose Diskussionen in Foren, Bedrohungen, Hassemails oder „extrem kranke" Liebesbekundungen und Fotos (oder angebliche Nacktbilder, die mit Bildbearbeitungssoftware „erschaffen" wurden), die auf Läster- oder Pornoseiten hochgeladen werden sind nur einige Beispiele. Zudem werden auch Gerüchte in Umlauf gebracht, Eifersuchtsdramen veranstaltet, Partner des Cosplayers bedroht, Identitätsdiebstahl begangen und vieles mehr. Einige schicken ihrem Opfer eindeutige sexuelle Angebote, Anweisungen wie sich diese zu verhalten haben oder welche Kostüme zu „tragen seien". Manchmal stecken auch andere neidische Cosplayer dahinter, die einfach nur verunsichern wollen. Vermutlich gibt es gar nicht mehr solch gestörter Menschen, aber sie haben inzwischen einfachere Möglichkeiten gefunden, um ihre Opfer zu bedrängen.

Edi Edhutschek

Ich bereise seit rund 10 Jahren Anime-Conventions im In- und Ausland. Als Videograf versuche ich die Stimmung und das Treiben dieser Veranstaltungen festzuhalten und mit meinen Freunden zu teilen. Über die Jahre wurde daraus ein äußerst zeitintensives und anspruchsvolles, wenn auch lohnendes Hobby.

Projekte

Edi Late Night Christiansen -> Abendtalkshow
I want you to watch -> Anime-Vorstellungsshow
bildlose Videos -> Radiocomedyhörspiel
Con-DVD -> DVD Release von div. Conventions
Rec.ap -> humoristische Conreview im Netz
Mist & Merchandise -> Parodie auf Kunst & Krempel
Gooood Morning Edhutschek -> Frühstücksfernsehen
BRICK2K -> Produktionsstudio für Lego Stopmotion

Besonderheit

Gründer und Leiter des Convention-Videoprojekts „Die Con ist Heiss"

Was macht euer Projekt genau?

Unser Projekt „Die Con ist Heiss" erlaubt seit dem Jahr 2005 einen humoristischen Blick auf unsere Szene. Mithilfe von Videos und anderen Medien, wie Hörspielen oder geschrieben Artikeln versuchen wir das Thema „Convention" von einer etwas anderen Seite zu beleuchten. Unsere Fans und Zuseher können sich dabei auf liebevoll zusammengestellte Eigenproduktionen sowie Videoreportagen von Events freuen.

Wie kam es dazu?

Da mich das Medium Video und die damit verbundenen kreativen Möglichkeiten schon immer wesentlich mehr fasziniert haben als z.B. die Fotografie war für mich immer klar, dass ich in diesem Bereich tätig werden wollte. Aus Gleichgesinnten und Freunden habe ich mir über die Jahre eine kleine Truppe an Mitstreitern, genannt die „KREW", zusammengestellt.

Da man gerade bei Film und Fernsehen nie genug helfende Hände haben kann, stellen diese Leute heute einen unverzichtbaren Teil meiner Arbeit dar.

Bild oben
Edi Edhutschek
Fotograf: Die Con ist Heiss / die KREW

Bild mitte
Die Krew
Fotograf: Die Con ist Heiss / die KREW

Bild unten
Edi Edhutschek & Fritjof Eckardt
Fotograf: Die Con ist Heiss / die KREW

Wie wichtig sind Fanmedien für die Anime, Cosplay und Manga Szene?

Fanmedien tragen wesentlich zur sozialen Vernetzung bei und fördern den Zusammenhalt innerhalb der Szene. Da es sich bei einer Vielzahl von Fanprojekten um nichtkommerziell ausgelegte, von Amateuren betriebene Publikationen handelt, erlauben diese oft einen viel detaillierteren und authentischeren Blick auf das Geschehen. Im Gegensatz zu professionellen Journalisten, Autoren oder Redakteuren, sind sie in der Regel nicht darauf angewiesen, Meinungen und Ideologien von Organisationen oder Firmen mitzutragen. So gelingt es den Fanprojekten oft recht unkonventionelle Produktionen fern ab vom Mainstream zu schaffen. Es ist auch zu beobachten, dass viele Fanmedien einen weitaus höheren Anspruch auf Genauigkeit und Vollständigkeit zum Thema stellen, als dies professionelle Medien aufgrund von Zeit- und Kostendruck je könnten.

Und wie wichtig sind die neuen Medien?

Seit jeher war die Fanszene für japanische Popkultur sozial stark vernetzt. So ist es nur natürlich, dass sich die Leute auf den neuen sozialen Plattformen aber auch in Onlineforen untereinander verständigen, austauschen und organisieren. Veranstalter von Conventions nutzen neben ihrer Homepage Facebookseiten als Werbeträger. Cosplayer präsentieren sich und ihre Kostüme auf Fanseiten und eigens dafür geschaffenen Galerieseiten oder aber lokale Merchandiseläden und Bastler vertreiben per Onlineshop deren Produkte. Darüber hinaus stellt die Videoplattform YouTube ein nicht wegzudenkendes Medium der Präsentation von Conventions und Fanfilmen dar.

Wo seht ihr die Gefahren?

Von der Tatsache ausgehend, dass die meisten Leute in der Anime/Manga/Games/Cosplay Szene ihre Leidenschaft nach wie vor als Hobby ausüben, besteht durchaus die Gefahr, dass aufgrund von Internetauftritten und Publikationen im Netz die Person in Schule oder Job diskreditiert wird. Nicht alle außenstehenden Personen zeigen dasselbe Level an Toleranz und da das Internet gewissermaßen nicht „vergisst" kann einem das ein oder andere Foto, der ein oder andere Bericht oder ein unpassendes Video eventuell sogar zum Stolperstein werden. Man sollte also auch hier genau darauf aufpassen was und viel man in Netz von sich preisgibt.

Die Krew bei der Arbeit, Fotograf: Die Con ist Heiss / die KREW

Katharina Wehrmann (Cosbabe)

Welche neuen Medien in Verbindung mit sozialen Netzwerken verwendest du?

Das wichtigste Netzwerk ist für mich derzeit Facebook, da meine Website zurzeit nur als "Online Visitenkarte" dient. Es ist für mich eine direkte Sammelstelle, um meine Fotos zu zeigen und mit meinen Fans in Kontakt zu treten (sei es über Desktop-PC oder Smartphone bzw. Tablet). Des Weiteren bin ich auch auf Twitter unterwegs, jedoch poste ich meistens parallel auf Facebook oder äußere ein paar Gedanken zu meinen zukünftigen Kostümen. Darüber hinaus besitze ich auch Tumblr, Flickr, DeviantArt und WorldCosplay Accounts, jedoch bin ich dort selten aktiv, da das Aufrechterhalten von sozialen Netzwerken fast genauso viel Zeit in Anspruch nimmt, wie das Hobby selbst.

Wofür nutzt du die neuen Medien und das Internet?

Größtenteils, um in Kontakt mit Familie und Freunden zu bleiben, die ich nicht einfach so schnell besuchen kann (da ich derzeit in England lebe). Darüber hinaus, um immer auf dem Laufenden zu bleiben, was meinen Job und seine Branche angeht (ich bin Grafik Designer). Natürlich ebenfalls, um in Kontakt mit Cosplayern und Cosplayfans zu treten und Charakter- und Kostümrecherche zu betreiben.

Haben soziale Netzwerke wie Facebook die Cosplayszene verändert? Wie wichtig sind „Like's"?

Soziale Netzwerke haben definitiv einen Einfluss auf die Cosplayszene. Gute Fotos zu haben war damals ein „Extra", heutzutage ist es ein Muss. Der Cosplayer selbst steht nun mehr als Charakter/Person selbst im Vordergrund und weniger das Kostüm, was er/sie macht. Das Branding, das Verhalten und die Kostümwahl fließen zusammen in ein Gesamtbild, sodass leider auch die Qualität des Kostüms weniger wichtig erscheint. Ich persönliche zähle nicht auf "Like's", da diese weder die Qualität noch den Berühmtheitsgrad eines Cosplayers widerspiegeln, da unter den Followern oft szenenfremde Fans stecken.

Was sind die Vorteile und was die Nachteile dieser Medien?

Zu den Vorteilen gehört auf jeden Fall der Kontakt zu anderen Ländern und deren Cosplayern.

Bild oben
Charakter: Asuka Langley Sōryū
Serie: Neon Genesis Evangelion

Bild unten
Charakter: Wonder Woman
Serie: Wonder Woman
Fotografin: Annie Fischinger
www.anniefischinger.com

214

Ich erinnere mich an Zeiten, wo eine Expo oder Convention im Ausland erst gar nicht in Erwägung gezogen wurde (Stichwort: Neuland). Durch die Neuen Medien ist es uns Cosplayern ermöglicht, mit vielen Cosplayern weltweit in Verbindung zu treten und das auf simple Art und Weise! Zu den Nachteilen hingegen zähle ich definitiv das starke Aufkommen von "Hatern" und "Trollen", welche gezielt Cosplayer (oft anonym) beleidigen und angreifen.

Hast du manchmal Probleme mit deinen „Fans"?

Bisher hatte ich, bis auf ein paar Sticheleien, die ich jedoch an einer Hand abzählen konnte, keine Probleme mit Fans. Ich biete aber auch keine Angriffsfläche hierfür.

Wie siehst du Give Away Aktionen? Was bringen solche Aktionen?

Natürlich ist es eine positive Sache, seinen Fans auch etwas zurückzugeben für deren Loyalität. Manchmal bezweifle ich jedoch die Intention einiger Cosplayer, da solche Aktionen oft nur zur Steigerung des Bekanntheitsgrads oder Sponsorengeschichten (Geld) genutzt werden. Ich persönlich ziehe Give Aways (noch) nicht in Erwägung und würde dies auch nur tun, sollten meine Fans mich danach fragen.

Was würdest du Cosplayern für die Nutzung von sozialen Netzwerken empfehlen?

Jeder sollte definitiv vorsichtig damit sein was man freigibt – denn im Internet lässt sich nichts rückgängig machen. Das heißt im Klartext: Schreibt nichts, was ihr später bereuen könntet und postet keine Fotos, die ihr später löschen möchtet. Leider kann jegliche Freigabe / Information (egal ob positiv oder negativ) immer rückwirkend auch Angriffsfläche bieten.

Charakter: Super Sailor Moon, Serie: Sailor Moon, Fotografin: Annie Fischinger, www.anniefischinger.com

Tipps für Cosplayer zum Umgang mit den neuen Medien

Grundsätzlich sollten (soweit anwendbar und zutreffend) immer die Hinweise unter „Tipps für Cosplayer zum Umgang mit Medienvertretern" im Kapitel „Die konventionellen Medien" berücksichtigt werden. Zusätzlich kann man sich nach folgenden Tipps richten:

- Bleibt euren eigenen Werten immer treu und versucht nicht, jemand anderes zu sein oder euch in ein Schema oder die Erwartungshaltung anderer Leute pressen zu lassen.

- Das Internet vergisst niemals, wirklich NIEMALS. Egal wie kurz irgendwo welche Informationen gestanden haben oder Fotos oder Videos verfügbar waren, meist haben sie Leute gesehen, weitergeleitet, gespeichert oder sie sind von Suchmaschinen archiviert worden.

- Überlegt euch also ganz genau, was für Bilder oder Videos ihr hochladet und was ihr selbst in Foren postet oder auf euren Webseiten schreibt. Bedenkt insbesondere auch, wie und auf welche Art und Weise ihr etwas veröffentlicht. Insbesondere bei offiziellen Anlässen, wie der Teilnahme an einem internationalen Cosplay-Wettbewerb, ist es sehr wichtig in eigenen Berichten, Videos und auf Webseiten die nötige Sorgfalt und entsprechendes Taktgefühl walten zu lassen. Spielt euch nicht unnötig auf, jammert nicht unnötig viel herum, versucht es nicht, allen Leuten recht zu machen und postet niemals abfällig und von oben herab.

- Ihr solltet ebenfalls sehr darauf achten, wie und in welchen Kostümen ihr euch in der Öffentlichkeit präsentiert. Da hat ein Fremder schnell ein unvorteilhaftes Foto gemacht und hochgeladen. Durch Kurznachrichtendienste, Instant Messenger und soziale Netzwerke verbreiten sich Informationen in Windeseile weltweit. Im schlimmsten Fall landet das Bild auf Lästerwebseiten oder Imageboards.

- Passt gut auf eure Zugangsdaten auf, insbesondere wenn ihr fremde Computer benutzt.

- Hinterfragt die Informationen, die ihr lest und glaubt nicht alles was irgendwo im Internet geschrieben steht. Glaubt im Bezug auf Wettbewerbe und Veranstaltungen nur dem, was auf den offiziellen Webseiten geschrieben steht und nicht irgendwelchen wilden Spekulationen oder angeblichen Informationen, die aus erster Hand stammen sollen. Fragt im Zweifelsfall bei den Veranstaltern nach.

- Es gibt unzählige Leute im Internet, die nur darauf aus sind, „irgendwie" Geschäfte zu machen und die ausnutzen, dass Leute gerne Geld verdienen oder Komplimente hören möchten. Nicht alles, was so klingt, als wäre es nur und ausschließlich auf euch zugeschnitten ist es auch. Meist gehen solche Nachrichten (wie „Ich möchte deine Seite kaufen", „Ich kann dir tolle Perücken billiger anbieten", „Lass uns zusammenarbeiten") automatisiert ebenfalls an viele andere Leute. Überprüft ungewöhnliche Angebote mittels Suchmaschinen und fragt Freunde, ob sie ähnliche Angebote erhalten haben. Was zu gut klingt, das hat meistens wirklich einen Haken oder unangenehme Konsequenzen.

- Überprüft bei allen Interview- / Kooperationsanfragen von Internetmedien erst einmal in Ruhe die entsprechende Person und Webseite. Fragt eure Freunde und benutzt die gängigen Suchmaschinen zur Recherche.

- Schreibt so wenig private Informationen wie möglich in eure Profile und auf eure Webseiten. Jede Information kann und wird im schlimmsten Fall gegen euch verwendet. Gebraucht innerhalb der neuen Medien am besten immer einen Nickname.

- Klärt vor dem Upload jeglichen Materials (Bilder, Fotos, Texte und Videos) die Verwertungsrechte ab. Solltet ihr eigene Produkte (wie Poster) online verkaufen, trefft entsprechende Vereinbarungen mit euren Fotografen.
- Sensibilisiert eure Freunde und auch „echte" Fans für die unter „Die Gefahren" genannten Punkte. Insbesondere bei Identitätsdiebstahl und unberechtigter Nutzung eurer Fotos ist die Mithilfe von Fans und Freunden, die euch darauf aufmerksam machen und dies im jeweiligen Netzwerk „melden" sehr wichtig. Bei manchen Diensten oder Netzwerken ist es möglich einen „Verified"-Status zu beantragen oder zu erhalten. Jeder Besucher kann dann auf der entsprechenden Profilseite sehen, dass es sich um eine offizielle Seite handelt und wirklich die jeweilige Person oder von dieser beauftragte Personen dahinterstecken.

In sozialen Netzwerken / Kurznachrichtendiensten

- Erstellt einen privaten Account / Seite für „echte" Freunde mit denen ihr private Inhalte und Informationen teilt und einen öffentlichen Account / Seite für eure „Fans". Nutzt die Privatsphäreneinstellungen, die euch die Anbieter / Dienste zur Verfügung stellen. Bedenkt jedoch, dass ihr ab einem gewissen Bekanntheitsgrad auch genau überlegen solltet, was ihr im privaten Account schreibt, insbesondere dann, wenn ihr sehr viele Freunde habt.

Wenn ihr online „bedroht", „genervt" oder „gestalkt" werdet

- Am besten total ignorieren – Ja, das ist nicht einfach, aber meist der beste Weg, diese ungewünschte Aufmerksamkeit los zu werden. Wenn es jedoch zu heftig und zu geschmacklos wird, dann sollten die entsprechenden Einträge, Kommentare und Postings gelöscht werden bzw. dann lasst diese Einträge löschen. Vergesst aber nicht, die Daten vorher zu sichern. Wendet euch, falls möglich, an die zuständigen Administratoren, Moderatoren oder den entsprechenden Helpdesk der jeweiligen Webseite oder des entsprechenden sozialen Netzwerkes. Fragt diese Mitarbeiter, wie genau ihr am besten vorgehen solltet. Auf solche Beiträge „sachlich" zu antworten oder diesen große Beachtung zu schenken ist jedenfalls häufig der falsche Weg. Nutzt die Funktionen, die euch die jeweiligen Plattformen anbieten, wie „Benutzer melden", „Sperren" oder „Freundschaft beenden". Informiert euch im Internet über weitere Schritte. Gute Anlaufstellen sind:

    http://www.weisser-ring.de und http://www.stalking-nrw.de

- Besprecht euch mit euren Freunden und auch mit euren Eltern, postet jedoch KEINERLEI Informationen dazu online und vermeidet jegliche öffentliche Diskussion über konkrete Vorfälle dieser Art. Denn genau das wollen diese Leute, je mehr (öffentliche) Aufmerksamkeit ihnen geschenkt wird, desto schlimmer wird es und desto mehr Leute dieser Art zieht der jeweilige Cosplayer an.
- Solltet ihr auch außerhalb des Internets bedrängt werden, sichert spätestens dann alle entsprechenden Beweise und Daten, wendet euch an eine Beratungsstelle und geht zu einem Anwalt oder gleich zur Polizei.

Die Firmen, die Politik und die Sponsoren

Die Firmen

Natürlich kann man schon sehr lange in spezialisierten (Comic)Buchläden, bei Internethändlern und auf Auktionsplattformen japanische CDs, Anime auf DVD oder Blu-Rays und Merchandising-Produkte kaufen. Seit einiger Zeit findet man mehr dieser Produkte auch häufiger in Kaufhäusern oder in Elektronikläden. Es hat gedauert, bis die Firmen in Deutschland erkannt haben, dass sich mit Anime und Manga und den damit verwandten Produkten und Dienstleistungen (viel) Geld verdienen lässt, aber mittlerweile kommen immer mehr Firmen darauf.

Neben den reinen Merchandising-Produkten (und Manga, DVDs und Blu-Rays) gibt es inzwischen in Deutschland einiges an Dienstleistungen und Produkten, die speziell auf die Bedürfnisse und Wünsche der Fans mehr oder weniger passend zugeschnitten werden. Es gibt etliche Artikel mit einem direkten Bezug zum Thema, wie Japanisch- und Zeichenlernbücher im Manga-Stil, spezielle Stifte für (Fanart) Zeichner oder Grafik-Tablets mit besonderer Software zum einfacheren Erstellen von Manga am Computer. Ebenso gibt es auch Produkte, die nichts mit dem Thema zu tun haben aber mit Manga-Charakteren auf der Verpackung werben. Natürlich darf von Manga inspirierte Kleidung, Möbel, Geschirr, Schuhe, Süßigkeiten und vieles mehr auch nicht fehlen.

Für Cosplayer gibt es selbstverständlich Firmen, die farbige Kontaktlinsen, Perücken, Stoffe und weitere Materialien anbieten. In Deutschland entwickelt sich das Geschäft mit Cosplay und den Cosplayern langsam aber stetig, in Asien hingegen haben sich die Firmen schon sehr lange auf Cosplayer und deren Fans als gute zahlende Kunden eingestellt. Cosplay ist dort ein wirtschaftlicher Faktor und viele Firmen, die Produkte wie Stoffe, Make-up, Werkstoffe, Kontaktlinsen, Perücken, Nähmaschinen, Zeitschriften, Kameras, Fotos und Kostüme herstellen, verdienen kräftig daran. In manchen Ländern wird mit Cosplayern für Produkte bzw. für Cosplay-Veranstaltungen in Bahnhöfen, U-Bahnstationen oder auch in Untergrundpassagen geworben.

Es gibt (im Ausland) durchaus auch Jobs innerhalb von großen Firmen, die sich mit Cosplay beschäftigen, jedoch anders als man meinen könnte. Natürlich laufen diese Mitarbeiter nicht in Kostümen in der Firma herum oder wurden eingestellt, weil sie besonders schöne Kostüme hergestellt oder diverse Wettbewerbe gewonnen haben. Nein, diese Leute kümmern sich um den Kontakt mit den Cosplayern und Fans, sie koordinieren Foren und kümmern sich um Promotion von Produkten. Immer mehr Firmen erkennen den „Wert" von Cosplayern.

Leider kommt es hin und wieder aber auch vor, dass Firmen in Cosplayern nur billige „Werbefiguren" sehen, die die Arbeit welche die Cosplayer bei der Anfertigung eines Kostümen haben nicht wertschätzen und sie nicht wirklich gut behandeln. Man findet in letzter Zeit alle Arten von Zeitgenossen, die irgendwie mit Cosplay ihr Geld verdienen wollen. Ebenso mehren sich die Auktionen in Onlineplattformen oder Werbungen, in denen das Schlüsselwort Cosplay vorkommt, bei denen aber eigentlich beim angebotenen Produkt überhaupt kein Bezug dazu existiert. Oft ist es reine Geldmacherei, bei der die Cosplayer zumeist leer ausgehen oder die Kunden gezielt ausgenommen werden. Da werden Bilder von Cosplayern einfach für Kampagnen oder Flyer verwendet, ohne dass der Cosplayer und der Fotograf gefragt oder gar dafür entlohnt werden würden.

Der eigene Arbeitgeber

Im Falle des eigenen typischen deutschen Arbeitgebers ist die Sache meist so, dass sie mit dem Thema nichts anfangen können und sich schnell von Vorurteilen leiten lassen (auch durch Berichte in den Medien), abgeschreckt sind oder gar um den Ruf ihrer Firma fürchten. Für diese Leute ist es wichtig, dass sie, wenn sie es denn wollen, aufklärende Informationen schonend erhalten und dass der Cosplayer nicht gleich mit der Türe ins Haus fällt (sprich: im Kostüm dort auftaucht). Wenn ein Chef, Kollege, Mitschüler oder Kommilitone nichts von dem Hobby wissen will, sollte er oder sie auch nicht bedrängt und bei jeder Gelegenheit damit genervt werden. Cosplay und Kostüme haben im Normalfall absolut nichts, aber auch gar nichts in der Firma oder Schule verloren, insbesondere bei Jobs in denen seriöses Auftreten nötig ist. Man sollte auch nicht gleich am ersten Arbeitstag allen Kollegen mitteilen, dass man Cosplayer ist. Das kann bei manchen Chefs und Jobs ganz böse nach hinten losgehen und ein schlechtes Image kann niemand gebrauchen, erst recht nicht als „der Neue" in der Firma.

Die Politik

Auch die Politik ließ sich sehr lange Zeit, bis Conventions (und insbesondere Cosplay) ernst genommen worden sind. Meist waren die Kulturabteilungen der japanischen Konsulate die ersten, die sich an Veranstaltungen beteiligten, diese unterstützten oder dort zumindest irgendwie präsent waren. Danach folgte oft erst die Lokalpolitik. Vor 10 Jahren war es darüber hinaus sehr schwer, städtische Veranstaltungshallen oder entsprechende Zentren anzumieten. Heute bekommt man diese, wenn man als bekannter Veranstalter oder Verein sagt: „Wir möchten eine Japan-Convention oder etwas mit Cosplay machen", in manchen Städten quasi auf dem silbernen Tablett serviert. Ebenso ist es normal geworden, dass Vertreter der Stadt (wie Bürgermeister) oder japanische Konsuln die größten Veranstaltungen besuchen oder diese auch offiziell eröffnen.

Natürlich beruht diese Entwicklung auch stark darauf, dass die Veranstaltungen immer mehr und auch größer wurden bzw. werden und für den Veranstaltungsort und die Umgebung nicht zu verachtende Aufmerksamkeit (durch Berichterstattung) und Einnahmen generieren. Neben den Einkünften aus der Hallenvermietung (und Steuern), wird bei so einer Veranstaltung selbstverständlich auch viel Geld von den Besuchern ausgegeben. Die Leute reisen an und benötigen Unterkünfte und Verpflegung während der Veranstaltungen. Gerade bei großen Conventions ist dieser Aspekt nicht zu unterschätzen, denn die Hotels sind dann schnell ausgebucht, die Restaurants (im Umkreis) überfüllt und die Supermärkte leergekauft. All das generiert Umsatz, Steuern und sichert nicht zuletzt auch Arbeitsplätze. Natürlich lässt sich dies auch insbesondere beim Wahlkampf gut als Unterstützung der Jugend / Jugendarbeit „vermarkten".

In Japan ist es teilweise sogar so, dass Bürgermeister, Gouverneure und andere Politiker von ihren Vorgesetzten aufgefordert werden, die Populärkultur, manchmal sogar inklusive eigenen Auftritten in Cosplay-Kostümen, zu fördern. Oft wirkt das schon sehr komisch, steif und gezwungen. Die jungen Leute, die weltweit Anime, Manga und das entsprechende Merchandising kaufen und manchmal auch nach Japan reisen sind jedoch ein unverzichtbarer Wirtschaftsfaktor geworden, insbesondere nach dem schweren Erdbeben im März 2011. Ebenso lukrativ ist natürlich die Vermarktung der Serien (Anime und Manga) im Ausland.

Als Organisator ist es besonders wichtig seriös und professionell gegenüber Politikern und offiziellen Vertretern in der Veranstaltungsstadt aufzutreten. Auch wenn die Politik selten Veranstaltungen materiell unterstützt, so kann sie doch oftmals Kontakte herstellen und „Türen öffnen", die einen selbst und die Veranstaltung / den Wettbewerb enorm weiterbringen können. Die Politik stellt allerdings eine eigene Welt dar und nicht jeder, der solche Wettbewerbe oder Conventions veranstaltet, ist auch hierfür geeignet. Manchmal kann es durchaus sinnvoll sein, eine andere Person aus dem Team mit dieser Aufgabe zu beauftragen. Gilt man als zuverlässiger „Partner", erhält man Unterstützung und wird auch in Zukunft bei entsprechenden Ideen und Planungen der Lokalpolitik einbezogen und um Rat gefragt.

Japanisches Generalkonsulat
Düsseldorf Kutur- und Informationsbüro

Sie sind Mitorganisator des Japan-Tages in Düsseldorf. Wie wichtig ist Cosplay (und Anime/Manga) für Sie (inzwischen)?

2008 wurde am Japan-Tag in Düsseldorf zum ersten Mal ein Cosplay-Modenschau-Wettbewerb durchgeführt. Als Bühne diente ein recht bescheidener, kurzer Laufsteg. Obwohl es regnerisch war, versammelten sich viele Cosplayer sowie auch interessierte Japan-Tag-Besucher um den Laufsteg und bewunderten die selbst angefertigten Kostüme.

Bereits ein Jahr darauf entstand die sogenannte „Popkultur-Zone" mit eigener Truck-Bühne und eigenem Musik- und Unterhaltungsprogramm. Der Andrang war sehr groß und wir erhielten positives Feedback. So wurde die Popkultur-Zone ein fester Bestandteil des Japan-Tages. Auch die Zeltbetreiber in diesem Bereich mehrten sich von Jahr zu Jahr.

Ebenso ist der Manga-Wettbewerb ein wichtiger Bestandteil des Japan-Tages. Viele junge Zeichnerinnen und Zeichner freuen sich auf diesen Wettbewerb. Häufig bringen sie extra eigene Zeichenutensilien mit, da ihnen die zur Verfügung gestellten Bleistifte nicht ausreichen.

Der Japan-Tag ist und bleibt eine Veranstaltung, die sich auf die Vorstellung und Vermittlung traditioneller japanischer Künste und Musik konzentriert. Doch Japan ist ein Land der Kontraste. Auf der einen Seite werden Traditionen und Bräuche intensiv gepflegt und das alltägliche moderne Leben wird begleitet von Aberglauben. Auf der anderen Seite herrscht die Schnelllebigkeit der Technik: eine schrille Welt der Computer, Handys, Unterhaltungsprogramme und Mode.

Ebenso gestaltet sich auch der Japan-Tag: die Präsentation der traditionellen Künste auf der einen, und die Darbietung der modernen Popkultur auf der anderen Seite. Die Cosplayer, die den Japan-Tag besuchen, ermöglichen allein durch ihre Anwesenheit die Darstellung genau dieser Kontraste. Sie kreieren eine Atmosphäre, die alleine durch die Planung der Veranstalter nicht zustande käme.

Bilder
Impressionen Japan-Tag
Fotos: Düsseldorf Marketing&Tourismus

Da die meisten Cosplayer auch gerne bewundert werden und sich häufig breitwillig für Fotografien in Pose stellen, ist auch der Austausch mit anderen Besuchern des Japan-Tages garantiert. Dies erleichtert insbesondere auch den älteren Interessenten den Zugang zu der poppigen Kultur Japans.

So wird ein Austausch auf sehr breiter Fläche ermöglicht: zwischen Deutschen und Japanern, zwischen Alt und Jung, zwischen Tradition und Moderne.

Des Weiteren ist für viele das Cosplay nicht nur ein Hobby, das sich auf Schneidern und Kostümieren beschränkt. Durch dieses Hobby steigt auch ihr Interesse an der Kultur und Gesellschaft Japans. Dies gilt übrigens auch für Anime- und Manga-Liebhaber. Nicht selten erlernen Fans dieser Genres die japanische Sprache, informieren sich über japanische Sitten und Bräuche und üben sich in der japanischen Kochkunst. Auch bei vielen Eltern erweckt das Interesse ihrer Kinder die Neugier und sie beginnen, sich über Japan zu informieren.

Man sieht also, dass das Phänomen „Cosplay" mehr Menschen erreicht als man annimmt.

Kann Cosplay eine Art Diplomatie sein, um leichter Brücken zwischen den Kulturen zu bauen?

Die weltweite Beliebtheit der japanischen Pop-Kultur ist der Regierung Japans stark bewusst. So wurde 2007 der „International Manga Award" ins Leben gerufen. Dieser fand 2013 zum siebten Mal statt. Es wurden 256 Werke aus 53 verschiedenen Ländern eingereicht.

Ebenso wird seit 2007 beim „World Cosplay Summit" dem besten „Costume-Player" ein sogenannter „Außenminister-Preis" verliehen.

2008 begann das „Anime Ambassador" Projekt mit dem Ziel, durch Anime das weltweite Interesse an Japan zu vergrößern. So wurde die Roboter-Katze Doraemon, die in Japan und ganz Asien einen ähnlichen Bekanntheitsgrad genießt wie Micky Maus im Westen, zum Anime-Botschafter ernannt.

Insofern wird Japans Popkultur gezielt für die Vermittlung der Kultur eingesetzt. Sie wird – insbesondere bei jungen Leuten – als erster Schritt erkannt, das Interesse an ganz Japan zu wecken.

Für die Cosplayer außerhalb Japans dient das Hobby sicherlich als Brücke. Durch die gleichen Interessen fällt es ihnen leichter, mit den Menschen und der Kultur Japans in Kontakt zu treten. Umgekehrt wird bei japanischen Cosplayern wohl eher selten das Interesse an Deutschland durch die deutschen Gleichgesinnten geweckt. Insofern beschränkt sich der Austausch auf das Hobby und spricht somit nur einen minimalen Teil der japanischen Bevölkerung an.

**Wie wichtig sind die jungen Leute
(Cosplayer, Anime- und Mangafans) für Japan und die dortige Wirtschaft?**

Die Popkultur ermöglicht eine besondere Bewerbung Japans. Was anfangs nur ein Interesse an einem bestimmten Genre wie Manga, Anime oder Cosplay ist, entwickelt sich zu einem wachsenden Interesse an Japan. Manga und Anime sind sehr vielseitig. Sie behandeln so gut wie alle Themen und Bereiche: Schulalltag, Arbeitsalltag, Liebe, Freundschaft, Kunst, Fantasy, Science Fiction und auch historische Ereignisse. So erfahren die Leser schon während der Lektüre viele Fakten über Japan und beginnen schließlich, sich auch darüber hinaus über dieses Land zu informieren. Dies hat zur Folge, dass viele junge Menschen Japan bereisen möchten.

Manga und Anime vergrößern somit nicht nur den Auslandsmarkt japanischer Produkte, sondern fördern auch den Tourismus.

Erhalten Sie viele Anfragen von „Fans", die nach Japan auswandern möchten? Was empfehlen Sie diesen?

Wir bekommen regelmäßig Anfragen von jungen Menschen, die ein großes Interesse an Manga/Anime haben und nach Japan reisen möchten. Häufig handelt es sich jedoch um einen Zeitraum von Monaten oder Jahren. Selten bekommen wir Anfragen bezüglich einer geplanten Auswanderung.

In einigen Fällen wird nach Praktikums- oder Ausbildungsstellen bei Manga-ka bzw. Anime-Produktionsfirmen oder nach Universitäten mit einem Manga/Anime-Lehrgang gefragt.

Selbstverständlich ist es sehr erfreulich, wenn das Interesse an Japan so groß ist.

Wir raten meist dazu, zuerst die Sprache zu erlernen und Japan vorerst als Urlaubsziel zu betrachten. Gut vorbereiten kann man auch ein Jahr „Work and Travel". Man erhält ein Visum für ein Jahr. Ziel soll es sein, teilweise zu jobben und teilweise zu reisen. Es gibt spezielle Homepages, die bei der Jobsuche für „Work and Travel" helfen.

In jedem Fall sollte man einen Japanaufenthalt – gegebenenfalls auch mit den Eltern - gut vorbereiten und planen.

Wie unterstützt das Japanische Generakonsulat die „Fans" hier?

Eine spezifische Unterstützung der Cosplayer bzw. der Manga/Anime-Fans wird nicht geboten. Viel mehr versuchen wir durch diverse Veranstaltungen ihr Interesse zu decken. Zum Beispiel bieten die japanischen Filmtage in Düsseldorf immer (Anime-)Filme im Originalton mit Untertiteln an. Des Weiteren hatten wir in der Vergangenheit auch Informations-Veranstaltungen und Workshops mit japanischen Zeichnern (Hara Keiichi, Purin & Umi Konbu, Higuri You). Auch beim Japan-Tag wurde die Popkultur-Zone von Jahr zu Jahr vergrößert. 2014 trat mit „Crow & Class" sogar eine Visual-Kei-Band auf der Hauptbühne auf.

Petra Schukalla

Besonderheit

*Lehrerin am Goethe Institut
verantwortlich für japanbezogene Aktivitäten*

Sie veranstalten alljährlich auf dem Düsseldorfer Japan-Tag einen (inzwischen sehr beliebten) Mangawettbewerb. Wie kam es dazu? Was bringt der Wettbewerb dem Goethe Institut?

Das Goethe-Institut präsentiert sich als Sprach- und Kultureinrichtung auf dem Japan-Tag mit einem eigenen Zelt, um seine Verbundenheit mit der großen japanischen Gemeinde auszudrücken, da Japaner zu einer wichtigen Kundengruppe hier vor Ort zählen. Nach anfänglich anderen Aktivitäten am Japan-Tag hat sich der Manga-Wettbewerb als äußerst beliebt herausgestellt. Das liegt zum einen an der parallelen Entwicklung dieser Szene in Deutschland insgesamt, aber auch nicht zuletzt an den attraktiven Preisen, die japanbezogen (Japan Airlines-Flug) oder direkt mangaorientiert sind (Malkurs – Malstifte – Literatur u.a.).

Wie wichtig sind Sponsoren für solche Wettbewerbe?

Sponsoren und Interessenten sind für diesen Wettbewerb sehr wichtig, da sich über diese Kontakte immer wieder neue ergeben und von der Fachszene wichtige Hinweise und große Unterstützung zur Weiterentwicklung des Wettbewerbs kommen.

Wie ist die Verbindung zwischen Anime / Manga / Cosplay, Firmen und der Politik hier in Düsseldorf / Deutschland?

Dazu kann ich nur meinen persönlichen Eindruck sehr generell äußern: In das Thema Anime habe ich keinen näheren Einblick, da der Wettbewerb sich damit nicht befasst, und ich diese Szene in Düsseldorf und Deutschland nicht konkret kenne. Düsseldorf scheint aber besonders für Manga und Cosplay ein „interessantes Pflaster" zu sein, da auch auf Grund der Größe der japanischen Gemeinde japanische Kultur erlebbar ist und mit zahlreichen Einrichtungen und Geschäften äußerst attraktiv erscheint.

Bild oben
Petra Schukalla bei einer
Manga-Wettbewerb Preisverleihung
Fotograf: Fritjof Eckardt

Bild unten
Petra Schukalla bei einer
Manga-Wettbewerb Preisverleihung
Fotograf: Fritjof Eckardt

Die Sponsoren

Lange hat es in Deutschland gedauert, bis Firmen wie Fluggesellschaften, Händler, Material- und Stofflieferanten, Verlage und Videospielproduzenten erkannt haben, dass sich ernsthaftes Sponsoring von Cosplay-Wettbewerben und Veranstaltungen durchaus auch für sie lohnen kann. Sponsoring für Wettbewerbe und Veranstaltungen zu erhalten, war vor 10 Jahren äußerst schwierig. Als Organisator wurde man damals regelrecht ausgelacht oder zumindest nicht wirklich ernst genommen. Da war es dann meist auch vollkommen egal, ob die Firmen (teilweise) einen direkten Bezug zum Thema hatten oder nicht. Heute stellt das häufig kein nennenswertes Problem mehr dar. Inzwischen sind die Firmen wesentlich eher zum Sponsoring bereit, stiften hochwertigere Preise und haben den Markt und die Zielgruppe erkannt. So gibt es immer öfter Unterstützung für Wettbewerbe oder zur Verfügung gestellte Preise, teilweise auch von Firmen die (auf den ersten Blick) keine direkte Verbindung zu der Materie haben. Mittlerweile bieten manche Firmen durchaus sogar von sich aus Sponsoring an (Preise für Wettbewerbe) und wenden sich an die Veranstalter der Events oder der Wettbewerbe. Es existieren auch Wettbewerbe, die von Firmen in Kooperation mit Veranstaltungen gegründet worden sind, etwas, das noch vor wenigen Jahren absolut undenkbar gewesen wäre. Hin und wieder veranstalten auch Firmen (meistens Videospielproduzenten) eigene Wettbewerbe, um ihre Produkte besser in der Zielgruppe zu bewerben. Ebenso gibt es Firmen, die für ihre Produkte (wie Videospiele) einen Cosplay-Botschafter in einem Wettbewerb ermitteln. Dieser besucht dann die verschiedensten Veranstaltungen, ist dort als Juror tätig und über ihre / seine Erlebnisse wird dann in den sozialen Netzwerken berichtet. Verglichen mit den ersten Jahren sind es inzwischen regelrecht paradiesische Zustände.

Nicht zuletzt hängt das natürlich auch damit zusammen, dass die Zahl der Anime-, Cosplay-, Manga- und Japan-Fans über die Jahre stark zugenommen hat, dadurch der Markt größer wurde und bedeutend mehr Umsatz generiert werden kann. Viele Fans interessieren sich nicht nur für die eigentlichen Anime- / Manga-Produkte oder das Material für Kostüme und Requisiten, sondern auch für japanisches Essen, das Land, die Sprache und die Kultur. So gibt es zahlreiche sinnvolle Kooperations- und Sponsoring-Möglichkeiten für Firmen und die jeweiligen Veranstaltungen und Wettbewerbe.

Selbstverständlich hängt diese Entwicklung auch mit neuen und geänderten Kommunikationswegen zusammen. Eine positive Erwähnung des Firmennamens oder des Logos im passenden Zusammenhang kann auf der richtigen Webseite, in sozialen Netzwerken oder in Kurznachrichten (bei entsprechend vielen „Followern") extrem werbewirksam und sehr zielgerichtet sein. Das funktioniert teilweise wesentlich effektiver und genauer als es mit „üblicher" Werbung jemals möglich wäre.

So ist es heutzutage völlig normal geworden, dass die Sponsoren Preise für die Wettbewerbe zur Verfügung stellen. Mehr und mehr Firmen sind inzwischen dazu bereit und spenden teils sehr hochwertige Preise wie Spielkonsolen. Sogar Flugtickets sind nicht mehr wirklich ungewöhnlich. Ohne die Sponsoren wären Wettbewerbe nach heutigem Maßstab nicht möglich.

Dirk Remmecke

Marketing Manager Dirk hat sein halbes Leben lang den Interessen von Fan-Communities nachgespürt, sei es als Redakteur und Autor verschiedener Games- und Anime-Magazine, Veranstalter von Game Conventions, Playtester für Brettspiele oder Inhaber eines Game Stores. Bei KAZÉ kann er all dies mit seiner weit älteren Leidenschaft verknüpfen, dem Genuss der Vielfalt grafischer Erzählformen. KA-POW! BLAM! *tink*

Besonderheit

Marketing Manager KAZÉ Manga & Anime

KAZÉ unterstützt die verschiedensten Veranstaltungen und (Cosplay) Wettbewerbe aktiv als Sponsor. Lohnt sich das für euch? Was bringt es euch?

KAZÉ (und davor schon Anime Virtual) unterstützen die Convention-Szene schon seit vielen Jahren, eigentlich seit es uns gibt. Uns liegt viel an einer lebendigen Szene, weshalb wir auch auf 10-12 Messen und Conventions pro Jahr als Aussteller präsent sind – zusätzlich zu allen Engagements auf Veranstaltungen, die etwas kleiner oder zu weit weg sind. Je mehr Conventions es gibt, je attraktiver die Events auf diesen Conventions sind, desto besser ist es für die Szene, die Community, und damit letztlich auch für uns.

Wie kam es zu den Kooperationen mit den Veranstaltungen und den Wettbewerben? Was hat sich im Laufe der Jahre geändert?

Die Kooperationen haben sich einfach so ergeben, teilweise durch persönliche Kontakte zu Veranstaltern, teilweise durch höfliche Anfragen.

Im Lauf der Jahre hat sich vieles eingespielt, wie die Bereitstellung von Preis-Support oder die Abfrage der Filme, die in den Filmräumen der Conventions gezeigt werden.

Was sich allerdings nicht geändert hat, ist die bisweilen äußerst knappe Zusendung dieser Filme, weil es manchmal Premieren sind und wir auf die Vorführkopien brandneuer Lizenzen warten müssen. Diese erhalten wir manchmal wenige Stunden vor unserer eigenen Abfahrt zu einer Convention.

Bild oben
Dirk Remmecke
Illustration: Reyhan Yildrim

Bild mitte
KAZÉ Messestand

Bis wenige Tage vor der letzten Connichi war zum Beispiel nicht sicher, ob wir wirklich die Premiere der deutschen Synchronfassung des neuen Detektiv-Conan-Movies würden zeigen können. Die Connichi hatte sicherheitshalber die untertitelte Fassung vorliegen, damit der Film überhaupt laufen konnte, aber dann ist alles gut gegangen und wir haben den Screener am Donnerstag persönlich mitgebracht.

Hin und wieder können wir auch größere Aktionen mit Conventions veranstalten. Dabei geht die Aktivität von beiden Seiten aus – wir sind genau so häufig um eine Aktion gebeten worden wie wir sie selbst vorgeschlagen haben. Besonders gelungene Aktionen waren wohl das Sailor-Moon-Kabinett auf der Buchmesse Leipzig und der Connichi (beides in diesem Jahr) und das Heimliche-Blicke-Bett auf der AnimagiC (2013).

Und wir unterstützen die Maid-Cafés auf mehreren Conventions mit passendem Deko-Material.

Hat sich die gestiegene Popularität von Cosplay irgendwie auf euer Sortiment ausgewirkt? Fragen Cosplayer gezielt nach Serien oder Produkten?

Das ist sehr schwer zu beantworten. Wir haben keine Möglichkeit herauszufinden, ob Fans sich eine Serie kaufen, weil sie die Story mögen oder sich das Design der Figuren besonders für Cosplay eignet. Ich dachte bisher, die Motivation für Cosplay sei umgekehrt – man fertigt Kostüme von Figuren, deren Abenteuer man kennt und liebt.

Ihr seid regelmäßig mit Ständen auf Conventions vertreten. Wie war der erste Verkauf auf einer solchen Veranstaltung? Wie ist es den Fans / Kunden so nahe zu sein?

Wie gesagt, wir sind auf Messen schon solange es uns gibt. Bis 2005 haben wir Messen „nur" dazu genutzt, Neuheiten anzukündigen und unser geplantes Programm der nächsten Monate zu präsentieren. Seit 2006 – ich glaube die RPC in Münster oder der Comic-Salon in Erlangen – verkaufen wir auch. Der Direktverkauf hilft uns, die Messestände zu finanzieren, und hat uns erlaubt, unsere Messeaktivitäten auf die heutige Anzahl von Events auszuweiten.

Aber der wahre „Gewinn" eines Verkaufsstandes ist, dass es viel leichter ist, mit Fans ins Gespräch zu kommen. Bei einem reinen Präsentationsstand gab es für Fans wenig Grund, das Gespräch zu eröffnen, aber vor einer üppigen Auswahl von Produkten ergeben sich reichliche Möglichkeiten zum Austausch und von Kritik über Schwärmereien bis hin zu filmtheoretischem Diskurs ist alles dabei.

Wie wichtig ist Social Media für euch?

Kein Unternehmen, das sich an ein jugendliches, internet-affines Publikum richtet, kommt um das „Web 2.0" herum. Dort findet die Kommunikation statt, und wir bekommen heute weitaus mehr Nachrichten und Anfragen über Facebook als per E-Mail.

Edmund Walter Hoff (Edo oder Edo Seijin)

Cosplay ist im Laufe der letzten Jahre ein bedeutender Wirtschaftsfaktor geworden oder?

Ja, das denke ich. Cosplay ist gewachsen, aber nicht nur Cosplay sondern Fandoms allgemein. Game Conventions auch, sie sind so extrem beliebt geworden, wenn ich da an die Beliebtheit von StarCraft in Südkorea denke. Das Geld welches in diese Dinge investiert wird, die Preisgelder die man gewinnen kann wenn man League of Legends spielt sind beispiellos. Angebote für Fernsehrechte und Fernsehshows die sich darum drehen, sowas gibt es bei Cosplay so nicht.

Comic Cons, es ist nicht nur die japanische Pop-Kultur, sondern auch westliche Pop-Kultur mit Comics und Marvel-Filmen. Es ist eine große Veränderung, Kinder die Erwachsene werden, aber ihre Hobbies der Kindheit auch als Erwachsene betreiben und nun das Geld dafür haben. Auch Cosplayer reiten auf dieser Welle und man kann das beim Cosplay sehen. Es wächst, aber Cosplay hat nach wie vor den Subkultur Faktor an sich.

Ich erlebe das jedes Mal wenn ich mit Cosplayern arbeite, insbesondere bei bekannteren Cosplayern. Ich versuche Leuten, die sich nicht mit Cosplay auskennen, Cosplay zu erklären. Eigentlich geht es nur darum ein Kostüm anzuziehen. Also was ist so besonders daran? Wenn du involviert bist ist das demütigend, denn es ist eine so große Sache aber im größeren Zusammenhang betrachtet, ist es nur ein Hobby. Daher denke ich, sollten wir den wirtschaftlichen Faktor nicht betonen, denn es geht um viel mehr als nur das.

Welche politische Bedeutung haben die Internationalen Wettbewerbe inzwischen?

Das ist etwas das in Japan und außerhalb Japans vollkommen unterschiedlich ist. Es ist ein einzigartiges Phänomen in Japan. Beim WCS können wir den Bürgermeister von Nagoya besuchen, den Gouverneur der Aichi Präfektur, zum Außenministerium gehen und dort an einem Treffen teilnehmen oder zum Ministerium für Wirtschaft, Handel und Industrie gehen. Ich glaube nicht, dass man so eine Sache auf diesem Level irgendwo sonst auf der Welt machen kann. Ich kann mir nicht denken, das Comics in den USA dieselbe Unterstützung von der amerikanischen Regierung erhalten.

Bild oben
Edmund Hoff mit YUIMINO
Fotograf: Edmund Hoff

Bild unten
Charakter: Evangelion Unit 00
Serie: Neon Genesis Evangelion
Fotograf: Ondo

Ich sehe Obama nicht neben Spiderman für ein Foto stehen. Ich weiß es nicht, vielleicht doch. Was ich versuche zu sagen ist, vor allem in Japan gibt es eine starke Verbundenheit der Regierung zu diesem Thema. Die Politiker und Offiziellen sehen etwas, das ihnen nahe liegt und bekannt ist. Aber ich persönlich habe das Gefühl, Cosplay und Politik sind irgendwie seltsame Bettgenossen. Cosplayer und Politiker - was ist die Verbindung? Eine Menge Fans sind dagegen, oder sie sehen nicht die Verbindung und den Wert. Sie denken, Politiker benutzen Cosplayer nur oder nutzen die Gelegenheit für ein Foto. Es ist ein Popularitätsfaktor, um ihre politischen Ziele zu fördern, aber das läuft in zwei Richtungen. Auf dieselbe Weise wie Politiker Aufmerksamkeit erhalten wenn sie neben Cosplayern stehen, ist es die Verbindung zu Politikern welche die Sichtbarkeit, dieser ansonsten unbekannten Subkultur, für die breite Öffentlichkeit erzeugt. Leute sehen es und es wird vertraut. Es öffnet Türen, ein paar Möglichkeiten, nicht direkt, sondern langsam aber sicher sticht es hervor und wird sichtbar.

Wie wichtig sind Sponsoren für die Wettbewerbe?

Ich denke das Sponsoren für Cosplay an sich nicht unbedingt notwendig sind, man kann auch kleine Cosplay-Veranstaltungen ohne Sponsoren machen. Aber wenn man davon spricht etwas globales zu tun mit einer Veranstaltung die permanent in ihrer Größe wächst, dann wird Sponsoring zu einem sehr wichtigen Faktor. Je größer eine Veranstaltung wird und wenn es weltweit ist, dann hat man mehr Flüge, mehr Flugkosten, die irgendjemand bezahlen muss. Steigende Kosten, mehr Leute, bedeutet mehr Transport, mehr Essen, Unterkünfte all das muss für eine Gruppe an Leuten für eine besondere Veranstaltung bezahlt werden. Um diese Kosten zu decken ist Sponsoring der einfachste Weg. Ich denke das ist ein wichtiger Faktor um zu wachsen. Weltweit Organisationen und Firmen zu finden die am Wachstum interessiert sind und unterstützen. Ideal ist es, wenn man Organisationen hat, mit denen man Hand in Hand und einfach gut zusammenarbeitet.

Die Leute sind was ihren Fandom angeht sehr Leidenschaftlich. Sie denken etwas muss sein und sollte so sein, aber (Jugend) Kultur ändert sich ständig und entwickelt sich ständig, das ist bei Anime und Manga genauso. Diese Änderungen und neuen Facetten dieser Subkultur erscheinen und werden sich wieder ändern. Was wichtig ist, hängt davon ab was sie versuchen zu tun. Wenn es für etwas ist das weltweit in der Zukunft wachsen soll sind Sponsoren sehr wichtig.

Bild links Charakter: Evangelion Unit 00, Serie: Neon Genesis Evangelion, Fotograf: Ondo
Bild rechts Charakter: ZGMF-1000/A1 Gunner ZAKU Warrior, Serie: Gundam Seed Destiny, Fotograf: Edmund Hoff

TAKAGI GmbH Books & More

Ladengeschäft
TAKAGI GmbH Books & More
Immermannstraße 31
40210 Düsseldorf

Besuchen viele Cosplayer euren Laden?
Wieviel Prozent der Kunden sind Cosplayer?

Dies ist recht schwierig zu beantworten, da nicht jeder Kunde der Cosplay mag, auch den Laden im Kostüm besucht. Am Japan-Tag oder auf Conventions ist dies natürlich anders, da haben wir viele Kunden die im Kostüm in unseren Laden oder an den Messestand kommen. Im normalen Tagesgeschäft ist das jedoch meist anders, dort sind es immer weniger offen erkennbare Cosplayer.

Fragen Kunden oft nach Cosplay Artikeln
(wie z.B. Cosplayzeitschriften mit Schnittmuster,
Perücken oder farbige Kontaktlinsen)?

Wir hatten zeitweilig auch Perücken und Kontaktlinsen im Sortiment. Inzwischen jedoch nicht mehr, aber wir führen verschiedene Produkte die auch für Cosplayer interessant sind (wie z.B. Requisiten, Stofftiere oder Zepter aus verschiedenen Serien).

Hat sich die gestiegene Popularität von
Cosplay auf euer Sortiment ausgewirkt?

Ja und nein, wie gesagt, wir hatten zeitweilig einzelne Produkte im Sortiment, haben uns dann aber für Merchandise Produkte entschieden die auch für Cosplayer interessant sein könn(t)en.

Eure Firma hat die verschiedensten Wettbewerbe
(als Sponsor) in der Vergangenheit unterstützt.
Hat sich das für euch gelohnt?

Ob es sich gelohnt hat, dies ist schwer zu sagen und kann nicht wirklich mit Zahlen belegt werden. Solche Werbeeffekte sind meist sehr kurzweilig und nicht von Dauer. Wir sind auf vielen Veranstaltungen vertreten und unterstützten gerne (soweit möglich) Veranstaltungen / Wettbewerbe.

Bild oben
Außenansicht TAKAGI Books
Fotograf: Fritjof Eckardt

Bild mitte und unten
Innenansichten TAKAGI Books
Fotograf: Fritjof Eckardt

Ist Düsseldorf ein Sonderfall?

In Düsseldorf gibt es viele japanische Firmen, Läden und Restaurants. Hier gibt es sehr viel japanische Kultur an einem Ort konzentriert. Dies ist natürlich ein großer Magnet für alle Anime / Cosplay / Manga Fans.

Gibt es eine Verbindung zwischen der Politik und Cosplay (Wettbewerben)?

Schon, auch wenn es in den Anfangsjahren anders war. Heute ist es normal das japanische Generalkonsule Conventions eröffnen (z.B. die Dokomi Convention in Düsseldorf) oder das sich Politiker auch mit Cosplayern für Zeitungen fotografieren lassen. Ebenso das solche Veranstaltungen auch aktiv gefördert werden oder bei Wettbewerben (wie dem World Cosplay Summit in Japan) Termine mit Politikern (Bürgermeister, Gouverneur, Außenminister) fest eingeplant sind. Dies bringt beiden Seiten (den Cosplayern / Organisatoren und den Politikern) Vorteile.

Innenansicht TAKAGI Books. Fotograf: Fritjof Eckardt

Mit Cosplay Geld verdienen?

Achtung: Bevor in irgendeiner Art und Weise mit Cosplay irgendwelches Geld in Deutschland verdient wird, sollte man unbedingt einen Steuerberater konsultieren und abklären, ob und wie, wenn nötig, Steuern dafür bezahlt und gegebenenfalls ein Gewerbe angemeldet (oder eine Firma gegründet) und Versicherungen abgeschlossen werden müssen. Cosplay-Seiten mit Webshops, in denen eigene Produkte kostenpflichtig vertrieben werden, sind äußerst leicht im Internet mittels Suchmaschinen zu finden, insbesondere dann, wenn diese in sozialen Netzwerken beworben werden. Selbiges gilt, wenn Cosplayer als Gäste zu Veranstaltungen eingeladen werden, dort eigene Produkte verkaufen und in verschiedenen Medien mit ihnen geworben wird. Dies greift selbstverständlich auch für alle Einkünfte, die durch geschaltete Werbung in Videos (im Internet), auf Webseiten oder durch Crowdfounding oder Sponsoring (von Fans oder Firmen) erwirtschaftet werden. Auch wenn es für die meisten Cosplayer nur um kleine Beträge geht, sollte man sich vorher unbedingt informieren. Es kann sonst hinterher unter Umständen teuer und unangenehm werden, wenn man dann Probleme mit dem Finanzamt bekommt. Das Finanzamt geht mit der Zeit und informiert sich über alle angesagten und technisch neuen möglichen Geldquellen.

Während inzwischen viele Firmen Geld mit Anime, Manga und auch durch Cosplay und entsprechende Produkte verdienen, gehen die Cosplayer zumindest in Deutschland oft leer aus. Nur ein kleiner Teil der Cosplayer verdient ein wenig Geld mit dem Verkauf von angefertigten Kostümen oder Requisiten (Auftragsarbeiten), durch Modeling, mit Promotion-Aktivitäten für Firmen auf Messen oder durch den Verkauf von eigenen Produkten. Viele Cosplayer verkaufen ihre alten Kostüme günstig, um mit den Einnahmen Materialien für neue Kostüme zu finanzieren. Dafür gibt es Kostümbörsen im Internet und entsprechende „Verkaufsgruppen" innerhalb von sozialen Netzwerken. Einige wenige Cosplayer vertreiben eigene Fachbücher, Merchandising-Produkte (wie Poster, Fotos und Postkarten von sich in den verschiedensten Kostümen), Kostüme und Requisiten über eigene Webseiten an ihre Fans und Interessenten. Manche ausländische Cosplayer (Cosplay Idols / kommerzielle Cosplayer) werden wie Models für Kampagnen, (TV)Auftritte und Events gebucht und bezahlt. Je nach Bekanntheitsgrad kann da dann durchaus einiges an Geld zusammenkommen.

Es gibt viele Meinungen innerhalb des Fandoms zum Thema „Geld mit Cosplay verdienen". Nicht alle Cosplayer und deren Fans finden das gut. Einige von ihnen empfinden dies regelrecht als „Verrat" am Hobby und hegen eine große Abneigung dagegen. In Amerika und Asien ist es jedenfalls allgemein wesentlich akzeptierter als es momentan (noch) in Deutschland ist. Dort gibt es einige Cosplayer, die ihr Hobby zum Beruf gemacht haben (also Kostüme herstellen, Modeljobs betreiben, im Kostüm auftreten, Merchandising vertreiben oder auch singen) und davon dann auch (gut) leben können, während dies in Deutschland bisher nur sehr selten und schwer möglich ist. Cosplayer die heute „In" sind, die können in einem Jahr „Out" sein. Die Folge ist, dass sich dann natürlich weniger eigene Merchandising Artikel verkaufen lassen und eine alternative Geldquelle erschlossen werden muss. Im besten Fall erhalten wirklich bekannte Cosplayer hier etwas Unterstützung bei der Kostümherstellung in Form von gesponserten Materialien, kleinere Einkünfte durch den Verkauf von eigenen Produkten oder (minimale) finanzielle Unterstützung von Sponsoren im Gegenzug für Werbung oder Empfehlungen von Produkten durch den Cosplayer auf deren Webseiten.

Einzelne deutsche Cosplayer werden manchmal zu Veranstaltungen im Ausland eingeladen und können Events besuchen und Erfahrungen machen, die sie sonst nie machen könnten. Oft werden bei solchen Einladungen aber nur ein Teil der Kosten für Anreise und Unterkunft übernommen und auf den Kosten und Ausgaben für die Kostüme und Requisiten (Stoffe und Materialien) bleiben die Cosplayer meist komplett sitzen. Um diese Kosten ein wenig aufzufangen, verkaufen sie auf den Veranstaltungen dann nach Möglichkeit eigene Produkte.

Wie funktioniert der Verkauf von eigenen Produkten?

Im Internet

Einige Cosplayer vertreiben Fotobücher, Fotos, Kalender, Poster und ähnliches über ihre Webseiten. Der interessierte Käufer findet den entsprechenden Webshop (wenn der Cosplayer alles selbst macht) oder die Weiterleitung zu einem entsprechenden Dienstleister (der Produktion und Versand übernimmt) auf der jeweiligen Cosplayer-Webseite. Dort werden dann die entsprechenden Produkte von den Fans bestellt und der Cosplayer erhält pro bestelltem Produkt (nach Abzug der Produktionskosten, Vertriebs- und Versandkosten) eine feste Vergütung. Dies funktioniert, je nach Bekanntheit des Cosplayers und der jeweiligen Warenpreise, mehr oder weniger gut. Es ist kein Geheimnis, das Bilder, die ein wenig sexy sind, sich online besser verkaufen.

Beliebte Plattformen und Anbieter sind zum Beispiel

http://www.deviantart.com und http://www.storenvy.com

Auf Veranstaltungen

In Deutschland ist es noch nicht so üblich, dass Cosplayer eigene Produkte auf Veranstaltungen an Ständen verkaufen, im Ausland machen dies bekanntere Cosplayer hingegen regelmäßig. Je nach Absprache mit der Veranstaltung muss dazu gegebenenfalls ein Stand gemietet oder eventuell eine feste Provision (auf die Einnahmen) am Ende der Convention gezahlt werden. Eingeladene Cosplay Idols bekommen meistens Verkaufsstände zu festen Zeiten von den Veranstaltungen kostenlos zur Verfügung gestellt. Natürlich verkaufen sich die Produkte wesentlich besser, wenn der Cosplayer an seinem Stand sitzt, mit den Fans redet und die Produkte dabei signiert.

Durch Werbung

Ist man entsprechend beliebt und wird die eigene Internetseite, das Blog oder der YouTube-Channel entsprechend häufig aufgerufen, dann kann durch geschaltete Werbung direkt Geld verdient werden. Während dies für einige Internet-Stars gängige Praxis ist, können die meisten Cosplayer davon in den meisten Fällen nur träumen.

Cosplay, Erotik und Sex

Es gibt in Japan und auch in anderen Ländern einen riesigen Markt für Cosplay-Porno-Filme, Artikel oder Dienstleistungen. Natürlich kann auch mit Erotik Geld verdient werden, ohne dass gleich Sexfilme gedreht werden müssen. Es gibt ein paar Cosplayerinnen, die auf sexy Image setzen und entsprechend aufreizende Fotos von sich verkaufen oder auch kostenpflichtige Webseiten betreiben. Ob man so etwas machen möchte muss jeder selbst für sich entscheiden.

Die eigene Cosplay-Firma

Immer wieder wünschen sich deutsche Cosplayer, ihre eigene Firma zu gründen und von der Cosplay-Kostüm- und Requisitenherstellung, auch ohne entsprechende (handwerkliche) Ausbildung oder Fortbildung, leben zu können. Manch einer denkt sich, dass die Erfahrungen, die man mit der privaten Anfertigung von Kostümen gemacht hat, einen dafür perfekt vorbereiten, doch dem ist leider oft nicht so.

Die Gründung einer Firma sollte man vorher sehr gut planen, denn es ist ein riesiger Unterschied, ob man Kostüme für sich selbst baut und da schon teilweise hunderte Euro für das Material investiert oder ob man das professionell für andere Leute macht, davon Leben und alle Sozialabgaben, Steuern, Versicherungen, Miete, weitere Ausgaben oder gar Mitarbeiter (be)zahlen muss. Da kostet ein Kostüm schnell das Dreifache und die wenigsten Cosplayer können (oder wollen) sich das dann leisten, egal wie gut das Kostüm oder die Requisite dann auch sein mag. Man ist somit zu großen Teilen auf Aufträge von Firmen angewiesen (und benötigt exzellente Kontakte zu diesen) und auf Kunden, denen der Preis relativ egal ist, solange die Qualität hochwertig ist. Hinzu kommt, dass man als Firma, wenn man Kostüme und Requisiten selber für Kunden (in Serie, inbesondere mit 3D Druckern) herstellt, auch unbedingt auf die rechtlichen Vorgaben (wie Copyright und Lizenzen) achten muss. Es kann durchaus notwendig sein vor der Firmengründung und dem Beginn jeglicher Tätigkeit einen Fachanwalt für Copyright und Medienrecht zu konsultieren und sich ausgiebig beraten zu lassen, denn das Thema ist nicht so einfach, wie man vielleicht denken mag.

Natürlich heißt das nicht, dass man sein Hobby nicht zum Beruf machen oder gar eine eigene Firma gründen könne. Die Firma myCostumes ist ein Paradebeispiel dafür. Die Geschäftsführerin begann als Cosplayerin und gründete nach etlichen Jahren und den üblichen Problemen, die ein Cosplayer hat (wie zum Beispiel „Wo kriege ich das Material her?", „Wie bearbeitete ich es?" und „Wo finde ich Informationen?") ihre Firma myCostumes.

Cosplayerin Angie signiert ihr Fotobuch auf der AFA 2014 Singapur. Fotograf: Fritjof Eckardt

Makkuro

Cosplayerin, Geschäftsfrau, Eventmanagerin, Ehefrau, Buchliebhaberin, Kinogängerin, Fangirl, Gothic Lolita und Organisationstalent.

Alter

30

Besonderheit

Inhaberin und Gründerin von myCostumes
http://www.mycostumes.de

Ladengeschäft
Kostümspiel
Berliner Straße Nr. 8
60311 Frankfurt am Main

Wie begann myCostumes?

Es begann als kleines Nebengewerbe neben meiner Tätigkeit als Buchhändlerin. Ich fühlte mich von dem Beruf nicht erfüllt und hatte nach meiner fertigen Ausbildung und drei Jahren Einzelhandel den Punkt erreicht mit „das soll's jetzt gewesen sein?". Bei einem Japanurlaub 2006 stand ich dann zum ersten Mal in einem Cosplayladen in Tōkyō und war ganz begeistert. Hier in Deutschland musste ich mir alle Einzelteile für meine Cosplays mühevoll zusammensuchen und dort konnte man alles einfach aus einer Hand kaufen. Da hatte ich zum ersten Mal den Gedanken „Mensch, warum gibt es so was nicht auch in Deutschland?". Die Cosplaycommunity wurde hierzulande immer größer und größer aber trotzdem hatte noch niemand die Idee für ein solches Geschäftsmodell.

Es sollten aber noch zwei Jahre vergehen, bis sich die Idee in meinem Kopf soweit gefestigt hatte, dass ich beschloss ein Gewerbe anzumelden und einen kleinen Webshop mit Kostümaccessoires zu eröffnen. Alles begann mit selbst genähten Katzenohren und der Suche nach Händlern in der ganzen Welt. Ich begann mich bei Conventions um einen Händlerstand zu bewerben und verkaufte dort vor Ort meine ersten Artikel. Es lief! Das Gewerbe gründete ich im Januar 2009 und bereits im Oktober desselben Jahres habe ich mich mit meinem Unternehmen komplett selbstständig gemacht.

Bild oben
Makkuro auf der FBM 2015
Fotograf: Fritjof Eckardt

Bild mitte und unten
Innenansichten Kostümspiel Laden
Fotograf: Fritjof Eckardt

Hättest du gedacht dass es sich so entwickeln würde?

Ich habe das Potenzial immer gesehen, sonst hätte ich das nicht gemacht. In den ersten drei Jahren habe ich an die 100 Stunden pro Woche gearbeitet und so gut wie alles alleine gemacht. Da hat man kaum Zeit, richtig auf die Zahlen und Umsätze zu schauen, wie das eine Controllingabteilung wohl machen würde. Wenn ich mir heute meine Betriebswirtschaftlichen Auswertungen so ansehe und die Zahlen von den Jahren vergleiche, da erst wird mir bewusst, was ich hier auf die Beine gestellt habe. Als Antwort auf die Frage: Ja, ich habe gewusst, dass es mit viel Arbeit klappt.

Wie ist es als Händler auf Conventions Cosplayprodukte zu verkaufen?

Durch meine langjährige Arbeit auf der Frankfurter Buchmesse lernte ich früh das „Hinter den Kulissen" auf Messen kennen. Ich liebe das! Früher als alle anderen auf das Gelände zu dürfen und den Auf-und Abbau mitzubekommen, das mag ich. Die Besucher sehen von all dem nichts, die kommen in den fertig aufgebauten Händlerraum und sehen die tollen Verkaufsstände. Da ich 8 Jahre Einzelhandel hinter mir habe, kann ich mit Bestimmtheit sagen, dass Cosplayer eine sehr dankbare Kundengruppe sind. Die freuen sich wenn sie hinterm Tresen jemanden stehen haben, der weiß wovon sie reden. Der direkte Kundenkontakt auf den Conventions ist uns auch sehr wichtig. So erfahren wir, welche Serien gerade boomen und was gesucht wird. Und ganz klar: es lohnt sich vom Umsatz! Conventions ist eins unser drei Standbeine ohne das das Unternehmen nicht laufen würde: Conventions, Ladengeschäft, Webshop. Nur eins von den drei zu betreiben wäre nicht ertragreich genug. So funktioniert es prima.

Eure Firma hat die verschiedensten Wettbewerbe (als Sponsor) in der Vergangenheit unterstützt, hat sich das für euch gelohnt?

Ja! Besser als jede Anzeigenschaltung. Ich bin selbst Cosplayer und weiß, wie enttäuscht ich oft war, wenn ich bei einem Wettbewerb nur einen Manga gewonnen hatte obwohl ich mir so viel Mühe für mein Kostüm gegeben habe (3. Platz WCS Vorentscheid 2004: Ein Oh!My Goddess Blöckchen und ein viel zu kleines orangenes T-Shirt....). So bekommen die Leute A) was gescheites geschenkt für ihre Mühe und B) verbreitet sich der gute Ruf um unsere gute Qualität der Produkte dank der Social Media Seiten der Gewinner viel schneller und direkter an unsere Zielgruppe. Klare Win/Win Situation.

Was würdest du Cosplayern empfehlen die eine Firma gründen und mit ihrem Hobby Geld verdienen wollen?

Niemals ohne ein fundiertes Grundwissen über Buchhaltung und Rechnungswesen ein Unternehmen starten. Sobald es um Geld geht und man es richtig machen will sollte man sich einen guten (!) Steuerberater zu Rate ziehen. Ich weiß, am Anfang fehlt dafür das Geld und ja, ich habe zu Beginn auch meine Buchhaltung nach guten Gewissens selbst gemacht, was bei 20 Rechnungen im Monat auch noch Spaß macht. Sobald man aber Einkünfte erwirtschaftet, möchte auch der Vater Staat etwas vom Kuchen ab haben. Und es wird einem in Deutschland bei weitem nicht leicht gemacht und auch ich musste das auf die harte Tour lernen. Und man muss selbständig arbeiten können. Man muss die Arbeit sehen und sie machen, ob sie einem gefällt oder nicht. Leider helfen einem die diversen Buchtitel im Handel nicht weiter. Ich bin, wie erwähnt, gelernte Buchhändlerin und ich habe mich durch jeden „Existenzgründer" Titel gelesen. Keiner hat mich auf den Papierkrieg vorbereitet, der auf mich zu kam und keiner gab wirklich praktische Anleitungen.

Bei der Gewerbeanmeldung auf dem Amt bekommt man auch nur einen zweiseitigen DIN A4 Flyer „Sie sind jetzt selbstständig" aber der sagt einem eigentlich auch nur zwischen den Zeilen „geh' zu einem Steuerberater, oder lass es sein!".

Und noch etwas: Sich seinem Wert und seiner Leistung bewusst sein, denn damit muss man das Geld verdienen, dass man zum Leben braucht. Sich nicht unter Wert verkaufen! Das ist ein Thema, das ich oft von anderen Händlern aber auch Fotografen und Grafikdesignern mitbekomme: In unserer Cosplayszene möchte man für gute Arbeit kein Geld oder nur wenig davon ausgeben. Was viele nicht sehen ist die Arbeitszeit, die auch entlohnt werden muss. Diese Arbeitszeit vergessen viele bei ihrer Preiskalkulation. Das kann schnell nach hinten losgehen!

Also, zusammengefasst: Wenn's ums Geld verdienen geht, dann macht es richtig. Mit Gewerbe und allem buchhalterischen Drum und Dran, seid euch aber der Arbeit bewusst, die das mit sich bringt. Setzt euch mit einem guten Steuerberater zusammen. Seid von euch und eurer Idee überzeugt und verkauft euch nicht unter Wert. Ach ja, ein Sprichwort besagt: Wenn es ums Geld geht, dann hört jede Freundschaft auf. Das stimmt! Überlegt euch, mit wem ihr zusammenarbeitet und ob es euch und dem Geschäftspartner gut tut.

Kostümspiel Laden, Fotograf: Fritjof Eckardt

Higuri You

Besonderheit

Japanische Mangazeichnerin [Mangaka] und Illustratorin. Bekannteste Werke: Seimaden, Cantarella, Gorgeous Carat

Wie sehen Sie es wenn Leute die von Ihnen erschaffenen Manga Charaktere cosplayen?

Darüber freue ich mich sehr. Ich denke, dass es sehr viel Arbeit ist diese Kostüme mit allen geschichtlichen Details anzufertigen.

Unterstützen sie das?

Natürlich.

Was sagt ihr Verlag dazu?

Da es auch Werbung ist, warum sollten sie es nicht begrüßen?

Wie sieht das/es rechtlich aus?

Ich kenne das Gesetz nicht genau. Ich denke es ist kein Problem, solange damit kein Geld verdient wird.

Sie haben vor vielen Jahren in Deutschland auf einer Veranstaltung den Auftritt einer Showgruppe gesehen. Die Aufführung war einer Geschichte aus einem ihrer Mangas nachempfunden. Wie war das für Sie?

Ich war total ergriffen. Es war als würde man einen Film drehen. Es war sehr schön.

Was waren ihre schönsten Erlebnisse mit Cosplayern und Fans?

Ich bin gerührt, wenn sich die Leute die Arbeit machen, die richtigen Farben wählen, Kostüme herstellen und tragen. Diese Leute sind schöne Erinnerungen für mich.

Bild oben
Higuri You

Kanan Yui (von YUIMINO+)

Was macht eure Firma genau? Was ist Onigiri?

Wir betreuen Werbeprojekte die Cosplayer benötigen. Wir machen Castings mit Cosplayern und kümmern uns um alles was gebraucht wird.

Wie seid ihr auf die Idee gekommen?

Es war traurig zu wissen, dass Cosplay was das Urheberrecht betrifft eine Grauzone ist. Es war traurig zu sehen, dass zwar alle die Kleidung der Cosplayer mögen oder anziehen, aber die Arbeit die dahinter steckt bzw. Cosplay an sich nicht anerkannt wird. Wir klärten (für unsere Projekte) das Urheberrecht und überlegten uns welche Wirkung man mit Werbung erzielen könnte. Da Cosplay Yui geholfen hatte und sie offener wurde, dachte sie sich, dass sie auch anderen die sich zurückziehen oder depressiv sind helfen möchte und ihnen Cosplay auf verschiedene Weisen vorstellen wollen würde.

Ist das ein großer Markt in Japan?

Das ist groß, nicht wahr oder? Ein bisschen früher habe ich gefühlt, dass das Wort „Cosplay" nur auf „Anime- und Gamecharaktere" begrenzt war. Doch es verbreitet sich neuerdings immer mehr z.B. auch an Halloween. Ich bin zu der Erkenntnis gekommen, dass „farbenprächtige Kleidung" auch „Cosplay" ist und ich habe das Gefühl, dass auch der Markt noch größer wird.

Ihr vermittelt unter anderem auch Cosplayer für Promotionauftritte oder? Wie funktioniert das?

Ich höre den Vorstellungen / Wünschen der Kunden zu und vergleiche die Stimmung der Charaktere und die Fähigkeiten der einzelnen Cosplayer miteinander. Im Anschluss stelle ich dann passende Cosplayer vor.

Wie sieht die Zukunft eurer Firma aus? Was sind eure Pläne?

Ich möchte eine Cosplayversion der Tōkyō Girls Collection herstellen. Außerdem eine Situation, wo das Urheberrecht ganz klar ist!! Ich möchte Onigiri+Anime gründen. Geschmackvolle Produkte, für alle die Cosplay machen!!

Bilder
YUIMINO+ Konzert
Fotograf: Fritjof Eckardt

Die „Freunde"

In den vielen Jahren, seit denen ich im Fandom tätig bin, habe ich einiges erlebt. Etliche schöne Dinge, aber leider auch einige weniger schöne Dinge. Jedes Jahr interessieren sich neue Leute für die Veranstaltungen rund um Anime, Manga und Cosplay. Ebenso ändern sich bei einigen bisherigen Fans die Interessen oder sie kehren ihrem einst geliebten Hobby den Rücken zu. Neue Freundschaften entstehen und einstige Freundschaften enden oder schlafen einfach so ein. Natürlich geschieht das auch außerhalb des Fandoms und gehört eben einfach zum Leben dazu. Hier ist es jedoch sehr auffällig und geschieht mitunter relativ schnell. Selbstverständlich kann man über das Hobby auch Leute kennenlernen, die über Jahre zu besten Freunden werden und die es auch bleiben, selbst wenn sich die eigenen Interessen ändern. Das passiert insbesondere dann, wenn diese Menschen einem bei Problemen zur Seiten stehen, wenn man echte Freunde braucht. Das ist jedoch sehr selten und leider nicht der Regelfall. Am einfachsten merkt man woran man ist, wenn man sich mit den Leuten auch außerhalb von Events treffen und über völlig andere Themen reden kann, ohne dass sich nach fünf Minuten wieder alles um Anime, Cosplay oder Manga dreht. Wenn sich die Gespräche jedoch nur und ausschließlich um diese Themen drehen oder es (zu) anstrengend ist, über andere Themen mit den Leuten zu sprechen, dann läuft etwas ziemlich falsch.

Viele dieser „Freundschaften" sind oft einfach nur reine „Interessenfreundschaften" und oberflächlich, auch wenn es teilweise völlig anders zu sein scheint und dies in der jeweiligen Situation eigentlich unvorstellbar ist. Ändert sich das Interesse, endet auch die Freundschaft. Kurz gesagt: jeder ist (schnell) ersetzbar. Das betrifft Cosplayer, Helfer und Organisatoren gleichermaßen. Ich habe das, nachdem ich mit der Organisation von Wettbewerben und der Mitarbeit an Veranstaltungen aufgehört habe, sehr deutlich gemerkt. Man kann es auch mit dem folgenden Satz auf den Punkt bringen: „Du bist nur solange für mich und andere interessant, wie du dich mit dem Thema beschäftigst, das ich mag, oder so lange dich zu kennen für mich hilfreich ist und mir etwas nützt". Das soll nicht heißen, dass es keine Freunde sind, aber das gemeinsame Hobby verbindet teils doch sehr unterschiedliche Leute, die sich ohne Cosplay vielleicht so nie treffen würden, da sie kaum bis gar keine gemeinsamen Interessen haben. Je bekannter ein Cosplayer wird über desto mehr Kontakte verfügt dieser, jedoch sind nur ein Bruchteil dieser Kontakte echte Freunde. Außerdem bleiben auch Leute, die nur „am Erfolg" der jeweiligen Person teilhaben wollen nicht aus.

Im Zeitalter der sozialen Netzwerke wird das Wort „Freund" darüber hinaus häufig schnell verwendet, dabei wäre die Bezeichnung „Gleichgesinnte" meist passender. Dies ist grundsätzlich auch nichts negatives, nur „echte" Freunde sind etwas gänzlich anderes. Auch eine lange Bekanntschaft muss innerhalb des Fandoms unter Umständen nicht immer wirklich viel bedeuten.

Durch das Internet entstehen immer häufiger auch internationale Kontakte und echte Freundschaften. Im besten Fall besucht man sich in den jeweiligen Ländern gegenseitig. Ich habe viele Freunde auf Veranstaltungen im In- und Ausland kennengelernt und es macht großen Spaß, die Leute anschließend in ihren Heimatländern zu besuchen. So bin ich nach Dänemark, Frankreich, Japan, Korea, Malaysia, Rumänien, Singapur und Thailand gereist. Länder und Orte, die ich ohne die Freunde dort vermutlich nie besucht hätte. Diese Besuche mit all ihren Eindrücken waren immer etwas ganz besonderes.

Bild oben
Charakter: Kagura
Serie: Gin Tama
Fotograf: aiNo

Bild unten
Charakter: Levi Ackermann
Serie: Attack on Titan
Fotograf: Wilvery
fb.com/wilvery

TaeYeon (Minemes)

Viele der Freundschaften zwischen Cosplayern sind eher Bekanntschaften, oder wie siehst du das?

Einige ja, andere nicht. Wenn ich die neuen Cosplayfreunde nur ein- oder zweimal treffe ist es schwierig, richtige Freundschaften zu schließen. Aber wenn man mit ihnen Essen geht, Kontakt hält und sie mehrfach trifft, dann entstehen natürlich Freundschaften. Ob man Bekannter oder Freund ist hängt natürlich auch von der persönlichen Einstellung ab. Wenn ich mit anderen Cosplayern befreundet sein will und ihnen als Freundin begegne, dann werden sie auch meine Freunde. Wenn ich nur Bekanntschaften will, wird es schwierig sich anzufreunden. Ich meine, dass sich manche Cosplayer nur mit bekannten Leuten anfreunden wollen oder sich auch mit niemandem anfreunden wollen, aber die Cosplayer die ich bisher traf waren größtenteils nicht so. Ja, manche vielleicht, aber die meisten sind mir als Freunde willkommen und ich weise sie nicht ab. Daher habe ich viele Freunde die Cosplay betreiben, aber nicht nur Cosplayfreunde. Ich treffe sie als Cosplayer und wir werden Freunde.

Hast du Freunde außerhalb der Szene bzw. Freunde, die keinerlei Bezug zu Cosplay haben?

Natürlich. Freunde in der Schule, auf der Arbeit und so. Manche hassen Cosplay oder wissen nichts über Cosplay. Nicht allen Freunde erzähle ich, dass ich Cosplay mache, meistens sage ich das aber. Wenn sie Cosplay hassen, dann versuche ich es ihnen zu erklären und sage dann, dass ich es mache. Freunden, die kein Cosplay betreiben, es aber auch nicht hassen, versuche ich die guten Seiten zu erklären und schlage ihnen vor, es selbst einmal zu versuchen.

Kommst du durch Cosplay oft in Kontakt mit ausländischen Cosplayern?

Ja, mit sehr vielen. Ich habe wesentlich mehr ausländische Cosplayfreunde als ausländische Freunde, die nichts mit Cosplay zu tun haben. Während des Cosplays sind alle glücklich, man hat Spaß und es ist einfacher Kontakte zu schließen. Und obwohl wir aufgrund der Sprachbarrieren nicht immer 100%ig kommunizieren können, haben wir ein gemeinsames Hobby und können so auch Spaß haben. Ehrlich, es ist wirklich nicht schwer durch Cosplay befreundet zu sein.

Hast du schon Veranstaltungen im Ausland besucht? Hast du viele Freunde im Ausland?

Natürlich habe ich koreanische Veranstaltungen besucht, und welche in den USA, Japan, Thailand, Singapur, China und Niederlande. Sie sind alle anders, aber sie machen alle Spaß. Bezüglich ausländischen Freunden, falls du nach Freunden außerhalb der Cosplayszene fragst: ich habe Freunde in den USA und Japan, weil ich dort einige Zeit gelebt habe. Die meisten ausländischen Freunde sind jedoch Cosplayer oder haben einen Bezug dazu, weil ich diese auf Conventions treffe.

Hast du schon „Dich zu kennen ist für andere Cosplayer nützlich und sie können dich als Hilfs- und Wissensquelle nutzen" - Erfahrungen gemacht?

Ich bin noch aktiv, ich sehe sie alle als Freunde an, aber auf manche trifft das sicherlich zu. Manche Leute, mit denen ich noch nie Kontakt hatte, senden mir Nachrichten und fragen nach Hilfe, aber nicht viele. Andererseits, Personen, die sich nie für mich interessiert haben, waren plötzlich interessiert als ich koreanische Repräsentantin war oder weil ich besondere Requisiten baue. Das ist eine traurige Erfahrung, aber es kann auch eine Chance sein eine neue Person kennenzulernen.

Hast du durch Cosplay echte Freunde fürs Leben kennengelernt?

Viele meiner Freunde, die ich durch Cosplay getroffen habe, sind auch im realen Leben Freunde. Ich schließe keine Freundschaften nur für mein Hobby. Wenn ich mit jemandem wirklich befreundet sein will, dann wird diese Person auch mein Freund. Wir reden zwar oft über Cosplay oder Dinge, die damit zu tun haben, aber ich mache auch gerne Sachen mit ihnen, die nichts mit Cosplay zu tun haben. Wir haben Spaß, helfen uns, wenn wir uns brauchen und bitten uns um Hilfe, wenn wir sie benötigen. Ich bin glücklich diese Freunde zu treffen und mit ihnen zu reden, wenn ich Zeit habe. Ein Hobby ist keine Arbeit. Ich möchte keine Geschäftsbeziehungen sondern Freundschaften. So können manche Cosplayfreunde auch einfach Freunde im normalen Leben sein.

Charakter: Kyknos, Serie: Busou Shinki, Fotograf: Wilvery, fb.com/wilvery

Dario (Dario Cosplay)

Viele der Freundschaften zwischen Cosplayern sind eher Bekanntschaften, oder wie siehst du das?

Ja, das ist leider wahr. Auf zehn Cosplayer, die man kennenlernt, kommt vermutlich nur einer, mit dem man eine richtige Freundschaft aufbaut. Das ist nicht anders als auch im normalen Leben. Wie im echten Leben kann man viele Leute treffen, aber nur mit wenigen ist der Kontakt stärker. Nebenbei bemerkt ist es doch schon sehr lustig: je bekannter und berühmter du wirst, desto mehr Freunde hast du.

Hast du Freunde außerhalb der Szene bzw. Freunde, die keinerlei Bezug zu Cosplay haben?

Ja, natürlich.

Kommst du durch Cosplay oft in Kontakt mit ausländischen Cosplayern?

Ich stehe nur mit einigen von ihnen in Kontakt.

Hast du schon Veranstaltungen im Ausland besucht?

Ja, in verschiedenen Ländern in Europa, zwei Mal in Japan und vor kurzem in Mexiko.

Hast du viele Freunde im Ausland?

Eine kleine Gruppe.

Hattest du schon „Dich zu kennen ist für andere Cosplayer nützlich und sie können dich als Hilfs- und Wissensquelle nutzen" - Erfahrungen?

Ja, das habe ich. Ich habe viele Follower und zeige ihnen alle Seiten von Cosplay auf meiner Webseite. Von der Materialsuche über „Work in Progress", Make-up-Tests oder Perücken und vieles mehr. Ich hoffe, dass ich so mehr Personen für diese Art von Cosplay begeistern kann und dass die Leute nicht nur einfach Kostüme kaufen oder einfach auf sexy machen, bloß um schnellstmöglich berühmt zu werden.

Hast du durch Cosplay echte Freunde fürs Leben kennengelernt?

Ja, das habe ich.

Bild oben
Charakter: Sanji New World
Serie: One Piece
Fotograf: Dario Albanesi

Bild unten (mit Laura Salviani)
Charakter: Rapunzel & Flynn Rider
Film: Tangled
Fotograf: Meian Photo
fb.com/MeianPhoto

Wong Shi Yuan (Yuan Cross)

Viele der Freundschaften zwischen Cosplayern sind eher Bekanntschaften, oder wie siehst du das?

Das ist inzwischen innerhalb der Cosplayszene relativ normal. Manche sind nur wegen eines bestimmten Fandom zusammen und andere, weil sie dasselbe Interesse, nämlich Cosplay, teilen. Meiner Meinung nach hat das eine gute und eine schlechte Seite:

Die gute Seite:

Man teilt dieselben Interessen und kann sich sicher sein, auf jedem Event Leute zu treffen, die man kennt, oder gemeinsame Fotoshootings mit Charakteren derselben Serie problemlos machen zu können. Bei diesen Bekannten kannst du dir sicher sein, dass sie nicht an deinem Privatleben interessiert sind. Es ist egal, was du neben dem Cosplay sonst so machst (falls du z.B. ein dunkles geheimes Leben haben solltest und Hühner für die Weltherrschaft entführst).

Die schlechte Seite:

Wie oben angesprochen sind es eben nur Bekannte. Außerhalb des Events oder ohne Kostüme redet man selten miteinander, von Freundschaft ganz zu schweigen. Außer der Leidenschaft am Cosplay teilt man nicht viel. Mit anderen Worten: wenn man das Kostüm auszieht, kennt man sich nicht wirklich, man ist sich sogar fremd. Das ist schon schade.

Hast du Freunde außerhalb der Szene bzw. Freunde, die keinerlei Bezug zu Cosplay haben?

Sogar einige!

Kommst du durch Cosplay oft in Kontakt mit ausländischen Cosplayern?

Manchmal.

Bild oben
Charakter: Subaru Sumeragi
Serie: X/1999
Fotograf: Moon Art Studio a.k.a. Shin Illuits

Bild unten
Charakter: Erwin Smith
Serie: Attack on Titan
Fotograf: Shutter Rhys

245

Hast du schon Veranstaltungen im Ausland besucht? Hast du viele Freunde im Ausland?

Ich habe Veranstaltungen in drei verschiedenen Ländern besucht. Ich hätte nichts dagegen, weitere zu besuchen. Ich würde nicht sagen, dass ich viele Freunde im Ausland habe, aber ich habe ein paar Freunde, denen ich vertrauen kann.

Hast du schon „Du bist nur solange interessant, wie du dich mit dem Thema Cosplay beschäftigst, oder solange dich zu kennen für mich hilfreich und nützlich ist" - Erfahrungen gemacht?

Nicht wirklich. Ich komme mit allen zurecht. Ich bin aber auch vorsichtig wem ich vertraue.

Oder „Dich zu kennen ist für andere Cosplayer nützlich und sie können dich als Hilfs- und Wissensquelle nutzen" - Erfahrungen?

Ich glaube schon, ein paar Mal? Es stört mich nicht, ich helfe solange sie nett fragen und keine bösen Absichten haben.

Hast du durch Cosplay echte Freunde fürs Leben kennengelernt?

Ich muss zugeben, dass die meisten meiner Freunde cosplayen. Ich habe aber auch Freunde außerhalb des Fandoms, wie Kollegen, Nachbarn und ehemalige Klassenkameraden.

Charakter: Subaru Sumeragi, Serie: X/1999, Fotograf: Moon Art Studio a.k.a. Shin Illuits

(Cosplay) Showgruppen

Die Mitglieder von (Cosplay) Showgruppen sind ein Sonderfall, denn durch das viele gemeinsame Training und die Probleme, die man zusammen überwinden muss, um eine gemeinsame Bühnenshow über Jahre für alle möglichen Events einzustudieren, ist der Zusammenhalt hier sehr stark. (Cosplay) Showgruppen sind Gruppen, die auf Veranstaltungen regelmäßig mit Gesangs-, Tanz- und Schauspieldarbietungen in Kostümen auftreten, während reine Cosplay-Gruppen bei Cosplay-Wettbewerben antreten, zusammen an Kostümen arbeiten oder gemeinsame Fotoshootings machen. Selbst wenn ein Mitglied die Showgruppe verlässt, sich die Interessen verändern oder die Gruppe aufgelöst wird, bleibt die Freundschaft zwischen einigen Mitgliedern meist doch bestehen. Die Leute sind für einen da, wenn man sie braucht und man kann sich auf sie verlassen. Mit den üblichen (meist spontanen) Cosplay-Gruppen und Bekanntschaften hat dies jedoch nicht sonderlich viel gemeinsam. Es gibt aber natürlich auch Cosplay-Gruppen, die über Jahre zusammen an Kostümen arbeiten und gemeinsam an Wettbewerben oder Fotoshootings teilnehmen. Insbesondere in Asien sind solche Gruppen oder Clubs sehr verbreitet.

Mitglieder der Musicalgruppe Yume bei einem Auftritt. Fotograf: Jens Zier

Christina (Ran)

Hallo, mein Name ist Christina, aber die meisten kennen mich wohl als Ran. Ich treibe mich seit 1999 auf Anime-Conventions rum, bin aber auch schon vorher mit Anime in Berührung gekommen, wenn auch unbewusst. 2002 gründete ich mit zwei Freunden die Showgruppe Nansensu, mit der wir bis 2008 recht erfolgreich an vielen Cons teilnahmen. Darüber hinaus war ich noch in weiteren Showgruppen und hüpfe bis heute noch auf den Bühnen rum.

Alter

34

Besonderheit

*Showgruppe Nansensu
(Gründung, Leitung, Tanz und Gesang)
Romance Kakumei (als Tänzerin)
Yume (diverse Auftritte als Tänzerin)
Ongaku no kara (Tanz, Gesang, Animationen/Texte)
„Bestes Kostüm" beim AnimagiC Cosplay Wettbewerb 2014*

Was ist eine (Cosplay) Showgruppe?

Im Allgemeinen ist das eine Gruppe von Leuten, die das gleiche Hobby teilen und sich damit auf die Bühnen diverser Conventions (in unserem Fall natürlich Anime/Manga-Conventions, aber auch Buchmessen) begeben. Je nach Fokus der Gruppe kann dies Theater/Musical-Charakter haben, also eine durchgehende Story, Schauspiel, Tanz und Gesang beinhalten. Andere Gruppen machen auch Einzelprojekte (z.B. Tänze in Kostümen), Sketche, Parodien (eigene, meist lustige Texte auf bekannte Songs) und ähnliches. Mittlerweile gibt es auch einige Gruppen, die nicht mal mehr viel mit Anime/Manga zu tun haben und auch keine Kostüme tragen; diese Shows sind teilweise sogar für Außenstehende sehr interessant.

Eure Showgruppe Nansensu hat sich vor einiger Zeit aufgelöst. Zuvor wart ihr viele Jahre auf den unterschiedlichsten Conventions und Messen aktiv. Wie war euer Programm?

Sehr bunt und – Nansensu eben (übersetzt: Unsinn). Wir hatten einzelne Projekte und haben zu verschiedenen Animes, Videospielen etc. 1-3 Tänze in Kostümen aufgeführt. Teilweise gab es auch Gesang.

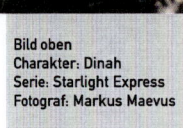

Bild oben
Charakter: Dinah
Serie: Starlight Express
Fotograf: Markus Maevus

Bild unten
Christina
Fotograf: Markus Maevus

Später versuchten wir auch, mit einem Rahmenprogramm, quasi einem roten Faden, durch das Programm zu führen. So haben wir z.b. alle Projekte in einer Quizshow verpackt, in denen die jeweilige Frage auf das nächste Projekt hindeutete. Oder im „Sendung mit der Maus"-Stil jedes Projekt kurz vorgestellt. Natürlich gab es dann auch entsprechende Sketche (z.B. ein „Familienduell" zwischen den Charakteren zweier verschiedener Serien). Unser Fokus lag jedenfalls definitiv auf dem Spaß, trotzdem hatten wir auch besondere Projekte, die etwas ernster anmuteten. Ich denke hier z.b. an Mononoke Hime, wo wir ein sehr kleines Kurzprogramm für eine Convention als Eröffnung gemacht haben. Es war definitiv eine großartige Zeit.

Wie oft habt ihr trainiert?

Nicht so oft, wie wir gerne hätten... dies lag letztlich daran, dass wir sehr weit über Deutschland verteilt waren. Angefangen haben wir quasi als NRW's erste Showgruppe, hauptsächlich im Ruhrgebiet (mit vier Wochen Vorbereitungszeit für die AnimagiC, die uns spontan einen Slot zusagte, obwohl wir neu und völlig unbekannt waren... zu der Zeit gab es kaum Gruppen). Schnell kamen Freunde aus Berlin, München, Bremen und anderen Orten hinzu und das machte Trainings natürlich extrem schwierig und kostenaufwändig! Anfangs versuchten wir es mit Videos, aber „echte Trainings" sind halt nicht zu ersetzen. Generell haben wir versucht, mindestens einmal im Monat ein gemeinsames Training mit allen zu veranstalten, z.B. abwechselnd im Ruhrgebiet und Berlin, dazwischen kleine Trainings mit den Leuten aus der Region. Die stressige Anreise, teilweise mit Wochenendticket mitten in der Nacht mit vier mal umsteigen und zehn Stunden Reisezeit für gerade mal sechs Stunden Training, zeigt den Idealismus der Mitglieder. Die große Entfernung jedoch und die privaten Lebensumstände jedes Einzelnen (man wird ja auch älter, hat irgendwann einen Job, noch andere Hobbys etc.) haben letztlich dann auch zur Auflösung der Gruppe geführt. Wir waren nicht zuletzt auch alle sehr gut befreundet, mit anderen Leuten weiterzumachen wäre einfach nicht das gleiche gewesen, nicht Nansensu. (Natürlich haben wir im Laufe der Jahre auch einzelne Mitglieder kommen und gehen sehen, neue Freunde kennengelernt und so. Es ist nicht so, dass wir keinen reingelassen hätten.)

Ist der Zusammenhalt innerhalb einer solchen Gruppe wirklich so stark?

Ich kann natürlich nicht für jede Gruppe sprechen, aber ich war schon in einigen dabei und muss sagen, neben dem gemeinsamen Hobby, das wir hier natürlich ausleben konnten, kann ich sagen, dass ich in erster Linie wegen der Menschen in diesen Gruppen war. Man hatte sich über die Jahre auf verschiedensten Wegen kennengelernt und hatte so natürlich noch bessere Möglichkeiten, sich öfter zu sehen (gerade über die Entfernungen). Insofern würde ich diese Frage definitiv bejahen. Und ja klar, Stress gibt es immer mal wieder überall, wie in einer guten Ehe. Bei Nansensu würde ich sogar sagen, wir waren Meister der Improvisation... oft wurden noch kurz vor oder gar WÄHREND des Auftritts Kostüme fertig genäht oder spontane Ideen ins Programm eingebaut, da ist Zusammenhalt unverzichtbar! Nansensu konnte nur so lange bestehen, weil man sich wirklich aufeinander verlassen konnte, obwohl wir so ein chaotischer Haufen waren.

Viele der sogenannten Freundschaften zwischen Cosplayern sind eher Bekanntschaften, oder wie siehst du das? Sind die Kontakte innerhalb einer Showgruppe anders?

Würde ich definitiv unterschreiben. Ich weiß gar nicht, wie viele Leute ich im Laufe meiner Nansensu-Zeit „kannte" (außerhalb der Gruppe), bzw. die mich kannten und ich nicht mal wusste wer sie waren... Ich lerne sehr gerne Menschen kennen und bin sehr kontaktfreudig und offen, man hat ja in der Szene auch sehr schnell sehr viel Gesprächsstoff, was das ganze einfacher macht. Aber man merkt doch recht schnell, gerade nach der Con, mit wie wenigen man darüber hinaus eigentlich noch Kontakt hat. Innerhalb der Showgruppe ist das etwas anders, weil wir lange Zeit zusammengearbeitet und uns auch immer mal privat getroffen haben, uns teilweise schon vorher kannten und die Freundschaften auch heute noch über die Entfernung pflegen (auch wenn ich es vielleicht nur einmal im Jahr nach Berlin schaffe). Auch der Kontakt zu den „Pionieren" aus anderen Gruppen, wie TnS oder Yume, mit denen wir quasi damals die Showgruppen-Ära eingeläutet haben, besteht heute noch. Obwohl ich viele dieser Menschen sehr gerne öfter sehen würde. Aber der Tag hat ja leider nur 24 Stunden und man selbst hat blöderweise noch ein Arbeitsleben und so.

Wie ist der Kontakt mit den ehemaligen Mitgliedern heute? Seht ihr euch regelmäßig?

Ich sehe, ich nehme schon alle Antworten vorweg... siehe oben. Ein- oder zweimal im Jahr ist ja auch regelmäßig! Und wie gesagt, könnte gerne öfter sein aber ist aufgrund der oft großen Entfernungen leider nicht so umsetzbar. Ich bin echt froh, nach 6 Jahren feststellen zu können, dass sich unsere Befürchtungen, den Kontakt nach dem Ende von Nansensu komplett zu verlieren, nicht erfüllt haben! Es sind zwar Freunde, die man nicht oft sieht und mit denen man nicht täglich spricht, aber wenn der Kontakt dann aufkommt ist es, als hätte man sich erst gestern getroffen. Sowas ist für mich Freundschaft. In den Gruppen habe ich einige der mir heute liebsten und wichtigsten Menschen kennengelernt.

Mitglieder der Showgruppen Nansensu und Yume bei einem gemeinsamen Auftritt. Fotograf: Arne Beilschmidt

Das „Traumland" Japan?

Für viele Anime-, Cosplay- und Mangafans ist Japan logischerweise das absolute Traumland. Wenn sie über Japan reden, geraten sie ins Schwärmen und sehen oft nicht die Wirklichkeit, sondern nur ihre eigene Wunschvorstellung. Das „echte" Japan hat mit dem, was in den meisten Anime und Manga vorkommt und dem, was sich die Fans darunter vorstellen, nicht unbedingt so wirklich viel gemeinsam. Man sollte sich ganz schnell von einigen Mythen über Japan verabschieden. Tut man das nicht, ist man unter Umständen bei der ersten Japanreise total frustriert und kann weder Land noch Leute wirklich genießen. Japan ist ein wunderschönes Land, in dem viele Dinge aber eben vollkommen anders als in Deutschland sind. Man muss sich dafür öffnen und die teilweise massiven Unterschiede einfach akzeptieren.

Die Wahrheit ist

- Nur weil etwas zu einer Kultur „gehört" oder aus einem gewissen Kulturkreis stammt, heißt das nicht automatisch, dass es jeder dort ganz toll findet oder es überall anzutreffen ist. Anime, Manga und Cosplay sind nur ganz kleine Teile der japanischen (Pop)Kultur und nicht jeder Japaner findet sie gut oder interessiert sich auch dafür.
- Cosplay hat für viele Japaner ein schlechtes Image und absolut NICHTS, aber auch gar NICHTS mit dem Ehren ihrer Kultur zu tun. Für viele Japaner sind Cosplayer sehr befremdlich, etwas wofür sie sich manchmal (fremd)schämen oder das sie teilweise sogar abstoßend finden.
- Akihabara (Akiba) steht nicht stellvertretend für Japan. Dieser Stadtteil von Tōkyō besteht fast ausschließlich aus Anime-, Elektronik-, Games- und entsprechenden Raritätenläden. Es gibt dort viele Maid- und Cosplay-Cafés und alles was mit Otakukultur zu tun hat. Auch trifft man dort oft kostümierte Hostessen, die für / vor Läden oder besondere Produkte werben und manchmal auch Cosplayer. Im Stadtteil Harajuku kann man auch Cosplayer treffen, aber wie Akihabara ist dieser Stadtteil ein Sonderfall.
- Jeder, der nach Japan reist, sollte seine Zeit nach Möglichkeit nicht nur damit verbringen, durch die Anime-, Cosplay- und Mangaläden zu ziehen, sondern auch das Land, Leute und Bauwerke ansehen und kennenlernen. Ebenso sollte das vielfältige Essen und die traditionelle Kultur genossen werden. Es ist ein wunderschönes Land mit reicher und alter Kultur.

Bild oben
Torii Itsukushima-Schrein (Miyajima)
Fotograf: Fritjof Eckardt

Bild mitte
Fuji-san
Fotograf: Fritjof Eckardt

Bild unten
Tōkyō Tower
Fotograf: Stephan Canisius

- Cosplay findet in Japan normalerweise nur auf Veranstaltungen oder Partys, außerhalb der Öffentlichkeit, statt und ist auch nur so gesellschaftlich akzeptiert. Das bedeutet in jedem Fall IMMER „zivile Anreise" zu Veranstaltungen.
- Japanerinnen und Japaner sind nicht heiß darauf (deutsche) Cosplayer oder Animefans als Freunde oder gar Partner zu haben. Nur japanische Cosplayer und Anime- / Manga-Fans sind daran interessiert (deutsche) Cosplayer zu treffen.
- Japaner finden kreischende Fans furchtbar. PUNKT.
- Leben in Japan ist sehr teuer und die meisten Städte sind (nach deutschen Vorstellungen) total überfüllt. Wohnungen sind (in den Großstädten) extrem klein und unglaublich teuer. Viele Arbeitnehmer wohnen daher nicht im Stadtzentrum und verbringen jeden Tag einige Stunden auf ihrem Weg zur Arbeit und zurück.
- Japaner sprechen Englisch. Nein, das tun die meisten nicht, im besten Fall sprechen sie „Jenglisch", eine Mischung aus Japanisch und Englisch, die nur schwer zu verstehen ist. Besser man lernt gleich Japanisch. Englisch wird, außer teilweise von jungen Leuten, nicht gerne gesprochen. Aber auch darauf kann und sollte man sich nicht verlassen. In der japanischen Schule ist es nur wichtig, den Englischtest zu bestehen. Die Sprache wird „theoretisch" gelernt, praktische Konversation wird kaum gelehrt. Gerade Japaner ohne Auslandserfahrung sind oft sehr schwer von „Ausländern" zu verstehen.
- Die japanische Gesellschaft ist immer noch stark von Männern dominiert. Insbesondere als ausländische (oft begehrte) Frau hat man es dort nicht immer leicht. Zu freizügige Kleidung kann unter Umständen als eindeutige „Aufforderung" verstanden werden.
- Japan und Japaner sind nicht sehr aufgeschlossen, was Ausländer und deren Integration in das Leben in Japan angeht. Das heißt jedoch nicht, dass Japaner total verschlossen oder Fremden gegenüber abweisend wären. Es geht aber alles nur sehr langsam und man muss sich die Akzeptanz und das Vertrauen mühsam verdienen. Natürlich ist es auch ein gigantischer Unterschied, ob man dieses Land als Tourist besucht oder dort als Ausländer dauerhaft lebt. Als Urlauber kommt man schnell mit Leuten in Kontakt.
- Für viele Europäer sind Erdbeben etwas absolut Unbekanntes. In Japan bebt es beinahe täglich irgendwo spürbar. Das ist üblich und auch stärkere Erdbeben sind durchaus normal. Alle Japaner sind soweit es möglich ist auf Erdbeben eingestellt und vorbereitet. Das sollte man nicht unterschätzen, denn das erste bewusst selbst erlebte (harmlose) Erdbeben kann durchaus Panik auslösen.

Japanisch

Egal was erzählt wird, die Sprache Japanisch ist NICHT einfach zu lernen, sondern man muss sehr viel lernen um die Sprache nach Jahren dann endlich etwas beherrschen zu können. Ja, es gibt kompliziertere Sprachen als Japanisch, aber nicht viele. Für Europäer ist das Erlernen dieser Sprache sehr kompliziert. Es reicht nicht nur, die Sprache zu lernen, man muss auch die japanische Denkweise und Kultur verstehen. Es gibt drei „Alphabete" (Hiragana, Katakana, Kanji), die im täglichen Gebrauch ordentlich gemischt werden. Hinzu kommen oft noch Wörter aus anderen Sprachen, die dann entsprechend japanisiert verwendet werden. Keines der verwendeten Zeichen aus den drei „Zeichensätzen" erinnert auch nur entfernt an die lateinische Schrift und es gibt reichlich davon. Insbesondere von den Kanji (Schriftzeichen, die aus China stammen) gibt es viele Tausend und selbst ein Japaner kennt sie nicht alle. Möchte man in Japan jedoch wirklich als Ausländer beruflich etwas erreichen, dann sollte man schon mindestens die 2136 sogenannten Jōyō-Kanji beherrschen.

Japanisch lernt man mit Kinder- und Lehrbüchern, entsprechenden Fernsehsendungen und Nachrichten und NICHT mit Anime oder Manga, so verlockend das auch ist. Denn diese enthalten oft Umgangssprache und besondere Ausdrücke oder Worte, die nicht unbedingt im normalen Leben verwendet werden (sollten).

Die japanische Mentalität

Japaner sind dafür bekannt dass sie immer extrem fleißig, höflich, hilfsbereit, diszipliniert und freundlich sind. Sie lernen und verfolgen ihre Ziele äußerst konsequent. Aufopferung für die Firma und persönlicher Erfolg sind ihnen sehr wichtig. Auf eine Absprache oder ein Versprechen kann man sich (zumindest im Geschäftsleben) absolut verlassen. Diese Verhaltensweisen werden von der japanischen Gesellschaft erwartet und sind unumgänglich, um im Geschäftsleben nicht unterzugehen.

Die japanische Gesellschaft und das Verhalten der Japaner sind oft vollkommen anders als wir es kennen und erwarten würden. Japan war für lange Zeit total isoliert, daher sind viele Denk- und Verhaltensweisen für uns Ausländer fremdartig und eine gewisse „Inselmentalität" ist hin und wieder deutlich zu spüren. Japaner wirken auf Europäer oftmals rätselhaft und sind (scheinbar) total undurchschaubar und auch gefühlskalt. Insbesondere scheint sich ihr Verhalten, je nachdem mit wem sie gerade reden oder mit wem sie unterwegs sind, massiv von einem Moment zum anderen zu ändern. Für viele Ausländer scheinen Japaner dadurch manchmal regelrechte „Masken" zu tragen. Teilweise nimmt es so extreme Züge an, dass man das Gefühl haben könnte, zwei völlig verschiedenen Personen gegenüberzustehen. Nicht alle Europäer kommen damit zurecht, es ist jedoch ein fester Teil der japanischen Kultur für den es sogar eigene Begriffe gibt:

Honne: Zeigt die Person, wie sie wirklich ist, mit allen ihren Gefühlen, Sehnsüchten und Wünschen. Diese Seite wird meist sehr verborgen gehalten und nur gegenüber den engsten Freunden oder der Familie „gezeigt".

Tatemae: Zeigt die Person, wie sie sich in der Öffentlichkeit präsentiert und wie es von der Gesellschaft in der jeweiligen Situation erwartet wird. Die Mimik ist meist ausdruckslos oder wenn Gefühle „gezeigt" werden, dann zumeist durch ein ausdrucksloses oder verlegenes Lachen. Es kommt oft vor, dass Honne und Tatemae im totalen Gegensatz zueinander stehen.

Japaner sind immer sehr um ihr Image besorgt; Gefühle und private Dinge werden nur äußerst zögerlich preisgegeben. Es gehört sich einfach nicht, in der Öffentlichkeit viel „privates" von sich zu zeigen. Vieles wird nicht ausgesprochen, sondern es wird erwartet, dass die andere Person es entsprechend aus der Situation heraus versteht. Man könnte auch sagen: „lese die Luft". Kritik wird meist nur „indirekt" gegeben. Für Japaner ist es immer sehr wichtig, das Gesicht und ihre Ehre zu wahren. Ebenso ist es in der japanischen Kultur entscheidend zu beachten, mit wem man wie redet und auf welcher Stufe diese Person gesellschaftlich, verglichen mit einem selbst, steht. Danach muss das gesamte Verhalten, die verwendete Sprache und auch die Themen des Gespräches angepasst werden.

Etliche junge Japaner sind wesentlich offener und haben sich mehr an westliche Verhaltensweisen angepasst. Viele ältere Japaner, vor allem wenn diese bisher keinen oder nicht viel Kontakt zu Ausländern hatten, sind hingegen um einiges traditioneller eingestellt.

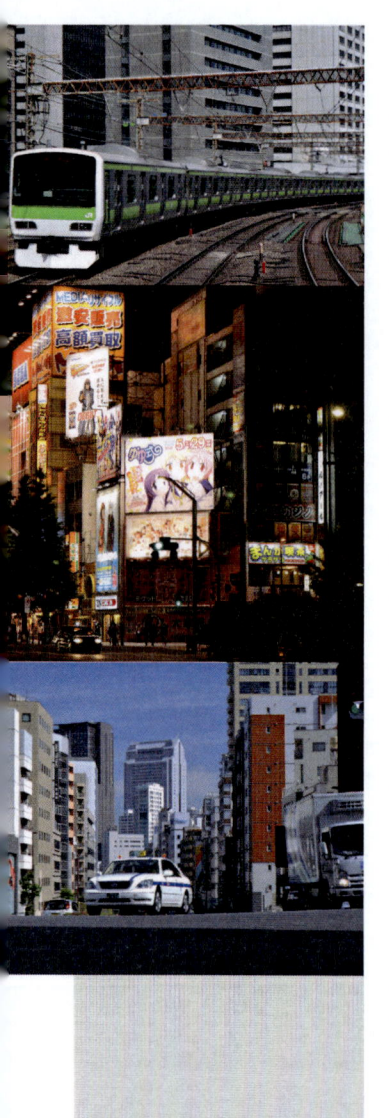

Als Tourist wird man davon nicht viel mitbekommen, arbeitet und lebt man jedoch in Japan, muss man sich damit beschäftigen und das eigene Verhalten auch entsprechend anpassen. Wenn man es verstanden hat und bereit ist sich anzupassen, was lange dauern kann, dann kommt man gut in Japan zurecht, hat Erfolg und kann dort gute Freunde finden.

Japaner sind im Umgang mit Ausländern oft ziemlich unsicher, insbesondere dann, wenn sie Englisch sprechen müssen. Das kann teilweise sehr skurrile Züge annehmen. Ein gutes Beispiel sind die Mitarbeiter der Bahn in kleineren Bahnhöfen. Stellt man sich dort als Ausländer zum Ticketkauf oder für Sitzplatzreservierungen an, so ist zu beobachten, dass die Mitarbeiter hinter dem Tresen immer nervöser werden, je kürzer die Schlange vor dem Ausländer wird. Oftmals kann man regelrecht sehen, dass die Mitarbeiter ausstrahlen: „Hoffentlich kriege ich nicht den Ausländer, dann muss ich Englisch sprechen". Ist man dann an der Reihe und äußert seine „Wünsche", dann klappt es meistens irgendwie. Paradox wird es jedoch, wenn man selbst im besten Japanisch die Tickets bestellt und die Angestellten trotzdem in schlechtem Englisch antworten.

Die traditionelle japanische Firma

Die japanischen Geschäftsabläufe bzw. die Firmenpolitik ist bei vielen Firmen immer noch sehr starr und zumindest nach manchen deutschen Vorstellungen im „Mittelalter" stecken geblieben. Alte Traditionen werden hochgehalten. Der Chef hat immer Recht, selbst wenn er (überspitzt gesagt) Unrecht hat und die Firma vor die Wand fährt. Das zieht sich durch alle Hierarchieebenen. Der direkte Vorgesetzte muss teilweise für jede Kleinigkeit um Erlaubnis bei (eigentlich logischen) zur Arbeit gehörenden Handlungen gefragt werden. Die Firma hat auch bei sehr vielen privaten Dingen ein direktes Mitspracherecht (z.B. beim Hochzeitstermin), alles Dinge, die in Deutschland in diesem Rahmen undenkbar wären. Als (kleiner) Angestellter hat man nur einen sehr kleinen Bereich, in dem man frei entscheiden kann. Für alles, was von der klaren Ansage / Aufgabe / Regelung abweicht oder auch nur abweichen könnte, ist grundsätzlich der Vorgesetzte zu fragen. Ein „Entscheidungsfreiraum" wie dieser in Deutschland in vielen Berufen üblich ist (und ohne den die Tätigkeit nur schwer effektiv auszuüben ist), der ist in Japan recht selten.

Bild oben
Yamanote Zug
Fotograf: Stephan Canisius

Bild mitte
Werbung in Akihabara
Fotograf: Stephan Canisius

Bild unten
Taxi in Tōkyō
Fotograf: Stephan Canisius

Eigenes Denken oder eigene Initiative sind eher unerwünscht was der im Westen verbreiteten Arbeitsweise oft total widerspricht. Natürlich gibt es auch Firmen, die moderner sind, aber das sind längst nicht alle. Überstunden sind normal und darüber wird nicht diskutiert. 35-45 Arbeitsstunden pro Woche, wie es in Deutschland in vielen Firmen üblich ist, sind dort nicht der Regelfall. Vor dem Chef / Abteilungsleiter geht man als Angestellter eigentlich abends nicht nach Hause. Mal eben „Freinehmen", wie es in vielen Firmen hier kein größeres Problem darstellt, ist dort häufig nicht so ohne weiteres möglich. Urlaub gibt es quasi nicht, zumindest keinen wochenlangen nach deutschem Vorbild. Urlaub nimmt man am besten auch nicht, denn sonst würde man den anderen Mitarbeitern in der Firma mehr Arbeit aufbürden und das ist nach japanischen Vorstellungen nicht in Ordnung, denn das kann man der Gemeinschaft innerhalb der Firma nicht zumuten.

Japanische Geschäfte und Kontakte werden oft durch die Empfehlung von einer Person vermittelt. So ist es unumgänglich, die geschäftlichen Kontakte sehr gut zu pflegen. Es ist daher auch oft normal, dass ganze Abteilungen (mit Geschäftspartnern) regelmäßig nach der Arbeit zusammen in die nächste Izakaya (japanische Kneipe) zum gemeinsamen Trinken gehen. Eine Visitenkarte ist für japanische Geschäftskontakte (Networking) unumgänglich und kann als „Türöffner" für weitere Kontakte dienen. Es kommt durchaus vor, das Vorgesetzte Angestellte, wenn diese keine Zeit zur Partnersuche haben, mit anderen Mitarbeitern aus verschiedenen Abteilungen verkuppeln bzw. dieses versuchen (z.B. bei Izakaya-Besuchen).

In vielen Dingen, wie der legendären Pünktlichkeit der Züge und dem Service, ist Japan wirklich ein Traumland. Dies wird allerdings nur durch sehr große Opfer erreicht, nämlich durch immensen Druck auf die Angestellten und die vorherrschende allgemeine extreme Erwartungshaltung. Es ist wichtig, immer alles zu geben, denn Perfektion ist das allerwichtigste, selbst für Kleinigkeiten, die keiner wirklich bemerkt. Da bleibt es auch nicht aus, dass immer wieder Leute daran „zerbrechen". So ist Tod durch Überarbeitung oder zu hohen Erwartungsdruck (Karōshi genannt), meist durch einen stressbedingt ausgelösten Herzinfarkt oder Schlaganfall, in Japan kein Einzelfall.

Fushimi Inari-Taisha, Torii Pfad, Kyōto. Fotograf: Fritjof Eckardt

Paris-Syndrom

Das Paris-Syndrom ist eine (kurzzeitige) psychische Störung die (fast nur) bei Japanern während ihres Aufenthaltes in Paris auftreten kann. Es wird dadurch ausgelöst, dass sich die Realität dort extrem von dem Idealbild / der Erwartungshaltung („Stadt der Liebe") unterscheidet. Die Symptome können unter anderem Angst, Halluzinationen, Verfolgungswahn und Wahnzustände beinhalten.

Working Holiday Visum

Dieses einmalig erteilte Visum berechtigt junge Deutsche (bis 30 Jahren) für ein Jahr in Japan zu leben und (unter bestimmte Auflagen) dort zu arbeiten. Es ist ideal, um die Sprachkenntnisse zu vertiefen und um einen realistischeren Eindruck des Landes zu erhalten. Hierfür gelten jedoch besondere Voraussetzungen.

Japanologie-Studium

Die Japanologie beschäftigt sich mit der Lehre aller Aspekte der Kultur, Gesellschaft, Geschichte und der Sprache Japans. Das Erlernen der Sprache bildet dabei nur ein Teilbereich des Studiums. Um als Japanologe eine gute Stelle finden zu können, ist meist nach dem Studium noch eine weitere Aus- / Fortbildung oder eine Spezialisierung / ein Nebenfach während des Studiums notwendig. Man kann in fast jedem Beruf mit Japanbezug einsteigen. Mit einem abgeschlossenen Japanologie-Studium ist man jedoch kein geprüfter Japanisch-Dolmetscher, dafür gibt es eigene Studiengänge.

Sonderrolle Deutsche/r und Deutschland

Als Deutscher genießt man einen Sonderstatus in Japan, denn Deutschland ist bei den Japanern sehr beliebt. Die alten „deutschen" / „preußischen" Tugenden wie:

- Aufrichtigkeit
- Bescheidenheit
- Disziplin
- Fleiß
- Gehorsam
- Geradlinigkeit
- Gerechtigkeitssinn
- Mut
- Pflichtbewusstsein
- Pünktlichkeit
- Tapferkeit
- Treue
- Zuverlässigkeit

werden in Japan auch heute noch sehr hoch geschätzt. Dies hängt damit zusammen, dass einige dieser Tugenden tief in der japanischen Geschichte und Kultur verwurzelt sind. Sie werden „Bushidō" (Weg des Kriegers) genannt und bezeichnen den Verhaltenskodex der Samurai. Besonders wichtig sind Treue (Loyalität), Ehre, Höflichkeit, Tapferkeit, Aufrichtigkeit, Güte und Wahrheit.

Die deutschen Autos, das deutsche Bier, die Bratwurst, die Burgen und Schlösser und die deutsche Kultur allgemein sind in Japan hoch geschätzt, daher gilt Deutschland als beliebtes Reiseland. Manche Japaner reisen mit einem „Idealbild" im Kopf nach Deutschland und erleben dann ihren ersten Kulturschock im deutschen Bahnhof, wenn der Zug nicht pünktlich kommt oder gar ausfällt und es keinen Mitarbeiter gibt der sich dafür entschuldigt. Das ist dann ein wenig wie das Paris-Syndrom. Vieles ist von den deutschen Tugenden, welche die Japaner so toll finden, nicht mehr im heutigen Deutschland übrig geblieben. Manch ältere Japaner sind große Fans der Preußenzeit und leider auch des dritten Reiches. Als Deutscher fühlt man sich da manchmal schon ein wenig „unwohl" und sollte schnell das Thema wechseln.

Du bist der Ausländer (in Japan) und wirst es IMMER sein

Ja, natürlich werden jetzt die meisten sagen: „Nein, das kann doch gar nicht sein", es ist aber leider so. Man kann noch so perfekt japanisch sprechen, viele Sitten kennen, mit einer Japanerin / einem Japaner verheiratet sein und sogar einen japanischen Nachnamen haben und man wird trotzdem IMMER der Ausländer sein, der nur bis zu einem gewissen Punkt integriert werden wird. Dies wird besonders deutlich, sollte man eines Tages auf Sozialleistungen des japanischen Staates angewiesen sein. Denn als Ausländer hat man (selbst mit permanentem Visum und gezahlten Abgaben und Steuern) KEINEN Anspruch auf „Sozialhilfe". Früher wurde dies von Fall zu Fall entschieden, inzwischen (Stand Juli 2014) gibt es ein entsprechendes Gerichtsurteil, dass Ausländer grundsätzlich von diesen Leistungen ausschließt.

Ebenso zeigt sich diese fehlende Integration auch in Kleinigkeiten, wie daran, dass man beispielsweise immer zuletzt in der Firma informiert wird, vergessen wird oder das erwartet wird, dass man gewisse Dinge einfach weiß. Das sind dann Sachen, die man nicht wissen kann, wenn man nicht in Japan aufgewachsen ist und eben nicht alle typischen japanischen Abläufe und Regeln kennt.

Es ist völlig egal, man ist der Ausländer und wird, ob bewusst oder unbewusst, von vielen Dingen ausgegrenzt sein oder Dinge werden für einen zumindest etwas anders ablaufen als für den Rest der Gesellschaft. Man muss sich seinen Platz in der japanischen Gemeinschaft hart erkämpfen, um akzeptiert zu werden.

Shinkansen Schnellzug. Fotograf: Stephan Canisius

Auswandern nach Japan

Viele Cosplayer, Anime- und Mangafans hegen den Wunsch (länger) nach Japan zu gehen oder gar für immer dort zu leben. Sie denken sich: „Auswandern nach Japan – Yeah – Jeden Tag Manga, Anime und Cosplay". Besonders Tōkyō wirkt da wie ein riesiger Magnet. Doch ganz so einfach ist es nicht. Ohne ein gutes Studium, bestes Japanisch und spezielle berufliche Kenntnisse geht es nicht, zumindest dann nicht wenn man dort länger richtig Arbeiten und Leben will. In Japan gibt es tausende (ausländische) Mangaka, Japanologen, Übersetzer, Sänger, Berater, Cosplayer, Idols, Models und Schauspieler, da wartet keiner mehr auf einen weiteren „Fan". Die goldenen Zeiten, wo man drei Worte Englisch können musste und damit als Ausländer Sprachlehrer wurde oder Nachhilfe gab und gut Geld verdiente sind schon lange vorbei. Ebenso die Zeiten wo reihenweise Übersetzer oder ausländische Mitarbeiter für japanische Konzerne gesucht wurden. Heute muss man wirklich gut und spezialisiert sein, gute Kontakte haben und sehr hart arbeiten, um eine realistische Chance zu erhalten. Eine gute Möglichkeit, um das Leben und Arbeiten in Japan kennen zu lernen, ist das Working Holiday Visum (Visum für einen Ferienarbeitsaufenthalt).

Wer es unbedingt versuchen möchte, der sollte ein Working Holiday Visum in Betracht ziehen. Denn Urlaub machen und in Japan arbeiten sind zwei vollkommen verschiedene Dinge. Mit einem solchen Visum kann man in der japanischen Arbeitswelt relativ problemlos erste Erfahrungen sammeln. Es ist für ein Jahr gültig und es gelten Auflagen bezüglich der erlaubten Tätigkeiten. Dieses Visum muss früh genug vor der Reise nach Japan in einem japanischen Konsulat beantragt werden. Es empfiehlt sich, das Ganze mit einem Sprachkurs an einer Sprachschule zu koppeln. Manche Sprachschulen geben gute Tipps oder vermitteln auch direkt Stellen für Working Holiday Visa-Inhaber, die dem jeweiligen persönlichen Sprachlevel entsprechen. Ohne großen persönlichen Einsatz geht es aber auch hier nicht und man muss seine Ansprüche an den Job senken und (am Anfang) alles nehmen, was angeboten wird.

Auswandern und sich in Japan niederlassen, insbesondere in Tokyo, ist eine sehr anstrengende, harte und ziemlich teure Sache. Viele überstehen die ersten Monate nicht oder haben trotz viel Arbeit und reihenweise Überstunden und stundenlangem hin und her pendeln in Zügen, nicht wirklich etwas davon, dass sie nun in Japan leben. Eine Wohnung im Zentrum von Tokyo oder in der Nähe des Arbeitsplatzes zu bekommen und halten zu können ist extrem unwahrscheinlich. Daher muss man sich auf lange Wege zur Arbeit einstellen. Sämtliches Geld geht häufig für Wohnung, Züge, Kleidung, Lebensmittel und andere lebensnotwendige Dinge drauf. An regelmäßigen Spaß, Party, Kino oder gar ein teures Hobby ist oft nicht zu denken.

Rainbow Bridge, Tōkyō, Fotograf: Fritjof Eckardt

Bedingungen / benötigte Dinge für ein Working Holiday Visum (Alle Angaben ohne Gewähr)

- Der Antragsteller muss zwischen 18 und 30 Jahre alt sein
- Das Visum kann nur einmalig erteilt werden
- Ein gültiger Reisepass der Bundesrepublik Deutschland
- Auslandskrankenversicherung für die Zeit des Aufenthalts
- 2.000 Euro für die erste Zeit des Aufenthalts
- Ein Rückflugticket oder 1.100 Euro
- Der Antrag für das Visum
- Ein formloses Motivationsschreiben
- Eine grobe Reiseplanung
- Eine Biografie und detaillierter Lebenslauf
- Ein aktuelles Passfoto

Wer wirklich in Japan langfristig (d.h. mit einem langfristigen Visum) arbeiten oder gar nach Japan auswandern möchte, der sollte, bevor dies umgesetzt wird, unbedingt folgende Punkte berücksichtigen:

- Sämtliche verfügbare Literatur „konsultieren" und sich informieren, was dafür notwendig ist.
- Leute fragen, die dort arbeiten oder gearbeitet haben.
- Nach Japan fliegen (im Rahmen eines Urlaubes) und sich einen echten Eindruck von Preisen, Wohnungsgrößen und Arbeitszeiten machen und dann nochmal gründlich das „Auswandern" überlegen.
- Ein Working Holiday Visum beantragen und für ein Jahr nach Japan gehen und eigene Arbeits- und Lebenserfahrung dort sammeln.
- Geld sparen, Geld sparen und nochmals Geld sparen. Je nach Visum, Arbeitsvertrag, Wohnung, anfänglichen Kosten, als Überbrückungsreserve und für die unter Umständen nötige Rückreise sollte ein ausreichendes Polster (>10.000 Euro) vorhanden sein. Im Idealfall braucht man dieses Geld nicht, sollte es jedoch nicht wie erwartet klappen, wird man froh sein, diesen Puffer zu haben. Für das Visum muss unter Umständen und je nach Art ohnehin entsprechend viel Geld als Reserve / Sicherheit nachgewiesen werden.

JLPT

Bei diesem Test handelt es sich um einen standardisierten weltweiten Japanisch-Test für „Nichtmuttersprachler". Seit 2010 wird der Test in fünf Schwierigkeitsstufen (vorher vier Stufen) in einigen Ländern zwei Mal (ansonsten ein Mal) pro Jahr durchgeführt. Die Besonderheit ist, dass weder gesprochen noch wirklich frei geschrieben werden muss, dies sind auch zugleich die Hauptkritikpunkte an diesem Test. Sämtliche Prüfungsergebnisse sind in Multiple-Choice-Bögen einzutragen.

http://www.jlpt.jp/e

- Man sollte über exzellente, praktische Japanisch-Kenntnisse in Wort und Schrift verfügen. Am besten immer mit Japanern in Deutschland oder per Skype üben, üben und nochmals üben und sich bloß nicht auf das reine Universitäts- / FH- / Volkshochschul- oder JLPT-Test-Wissen verlassen. Schon gar nicht sollte man darauf vertrauen, dass alles bestens ist, weil man japanisch in Anime und Manga komplett verstehen kann. Nichts ersetzt echte Gespräche über alltägliche Dinge mit Japanern.
- Kenntnisse der wichtigsten Sitten und Gebräuche und über das Geschäftsleben.
- Über diese Entscheidung nachdenken.
- Gründlicher über diese Entscheidung nachdenken.
- Nochmals darüber nachdenken.
- Sich nochmals beraten lassen (im Konsulat, bei Verbänden und von Leuten, die dorthin ausgewandert sind).
- Sich bei japanischen Firmen bewerben.
- Bei erfolgreicher Bewerbung die notwendigen Schritte einleiten und nach Japan gehen.

Natürlich ist das Auswandern nach Japan wesentlich aufwendiger und komplexer als beschrieben und hängt im Detail extrem vom jeweiligen Job, der persönlichen Situation und dem entsprechenden Visum ab. Die oben genannten Punkte dienen daher nur der ersten Orientierung.

Es ist ein riesiger Unterschied, ob man für ein Jahr mit Working Holiday Visum in Japan in kleineren Jobs arbeitet und notfalls vom erspartem Geld bzw. der Unterstützung der Eltern lebt oder ob man dort dauerhaft von den Einkünften eines Jobs leben muss. Ein Jahr mit kleineren Jobs mittels Working Holiday Visum zu überstehen ist nur schwer mit Auswandern und dem alltäglichen Leben dort zu vergleichen, denn man kehrt wieder nach Deutschland zurück und meist wartet dort Familie, Uni und gegebenenfalls auch der eigene Job. Geht es aber wirklich darum, aus eigener Kraft in Japan dauerhaft zu überleben, dann ist das eine ganz andere Sache. Dies darf niemals vergessen oder unterschätzt werden. Man sollte es sich jedenfalls sehr genau überlegen.

In Japan gibt es etliche Ausländer, deren großen Pläne gescheitert sind und die sich nun gerade so frustriert durchschlagen und auch sehr viele Leute, die wieder in ihre Heimatländer zurückkehren mussten. Selbst diejenigen, die es scheinbar geschafft haben, kämpfen täglich einen sehr harten Kampf, um ihren Status zu halten. Es ist nicht einfach nach Japan auszuwandern, doch mit viel Arbeit, persönlichem Einsatz und hoher Opferbereitschaft ist es durchaus möglich, auch dort erfolgreich zu arbeiten und glücklich zu werden.

Shuichi Gotoh

Schriftsteller, freier Produzent und Mitarbeiter der Connichi

Alter

62

Du kennst von deinen Besuchen in Deutschland und über das Internet viele deutsche Fans. Wie ist es wenn diese dann zum ersten Mal nach Japan kommen?

Auf einer Forschungsreise im Jahr 1995 habe ich in Bayreuth eine Zeitschrift mit dem Namen „AMI-Anime Manga Information" erhalten. Dadurch begann der Kontakt und Austausch mit deutschen Otakus (Anime / Mangafans). Ab 2002 habe ich bei der deutschen Convention Connichi mitgearbeitet. Ich freue mich immer sehr wenn deutsche Otaku nach Japan kommen. Ich habe die deutschen WCS Teams damals in Japan erwartet. In den letzten Jahren habe ich viele Fans in Japan getroffen und schöne Erlebnisse mit ihnen gehabt.

Ist Cosplay in Japan von der Gesellschaft akzeptiert? Trifft man dort überall Cosplayer auf den Straßen? Was denken Japaner über Cosplayer auf der Straße?

In Japan gibt es traditionelle Kostümparaden bei Stadtfesten. Innerhalb von besonderen Conventions / Veranstaltungen ist Cosplay in Ordnung. Auf der Straße gibt es Cosplayern gegenüber oft abweisende Reaktionen.

Gibt es viele Fans die nach Japan reisen oder auswandern? Gibt es manchmal Probleme?

Immer mehr Fans kommen nach Japan, das ist kein Problem. Man sollte sich vorbereiten und informieren. Alle sind herzlich willkommen! Alle Otaku mögen Japan und Fans mögen alle anderen Fans, egal aus welchen Ländern sie stammen. Sie teilen alle ein Interesse und verstehen sich völkerübergreifend. Das ist doch eine tolle Sache. Es wäre schön wenn alle Menschen dies tun würden. Dann gäbe es überall Frieden.

Bilder
Shuichi Gotoh
Fotografin: Yuko Ogasawara

Ist das japanische Geschäftsleben wirklich so anders als das in Deutschland?

Ich glaube nicht, dass es so anders als in Deutschland ist. Für mich ist es normal, ich kenne es nicht anders. Das Leben an sich ist gleich oder zumindest sehr ähnlich, denke ich.

Hast du Tipps für Leute die nach Japan auswandern bzw. dort arbeiten möchten?

Ohne Japanisch geht es nicht, damit fängt alles an.

Wie integriert man sich am besten in die japanische Kultur?

Nur durch das Erlernen der japanischen Sprache.

Shuichi Gotoh, Fotografin: Yuko Ogasawara

Sarah (Yaten)

Mein Name ist Sarah und ich bin zum heutigen Interviewzeitpunkt 35 Jahre alt. Studiert habe ich Japanologie, Europäische und Ostasiatische Kunstgeschichte mit Schwerpunkt Japan. Anime schaue ich schon seit Kindertagen. 2001 gründete ich mit Freunden die Musicalgruppe Yume, die auf verschiedenen Conventions auftrat.

Besonderheit

Leiterin der Musicalgruppe Yume, Regie, Gesang, Bühnenbild, Organisation, 1. Vorsitzende des Yume e.V. (2007-2012)

Du studierst Japanologie, hat dich dein Studium gut auf Japan vorbereitet?

Während meines Studiums wurde uns hauptsächlich die japanische Sprache, Geschichte und Kultur gelehrt. Das ist an sich schon eine große Menge an Informationen und daher ist das Erleben des modernen Alltags in Japan die Sache der Studenten selbst. Man kann hier in Europa schwer vermitteln, wie das Leben in Japan ist. Man bekommt natürlich Tipps, hört anderen Studenten zu, die bereits dort waren und liest, bzw. schaut sich Berichte über Land und Leute an. Aber das wichtigste ist eben selbst dorthin zu fahren und Japan zu erleben. Erfahrungen zu machen, am besten in einer Familie. Aus eigener Erfahrung kann ich sagen: Was man so in Anime und Manga mitbekommt, ist nur die Spitze des Berges (Fuji-san). Japan ist anders, manchmal erschreckend, manchmal überwältigend, ganz anders eben.

Du hast einige Monate in Japan gelebt. Wie waren deine Erfahrungen in Japan? Wurdest du akzeptiert? Was waren deine schönsten / schlimmsten Erlebnisse?

Ich hatte das Glück als Au-Pair in einer deutsch-japanischen Familie zu leben. Allerdings wohnten wir nicht in einer so großen Stadt wie Tōkyō oder Kyōto. Wenn ich vor die Tür gegangen bin, dann wurde nur Japanisch gesprochen. Ich habe, dank der Initiative meiner Gastfamilie, einiges erleben dürfen, z.B. durfte ich in einem Tempel übernachten. Das war schon toll. Ich hatte hauptsächlich schöne Erlebnisse, konnte viel von der Umgebung sehen in der ich wohnte und vor allem meiner Leidenschaft, Architektur und Skulptur, frönen.

Bild oben
Charakter: Belle
Serie: Once Upon A Time
Fotograf: Matthes Elstermann

Bild unten
Sarah Förster
Fotograf: Arne Beilschmidt

Ich habe eine Sprachschule besucht, nette Leute kennengelernt und einiges für mich mitnehmen können. Schlechte Erfahrungen habe ich nicht gemacht. Das „schlimmste" war einmal, dass ich mich in der Bahn neben ein Ehepaar setzte und dieses darauf das Abteil wechselte. Aber allgemein sind die Japaner sehr gastfreundlich und hilfsbereit. Ich wurde oft gefragt woher ich komme und in eine kleine Unterhaltung verwickelt. Allerdings muss man damit leben den Status als „unerfahrener Ausländer" zu haben, egal wie lange man schon in Japan ist oder wie gut man Japanisch beherrscht.

Ist Cosplay in Japan von der Gesellschaft akzeptiert?

Ich persönlich bin kein leidenschaftlicher Cosplayer, habe daher in Japan selbst auch nie Cosplay getragen. Ich hatte aber den Eindruck, dass es, wie mittlerweile hier in Deutschland, von den Älteren hingenommen wird. Man kommt auch nicht wirklich um die ganzen Anime und Manga-Figuren herum. Sie begegnen einem überall.

Trifft man dort überall Cosplayer auf den Straßen?

Wenn man nicht grade in Harajuku (Tōkyō) ist, nein :)

Was denken Japaner über Cosplayer auf der Straße?

Ich habe mich, ehrlich gesagt, vor Ort nicht mit Cosplay beschäftigt. Ich denke, es wird milde amüsiert hingenommen. Zumindest habe ich noch nie von Cosplayern in Japan gehört, über die sich beschwert wurde. Solange man sich respektvoll verhält, sich nicht halb nackt präsentiert und sein Cosplay an Orten trägt an denen man damit kein negatives Aufsehen erregt wird es toleriert. Ob man sich allerdings einen Gefallen tut irgendwo außerhalb der großen Städte im Cosplay durch die Gegend zu laufen ist fraglich.

Warum sind Deutsche und Deutschland in Japan so beliebt?

Bekannterweise haben Deutschland und Japan Mitte des 20. Jahrhunderts eine gemeinsame Vergangenheit. Das ist grade bei den älteren Japanern noch sehr im Kopf, zumindest habe ich das mehrmals erlebt. Zudem gelten wir Deutschen als fleißig, pünktlich, stolz, ehrgeizig, diszipliniert und werden als gute Geschäftspartner angesehen. Eben all das was den Japanern auch sehr wichtig ist. Vieles aus unserer Kultur wurde in Japan angenommen, wie z.B. das Tragen von Schuluniformen mit dem typischen Seemannskragen. Deutschland wird als Land der Kultur und Wissenschaft, Dichter und Denker wahrgenommen. So kennen viele Japaner Heines Gedicht der Lorelei. Lustigerweise wurde ich bei einigen Gelegenheiten aufgefordert das Lied der Lorelei anzustimmen. Wobei die meisten dann den kompletten Text besser kannten als ich.

Ist das japanische Geschäftsleben wirklich so anders als das in Deutschland?

Ohne jemals in einer japanischen Firma gearbeitet zu haben, kann ich nichts Genaues dazu sagen. Allerdings gehen die Japaner mit ihrer Arbeit anders um als wir. Das Alltagsleben ordnet sich allgemein dem Arbeitsleben unter. In meiner Gastfamilie war das allerdings lockerer. Mein Gastvater arbeitet als Grundschullehrer und meine Gastmutter als Dolmetscherin. Von daher ist dort keiner von einem großen Konzern oder derart abhängig. Arbeit ist natürlich wichtig, aber ich hatte bei ihnen den Eindruck, dass Familie an erster Stelle steht.

Ist die japanische Gesellschaft wirklich so stark von Männern dominiert?

Auch hier bin ich vorsichtig, denn ich habe in „meiner japanischen Umgebung" und auch bei Besuchen an der Universität anderes erlebt. Ich lernte viele selbstbewusste Frauen kennen und Männer, die sie unterstützten. Allerdings hört man immer wieder von der Kehrseite. Ich denke, Japan hat in Sachen Frauenrechte ebenso wie andere Länder, uns eingeschlossen, noch einige Schritte vor sich.

Hast du Tipps für Leute die nach Japan auswandern bzw. dort arbeiten möchten? Wie integriert man sich am besten in die japanische Kultur?

Man muss sich vor Augen halten, dass Japan NICHT ist wie in Serien, Anime und Manga. Es ist ein Land voll hart arbeitender Menschen, die sich genauso wie wir mit Problemen herumschlagen müssen. Zudem haftet uns Europäern das Ausländervorurteil an. Man muss sich bewusst machen, sich doppelt anstrengen zu müssen und nicht gleich selbstverständlich integriert zu werden. Uns wird nachgesagt, wir würden die Japanische Kultur nie ganz verstehen und leben können. Meine deutsche Gastmutter sagte mir mal, sie hätte die Wahl gehabt daheim zu sitzen und sich abzuspalten, oder eben sich in das Alltagsleben mit einzubringen und akzeptiert zu werden. Dazu gehören dann eben auch Pflichten wie Kochen für die Alten, Tempel schrubben, Kinder hüten, Feste mitorganisieren, etc. Es ist ein anderes Leben als hier in Deutschland. Aber ich habe meine Zeit dort sehr genossen und bin dankbar, für alles was ich erleben durfte.

Sarah Förster bei Auftritten im Jahr 2008 und 2011 mit der Musicalgruppe Yume. Fotograf: Arne Beilschmidt

Cosplayer / Personen: Eva Krøyer, Fritjof Eckardt, HaruVamp und Yuimino+. Fotografen: HCB, Fritjof Eckardt, Edmund Hoff und David Mar

Fazit

Es gibt durchaus auch einige negative Punkte beim Cosplay, die in den vorherigen Kapiteln deutlich angesprochen wurden, doch grundsätzlich ist Cosplay ein sehr schönes Hobby, das einem persönlich sehr viel geben kann. Wenn ein paar Regeln und Tipps beachtet werden und man ein Auge darauf hat, was der Nachwuchs so treibt, ist die Angst vieler Eltern davor absolut unbegründet.

Schlimm finde ich es, und das kam in meiner Zeit als aktiver Organisator mehr als einmal vor, wenn Eltern mich persönlich bei Wettbewerben ansprachen oder schriftlich kontaktierten und die Kernaussage war: „Würde mein Kind doch ein normales Hobby betreiben. Sport, Videospiele oder auch wilde Partys feiern und sich meinetwegen auch mal betrinken. Doch warum muss es denn ausgerechnet diese Kostümspinnerei sein?" Spätestens dadurch wurde mir klar, dass noch sehr viel Aufklärungsarbeit in Deutschland zu leisten ist. Möchte man das als Eltern denn wirklich? Ist „betrinken" denn wirklich besser als eine kreative Betätigung?

Wenn sich Kinder und Jugendliche mit dem Thema beschäftigen, dann ist es ein Hobby wie (fast) jedes andere auch. Die Besonderheit beim Thema Cosplay und der Kostümherstellung ist jedoch die enorme Komplexität, die das Ganze annehmen kann. Für die Herstellung eines Kostüms, der Teilnahme an einem Wettbewerb und allem, was damit zu tun hat, müssen die verschiedensten Fähigkeiten (je nach Kostüm) eingesetzt, kombiniert, erlernt und verfeinert werden, sei es entwerfen, planen, nähen, malen, sägen, formen, fotografieren, zeichnen, einen Auftritt ausdenken und einstudieren, Musik- / Ton-Dateien bearbeiten, Videos erstellen, sich mit Konkurrenten arrangieren, sich im Internet zu präsentieren, in einer Gruppe zusammenzuarbeiten oder auf einer Bühne aufzutreten. Dabei werden viele Erfahrungen gemacht, die unter Umständen auch zur Berufsentscheidung und für die (spätere) Arbeit durchaus sehr hilfreich sein können. Ebenso kann dadurch das Selbstvertrauen des jeweiligen Cosplayers gestärkt werden. Cosplayer beschäftigen sich mit einer anderen Kultur und Sprache und lernen dadurch, Dinge auch aus anderen Blickwinkeln zu betrachten. Es sind viele Dinge, die man als Cosplayer „nebenher" lernt und die heutzutage oft als „Soft Skills" (wie Teamfähigkeit, Fleiß, Flexibilität, Engagement, Selbstvertrauen) von zukünftigen Arbeitgebern gefordert werden.

Es kommt immer wieder vor, dass Eltern und Großeltern (abhängig von Kenntnissen, Ausbildung und Beruf) von ihren Kindern (Cosplayern) um Hilfe, z.B. beim Nähen oder bei der Materialbearbeitung, gebeten werden und diese dann mit ihren Familienmitgliedern zusammen an Kostümen und Requisiten arbeiten.

Jede (positive) kreative Tätigkeit sollte grundsätzlich gefördert werden. Sie verhindert, dass der Nachwuchs nur vor dem Fernseher und dem Computer sitzt oder gar auf „wirklich dumme Ideen" kommt. Allerdings gibt es auch hier Grenzen und es sollte auf die in den vorherigen Kapiteln angesprochenen Punkte geachtet werden. Insbesondere das „richtige" Verhalten im Internet ist besonders wichtig, um sich unnötigen Ärger und Probleme zu ersparen. Ebenso sollte darauf geachtet werden, dass es neben den reinen Anime-, Cosplay- und Manga-Freunden auch noch weitere Freunde gibt, die nicht aus dem Fandom stammen (z.B. Schule oder Sportverein).

Wie bei jeder Sache, die man mag oder von der man Fan werden kann, gibt es auch beim Cosplay die Möglichkeit zu übertreiben. Cosplay soll immer Spaß machen und ein kurzzeitiger „Ausflug" in eine andere Welt sein, eben etwas Besonderes, auf das man sich freuen kann. Es ist so lange ein schönes Hobby, wie es ein Hobby ist und nicht zum ausschließlichen Lebensinhalt wird, mit der seltenen Ausnahme, dass man seinen Lebensunterhalt damit verdient. Natürlich ist es schön, neue Kostüme herzustellen und zu den verschiedensten Events zu reisen, aber wenn sich das ganze Leben nur noch um Cosplay dreht, werden alle anderen Aktivitäten eingestellt und jeder Cent in Kostüme und für Reisen zu Veranstaltungen und die Unterkunft dort investiert, dann läuft etwas gründlich falsch. Gibt es dann noch Probleme in der Schule, Universität oder auf der Arbeit, sollten sich Eltern (und auch die Cosplayer, wenn sie es denn wahrnehmen) fragen: Was läuft da wirklich schief? Was ist der Auslöser dafür? Sie sollten aber nicht gleich die einfache Schlussfolgerung „Cosplay = böse" ziehen. Man sollte dann stattdessen die Ursachen für die Probleme suchen und gemeinsam an einer Lösung arbeiten.

Ich hoffe sehr, dass dieses Buch viele Fragen beantworten und Missverständnisse aufklären kann. Ich würde mir zudem wünschen, dass sich jeder einmal Cosplay unvoreingenommen selbst anschaut, mit den Leuten spricht, es vielleicht sogar selbst einmal versucht und sich dann sein eigenes Urteil über Cosplay bildet. Es spricht nichts dagegen auch als Eltern zusammen mit den Kindern die Veranstaltungen zu besuchen: Jeder ist willkommen!

Ich wünsche jedem viel Spaß beim Anfertigen von Kostümen und Requisiten, fotografieren von Cosplayern oder auch dem Anschauen von tollen Cosplay-Kostümen und Auftritten.

Besuchen Sie die „Was ist Cosplay?" Webseite für weitere Informationen und aktuelle Berichte:

http://www.was-ist-cosplay.de

Anhang

Dank

Ich möchte mich bei allen Firmen, Freunden, Helfern, Partnern und Vereinen, die mich bei vielen Projekten in der Vergangenheit umfangreich unterstützt und gefördert haben, herzlichst bedanken. Durch Ihre Unterstützung konnte ich an vielen schönen unvergesslichen Veranstaltungen teilnehmen, mitarbeiten, diese durchführen bzw. entwickeln und so unter anderem auch viele Cosplay-Wettbewerbe (mit)veranstalten. Folgende Firmen, Personen, Showgruppen, Verbände und Veranstaltungen haben ein besonders großes Dankeschön verdient:

Firmen und Verbände

Adfactory Werbeagentur GmbH, Anime no Tomodachi e.V., Animexx e.V., Avex Group Holdings, Düsseldorf Marketing&Tourismus, EKŌ-Haus der Japanischen Kultur e.V., Goethe Institut Düsseldorf, Japanisches Generalkonsulat Düsseldorf, JVC / Flying Dog, Lucky Chocolate Maid Café, myCostumes, Nerdilicious, Takagi Books & More und TV Aichi

Showgruppen

Nansensu und Yume

Personen

Chihiro Maruyama, Christoph Lamprecht, Dirk Döring (Watashi-San), Edmund Hoff (Edo), Elvira Elzer (Elly), Eri Maruyama, Florian Schäfer (Tanabata), Hans-Christian Blech (HCB), Naoko Maruyama, Steve Harrell und Yuta Maruyama

Veranstaltungen

AFA SG - Anime Festival Asia - Singapore / SOZO (Singapur), AnimagiC, Animecon (Niederlande), Connichi, DoKoMi, Japan-Tag, JapAniManga Night (Schweiz), J-Popcon (Dänemark), Leipziger Buchmesse und World Cosplay Summit (Japan)

Ich bedanke mich bei allen, die mich während der Entstehung dieses Werkes besonders unterstützt, dazu ermutigt oder mit Informationen beigetragen haben, insbesondere bei

Allan Petersen, Anke Gärtner, Bärbel Eckardt, Benjamin Michael Koch, Britta Schröder, Bruno Feldmann, Casper Jensen, Christina Zier, Christy Bell Goh, Daniel Schandorff Thomsen und Familie, Dario Albanesi, Darkmesh, Denise Burghardt, Dr. Elisabeth Scherer, Elisabeth Leicht-Eckardt, Eva Hüttges, Hans-Christian Blech, Jagoda Josch, Jennifer Canisius, Joan Jung Jensen, Katharina Wehrmann, Marie Schmiedchen, Mathias Eckardt, Manuela Runge, Miriam Hintz, Miwa Ota-Shimizu, Nathalie Quillmann, Niels Minamizawa Mathiesen, Niels Viveen, Patrick Harbert, Penn Jack Wang, Reika Arikawa, Sarah Förster, Sarah Knieps, Sara Mertens, Shirou Tang, Stephan Canisius, Stephanie Peters, Sven Grobecker, Tomoko Sueshige, Vikki Park, William Tjhin und Yasmin Hofmann Estevez.

Ich danke allen Leuten, die für Interviews zur Verfügung gestanden haben. Ebenso möchte ich den Fotografen, die dieses Buch durch zahlreiche Bilder unterstützt haben, danken.

Besuchte Events / Mitarbeit an Events

In den letzten Jahren besuchte, unterstützte und organisierte ich zahlreiche Events (mit).
Hier eine ganz kleine Auswahl der für mich, meine Entwicklung, meine Tätigkeiten und dieses Buch wichtigen Veranstaltungen:

vor 2000
Besuch kleinerer Fan- und Filmclubtreffen

2000
(B) Anime Marathon - Neuss 14.04. - 16.04.
(B) AnimagiC - Koblenz 07.07. - 09.07.
(B) IHAT 5 - Norderstedt 23./24.09.
(B) Comiket 59 - Tōkyō 29./30.12.

2001
(B) IHAT 6 - Norderstedt 17./18.02.
(B) Anime Marathon - Stuttgart 06.-08.04.
(B) Animagic - Koblenz 15-17.06.
(B) IHAT 7 - Norderstedt 29./30.09.
(B) BishounenCon - Trier 12.-14.10.
(B) Bonenkai - Karlsruhe 08.12.
(B) Comiket 61 - Tōkyō 29./30.12.

2002
(H) Anime Daisuki Con - Berlin 16.02.
(H) Anime Marathon - Hamburg 22.-24.03.
(H) Connichi - Ludwigshafen 03.-05.05.
(B) Japan-Tag - Düsseldorf 25.05.
(H) AnimagiC - Koblenz 14.-16.06.
(B) Ihat 8 - Norderstedt 14./15.09.
(B/S) Bishounen Con - Trier 20-22.09.
(B/S) MMC - Berlin 01.-03.11.
(H) Bonenkai - Leverkusen 13.-15.12.

2003
(B) J-Junk - Groß-Gerau 07. - 09.03.
(B/S) Leipziger Buchmesse 20.-23.03.
(H/S) Anime Marathon - Neuss 11.-13.04.
(B) Japan-Tag - Düsseldorf 17.05.
(O) AnimagiC - Koblenz 25.-27.07.
(H) Connichi - Kassel 05.-07.09.
(O) Project X - Düsseldorf 25.10.
(S/V) MMC - Berlin 31.10.-02.11.
(B) Comiket 65 - Tōkyō 28.-20.12

2004
(B) J-Junk - Groß-Gerau 05.-07.03.
(S/V) Leipziger Buchmesse 25.-28.03.
(B) Japan-Tag - Düsseldorf 05.06.
(O) AnimagiC - Koblenz 23.-25.07.
(P) World Cosplay Summit (WCS)
(B) Connichi - Kassel 10.-12.09

2005
(S) Leipziger Buchmesse 17. -20.03.
(B) Japan-Tag - Düsseldorf 28.05.
(O) AnimagiC - Koblenz 29.-31.07.
(P) World Cosplay Summit (WCS)
(P) Expo - Aichi
(P) Comiket 68 - Tōkyō 12.-14.08.
(P) Connichi - Kassel 16.-18.09.

2006
(B) Sweet Cosplay - Köln 03.-05.02.
(A) Leipziger Buchmesse 16.-19.03.
(A) ConTopia - Wuppertal 08./09.04.
(B) Japan-Tag - Düsseldorf 20.05.
(B) Con-Neko - Ludwigshafen 27./28.05.
(A) AnimagiC - Bonn 28.-30.07.
(A) Connichi - Kassel 15.-17.09.
(B) Bonenkai - Neustadt 24.-26.11.

2007
(A) ConTopia - Wuppertal 14./15.04.
(B) Japan-Tag - Düsseldorf 02.06.
(A) AnimagiC - Bonn 27.-29.07.
(V) Connichi - Kassel 07.-09.09.

2008
(A) ConTopia - Wuppertal 29./30.03.
(A) Japan-Tag - Düsseldorf 14.06.
(W) World Cosplay Summit (WCS)
(V) Connichi - Kassel 12.-14.09.

2009
(A) ConTopia - Wuppertal 08.-10.05.
(A) Dokomi - Düsseldorf 30./31.05.
(H) Japan-Tag - Düsseldorf 13.06.
(W) World Cosplay Summit (WCS)
(V) Connichi - Kassel 18.-20.09.
(B) Frankfurter Buchmesse 14.-18.10.
(B) Comiket 77 - Tōkyō 29.-31.12.

2010
(A) ConTopia - Wuppertal 16.18.04.
(A) Dokomi - Düsseldorf 22./23.05.
(O) Japan-Tag - Düsseldorf 29.05.
(B) Japan Expo - Paris 01.-04.07.
(W/T) World Cosplay Summit (WCS)
(V) Connichi - Kassel 10.-12.09.
(V) J-Popcon - Kopenhagen 12.-14.11.

2011
(A) Dokomi - Düsseldorf 11./12.06.
(B) Japan Expo - Paris 01.07. - 03.07.
(W) World Cosplay Summit (WCS)
(V) Connichi - Kassel 16.-18.09.
(O/V) Japan-Tag - Düsseldorf 15.10.
(F) J-Popcon - Kopenhagen 11.-13.11.

2012
(A) Dokomi - Düsseldorf 26.-27.05.
(V) Japan-Tag - Düsseldorf 02.06.
(A/V) Japan Expo - Paris 05.-08.07.
(V) Connichi - Kassel 07.-09.09.

2013
(F) J-Popcon - Kopenhagen 15.-17.03.
(V) Dokomi - Düsseldorf 18.-19.05
(B) Comic Fiesta - Kuala Lumpur 21./22.12.
(B) Cosfest Christmas - Singapur 28./29.12.

2014
(F) J-Popcon - Kopenhagen 28.-30.03.
(A/V) Dokomi - Düsseldorf 07.-08.06.
(F) Animecon - Den Haag 13.-15.06.
(P) Connichi - Kassel 12.-14.09.
(P) AFA Singapore - Singapur 05.-07.12.

2015
(B) J-Popcon - Kopenhagen 20.-22.02.
(B) Otaku Festival - Bukarest 09./10.05.
(A) Dokomi - Düsseldorf 23./24.05.
(A) Japan-Tag - Düsseldorf 30.05.
(P) Animecon - Den Haag 12.-14.06.
(P) Connichi - Kassel 18.-20.09.
(P) AFA Singapore - Singapur 27.-29.11.

2016
(A) Leipziger Buchmesse 17.-20.03.
(A/V) Dokomi - Düsseldorf 30.04.-01.05.
(V) Japanimanga Night - Davos 28.-29.05.
(O) Ausstellung - Düsseldorf 08.11.-11.12.

(Stand 19.11.2016)

(A) Aussteller / Händler, (B) Besucher, (F) Fachbesucher / Gast, (O) (Mit) Organisator / Orgahelfer,
(P) Presse, (S) Showgruppe,(T) mit deutschem TV Team, (V) Betreuung von VIP Gästen,
(W) WCS Organisator (deutsches Team)

MIX
Papier aus verantwortungsvollen Quellen
Paper from responsible sources
FSC® C105338